河北省民族事务委员会铸牢中华民族共同体意识研究基地研究成果

铸牢中华民族共同体意识与民族地区乡村振兴研究

主　编：郝庆云　龚志祥
副主编：柴　冰　岳小国　周　赫

燕山大学出版社

·秦皇岛·

图书在版编目（ＣＩＰ）数据

铸牢中华民族共同体意识与民族地区乡村振兴研究 ／
郝庆云，龚志祥主编. -- 秦皇岛：燕山大学出版社，
2024.6
ISBN 978-7-5761-0681-7

Ⅰ．①铸… Ⅱ．①郝… ②龚… Ⅲ．①中华民族－民
族意识－关系－民族地区－农村－社会主义建设－研究－
中国 Ⅳ．①C955.2②F327

中国国家版本馆CIP数据核字(2024)第092613号

铸牢中华民族共同体意识与民族地区乡村振兴研究

ZHULAO ZHONGHUA MINZU GONGTONGTI YISHI YU MINZU DIQU XIANGCUN ZHENXING YANJIU

郝庆云 龚志祥 主编

出 版 人：陈　玉		责任编辑：孙亚楠	
责任印制：吴　波		封面设计：刘馨泽	
出版发行：燕山大学出版社		电　　话：0335-8387555	
地　　址：河北省秦皇岛市河北大街西段 438 号		邮政编码：066004	
印　　刷：涿州市殷润文化传播有限公司		经　　销：全国新华书店	

开　本：787mm×1092mm　1/16		印　张：24　字　数：475 千字	
版　次：2024 年 6 月第 1 版		印　次：2024 年 6 月第 1 次印刷	
书　号：ISBN 978-7-5761-0681-7			
定　价：96.00 元			

中国民族学学会 2022 年高层论坛暨"铸牢中华民族共同体意识与民族地区乡村振兴"学术研讨会
秦皇岛主会场

中国民族学学会 2022 年高层论坛暨"铸牢中华民族共同体意识与民族地区乡村振兴"学术研讨会
中国社会科学院民族学与人类学研究所分会场

中国民族学学会 2022 年高层论坛暨"铸牢中华民族共同体意识与民族地区乡村振兴"学术研讨会

东北大学秦皇岛分校分会场

《中国社会科学报》刊载《把握新时代民族学研究主线》一文（2022 年 11 月 4 日 A02 版）

序　言

在举国上下深入学习宣传贯彻党的二十大精神之际，我们在美丽的滨海城市秦皇岛迎来了中国民族学学会 2022 年高层论坛暨"铸牢中华民族共同体意识与民族地区乡村振兴"学术研讨会。因为疫情的原因，这次学术研讨会采取线上和线下相结合的方式举行，共有来自 116 所高校及党政机关的 300 余名专家学者参与。在此，我谨代表此次研讨会的承办方——东北大学向各位专家学者和嘉宾的热情参与表示衷心的感谢！

民族学发源于近代欧洲，作为一门研究民族及其文化的学科，在我国产生于 20 世纪 30 年代，至今已接近百年。蔡元培等学界泰斗就是研究民族学的杰出代表人物。中国民族学是继承马克思主义理论的科学民族学，其建设和发展始终为中华民族的发展进步和广大人民群众的利益服务。习近平总书记在中央民族工作会议上强调，要以铸牢中华民族共同体意识为主线，推动新时代党的民族工作高质量发展。他指出，只有铸牢中华民族共同体意识，构建起维护国家统一和民族团结的坚固思想长城，各民族共同维护好国家安全和社会稳定，才能有效抵御各种极端、分裂思想的渗透颠覆，才能不断实现各族人民对美好生活的向往，才能实现好、维护好、发展好各民族根本利益。习近平总书记的重要讲话，是马克思主义民族理论中国化的最新成果，是做好新时代民族工作的根本遵循。

今天，我们围绕铸牢中华民族共同体意识这一主线开展的"铸牢中华民族共同体意识与民族地区乡村振兴"学术研讨会，既是马克思主义民族理论领域的百花齐放、百家争鸣，又是把民族学的理论研究与民族地区经济社会发展相结合的具体实践，更是对党的二十大报告提出的"推进文化自信自强"的"再出发"。借此机会，我谨代表东北大学，向此次学术研讨会的成功举办表示热烈祝贺！衷心感谢中国民族学学会给予东北大学的信任，感谢秦皇岛市委给予我们的支持！同时，向长期奋战在中国民族学事业发展前线的各位专家学者致以崇高的敬意！

各位专家学者，各位来宾，党的二十大报告指出："全面建设社会主义现代化国家，必须坚持中国特色社会主义文化发展道路，增强文化自信，围绕举旗帜、聚民心、育新人、兴文化、展形象建设社会主义文化强国，发展面向现代化、面向世界、面向未来的，民族的科学的大众的社会主义文化，激发全民族文化创新创造活力，增强实现中华民族伟大复兴的精神力量。"大家都知道，文化是民族的血脉、人民的精神家园；教育是民族振兴和社会进步的重要基石。发挥好文化传承与创新这一职能，是每一所高校的职责所在。

东北大学是一所具有爱国主义光荣传统的教育部直属的国家重点大学，始建于1923年，2023年将迎来建校百年，是全国首批双一流建设高校，于1987年在河北省秦皇岛市建设东北大学秦皇岛分校。一直以来，学校高度重视文化传承与创新工作，2016年11月，在国家民委的大力支持下，学校创建中国满学研究院，开展以满学为核心的中国北方民族研究工作。随着学科研究工作的不断深入，前后有10余位优秀人才加入学校，团队先后获批国家社科基金重大项目、国家社科基金冷门绝学专项等多项科研项目，在民族学学术研究和服务社会发展方面取得了一些成绩。随后，学校开始谋划发展民族学学科，并于2019年8月获批民族学一级学科硕士授权点，2021年12月开办民族学本科专业，2022年3月正式成立民族学学院。当前，学校正在积极引进各方优秀人才，力求建设成极具特色、国内知名的民族学教育研究平台。可以说，在民族学领域，东北大学还很年轻，东北大学民族学这株"新苗"在成长中还需要各位专家学者的持续"浇灌"。今天，我们有幸与国内民族学领域的诸位专家学者深入交流、建立友谊，待时机合适，我们诚挚地邀请各位专家学者亲临学校看看我们的民族学博物馆，开展一些学术交流，给我们的民族学发展提出宝贵意见和建议。

各位专家学者，各位来宾，构建和发展能够在世界发出强大声音的中国特色民族学，任务艰巨、使命光荣。我们真诚地希望能够和广大专家学者一道，紧紧围绕铸牢中华民族共同体意识这一主线，共同肩负起中国民族学学者应有的历史使命和民族重任，做好民族学人才培养、科学研究等工作，通过我们共同的努力，为促进各民族在中华民族大家庭中像石榴籽一样紧紧抱在一起持续贡献力量。

孙正林

2022 年 10 月 29 日

目　　录

第三部分　铸牢中华民族共同体意识视域下的民族地区乡村振兴

第四部分　新时代民族地区乡村振兴的路径及特色研究

第一部分
铸牢中华民族共同体意识的
理论、政策及实践

节庆文化与中华民族共同体意识的关系探析

——以黑龙江省民族节庆为例

于学斌

摘要： 节庆在中华民族共同体铸牢过程中扮演着重要的角色、发挥着重要的作用。节庆是中华民族共同体意识的生成渠道之一，因为节庆是各民族交往交流的结晶，也承载着各民族共同的民族记忆，使得中国 56 个民族具有对文化的高度认同，保持生活节奏的高度一致性，进而使得中国 56 个民族具有很强的凝聚力和向心力。中华民族共同体意识也在节庆中养成，因为节庆具有日常性、实践性、群体性、传承性的属性，日常性确保中华民族共同体意识的一贯性，实践性确保中华民族共同体意识的体验性，群体性确保中华民族共同体意识的全民性，传承性确保中华民族共同体意识的永续性。这些属性使得 56 个民族深度融合，中华民族成为有机的整体。节庆也是铸牢中华民族共同体意识的工作进路，各级政府要利用节庆为各民族提供交往交流的机会，加强教育，使每个人不仅要知道自己民族的名称，更要知道自己属于中华民族，从而构建中华民族共有的精神家园，将社会主义核心价值观、"两个维护"、"四个自信"、"四个意识"注入节庆活动中，树立命运共同体意识。如果说生成和养成阶段是润物细无声的自然行为，那么铸牢则是主动为之，把铸牢中华民族共同体意识工作做扎实、做深入、做出成效，使中华民族共同体由"自在的民族实体""想象的共同体"转化为"自觉的民族实体"。

关键词： 节日文化；中华民族共同体意识；中华民族共同体

作者 于学斌，黑龙江大学历史文化旅游学院教授（哈尔滨 150080）

"铸牢中华民族共同体意识"是习近平总书记的原创性论断，微言大义，准确理

※ 基金项目：本文系教育部人文社会科学研究一般项目"乡村社会治理中礼俗传统的继承与重构研究"（21YJC840008）阶段性成果。

解、正确阐释难度大。对铸牢中华民族共同体意识的科学的方法和恰当的实践路径的选择更难。虽然目前关于中华民族共同体意识的研究很热，产生了很多关于中华民族共同体意识的著述，但是关于该主题的研究还有很大的空间。

本文试从节庆文化的视角探讨中华民族共同体意识的形成规律和铸牢进路问题。所谓节庆文化，亦称节日文化，就是在节日期间所举行的一切节庆活动的总和，内涵丰富，包括物质文化和精神文化。任何一种节庆文化都是在漫长历史中逐渐积淀形成的，具有稳定性和模式化的特征。节庆同中华民族共同体意识关系密切，既是中华民族共同体意识的生成渠道，也是中华民族共同体意识的养成渠道，亦是目前铸牢中华民族共同体意识的实现进路。

黑龙江省地处北国边陲，是多民族聚居的省份，世居在这里的民族有汉、满、蒙、回、朝鲜、鄂伦春、鄂温克、达斡尔、赫哲、锡伯、柯尔克孜等 11 个民族。黑龙江省节日文化丰富多彩，蕴含着丰富的文化内涵，既是中华民族文化的重要组成部分，也在中华民族共同体意识的铸牢方面占有重要地位。本文以黑龙江省的民族节庆文化为例，从生成、养成、铸牢三个方面探讨节庆文化与中华民族共同体意识的关系。生成、养成和铸牢是中华民族共同体意识形成和发展依次递进的三个步骤，生成和养成是基础，铸牢是深化。

一、中华民族共同体意识在节庆中生成

中华民族共同体意识是在长期历史发展过程中逐渐形成的，生成的渠道存在于生活的各个方面，其中，节庆是中华民族共同体意识生成的主要渠道之一，中国 56 个民族在节庆中不断交往交流交融，逐渐形成了中华民族共同体意识。具体表现在以下几个方面。

1. 节庆生成中华民族血脉相连的情感纽带

共度佳节就是各民族共同创造中华民族共有精神家园的过程。节日不管源于何族，经过民族间交往交流，其个性逐渐减少，而共性的生活方式逐渐增多，各民族节庆体现出一致性。在交流交往中，各民族不仅实现了文化上的交融，也实现了感情的融通，在共同生活中，各民族情感共鸣，建立起谁也离不开谁的强大精神纽带。

中华民族节庆文化是各民族共同创造的，各民族参与其中，为节庆文化的丰富作出了贡献，节庆文化也成为各民族共有的文化，成为中华民族文化的有机组成部分。这种现象是由以下两方面的客观条件造成的。一是各民族交错杂居在一起。我国各民族的居住格局是大分散小聚居，就每一个民族聚居点而言，单一民族村几乎是没有的。就黑龙江省各地的少数民族村而言，都是多民族混居在一起，主体民族

的人往往在民族村中仅占少数。二是各民族不仅居住在一起，而且在血缘上有融合。就黑龙江省而言，各民族之间的通婚现象非常普遍，单一民族的家庭几乎是没有的。过去有的民族在习惯法中明确禁止同汉族通婚，而随着各民族交往交流的日益密切，尤其是在国家统一的背景下，这种禁令在各民族中早已经消除。所以各民族无论是地理边界，还是血缘边界，亦或是心理边界，都已经差异很小，已经建立起一荣俱荣、一损俱损的利益共同体。

由交往和交流而实现文化上的交融，就节日而言，是各民族同过同一节日。如春节、腊八、腊月二十三小年、正月十五元宵节、端午节、中元节、中秋节、下元节等节日在黑龙江省的世居民族——汉族、满族、蒙古族、朝鲜族、鄂伦春族、鄂温克族、达斡尔族、赫哲族、锡伯族、柯尔克孜族中广泛存在，虽然也有各自的民族特色，但是基本程序和意义相同。抹黑节在嫩江流域的达斡尔族、鄂温克族，兴安岭中的鄂伦春族，松花江流域的锡伯族，乌苏里江流域的赫哲族中都广泛流行，其过法和内涵基本相同。各民族在节庆习俗的与时俱进上也具有同步性，如现在随着商品经济的发展，年俗中的饮食更加丰富，过去黑龙江省在冬天吃不到新鲜蔬菜，而现在蔬菜也被摆上了过年的餐桌。与此同时也产生了相应的意义，素馅水饺的寓意是"肃静肃静"，忙碌了一年，要消停消停。这些过法和意义随着交往和交流，传播速度非常快。我们的调查对象——齐齐哈尔市梅里斯达斡尔族区哈拉新村一个达斡尔族家庭，受汉族姑爷的影响，开始吃素馅水饺，也要"肃静肃静"。

2. 节庆承载着中华民族共同的历史记忆

历史记忆具有构建民族身份和文化认同的作用。民族的本质就是由共同的历史记忆来界定和维持的，法国学者欧内斯特·勒南（Ernest Renan）认为，"民族本质上是由'共同历史记忆'、'共同命运'及其成员'愿意继续共同生活'等因素联结起来的人们共同体"[①]。共同的历史经历、相同的生活历程、相同的回忆母题必然生发出共同的民族情感，它们是浓浓的乡愁。

每个人、每个村子、每个民族都有属于自己的记忆。节庆文化尽管具有模式化的特点，但是在具体过法和节日内容方面依然具有时代性，每一个时代的节庆文化都具有时代特征，都刻有时代烙印。小节俗折射的是大历史，节庆既是历史的产物，也承载着历史的记忆。

我们在对黑龙江省各地各民族节庆文化的调查中发现，各民族的节庆记忆是相同的。我们的主要调查对象是年岁大的老人，他们经历了旧中国、新中国成立初期、"文化大革命"、改革开放等不同历史时期，在他们的记忆中，不同时代有不同

---

① 石硕：《铸牢中华民族共同体意识是人民美好生活的需要》，《中央民族大学学报（哲学社会科学版）》，2020 年第 6 期。

的节庆文化，同经济、社会发展状况密切相关。旧中国、新中国建立初期、"文化大革命"时期是我们国家的贫困时期，无论是国家还是小家，都经济拮据，所以过年过节非常窘迫，换新衣服是过年的重要内容，但是绝大多数家庭做不起新衣服。如果做不起新衣服，有三种变通策略，一是至少给孩子们做套新衣服，二是将旧衣服毁了重新改做一件衣服，三是将旧衣服洗干净。吃好吃的是过年的习俗，我们现在过年都摆上满满一桌子美食，但是在改革开放以前，并不是每家过年都能吃很多菜，实际情况是很多家庭因为拮据，除夕夜餐桌上只有一道菜。冻梨、冻柿子是东北各民族的"年嚼咕"，但是并不管够，许多家庭都直接分配给每个人。腊八粥"以黍米、稻、粱、枣、栗合煮之"①，但是各家米粮有限，往往因陋就简，有什么粮食就用什么粮食。放鞭炮是孩子们的最爱，但是买不起太多的鞭炮，许多家庭直接把买来的有限的鞭炮分给每个孩子。无论是城市还是乡村，无论是汉族还是少数民族，这些记忆对于他们来说都是共同的，十分深刻，成为现在过年的谈资，当全家团座、当亲戚朋友闲谈、当吃年夜饭的时候，老人都会忆起。

各民族的历史记忆归根结底是关于国家的历史记忆，从黑龙江各民族的历史记忆来看，节庆折射出我们国家从站起来到富起来、从富起来到强起来的发展历程，新旧对比的结果是对制度的自信和对道路的自信。我们在对黑龙江各民族的节庆调查中深切感受到，各民族对现在的生活非常满意，过去对年非常期盼，因为只有过年才能穿好衣服、吃好吃的，而现在，年的解馋作用、换新衣作用淡化了，人们口头上经常说的一句话是"现在平时吃的比过去过年吃的都好"，从中亦能看出百姓对我们现在美好生活的满意，人们在节庆中切切实实感受到了国家的进步，也真切体会到了获得感，真实地有了幸福感。追溯源头，所有这一切成就的取得以及美好生活的获得都是因为有中国共产党的正确领导和走社会主义道路，各民族自然而然地生发出对党、对国家、对制度的认同，因此在节庆中生成了中华民族共同体意识。

3. 节庆生成了中华民族高度的文化认同

文化认同是民族认同的基础，也是共同体的根基所在，"文化认同是最深层次的认同，是民族团结之根、民族和睦之魂"②，文化认同不是虚妄的，而是实实在在的，表现在生活的各个方面，对节庆文化的认同就是对中华民族文化的认同的具体化。王明珂认为，"民族间的边缘，既是时间和地理上的边缘，也是认同上的边缘"③。文化认同的结果是中华民族内部各民族之间的文化边界逐渐减弱，民族性逐渐消解，

① 朱衣点：《宾县县志》卷三《节令》，民国十八年（1929年）铅印本。

② 《习近平2014年9月28日在中央民族工作会议上的讲话》，学习强国，https://www.xuexi.cn/lgpage/detail/index.html?id=5095514752145351873&item_id=5095514752145351873，2022年2月24日。

③ 王明珂：《华夏边缘》，上海：上海人民出版社，2020年，第30页。

趋同性、一致性逐渐增强。中华民族共同体形成的过程实际就是中华民族文化边缘、边界扩展的过程，是 56 个民族间文化边缘、边界模糊、消失的过程。共有的文化是中华民族共有的文化基因，是中华文化同日耳曼文化、阿拉伯文化等其他文化相区别的文化边界。

节庆属于文化，中华民族对节庆文化高度认同。对节庆文化的认同首先表现为节日的共有和共享。各民族不仅同过春节、元宵节、二月二、端午节、中元节、中秋节、下元节、腊八节、小年等节日，而且在节期、节序等方面都基本相同，节日期间的活动内容、文化特色均表现出一致性，各种节庆活动也被赋予了相同的意义。其次，认同共有的价值观和伦理观。节日承载着民族的价值观和伦理观，对于中华民族来说，共同遵守的价值理念包括诚信守诺、尊亲敬祖、睦邻友好等，节庆习俗是对共同价值观和伦理观的具体实践，如我们民族自古就有"欠账还钱"的理念，年节前欠账还钱是各民族共有的习俗，"十二月，旧历年临迄，商民交易于是月结束债权债务"①，"凡钱债至五月节、八月节，必清结，谓之节关"②，即便还不上钱，也要上门说明原因，告诉还钱的具体日期，如会说"卖完粮就还"等话，这是中华民族讲究诚信的体现。过年过节要拜年拜节，"邻里致贺，拜家堂，依次拜尊长，互相恭维，皆用吉语""亲朋故旧，交相往还"③，达斡尔族、鄂伦春族、鄂温克族等全家一起出去拜年，人情味特别浓，既是序人伦，也是睦亲邻，这是中华民族的伦理观的具体体现。正是因为有了这些优良的人格和品质，我们的社会才和谐稳定，人和人之间才有着正常的人际交往。文化认同是各民族间文化交往交流的结果，在频繁交往和交流中，各民族形成融洽的民族情感和共同的心理特征。

4. 节庆生成了中华民族的身份认同

民族共同体作为实体必须具备四个要素，即有共同语言、共同地域、共同文化、共同心理特征。共同性是中华民族共同体的基础，共同性表现在节庆文化上就是一致性，中国 56 个民族在节庆期间各个方面表现出高度一致性，生活节奏的一致性"塑造了中国各族人民共有的民族性格"④，使得中国人紧密联系在一起，所以在节庆文化中生成了中华民族的身份认同。

节庆的一致性既表现为思想上的统一，也表现为行动步调上的一致。首先，节期是一致的。人们以时间为序，在每一个时间点上从事着相同的节庆活动。人们自觉遵守时序，不敢有违，有许多顺口溜是对年节程序的概括性总结，如黑龙江各

---

① 宋景文：《珠河县志》卷十五《风俗志·岁时》，民国十八年（1929 年）铅印本。
② 尚秉和：《历代社会风俗事物考》卷三十九《岁时伏腊》，北京：中国书店，2001 年，第 427 页。
③ 宋景文：《珠河县志》卷十五《风俗志·岁时》，民国十八年（1929 年）铅印本。
④ 谷苞：《三论中华民族的共同性》，《西北民族研究》，2007 年第 1 期。

民族中流传着这样的年俗谚语："小孩儿小孩儿你别馋，过了腊八就是年；腊八粥，喝几天，哩哩啦啦二十三；二十三，糖瓜粘；二十四，扫房子；二十五，冻豆腐；二十六，去买肉；二十七，宰公鸡；二十八，把面发；二十九，蒸馒头；三十晚上熬一宿；初一、初二满街走。""二月二，龙抬头，天上下雨地下流，家家户户吃猪头。"从这些年俗谚语中可以看出，人们赋予节点上的活动以相同的意义和人生体验。有些歇后语反映了一旦违背节日时序，其活动便没有了相应的意义，如"八月十五磨年面——早办""大年三十晚上卖门神——再迟不过了""大年三十喂年猪——来不及了""正月里卖门神——过时货""正月十六贴门神——迟了""八月十五贴门神——晚了大半年""过了年卖门神——过了时节"。年节期间人员的流动方向是一致的，家是节日期间人们聚拢的中心，不管身居何地，一定回家，"有钱没钱回家过年"就是这种人口流动的心理，所以过年期间交通忙碌，往往一票难求，反映了各民族共同的民族心理。年节期间的价值体系是一致的，节日赋予中国人共同的价值体系，承载着中华民族共同的道德情感，节日期间活动的主要内容是序人伦，主题是爱和敬，不仅促进了和谐社会的确立，而且保证了群体的团结和统一。节日体现了中华民族共同的理想和追求，驱邪避疫、祈福纳祥、五谷丰登、粮食满仓、金鸡满架、肥猪满圈、幸福安康、国泰民安等是各个节日的主题，反映了人们对美好生活的向往和追求。

共同的生活节奏在国家的参与和现代媒体的作用下得以强化。每到除夕，国家主席都向全国人民拜年；每到节日，中央和地方电视台、电台、网络都有关于节日的内容；各种自媒体、微信朋友圈都有相应的节日信息，既告诉你节日的日期，还告诉你有哪些节庆活动。所有这些不仅烘托了节日气氛，也使得全国人民的生活节奏高度一致。在国家统一的背景下，由于各民族的深度融合以及国家的统一领导，具有地域性、民族性的节日变成了各民族共度的节日，如黑龙江省鄂温克族的瑟宾节、赫哲族的乌日贡大会、达斡尔族的库木勒节、鄂伦春族的古伦木沓节等，不仅当地各民族踊跃参加，而且吸引了来自北京、内蒙古等地的人。

5. 节庆增强了中华民族的凝聚力和向心力

中华民族共同体意识形成的关键是团结，"要像石榴籽一样紧紧抱在一起"。节庆是维系中华民族的精神纽带，是中华民族共有的精神家园和情感寄托，它是一条无形的线，将各族人民联结在一起，使中国56个民族由多元变为一体。

年节具有团结人民的功能，它如同吸铁石，具有很强的磁力，每到此时，人们都以时间为令，聚集到一起。节庆活动有利于团结、有利于和谐，节日期间人和人之间是平等的，有互助和合作，体现了人间之爱，如杀年猪、包豆包、包饺子是黑龙江各民族共有的年俗，是年节的主要活动内容，亲戚朋友都来帮忙，同时也共享美食，结束之后一定饱餐一顿，摆在室外的冻饺子经常被人"偷"走煮了吃，吃完之后回来告诉饺子的主人"你家的饺子很好吃"，互帮互助实际上是共享美好的过程。节日中有互敬，邻里、朋友来往密切，互赠礼物，互致问候，过年是人员走动最频繁的时期，亲戚朋友互相串门，有的赶着马车到很远的地方看亲戚。虽然现在过年期间的拜年习俗有些淡化，但是依然是一年中人员来往最密切的时期。节日期间有包容和体谅，在节庆期间禁止打架、骂人，老人会告诉年轻的夫妇不要打骂孩子，也会劝自家的孩子管住自己的嘴，防止说错话、不好听的话。节日期间只能说吉利话。节庆中有欢歌笑语，人们围坐在老人身边聊天，聚在一起唱歌跳舞，走家串户扭秧歌拜年，其乐融融。所以，人们对节庆充满感情。

二、中华民族共同体意识在节庆中养成

养成就是培养，由偶发变成常态，由偶然性行为变成"集体无意识"。养成同生成一样，也需要一定的机制，养成的过程也就是常态化和日常化的过程。中华民族共同体意识在节日中生成，也在节日中养成。节日具有日常性、实践性、群体性和传承性等属性，这些节日属性使得 56 个民族的文化深度融合，中华民族成为有机的整体。

1. 节庆的日常性确保中华民族共同体意识的一贯性

中华民族共同体意识不是偶然性行为和政治运动，它是浸润于人的骨髓里的基本理念，要内化于心、外化于行，真真正正落到实处。节日的日常性使得中华民族共同体意识更加长远、永久，能够做到日常生活中时时刻刻体现中华民族共同体意识，不因地域的变化、时间的流逝而改变。

所谓日常性，就是节日的生活化，是一个人须臾不可无的生活内容。节日虽然是特殊时日，但是将节日放在历史之中和个人生命史之中，它仍然具有日常性的特点，是周而复始的有规律的活动。节日的节期、习俗、理念、象征意义都在生活中循环往复、完整完全地表达出来，节日活动是人们自觉自愿的模式化行为。节日的日常性契合了中华民族共同体意识建设的需要，其承载的中华民族共同体意识也随着年复一年、日复一日的节日而不断固化为人们的普通行为。

2. 节庆的实践性确保中华民族共同体意识的体验性

所谓实践性，就是身体力行。节庆属于精神文化范畴，但是所有的精神文化都表现为具体的实践活动，意义的表达都通过仪式化的活动来体现。节庆活动丰富多彩，既有饮食、服饰、居住、出行等方面的内容和规范，也有人员的互动，每一种活动都是节日象征的外化表达，这些活动使得节庆具有神圣感、神秘感，也使人们愿意过节日。人们在节庆中既能获得快乐，也能获得力量，既有成就感，也能为未

来充电，在节庆中享用辛勤劳作的成果，在节庆中强化人生目标。

中华民族共同体意识是人们的主观意识，但是仅仅停留在主观意识层面是不够的，要在现实生活中有所体现，落实到具体的生活实践中，否则就是形式主义，缺少实际意义。人们在节庆活动中能够切切实实体会到中华民族共同体意识，如大年初一黑龙江各民族各个村中都有一道美丽的风景：达斡尔族、鄂伦春族、鄂温克族、蒙古族的各个家庭提着酒瓶子挨家挨户走访拜年，进门就行磕头礼、请安礼，朝鲜族边走边跳、边唱，走到谁家，谁家都会摆上新酒、新菜宴请前来拜年的人，在这些活动中人们能够切切实实地感受到我们是一家人、我们是亲人、我们是一个整体。再比如节庆期间有集会、庙会、文体游艺活动，居住在黑龙江省的达斡尔族、柯尔克孜族、鄂温克族在正月期间各家轮流坐庄，邀请村中的亲戚朋友、左邻右舍来家里狂欢，通宵达旦，这些活动内容都具有团结族众、加强民族关系的功用，是中华民族共同体意识的具体实践。

3. 节庆的群体性确保中华民族共同体意识的全民性

所谓群体性，就是集体性。节庆的群体性首先表现在，节日文化是集体创造的，每个人都是节日文化的创造者。其次，每个人也是节日文化的享用者，每一个节日都是全民参与、全民共享。再次，节庆也是全民性的活动，节庆是一个地区、一个民族、一个国家全民性最强的活动，在节庆的时间点上每个人都不想也不愿意错过同全家、全村同胞团聚的时刻。节庆期间也有集体性的欢聚娱乐互动，如端午节的踏青，春节期间的闹社火、耍龙灯等都是大型集体性娱乐活动。而节庆期间的全民参与都是自发自觉自愿行为，是人们的生活方式之一，其中没有任何强加因素。

节庆的群体性契合了中华民族共同体的要求，中华民族共同体意识的核心内容是全国各民族人民紧密团结在一起。在节庆活动中各民族亲如一家，一个人都不能少、一个民族都不能少，思想、意志、行动达到高度统一。

4. 节庆的传承性确保中华民族共同体意识的永续性

传承就是继承，继承前代的传统。节日文化具有传承性，其传承既有纵向上灌输继承，也有传播，在横向上扩布。中国节日历史悠久，仅以中国最大的节日春节为例，其源头可以追溯到上古之时的岁首祭祀活动，岁首在夏商周各个朝代以及春秋战国时期的各国确立的时间点有所不同，汉武帝在太初元年即公元前104年将岁首之月确定在建寅之月即夏历（即农历）正月，从此以后农历正月初一就是中国人的农历新年，如此算来，农历新年至今已有2 100余年的历史。从汉代一直延续到今日的新年尽管随时代变迁，但是基本内核、结构没有改变，仍保持着超稳定性，具有固定的内涵和稳定的程序。"习惯既久，便视为当然"①，这种传承性使得中华民族一脉相承，生生不息。

节庆能够确保中华民族共同体意识永续发展，中华民族共同体意识在历史中形成，也在历史中被一代代中华儿女坚守，不因时代的发展、地域的变迁而发生改变。

三、节庆是铸牢中华民族共同体意识的工作进路

"以铸牢中华民族共同体意识为主线，推动新时代党的民族工作高质量发展"②是指导新时代民族工作的根本遵循，作为我党民族工作的重点，一方面，要求我们"要完整准确全面把握习近平总书记关于加强和改进民族工作的重要思想，深刻理解核心要义、精神实质、丰富内涵和实践要求"③；另一方面，要求我们要有所作为，探索出方法和路径，乘势而为，把党的精神落到实处。

节日节庆是贯彻落实党中央的指示精神的进路，如果说生成和养成阶段是润物细无声的自然行为，那么铸牢则是主动为之，要把铸牢中华民族共同体意识工作做扎实、做深入、做出成效，使中华民族共同体由"自在的民族实体""想象的共同体"转化为"自觉的民族实体"。为此要做以下三方面的工作。

1. 创造机遇增进各民族间的交往交流

共同体存在的基础是交流和交往，铸牢中华民族共同体意识就是"加强各民族交往交流交融"，中央民族工作会议将"促进各民族广泛交往交流交融"作为习近平总书记加强和改进民族工作重要思想的重要内容之一，强调这是推动中华民族共同体建设的重要途径。只有交流和交往，感情才能深厚，民族才能成为一体。随着现代化建设步伐加快，人们的生活节奏越来越快，忙碌的工作和学习使得接触、交往、交流的机会越来越少，村落呈现原子化状态，这种社会现状不利于中华民族共同体的铸牢。唯有节庆期间才是短暂的休闲时间，唯有此时人们之间的联系、联络、走动才密切，互动性才强，既有信息交流，也有礼物的流动，"以端午、中秋与岁首并称三节。至时则商贾歇业，百工休假。官吏士民，于前一日即衣冠贺节"④。

政府部门要利用节庆时机，创造各民族交流交往的条件，形成各族群众共居、共学、共事、共乐的社会条件，提供交流感情的机会。高举中华民族大团结旗帜，"引

---

① 尚秉和：《历代社会风俗事物考》卷三十九《岁时伏腊》，北京：中国书店，2001 年，第 413 页。
② 习近平：《以铸牢中华民族共同体意识为主线　推动新时代党的民族工作高质量发展》，《人民日报》，2021 年 8 月 29 日第 1 版。
③ 习近平：《以铸牢中华民族共同体意识为主线　推动新时代党的民族工作高质量发展》，《人民日报》，2021 年 8 月 29 日第 1 版。
④ 尚秉和：《历代社会风俗事物考》卷三十九《岁时伏腊》，北京：中国书店，2001 年，第 427 页。

导各族人民牢固树立休戚与共、荣辱与共、生死与共、命运与共的共同体理念"[1]，"促进各民族在理想、信念、情感、文化上的团结统一，守望相助、手足情深"[2]。

2. 加强中华民族共同体意识教育

铸牢中华民族共同体意识的关键在于教育，共同体意识属于精神文化范畴，主观认同是关键，所以思想的灌输非常重要。教育需要家庭、国家共同努力。国家注重宣传，而家庭要注重家教。其中家庭教育是基础性工作，我国自古就注重家教，习总书记也多次强调要重视家庭教育，认为"家庭是人生的第一课堂"[3]。节庆期间举家团聚，是家庭教育的良机。

教育的主要内容是灌输"中华民族是各民族普遍认同的统称"[4]思想，族称和族属不仅仅是一个简单的名称问题，更是人心认可、认同的问题，要教育各族人民群众从心底里认同中华民族。习近平总书记指出："各民族都要培养孩子们树立中华民族一员的意识，不要让孩子们只知道自己是哪个民族的人，首先要知道自己是中华民族，这是月亮和星星的关系。这件事一定要大张旗鼓做起来，持之以恒做下去。"[5]要教育群众树立中华民族意识，克服狭隘的民族主义倾向。

节庆期间是举家团聚的时刻，借此时机要深化民族团结进步教育，全面深入灌输中华民族一家亲、你中有我、我中有你、谁也离不开谁的思想，让人们知道我们是一荣俱荣、一损俱损、利益攸关、命运攸关的命运共同体。节庆教育要厚植家国情怀，加强爱国主义教育，树立振兴中华民族、实现中国梦的理想信念，要培育社会主义核心价值观，引导各族群众树立正确的国家观、历史观、民族观、文化观、宗教观。

中华民族共同体意识的教育要形成习惯，变成我们民族生活中的一部分。经过天长日久地不断教育，推动中华民族成为认同度更高、包容性更强、凝聚力更强的命运共同体，增进各民族对中华民族的自觉认同。

3. 构建中华民族共有精神家园

中华民族共同体意识的基础是共有精神家园。构建共有精神家园就是凝聚中华

---

[1] 习近平：《以铸牢中华民族共同体意识为主线　推动新时代党的民族工作高质量发展》，《人民日报》，2021年8月29日第1版。

[2] 习近平：《以铸牢中华民族共同体意识为主线　推动新时代党的民族工作高质量发展》，《人民日报》，2021年8月29日第1版。

[3] 《习近平谈治国理政》第二卷，北京：外文出版社，2018年，第354页。

[4] 国家民族事务委员会、中共中央文献研究室：《民族工作文献选编（2003—2009）》，北京：中央文献出版社，2010年，第436页。

[5] 《习近平2014年9月28日在中央民族工作会议上的讲话》，学习强国，https://www.xuexi.cn/lgpage/detail/index.html?id=5095514752145351873&item_id=5095514752145351873，2022年2月24日。

民族共识。只有有了共有的精神家园，才能团结和睦，才能形成民族的向心力和凝聚力，形成不可抗拒的磅礴之势以应对来自国内外的各种挑战，更好地为社会主义现代化建设、为实现伟大的中国梦而奋斗，我们国家第二个百年奋斗目标才能实现。因此，建设共有精神家园是铸牢中华民族共同体意识的基础性工作，既要依靠国家力量和现代媒体的作用，也要依靠社会全体公民通力合作。

共有精神家园建设要"培育时代新风"，具体包含以下两方面内容。

一是嵌入社会主义核心价值观、"两个维护"、"四个意识"、"四个自信"等主流思想。在此基础上要在各民族形成"五个认同"的理念，即对伟大祖国、中华民族、中华文化、中国共产党、中国特色社会主义的高度认同。要让群众认识到，中国共产党领导和坚持走社会主义道路是中国人民的正确选择。20世纪六七十年代，我们国家曾经搞过忆苦思甜教育，"不忘阶级苦，牢记血泪仇"，这一做法有可取之处，对于生在新社会、长在红旗下、沐浴在改革春风里的一代来说，确实有必要进行忆苦思甜教育，不忘来时路，才能行稳致远，才能继续走好前行的路，总书记倡导学习"四史"的意义也在于此。目前，民间百姓在节日期间有忆苦思甜的传统，在我们的调查对象中，有的家庭有忆苦思甜的习惯。过年全家围坐在一起吃团圆饭的时候，齐齐哈尔市梅里斯区雅尔塞镇哈拉新村的康淑珍、哈尔滨市呼兰区孟家村的孙淑文都给晚辈忆苦思甜。这一活动的好处在于，能让年轻人明白我们不总是这么过年的，今天的幸福生活是坚持中国共产党的领导的结果，是社会主义制度和道路优越性的体现。要教育年轻人爱国、爱党、爱社会主义，只有国强，才能民富，只有国泰，才能民安，只有在党的领导下走社会主义道路，我们才能实现伟大的中国梦。

二是嵌入命运共同体意识。牢固树立各民族休戚与共、荣辱与共、生死与共、命运与共的共同体理念。中华民族56个民族谁也离不开谁，血脉相连，血浓于水，文化相通相融，这是历史上形成的牢不可破的关系。命运共同体意识是我国各民族人心凝聚、团结奋进的强大纽带。只有建立起共同体的强大纽带，中华民族才真正成为一个统一稳固的共同体。

四、结语

节日是中华民族百花园中一朵璀璨的小花，既承载着中华民族精神，是中华民族共同体的精神家园和连接各民族的纽带，生成和养成了中华民族共同体意识，也是铸牢中华民族共同体意识的进路，所以我们要保护、传承好这朵小花，使它越来越灿烂。

"中华民族共同体意识是国家统一之基、民族团结之本、精神力量之魂。"[①] 要找到节庆文化与中华民族共同体意识的契合点，充分利用节庆文化，铸牢中华民族共同体意识，不折不扣地把党中央关于民族工作的重大决策部署落到实处。

---

① 中共中央办公厅、国务院办公厅：《关于全面深入持久开展民族团结进步创建工作铸牢中华民族共同体意识的意见》，《人民日报》，2019 年 10 月 24 日第 2 版。

从多民族共享中华文化符号谈
铸牢中华民族共同体意识

——以"莲花山青苗水会"为例

杨学燕　沙爱霞　梁莉莉

摘要："莲花山青苗水会"产生于贫瘠的自然地理条件下，随着当地人民的逐步富裕，水会功能发生转变，成为多民族交往交流交融的空间和地域性的中华文化符号。水会实现了向国家认同层面的精神共同体的转变，增强了当地人民铸牢中华民族共同体意识的认知。水会所形成的场域，既是多民族共享的中华文化符号，更是对中华民族共同体意识形成认知、实践和铸牢的过程的体现。

关键词：中华民族共同体意识；文化演化；多民族；文化符号

作者　杨学燕，宁夏大学民族与历史学院副教授；沙爱霞，北方民族大学管理学院副教授；梁莉莉，宁夏大学民族与历史学院副研究员（银川　750021）

自 2014 年习近平总书记在第二次中央新疆工作座谈会上提出"中华民族共同体意识"，到 2021 年 8 月中央民族工作会议谈到铸牢中华民族共同体意识是主线和纲领，"铸牢"这一命题从萌芽到形成体系，并在 2020 年以后开始走向实践。学术界对这一问题的研究从 2020 年后迅速增多，研究的命题就什么是中华民族共同体

※　基金项目：宁夏高等学校科学技术研究项目"宁夏黄河文化旅游开发研究"（NGY2020028）；北方民族大学教育教学改革研究项目（2021JY076）。

意识①、如何铸牢中华民族共同体意识②、铸牢中华民族共同体意识的意义③、铸牢中华民族共同体意识的路径④ 等方面探讨的比较多，偏重政治视角的剖析，但就铸牢中华民族共同体意识的动力和过程做深入分析的相对较少，多学科视角的研究成果相对较少。中华民族共同体意识是在长期的历史过程中推进形成的，其背后的动因是人民的文化自信和对国家的高度认同，这种自信和认同随着文化变迁、历史发展和生活条件的改善逐步强化，最终实现铸牢中华民族共同体意识的目标。新时代推进中华民族共同体建设，需要从政治、经济、文化、社会和生态文明多个视角共同发力，共同构建人与自然和谐共生的美好家园，凝聚中华民族合力，从而铸牢中华民族共同体意识。铸牢中华民族共同体意识的过程就是对各民族文化生活、文化仪式的解读和引领其发展的过程，目前此视角的研究成果相对较少，仅有张前等基于土族"纳顿"庆丰收会的仪式分析铸牢中华民族共同体意识文化仪式的空间展演⑤。因此，本文分析宁夏同心县"莲花山青苗水会"的形成和演变过程，抛砖引玉，探讨铸牢中华民族共同体意识的动力和过程，希望未来有更多的研究成果来探讨此领域的问题。

一、区域共享的文化符号——"莲花山青苗水会"的形成过程

（一）水会的形成缘起

中华民族对祭祀的重视，源于天地和谐共生的理念信仰。在传承过程中受特殊历史、地域环境因素的影响，而衍生出因时、因地而异的内容。祈雨的习俗源于祭祀文化，因地缘因素和特定心理需求差异，在各地呈现出不同的形式。

宁夏中南部地区，地处西部干旱带，昔日该地域最突出的特征是十年九旱甚至十年十旱，人们靠天吃饭、靠天饮水，雨水是农耕丰歉、吃饭饮水的决定性因素。水与民众的生存息息相关，故民间祭祀的重要内容就是祈求甘霖普降、五谷丰登。

① 陈立鹏、汪颖：《习近平关于铸牢中华民族共同体意识重要论述的理论要点》，《中南民族大学学报（人文社会科学版）》，2021年第10期。
② 纳日碧力戈、萨仁：《铸牢中华民族共同体意识的多维进路》，《广西民族大学学报（哲学社会科学版）》，2021年第4期。
③ 王伟、张伦阳：《新时代中国共产党铸牢中华民族共同体意识研究：逻辑缘起、价值意蕴和实践路径》，《中央民族大学学报（哲学社会科学版）》，2021年第6期。
④ 赵旭东：《构建一体多元的中华民族共同体意识》，《贵州大学学报（社会科学版）》，2021年第6期。
⑤ 张前、杨玢、王峥丽：《铸牢中华民族共同体意识文化仪式的空间展演——基于土族"纳顿"庆丰收会的仪式分析》，《青海民族大学学报（社会科学版）》，2021年第4期。

每遇旱情，只能上庙祈雨，故祈雨之祭经久不衰，为此举行的庙会多以水会冠名。莲花山三霄观是当地最大的方神庙，也是当地人口中的"大方"，莲花山三霄观以"青苗水会"而闻名。

近代举行的水会有记载的最早时间是 20 世纪 50 年代，其后一直中断，直到改革开放后的 1983 年恢复传统水会，并更名为"青苗水会"。青苗水会是同心地区规模最大、影响力最广泛的集体性朝山求雨活动，属于典型的民间信仰活动。在当地，干旱给人们的日常生活带来了很大的不便，生产生活的需要使当地产生了祈雨求福、祛病消灾的朝山求雨活动。

（二）"莲花山青苗水会"的仪式过程

"莲花山青苗水会"是宁夏同心地区包括周边相邻的环县、海原、固原、盐池等地群众的一种传统的祈雨禳灾活动。水会主要由水会队伍、水会用具、水会祭祀音乐、诵吟偈语等内容组成，举办活动必须按照规定的仪程进行，主要有穿旗、封井、取水、献水、禳瘟、抬供、打醮等多个环节。

水会由会长主持，祈雨队伍由全驾执事、仪式队伍和乐队组成。水会服饰由道袍、道冠、特质轿夫彩服、"朝山供水"黄布袋等组成。水会的乐队由遴选的当地擅长乐器演奏的音乐人才组成，人数在 20—30 人，音乐取材于宁陇地区流行的道场音乐和民间祭祀音乐。在整个水会过程中，音乐是配合取水、献水、过关、抬供时的专用音乐。祈雨的偈语是一种特有的赞神诵经的文学体裁，用以道场中赞颂神灵、劝人为善，其形式生动活泼、易诵易记、琅琅上口。

（三）"莲花山青苗水会"的传承体系

从地域传承体系看，在宁夏同心地区，方神信仰与地方社会的关系主要体现为大方对小方的整合。同心县的张家塬乡处在当地的一个汉族聚居区内，张家塬乡的 6 个自然村中，有 4 个为汉族村，这 4 个汉族村都建有各自的方神庙。大方是小方的集合。大方以同心莲花山为中心聚集，通过每年在莲花山召开的青苗水会对该区域的小方进行整合，从而形成一个区域信仰共同体[①]，进而综合形成民间信仰共同体。从水会传承路径看，莲花山水会的传承方式有两种：一是庙会群体传承，主要依托民间庙会组织传承，即通过庙会组织从信众中选拔祭祀人才相传；二是水会队员的代际传承，主要通过口传心授。传承人的选择和确定主要着眼于传授者与被选择者的亲密关系和传授者对被选择人保密诚信的认可。通常采用语言教育、亲自传授的

---

① 王中加：《宁夏同心地区方神信仰与地方社会关系研究》，河南大学硕士学位论文，2018 年，第 52 页。

方式，将技能、技艺和技巧代代相传，从而实现了水会文化遗产的代际传承和保存。

二、水会从祭祀文化的空间到民俗文化的空间的功能演变

（一）贫瘠的自然地理条件下产生的祭祀文化

莲花山所在地——同心县位于宁夏回族自治区中南部，隶属于吴忠市，东、西、南三面与陕西和甘肃相连，地处鄂尔多斯台地南部黄土高原，属丘陵沟壑区，地势呈南高北低之势，海拔 1 240—2 625 米，地形复杂，山川纵横交错分布，地势依靠六盘山系而形成。该地区自然地理的最大特征就是气候干旱，风多沙大，日照充足，蒸发强烈。年日照时数在 3 000 小时以上，全年大风日数 24—44 天，常伴有干旱、冰雹、霜冻等自然灾害，加之地下水埋藏较深、土壤渗透能力强、地形起伏大，水土流失严重，经济水平落后。

饮水稀缺曾是这一地区民众祖祖辈辈的生活常态，这里的姑娘一生只能在出嫁前一天洗一次澡，男性最痛快的洗浴方式是暴雨过后在水坑里用雨水洗澡。洗锅水、洗脸水澄清后进行二次利用是生活常态，随便浪费一滴水在当地就是"败家子"，这里水比油贵，遇到大旱，两斤粮食都换不上一碗水。人们对水的渴望，甚至体现在地名中，如盼水墩、喊叫水、抱头水等，这些因缺水而起的地名诉说的是这里的人们对水的渴望、珍视和敬畏。

（二）群众自发组织的文化传承活动是基础

"莲花山青苗水会"是周边地区民众自发组织的万人齐聚的盛大祭祀活动。水会发端于明末清初，在清朝末年曾达到鼎盛，周边的预旺城隍庙也仿效莲花山举办水会，所以在宁夏同心地区形成了一年两会、每年春季两地相继举办水会的盛况。"文革"期间的扫除"四旧"行为，使得水会中断 30 余年。但因水会的祭祀习俗在当地人心中根深蒂固的影响和水会传人对水会熟稔于心的持守，使得水会没有失传，水会器物也因民间收藏而得以幸存。

水会的功能演变是随着其各种文化功能的发挥而逐步演化的。在这个过程中，以水会作为媒介连接生活空间和精神空间，以仪式活动作为文化交流场域，形成"你中有我、我中有你"的相互融合交流的画卷。人们以感知盛世幸福的心情共同体验新时代的民俗文化，感受国家政策带来的福利和变化，最终实现了铸牢中华民族共同体意识的目标。

（三）逐步富裕是水会功能转变的动力条件

青苗水会发祥地莲花山，位于同心县张家塬乡折腰沟村境内，西北距同心县城约80千米，南距固原市约120千米，北距盐池惠安堡约80千米，东距甘肃环县约70千米。青苗对于农民而言，既是五谷丰登的希望，也是温饱满足的指望。在农民心中，只有青苗旺长才能放心。对青苗的钟爱，是农民追求幸福生活最现实、最本真的心理寄托。青苗盛衰关乎人们的吃饭穿衣，决定人民群众的生存状态。

在全国范围内的干旱地区中，西北地区尤为严重，而西北则以西海固地区为最，西海固曾被联合国评为"最不适宜人类生存的地方"。同心县是曾号称"贫瘠甲天下"的西海固地区的重要组成部分，在过去严重缺水的环境下，人民曾生活在生死边缘，土地干旱问题更是难以名状。农牧业历来是靠天耕作和养畜，致命的干旱使农业生产长期都处于"三年两头旱，十种九不收"的落后状况。这种贫瘠的状态一直持续到新中国成立后，政府通过运用各种政策措施不断改善当地人民的生产生活环境和条件，先后通过"国家八七扶贫攻坚计划""陕甘宁盐环定扬黄续建工程""母亲水窖工程""易地扶贫搬迁""产业救助""黄河引水工程"等大的项目、工程及措施，逐步改善了当地的用水环境和生产生活条件。如今当地家家都用上了自来水，田间沟渠交错，农业生产稳步增收，农民生活环境越来越好，居民自建的多层楼房随处可见。家畜养殖、土豆等作物的种植和深加工等成为当地人民的重要收入来源。

（四）在共享的文化空间中的交往交流交融是水会功能转化的媒介

中华民族的文化是在历史长河中发展和传承下来的，是各民族文化相互渗透和交流而形成的高度融合的统一体，因此就具有了共享性的特征。同时，因各民族文化的形成历史具有差异性，各民族在融合发展的过程中，总会保留该民族区别于其他民族的文化特征，成为辨别该民族文化身份的依据。不同民族围绕"吃穿住用行"会呈现具有独特性的特征，这表现为体质特征、宗教信仰、风俗习惯抑或是语言上的差异。此外，因我国地形地貌特征的复杂性，各民族在当地因地制宜的发展过程中，会因地域环境的差异性，表现出具有明显的地域性和区域性特征的民族文化。

"莲花山青苗水会"就是根植于秦陇地区的祭祀文化发展而来的农耕民俗。历史上，由于当地干旱少雨、灾病频发，人们借助神力与自然灾害抗争，表达祈求上苍、普降甘霖、丰泽庄稼的意愿，达到求神拜佛、禳灾祛病、保佑安宁的心理安慰。而现在，每逢水会，万众云集，盛况空前，水会被赋予了新的时代内涵，成了饮水思源、感恩时代、寄托乡情、访亲会友、文化旅游、展示才艺和陶冶性情的盛大文化之旅。历经500多年的演化，水会从最初的祭祀活动，逐渐演变成为一种约定俗成的庙会民俗。

三、从共享中华文化符号到铸牢中华民族共同体意识的转变

（一）沧海桑田变化中党的深情厚谊是铸牢中华民族共同体意识的基础

同心县预旺镇紧邻莲花山，预旺镇曾经是红军西征和迎接红四方面军北上的主要活动地域。红军西征为预旺、莲花山留下了丰富而宝贵的红色文化资源，使预旺成为中国革命史上著名的"红色地标"。红色文化的丰厚积淀和改革开放的历史机遇使水会文化与时俱进，为水会文化传承注入新的活力和新的时代内涵。昔日革命年代，当地人民拿出自己的救命粮、救命水支援红军，红军也秉承"不拿群众一针一线"的原则保护当地人民的财产，但缺水的事实成为军民共同的心病，所以当红军离开时，曾说过"等革命胜利要为这里的老百姓打水窖，还了这份深情"！

昔日缺水到极致的地方人民，在物质资源极大丰富的21世纪，在国泰民安的幸福时代氛围中，因祈雨这个民俗活动在地缘上短暂地聚集起来，人们怀着对党和国家深深的感恩之心，在参与祈雨仪式时，再次认识到一滴水、一粒粮的来之不易。祈雨仪式有利于激发民众强烈的爱国之心，使他们自觉养成节水节粮的习惯，进而倡导珍惜水资源，形成崇尚节约的风俗，提醒人们在脱贫之后树立滴水如油的节水意识并从心底感怀党的恩情，引导人们以感恩之心去感恩伟大祖国、努力奋斗。

（二）感受绿水青山巨变下的富裕生活是铸牢中华民族共同体意识的动力

新中国成立后，张家塬乡实施了生态移民、退耕还林、精准扶贫等一系列利民工程，莲花山风景区绿化面积近万亩，树木百万余株，生态环境治理成效显著。张家塬乡也成为宁夏中部黄土旱塬上的"绿岛"。莲花山所在地折腰沟村现有耕地18 924亩，除宅基地、耕地外，全部为森林。全村335户，家家有自来水，2019年人均收入9 400元。目前该地种有马铃薯、甜瓜、枣、柠条、杨柳、榆树、杏树等，其中小秋杂粮种植及其初加工在宁夏颇具特色，口感好、品质佳，在同类产品中具有竞争优势。林下养殖、杂粮衍生农产品开发以及外出打工是这里人们的主要收入来源。自新中国成立以来，随着家庭生活条件的改善，张家塬乡是同心县中考、高考输出优秀毕业生最多的地区，是考取博士、硕士人数最多的乡镇，也是县处级干部和各类技术人才最为集中的地域。

（三）各民族团结守法爱国是铸牢中华民族共同体意识之本

各民族在传承保护和创新交融中形成的文化是实现国家文化认同的基础和核心。在不同时代，中华民族的文化总是在不断地融合与创新，从而形成新的共有文化形象和文化符号。今天的中华民族文化就是历史上的各民族文化在激荡的历史长河中形成的"你中有我、我中有你"的具有高度黏性的共同体。中华民族的共有文化就如同巨型花盆一般，其内插满了异彩纷呈的民族之花，各民族文化相互影响、相互融合、共生发展，所呈现的共同特征就是各民族共享的中华文化符号和中华民族形象。

同心县农业人口占其总人口的 75% 左右，辖区内回、汉民族混居，回族人口占其总人口的 85% 左右。祈雨仪式中优良民风的传承凝聚民心，让回汉民族在盛大集会中更加祥和团结。祈雨将善良美好的理念和行为规范，借助民俗活动渗透到人们心灵深处，更深层次地影响人们的精神状态和社会的安定团结，昭示人民循礼守法、爱国爱家。仪式中的佛、道、儒文化相互碰撞、渗透、交叉融合，形成了各具特色又"和而不同"的文化局面。预旺镇周边以汉族为主体的人们参与仪式，祈求平安幸福，当地回族摊贩也通过特色美食的售卖而参与水会氛围的营造，回、汉民族之间通过不同的参与水会的方式，最终形成了不分民族和信仰，以"和"为核心理念，追求人与自然、人与社会、人与人之间和谐共通的氛围，使不同信仰的民族平等和睦，为建设自己的生活家园努力奋斗，为当地精神文明建设和社会和谐发挥了积极的推动作用。

（四）产业兴旺发展是铸牢中华民族共同体意识的手段

水会吸引了甘、宁两省人民赴会观瞻，最多时可达 5 万余人。水会庙宇宫观和活动场所历经 30 余年建设，现有建筑面积 9 万多平方米，占地面积达 10 万多平方米，形成盛况空前的建筑规模，如今的莲花山已成为宁夏道教的主要道观，成为宁夏中部的观光旅游景区。农历四月中旬是春夏播种前后的农闲时光，农民自然产生休闲散心的消遣欲望，借助水会可以调节单调的文化生活。水会成为看戏及旅游休闲的重要平台，也为商贾农家提供商品流通便利，实现了惠民之义举，丰富了群众的精神文化生活，还使得"莲花山青苗水会"人气汇聚、长盛不衰。

作为我国非物质文化遗产的"莲花山青苗水会"，蕴含了宗教、民俗、文学、音乐和美术等方面的多种表现形式，从功能来看，这一文化遗产具有认识、研究、欣赏、娱乐、消遣和教化等作用，同时与莲花山的宗教文化实体联系在一起，发挥着独特的宗教文化传承作用及移风易俗、化育民风的作用。因此，2014 年 12 月，同心县"莲花山青苗水会"经国务院批准被列入第四批国家级非物质文化遗产代表性项目名录。水会活动有力地拉动了当地旅游业的发展，不仅陕甘宁三省，周边其他省区甚至海外的游客都来过此盛会。

同心县及周边地区经过国家的水资源补给政策和设施的救助，其水资源已不再威胁生存，水会也在逐步发展和创新。人们在传承水会文化的基础上，创新了水会的文化内涵和活动形式，如在水会仪式中融入舞狮、腰鼓、太平鼓等新元素，同时在水会期间增设书法、摄影、剪纸等比赛项目，开展秦腔、民乐、广场舞等展演，为水会增添了丰富的当代文化元素，烘托出太平盛世的祥和氛围。

当代的水会由原先的祈雨祭祀空间变成了民俗活动空间和文化交流空间，其民间祭祀功能转化为商业价值和社会价值，水会上升为中华民族共同体的精神凝聚时空。经过水会洗礼，参与的群众感受到的是中华民族优秀文化的集中展现和伟大祖国的繁荣昌盛，使群众充满对现有美好生活的感慨和对幸福生活的感恩。

四、以水会为媒介铸牢中华民族共同体意识

"莲花山青苗水会"集民俗活动、游览、娱乐、商贸交易于一体，在促进民族团结、文化融合、经贸往来的同时，将农耕民俗传承、生态文明建设、民族团结以及国家认同相结合，在 21 世纪有了新内涵。恰如社会学家滕尼斯的研究：血缘共同体、地缘共同体和精神共同体彼此都保持着紧密的联系，而精神共同体在自身中结合了前两种共同体的特征，构成一种最高级的共同体类型①。"莲花山青苗水会"所建立起的感恩、爱国的共同体，主要是基于自然意志以及血缘、地缘等而形成的社会组织，这个组织中，既包含着当地人，也包括在盛世华章下因水会的影响力而辐射到的外地人群。参与水会的人们在这个有机整体中扮演着不同的角色，彼此之间有着亲密的互动，相互依存，并且寻求到了归属感，最终达到各民族之间更深入的了解，从而实现互联互通互融的文化交流目标。水会中人们形成的具有现代意义的精神共同体逐步转化为对国家的强烈认同，由此实现了向国家认同层面的精神共同体的转变，增强了人们对铸牢中华民族共同体意识的认知。

水会最初是因生活所迫而生成的，到今天形成规模盛大的文化空间；从最初共同居住在莲花山的回、汉人民所形成的地缘共同体，发展为"莲花山青苗水会"所辐射的陕甘宁区域的地缘共同体，最终逐步形成感恩党和国家的精神共同体。"莲花山青苗水会"的形成过程，就是人们朝着一致的方向、相互影响、彼此协调地形

---

① [德] 斐迪南·滕尼斯：《共同体与社会》，林荣远译，北京：商务印书馆，1999 年，第 87 页。

成中华文化符号共享的过程。所以"莲花山青苗水会"所形成的场域，既是多民族共享的中华文化符号，更是对中华民族共同体意识形成认知、实践和铸牢的过程的体现。

五、结论：国家富强、人民富裕的过程就是中华民族共同体意识的认知过程和铸牢过程

各民族在长期的历史过程中，以一体为主线和方向，以多元为要素和动力，各民族共享的中华文化符号是传统文化符号逐步演变为精神共同体的基础，而文化符号的影响范围和辨识度是精神共同体影响范围的决定性条件。如果说地缘共同体和血缘共同体的形成过程是历史和自然造就的，那么精神共同体就是在建设伟大祖国的过程中，随着国家富强、人民富裕而逐步形成的，这个形成过程就是中华民族共同体意识的认知过程和铸牢过程。各民族在分布上交错杂居、文化上兼收并蓄、经济上相互依存、情感上相互亲近，你中有我、我中有你、谁也离不开谁。各族人民休戚与共、荣辱与共、生死与共、命运与共[1]。因此，生逢盛世，随着各民族生活条件的改善和富裕，其对共享的地域文化符号的认同的过程会转化为铸牢中华民族共同体意识的认知过程。伟大祖国愈加强盛，人民生活也会愈加幸福，中华民族共同体意识也会愈加牢固！

---

[1] 沈桂萍：《正确把握铸牢中华民族共同体意识的几个问题》，国家民委微信公众号，https://mp.weixin.qq.com/s/E_pn_XCZlJ7vy47f0ulOWA，2022 年 6 月 23 日。

中华民族共同体理论的知识社会学分析

金 贵

摘要： 中华民族共同体理论的形成及其意义，不能仅从思想史或者说所谓的内在的角度出发予以解读。知识社会学提供了一个视角，即从总体性的社会历史格局中理解思想本身。从这个角度出发，中华民族共同体理论是在一定社会历史的格局中，在社会历史发展的总体进程的基础上逐步建构起来的。挽救民族危亡、西学东渐、强调传统文化认同，是中华民族共同体理论产生的总体性社会历史格局。推进现代化、实现民族复兴，是铸牢中华民族共同体意识的总体性社会历史格局。

关键词： 中国共产党；中华民族共同体理论；知识社会学

作者 金贵，南京艺术学院副研究员（南京 210000）

知识社会学理论自产生以来，备受学界关注。这一理论虽有不足，但在知识社会或者说信息社会里，探讨知识的起源或者有效性也是十分必要的。可以说，知识社会学理论也是一种很有意义的分析问题的方法。在知识社会学中，知识是理所应当的、得到社会认可的、可制度化的、有效的信念。知识的形成不能从传统理性主义，或者说知识的自主性中去归因，更要从具体的社会历史格局中去归因。知识社会学理论从其产生到发展经历了相当长的历史，出现了一些具有代表性的人物。

马克思·舍勒在《知识社会学问题》一书中阐述了"文化社会学""知识社会学"等理论，他的理论遵循现象学的基本研究方法，集中探讨知识社会学的一个核心问题，即"知识社会学与关于知识的起源和有效性的理论（认识论和逻辑学）的关系"[①]，构建了一个以人为中心，把价值秩序、社会精神和主体体验结合起来的理论体系。舍勒的此种结合其实也突破了仅从思想角度认识思想的路径，把知识放到了一个较大的社会历史背景中去认识。

[①] [德] 马克思·舍勒：《知识社会学问题》，艾颜译，南京：译林出版社，2012 年，第 3 页。

大卫·布鲁尔在《知识和社会意象》一书中，阐述了知识社会学中的"强纲领"的理论①。他的这种理论不同于从传统理性主义的角度说明科学知识的成因。他提出，不涉及某些社会因素就无法对科学知识的成因加以说明。也就是说，他认为，知识的成因不内在于理性之中，而在于社会历史之中。

彼得·L.伯格与托马斯·卢克曼在《现实的社会建构》中，就知识社会学问题，提出"一个社会中的知识是在历史过程中积累下来的"②。他还认为，极具个体特色的自我意识之所以能够上升为知识，就在于知识更具正当性与普遍性，能够对现实的社会建构发挥自己的作用。

卡尔·曼海姆的《保守主义——知识社会学论稿》一书，在对德国保守主义进行分析的过程中，提出一个重要的观点："知识社会学却有完全不同的任务，它要追溯收集起来的思想素材所产生的历史—社会格局，在总体进程的基础上理解它们的形成。"③可见，在曼海姆看来，知识社会学的任务与思想史或哲学原理对思想所谓内在性的探讨不同，它要追求思想、观念或原理之所以产生的社会历史格局。在这种思路下，一定思想的社会历史归因至少要有两个：一是它是有意义的，二是它在经验因果性上是充分的。有意义即意味着，思想能够得到他者的认同。经验因果性上的充分，说明思想在实践上具有生命力。

从以上可以看出，知识社会学理论对知识的归因问题，在很多方面与马克思主义的立场有相同或相似之处。因为在马克思主义看来，不能仅从思想与观念本身来认识思想与观念，也要从形成思想与观念的一定的社会历史格局中去寻找根本原因。质言之，要从具体的社会实践出发认识思想与观念。因此，运用知识社会学理论理解探讨中华民族共同体理论很有意义。可以说，知识社会学理论是理解中华民族共同体理论的一个重要路径。

一、中华民族共同体理论产生的社会历史格局

中华民族共同体理论的产生，有一定的社会历史背景。在传统社会里，中国就有夷夏之分。夏，本指华夏民族，是夏民族、商民族等民族在春秋时期融合而成的。在华夏民族起源时，与炎黄部落并居，而崛起于黄河流域的民族则是东夷。"夏"成

---

① [英]大卫·布鲁尔：《知识和社会意象》，霍桂桓译，北京：中国人民大学出版社，2014年，第3—25页。

② [美]彼得·L.伯格、[美]托马斯·卢克曼：《现实的社会建构》，吴肃然译，北京：北京大学出版社，2019年，第98页。

③ [德]卡尔·曼海姆：《保守主义——知识社会学论稿》，李朝晖、牟建君译，南京：译林出版社，2022年，第33页。

为中原文化的代表，为儒、道所津津乐道；而"夷"成为中原周边地区的非主流文化或少数民族文化的泛称，是落后及野蛮文化的代称，是高级文明——中原文化浸染、熏陶的对象。夷夏有别，尊王攘夷，以夏变夷，几乎成为传统社会的思维定式。

1840 年以后，随着西方的坚船利炮打开了中国国门，天朝上国的体制开始崩溃，中国被动地被拉入西方所主导的殖民地、工业化、现代化进程中。与此同时，在思想场域，出现西学东渐的社会历史现象。

在中国传统的知识分子中，兴起了向西方学习的潮流。被认为是"清季输入欧化之第一人"的严复，在翻译《天演论》时，用"族""民种"等概念，而不是用传统的夷夏观念。此外，严复还提出"群""合群""群以内""群以外"等概念。严复的翻译，体现出中国传统的仅通过传统文化认同来判断夷夏之别的观念淡出历史视野。严复想通过其翻译，引导中国的有识之士认识到西方思想之后的社会历史格局之所以能够形成或成功的内在原因。

在中国学界明确提出"中华民族"概念，并予以界定的，是被称为儒学大师的梁启超。梁启超在《历史上中国民族之观察》中指出，"今之中华民族，即普通俗称所谓汉族者，自初本为一民族乎？抑由多数民族混合而成乎？此吾所欲研究之第一问题。若果由多数民族混合而成，则其单位之分子，今尚有遗迹可考乎？其最重要之族为何为何？此吾所欲研究之第二问题。中华民族混成之后，尚有他族加入，为第二次乃至第三、四次之混合否乎？若有之，则最重要者何族何族？此吾所欲研究之第三问题。民族混合必由迁徙交通中国，若是初有多数民族，则其迁徙交通之迹，有可考见乎？此吾所欲研究之第四问题。迁徙交通之外，更有他力助长其混合者否乎？此吾所欲研究之第五问题。迁徙之迹，限于域内乎？抑及于域外乎？若及于域外，其所及者何地？其结果之影响若何？此吾所欲研究之第六问题。此问题即'中国以外更有中华民族所立国兴否？'之问题也。中华民族号称同化力最大，顾何以外来之族多同化于我？而我各省各府各州县，反不能为完全之自力同化？此吾所欲研究之第七问题。自今以往，我族更无求以进于完全同化乎？抑犹有之乎？若有之，其道何由？此吾所欲研究之第八问题"[①]。从上述引文可以看出，梁启超提出了八个研究"中华民族"的问题。而且正如学界所看到的那样，此时梁启超"中华民族"的概念，相较他在《论中国学术思想变迁之大势》中初步提到的"中华民族"概念，其含义更为明确了。他在这当中更是提到了"现今之中华民族自始本为一族，实由多数民族混合而成"。当然值得注意的是，梁启超提出"中华民族"由"多数民族混合而成"，在大多数的情况下，他用"混合"来表示多民族之间的关系。换言之，在

---

① 梁启超：《饮冰室专集之四十一》，上海：中华书局，1936 年，第 4 页。

"中华民族"内的多数民族，存在状态是"混合而成"。这里他没有用"同化"一词。事实上，在他那里，外来民族进入中国，才有一个"同化"于中华民族的问题，而在中华民族的内部没有同化的问题。

梁启超的"中华民族"概念具有重要的历史意义。从知识社会学的角度来看，梁启超的"中华民族"不仅仅只是一个思想，它对社会历史也会产生影响。事实上，此思想确实影响了当时的革命党人。当时以孙中山先生为首的革命党人，在革命之初将狭隘的"反满""反清"立场，提升到一个全新的层次。在这个全新的层次中，"五族共和"的思想隆重登场。

孙中山说："国家之本，在于人民。合汉、满、蒙、回、藏诸地为一国，即合汉、满、蒙、回、藏诸族为一人。是曰民族之统一。"[①]虽然孙中山的"五族共和"思想有历史的局限性，但是其历史的进步性也十分明显，即他的"五族共和"思想强调了民族的统一，且为"五族"之统一，而非某一族之统一。更为可贵的是，五族共和思想包括了民族平等与民族共同解放的思想，有利于克服各种形式的民族主义，也有利于克服各种形式的民族歧视，有助于民族间加强彼此的交往互动。

在《中国国民党第一次全国代表大会宣言》上，孙中山先生民族主义思想的内涵得到更进一步明确。此宣言强调："国民党之民族主义，有两方面之意义，一则中国民族自求解放；二则中国境内各民族一律平等。"[②]可见，在这里民族解放与民族平等是孙中山民族主义的基本内涵。

二、中国共产党的中华民族共同体理论形成与发展的社会历史格局

（一）中国共产党"观念·整体·利益三合一"的中华民族共同体理论的形成

中华民族共同体的存在，意味着中国共产党承认民族观念，并致力于民族观念的重新建构。所谓的整体是指在民族之上更加注重中华民族的建构，承认且仅承认中华民族是所有民族必然承认的唯一共同体。所谓的利益是指注重各民族及中华民族现实发展利益的保障。中国共产党的观念、整体、利益三者合一的局面在1949年以前就已经初步形成。其突出的特点有以下三个。

其一，批判宗族观念，树立民族观念。在1949年以前，中国共产党对当时中国国民党的宗族理论是持批判态度的，中国共产党认为，当时的国民党政府背离了孙

---

① 中国社会科学院近代史研究所中华民国史研究室等编：《孙中山全集》（第二卷），北京：中华书局，1982年，第2页。

② 中共中央统战部：《民族问题文献汇编》，北京：中共中央党校出版社，1991年，第27页。

中山先生的民族解放与民族平等的民族主义内涵，批评当时的国民党集团否认中国存在多民族的客观事实。国民党集团的"宗族"理论实际上还是继承了以前旧政府的反动政策，其实质还是一种压迫政策。而中国共产党的政策则延续了孙中山先生的民族政策。毛泽东同志说："中国共产党完全同意上述孙先生的民族政策。共产党人必须积极地帮助各少数民族的广大人民群众为实现这个政策而奋斗；必须帮助各少数民族的广大人民群众，包括一切联系群众的领袖人物在内，争取他们在政治上、经济上、文化上的解放和发展，并成立维护群众利益的少数民族自己的军队。他们的言语、文字、风俗、习惯和宗教信仰，应被尊重。"[①]可见，毛泽东对国民党的"宗族说"不以为然，他承认了"民族"的客观存在。他认为，中国境内既有人口较多的汉民族，也有各少数民族，这是一个客观事实。

中国共产党很早就开始树立民族观念，开始承认各民族的存在。1931年，《关于中国境内少数民族问题的决议案》指出，中国境内有包括蒙古族、藏族、苗族、黎族、回族等少数民族，这些少数民族深受反对势力的压迫。所以《决议》说："中国工农与劳苦群众，反对一切对少数民族的压迫，而主张他们的彻底解放。"[②]可见，中国共产党从一开始就敢于承认民族的存在，而不是像国民党那样，刻意地否认民族的存在。

1935年，中国共产党发出《对蒙古人民的宣言》，1936年发出《对回族人民的宣言》。这两个宣言的出现，也充分证明了中国共产党是有民族观念的，并且从马克思主义的立场出发，号召各民族的工农与劳苦大众翻身解放，承担起当家作主的历史责任。

从1949年开始，中国共产党就开始进行民族识别工作，到20世纪80年代中期，中国完成了民族识别工作。通过民族识别，中国形成稳定的民族结构。与此同时，中国共产党开始建立民族自治地方，形成省级、市级、县级、村级四级民族自治地方，赋予各民族更多的自我管理权利。

总之，在1949年以前，中国共产党认同孙中山先生的民族主义思想，对当时以蒋介石为首的国民党集团背离孙中山的路线予以批判，批判他们的宗族观实质上还是一种压迫政策，而承认民族平等与民族解放。在1949年以后，中国共产党开始切实地实行民族识别工作，赋予各民族自治地方以现实的权利。

其二，中国共产党从一开始就从整体的角度出发探讨民族，所以才有了"中华民族"这一具有整体性的概念。毛泽东肯定地指出，中华民族是存在的，而且中华民族包括了中国境内各民族。在1939年12月的《中国革命和中国共产党》中，他

---

① 《毛泽东选集》（第三卷），北京：人民出版社，1991年，第1 083—1 084页。
② 中共中央统战部：《民族问题文献汇编》，北京：中共中央党校出版社，1991年，第169页。

提出，中华民族的祖先就一直生活在中国这片土地上。他提到，当时中国有四亿多人口，占了全世界人口的四分之一，在这些人中，汉族占了绝大多数，但也包括了蒙古族、回族、维吾尔族、藏族、壮族等数十种少数民族。更重要的是，这些少数民族在中国也具有悠久的历史、独特的文化。所以他说："中国是一个由多数民族结合而成的拥有广大人口的国家。"[①] 毛泽东鲜明地指出，中华民族就是由中国境内各民族共同组成的一个大家庭，他对民族的认识突破了"五族"的范围，显示出中国共产党对中华民族内部的认识更为深入了。

在新民主主义革命的过程中，中国共产党一直强调中国民族的独立与中国民族统一同样重要。《中共中央关于反帝斗争中我们工作的错误与缺点的决议（摘录）》指出，革命斗争的成功，也在于明白一个基础的事实，即"很清楚地把以民众革命争取中国民族独立解放与中国民族统一，同国民党以及一切派别反对民众革命，投降帝国主义，造成民族耻辱与瓜分局面的民族主义的一切武断宣传与欺骗对立起来"[②]。从这段文字可以看出，民族独立解放与中国民族统一是同样重要的，也就是说，中国共产党是从中国各民族的整体——中华民族共同体的角度来思考问题的。

当然，中国共产党的中华民族共同体理论也有其独特之处。一般在强调中日民族矛盾、反对民族压迫时，中国共产党才用"中华民族"这个词，此词的内涵十分丰富，包括了各族人民中的工人、农民、民族资产阶级、官僚资产阶级等，这也才有了内涵丰富的"抗日民族统一战线"。在强调反对封建压迫时，中国共产党一般很少直接用"中华民族"这个词，更多的时候喜用"中国人民的民族革命"一词，中国共产党善于用阶级分析的方法，区分中国境内各民族在中国革命中所应承担的历史使命。

其三，中国共产党特别注重保障与发展各民族的现实利益。在 1947 年《内蒙古自治政府施政纲领》第十条中就指出，"保护蒙古民族土地总有权之完整"。第十一条更是指出，通过"提倡劳动，奖励劳动英雄，发展生产"。第十二条指出，要"普及国民教育，增设学校，改善老师待遇，培养人才"[③]。要指出的是，这些纲领适用的人群是生活在内蒙古的各族人民，质言之，中国共产党特别注重保障与发展各民族的现实利益。

1954 年，我国制定了第一部《中华人民共和国宪法》，在这部宪法中，各族人民的利益都得到了公平的保障。在成立的省级民族自治地方中，都有相应的地方民

---

① 《毛泽东选集》（第二卷），北京：人民出版社，1991 年，第 622 页。

② 中共中央统战部：《民族问题文献汇编》，北京：中共中央党校出版社，1991 年，第 17 页。

③ 中共中央统战部：《民族问题文献汇编》，北京：中共中央党校出版社，1991 年，第 1 112—1 113 页。

族自治法规。在这些法规中，自治地方的所有民族在教育、民生等方面的现实利益都得到了承认。同样重要的是，在其他省级地方有关的地方法规中，汉族与少数民族的现实利益都得到了维护。考虑到当时少数民族发展相对落后的实际，很多地方对少数民族还采取了一定的扶持政策。

要总结的是，在社会主义建设的初期，中国共产党一直倡导中国各民族间的，特别是汉族与少数民族间的平等互助。毛泽东还把"汉族与少数民族的关系"当成"十大关系"来进行阐述，认为当时的苏联俄罗斯民族与少数民族的关系不正常，这个教训应当吸取，应当要搞好汉族与少数民族之间的团结，各民族共同建设社会主义中国。在正确处理人民内部矛盾的理论中，汉族与少数民族的关系也一直是重点关注领域。要总结的是，毛泽东一直反对两种民族主义——"大汉族主义"与"地方民族主义"，重点是要反对"大汉族主义"。解决中国境内各种民族主义的方法之一就是在党内进行马克思主义教育，各地方要掌握好中央的民族政策。因为这毕竟是人民内部矛盾，而不是敌我矛盾。

总之，中国共产党既十分重视民族概念，也极为重视中华民族共同体的概念，突出中华民族是"一体"的立场。这里的"一体"既是观念的"一体"，更是利益的"一体"。中国各民族树立相互依存的概念，消灭各种民族主义、民族歧视，互相尊重、互相帮助，在交往互动的局面中形成"一体"的中华民族共同体。

（二）中国共产党"观念·整体·利益三合一"的中华民族共同体理论的丰富与发展

1978年以后，从观念、整体及利益三个维度出发，中国共产党继续丰富与发展了其中华民族共同体理论。具体来说，包括以下几个方面。

1. 民族观念的丰富与发展

建构中华民族共同体的前提就是继续承认民族观念。由于历史与现实各种因素的作用，中国各民族之间在观念上还是存在诸多差异的，这种差异也有可能在社会主义建设的过程中继续存在。为此，加强民族平等教育，从观念上消除各民族之间的隔阂，就显得极为重要。

邓小平同志提出，必须加强各民族对民族平等的深刻理解。历史上由于各种因素的作用，民族之间并不完全平等，导致民族之间在经济、政治及文化上存在实际上的不平等，并造成民族间的隔阂。为此，要通过切实的努力，消除此种隔阂。为了解决此问题，邓小平提出，民族平等是一种全面的平等。他说："要使他们相信，在政治上，中国境内各民族是真正平等的；在经济上，他们的生活会得到改善；在文化上，也会得到提高。所谓文化，主要是指他们本民族的文化。如果我们不在这三方面取得成效，这种历史的隔阂、历史的裂痕就不可能消除。"①邓小平的民族平等具有政治、经济、文化上的丰富内涵，是一种具体的平等，而不是一种抽象的平等。

可见，邓小平深刻地认识到，中国是一个多民族国家，在 1949 年以前，少数民族与汉族间由于事实上的不平等造成的隔阂较深，为了消除这种隔阂，要从政治上、经济上、文化上做长期的努力。只有加强各民族之间实际上的平等，才有可能消除民族间的各种隔阂，中华民族的大家庭也才会形成。

在 1978 年以后，在社会主义建设的过程中，各地方的发展速度是有差别的，有的地方发展得快一些，有的地方发展得慢一些。这种发展的快慢，导致地区差距拉大。各民族间也可能存在这样或那样的问题，这些问题具体表现为，各民族间的交往范围虽然在不断地扩大，但是，在交往中由于事实上的发展差异，可能会造成新的不平等现象，如民族间文化发展水平存在较大差距、地区差距进一步扩大等。也就是说，各民族也可能存在一些新的不平等现象。这些发展的不平等也有可能会凸显民族隔阂，进而影响民族团结。所以，中国共产党采取东西部互助合作、西部大开发、区域协调发展等政策，其目的就是，仍然要在政治上、经济上、文化上使各民族都得到发展，坚持具体的民族平等政策，这样有利于中华民族大家庭的团结。

当然，在社会主义现代化建设过程中，通过弘扬中华文化，促进中华民族共有精神家园的建构也很重要。在 1978 年以后，中华优秀传统文化在建构中华民族共同体中的作用逐渐地得到人们的认可。江泽民同志就说："继承和发扬爱国主义精神，要体现在实际行动中。要树立高度的民族自尊、自信、自强精神。要勇于同破坏国家统一、民族团结，危害社会主义事业的行为进行坚决斗争。……我们的社会主义现代化建设，需要继承和发扬中华民族的优秀文化传统，也需要学习和吸收世界各国人民包括在资本主义制度下创造的优秀文明成果。"②这出自江泽民 1990 年在首都青年纪念五四报告会上的讲话。从中可以看出，中华民族的优秀文化，特别是其中的爱国主义、自强不息的思想具有很强的时代性，对于这些思想要继承和弘扬。

另外，值得关注的是，党的十七大报告提出"弘扬中华文化，建设中华民族共有精神家园"这一论题。这一论题指出，要正确认识中华文化，取其精华，去其糟粕；要使中华文化体现出现代性与时代性的特点；加强中国优秀传统文化的教育；保护和挖掘各民族的传统文化；加强对外的文化交流，提升中华文化的国际影响力。

这一论题一经提出就在各群体中引起热议，此论题的积极作用就是注重中华民族观念的建设，也就是说，从中华文化建构的高度出发，建构中华民族共有的精

---

① 《邓小平文选》（第一卷），北京：人民出版社，1994 年，第 162 页。
② 《江泽民文选》（第一卷），北京：人民出版社，2006 年，第 123—124 页。

神家园，非常有助于在各民族中形成各民族共同定义与理解的民族共同体概念，有利于促进中华民族在复兴的过程中，作为一个整体，继续保持可靠的凝聚力与向心力。

2. 建构新型的民族关系

中华民族是一个整体性的概念，但这一整体性的概念是如何形成的呢？有一个非常重要的路径就是，在中华民族内部建构起一种新型的民族关系。此种关系的形成，使中华民族成为一个各方都承认或认可的整体性概念。

邓小平同志认为，经过民主改革和社会主义改造，各民族都已经步入社会主义发展的大道，我国也形成了团结友爱、互助合作的社会主义民族关系。此种民族关系的存在，为我国四个现代化建设提供了更多的一致性，促使各民族形成团结起来建设社会主义的形势。所以，他说："在实现四个现代化进程中，各民族的社会主义一致性将更加发展，各民族的大团结将更加巩固。"[1] 从这里也可以看出，邓小平认为，社会主义建设时期，中国在民族关系上形成的一致性已经大大增强，这也会使"社会主义一致性"大大增强，使中华民族成为各民族都承认的概念，中华民族内部各民族的团结将更加巩固，社会主义现代化建设也将更加顺利。

1992 年在中央民族工作会议上，江泽民回顾了过去四十多年来中国的民族工作后指出，之所以能够取得如此多的成绩，也在于在民族关系上，我们形成了"平等互助、团结合作、共同繁荣的社会主义民族关系"[2]。他的这种民族关系见解，突破了以往的"团结友爱、互助合作"的民族关系，是一个重要的发展。而且，江泽民也强调，坚持民族平等、团结、互助的原则，坚持实行民族区域自治制度，坚持各民族共同繁荣的政策也是极为重要的[3]。要强调的是，上述原则、政策与制度的坚持也体现出中华民族概念是一种获得各民族承认或认可的整体性观念。

胡锦涛也延续以往的传统，重视探讨中华民族内部的关系建构问题。他说："民族问题始终是我们建设中国特色社会主义必须处理好的一个重大问题。"[4] 这个问题之所以重要，就是因为它事关全局，全面地影响中国。对于中国处理民族问题的经验，他也是充分肯定的。在 2005 年的中央民族工作会议上，他充分肯定了过去中国在民族问题上取得的经验，并且把"和谐"加入了民族关系当中。他说："今天，我们各民族平等、团结、互助、和谐的社会主义民族关系不断巩固，各族人民共同当

---

① 《邓小平文选》（第二卷），北京：人民出版社，1994 年，第 186 页。
② 《江泽民文选》（第一卷），北京：人民出版社，2006 年，第 189 页。
③ 《江泽民文选》（第一卷），北京：人民出版社，2006 年，第 180 页。
④ 中央文献研究室：《十六大以来重要文献选编》（中），北京：中央文献出版社，2011 年，第899 页。

家作主、管理国家事务。"^①当然，和谐观念并不是在这次会议上提出的。但在此，他要表达的意思是，在民族关系中，和谐的加入是一个重要的事件，这表明民族关系的和谐也会使中华民族的整体性得到加强。

3. 切实解决各民族的实际发展问题

邓小平认为，"在世界上，马列主义是能够解决民族问题的"^②。马列主义能够解决民族问题，有一个非常重要的原因就是，马列主义一直注重人民的实际利益。民族的问题，在很大程度上就是各族人民的实际发展问题。那么，如何解决各族人民的实际发展问题呢？邓小平强调，把马列主义和中国的实际结合起来，就能够解决中国的民族问题，毛泽东思想就曾经很好地解决了中国的民族问题。1978 年以来，各民族发展实际问题有很多，其中有两个问题值得关注。

其一，小康社会的实现问题。在 1978 年以后，如何更好地调动各民族的积极性，共享美好生活，使各个民族都获得实际发展显得极为重要。为此，1986 年邓小平在《争取整个中华民族的大团结》中提出，我们的第一步目标，就是在 2000 年建立一个小康社会，所谓的小康社会就是，所有人的日子虽不富裕，但日子好过。在国民收入的分配上，要使所有的人都能得益，"没有太富的人，也没有太穷的人，所以日子普遍好过"^③。中国共产党在十六大报告中提出全面建设小康社会的奋斗目标。这个目标有许多具体的内容，如国内生产总值在 2020 年较 2000 年翻两番，基本实现工业化，社会主义民主法制更加完备，全民族的思想道德素质、科学文化素质和健康素质明显提高，可持续发展能力不断增强。要指出的是，这里提出的小康社会目标，是针对所有民族的所有人的。也就是说，各民族小康社会的实现都是小康社会的应有之义。

所以说，各民族的共同繁荣发展是建设小康社会的必然要求。中国共产党提出，进入新世纪，要实现全面建设小康社会的目标，民族工作也要为此目标的实现服务。胡锦涛说："正确认识和把握新形势下的民族问题，切实做好民族工作，加快少数民族和民族地区经济社会发展，促进各民族共同繁荣发展，是全面建设小康社会、加快推进社会主义现代化的必然要求。"^④可见，胡锦涛把民族工作与全面建设小康社会联系起来，这是新的特点。另外，胡锦涛同志还把民族工作当成是确保党和国家长治久安、开创中国特色社会主义事业以及实现中华民族伟大复兴的一项重要工作，

---

① 中央文献研究室：《十六大以来重要文献选编》（中），北京：中央文献出版社，2011 年，第 899 页。

②《邓小平文选》（第一卷），北京：人民出版社，1994 年，第 163 页。

③《邓小平文选》（第一卷），北京：人民出版社，1994 年，第 161—162 页。

④ 中央文献研究室：《十六大以来重要文献选编》（中），北京：中央文献出版社，2011 年，第 900 页。

足见民族工作的重要性。

其二,四个现代化的实现问题。中国共产党还提出,各民族的实际发展要通过四个现代化来实现中华民族振兴。邓小平说:"党的十一届三中全会以后,我们集中力量搞四个现代化,着眼于振兴中华民族。"[①]邓小平之所以认为振兴中华的前提之一是实现四个现代化,是因为他认为中国只有实现了现代化,才会是一个现代化国家,也才会获得相应的国际地位。当然,他强调,中国的现代化是社会主义的现代化。社会主义的现代化,能够凝聚人心,解决所有人的关切,避免两极分化,最终实现共同富裕。质言之,中国共产党通过实现四个现代化振兴中华民族的主张,自然也能使各民族获得实际发展。

四个现代化,是各民族共同的现代化。中国共产党提出,四个现代化,一个民族也不能少。江泽民同志指出,民族地区的现代化同全国其他地区的现代化,少数民族的振兴同中华民族的振兴,是密不可分、互相促进的[②]。可见,江泽民的中华民族思想,延续了邓小平的传统,再次强调了要关注各民族的实际发展问题。只有这个问题处理好了,中华民族的振兴才会更加容易实现。

2009 年,中国共产党政治局对新中国成立以来社会主义现代化的认识和实践进行第十六次集体学习时,胡锦涛同志就总结到,中国的现代化是全国各族人民共同的事业,中国的现代化发展要依靠各族人民,发展也是为了人民,发展的成果各族人民也要共享,在解决各族人民最直接、最现实的利益中,朝着共同富裕的方向前进[③]。

总之,不论是在小康社会的建设过程中,还是在实现现代化的征程中,中国共产党都要切实关注各族人民的现实利益。关注现实利益可以最大限度地调动起各族人民的积极性,也可以起到凝聚人心的效果。

三、中国共产党的中华民族共同体理论的持续发展

1. 中国共产党民族观念内涵的持续发展

首先,提出多民族是一笔财富的观念。习近平同志特别提到,多民族是我国的一笔宝贵财富,要坚持大一统与多元一体的统一。2014 年,习近平同志在中央民族工作会议上说:"多民族是我国的一大特色,也是我国发展的一大有利因

---

① 《邓小平文选》(第三卷),北京:人民出版社,1994 年,第 357 页。
② 《江泽民文选》(第一卷),北京:人民出版社,2006 年,第 182 页。
③ 《胡锦涛总结中国 60 年现代化建设 4 点重要启示》,中国日报网,https://www.chinadaily.com.cn/zgzx/2009-09/10/content_8674930.htm,2009 年 9 月 10 日。

素。在我国 5 000 多年文明发展史上，曾经有许多民族登上过历史舞台。这些民族经过诞育、分化、交融，最终形成了今天的 56 个民族。各民族共同开发了祖国的锦绣河山、广袤疆域，共同创造了悠久的中国历史、灿烂的中华文化。秦汉雄风、盛唐气象、康乾盛世，是各民族共同铸就的辉煌。可以说，多民族的大一统，各民族多元一体，是老祖宗留给我们的一笔重要财富，也是我们国家的一个重要优势。"①

习近平同志的这段话极为经典，需要认真分析，其内涵至少包括如下几个方面。其一，习近平同志对多民族的价值予以正面肯定，认为中华民族是包括多民族的，这不仅是我国的特色，更是我国发展，包括社会、经济、政治、生态、文化等方面全面发展的有利因素。其二，习近平同志指出，对中华民族内部各民族的历史演变问题，要坚持历史唯物主义的看法，今天的 56 个民族是经过长期的发展演变而来的，这就肯定地指出，中国的 56 个民族都是世居民族。其三，中国历史上的辉煌是多民族共同努力的结果，而不是某一个民族努力的结果。其四，习近平同志指出，在政治上，多民族国家必须有统一的政治认同、国家认同，这就是一统；在文化上，尽管各个民族可以有自己丰富多样的文化，但是 56 个民族的文化共同组成了一体的中华民族文化。

总之，习近平同志把我国的"多民族"这一基本的情况，当成是中华民族发展的一笔宝贵财富加以利用，而不是作为问题加以区别对待。他从历史唯物主义的立场出发，将中国所有的民族都当成是我国的世居民族，强调各民族共同发展，坚持统一的政治认同、坚持多元一体的文化认同的重要性。

其次，提出民族团结进步是一项基础性事业的观念。2019 年 9 月，新华社发表了习近平《在全国民族团结进步表彰大会上的讲话》，其中提到，"把民族团结进步事业作为基础性事业抓紧抓好"②。民族团结进步是一项基础性事业，既然是一项基础性事业，也就是一项大事，就必须抓好。

习近平同志在庆祝中国共产党成立 100 周年大会上提出，中华民族迎来了复兴的大好机会，为了实现民族复兴的梦想，必须加强中华各民族的大团结，始终加强和发展最广泛的民族统一战线，尽最大的努力团结一切力量、调动一切积极因素，最大限度地凝聚起各族人民共同奋斗的力量③。可见民族团结进步的重要性。

---

① 《习近平谈治国理政》（第二卷），北京：外文出版社，2017 年，第 299 页。

② 习近平：《在全国民族团结进步表彰大会上的讲话》，新华社，http://www.xinhuanet.com/politics/2019-09/27/c_1125049000.htm，2019 年 9 月 27 日。

③ 习近平：《在庆祝中国共产党成立 100 周年大会上的讲话》，新华社，http://www.xinhuanet.com/politics/leaders/2021-07/01/c_1127615334.htm，2021 年 7 月 1 日。

那么，民族团结进步的内涵具体是什么呢？这里认为，其内涵至少包括以下几个方面。其一，民族团结需要各民族共同努力，各民族都必须把民族团结进步当成一件基础性的大事来抓。其二，民族团结是民族共同进步的基础，也就是说，没有各民族之间的团结，所谓的共同进步也就是不可能的，所以民族团结进步是基础性的大事。其三，民族共同进步是民族团结的目标，也就是说，民族团结就是要达到民族共同进步的效果，没有共同进步的效果，也就没有真正意义上的民族团结，所以说民族团结进步是一件基础性的大事。

总之，在此观念的指引下，要全面贯彻党的民族政策与民族理论，促进各个民族像"石榴籽一样"团结起来，实现共同进步，并最终推动中华民族走在世界的前列。

2. 从共同体的角度建构中华民族

从整体性的角度探讨中华民族，必须从两个共同体，即中华民族共同体与人类命运共同体出发，共同建构中华民族，这持续发展了中国共产党的中华民族共同体理论。

首先，学界很早就提出"中华民族共同体"这一概念，但是，把"中华民族共同体"这一理论加以系统完善，作为一项政策向全国推进，也是有一个过程的。2014年5月，习近平同志在第二次中央新疆工作座谈会上，第一次提出"中华民族共同体"这一概念。在2014年的全国民族工作会议上，"中华民族共同体"的内涵得到了进一步阐述。在2017年党的十九大之后，"中华民族共同体"的理论就成为指导党的民族政策的一项重要理论，如何铸牢全国各族人民的中华民族共同体意识成为一项重要任务，深刻影响着各族人民。

要指出的是，从共同体的角度出发，探讨中华民族的整体性，其指向还是着力于加强各族人民之间的交往交流交融，使各族人民紧密地团结起来，也就意味着中华民族共同体是一个结合程度更好的共同体，是一个有机体，而不是一个复合体。那么，如何成为一个有机体？有机体首先必须有一个共同的意识，然后才可能会有共同的行为。这个意识就是中华民族共同体意识，而此意识的形成需要后天不断地强化。所以，铸牢全国各族人民的中华民族共同体意识极为重要。

其次，从人类命运共同体的角度出发，建构中华民族。中华民族作为世界各族人民的一部分，与世界各民族发生紧密的联系。在经济全球化、信息技术高度发达的今天，世界各国人民的命运彼此紧密地联系到一起，世界早已经成为一个"地球村"。在此情况下，2015年，习近平同志在联合国大会上提出了"人类命运共同体"的概念。如何打造人类命运共同体？不同民族之间、不同文明文化之间、不同国家之间，必须坚持包容、公平、开放、共赢等原则。对于中华民族来说，在实现中华民族伟大复兴的过程中，也要视其他民族、国家为人类共同体的一员，向世界其他国家、民族分享自己发展的成果，共同促进人类命运共同体的建构。

可以说，中华民族共同体与人类命运共同体的出现是中国共产党从整体上创新民族理论的重要成果，这有利于促进中华民族的复兴，也有利于世界各国共享中华民族伟大复兴的成果。

3. 切实解决了各民族的现实利益问题

在新时期，中国共产党的中华民族理论是以切实解决各民族的现实利益为目标的，并取得了突破性的成就。

首先，全面建成小康社会的目标胜利完成。从邓小平开始，我国确定了全面建设小康社会的目标，小康社会是一项惠及全国各族人民的重大政策。在十九大之后，中国共产党举全国全党之力，经过不懈地努力，终于如期在 2020 年年底实现了全面建成小康社会的目标。2021 年 2 月 25 日，全国脱贫攻坚总结表彰大会胜利召开，脱贫攻坚任务的圆满完成为全面建成小康社会补上了短板。2021 年 7 月 1 日，在庆祝中国共产党成立 100 周年大会上，习近平同志首次向全国各族人民宣告，中华民族的第一个百年奋斗目标，即全面建成小康社会获得全面胜利。

要总结的是，全面建成小康社会全面地惠及了全国各族人民，特别是使一些老少边穷地区人民的生活水平得到改善，生产能力得到加强，各族人民在教育、居住、医疗、生活、就业等方面的切实利益得到了极大的改善。

其次，社会主义现代化强国有了新的战略安排。中国共产党在十九大上明确提出全面建设社会主义现代化国家"两步走"的战略安排。在此战略安排中，第一步战略安排是从 2021 年算起，用 15 年的时间，即到 2035 年，基本实现社会主义现代化；第二步战略安排是从 2036 年算起，再用 15 年的时间，即到 2050 年，把中国建设成富强民主文明和谐美丽的社会主义现代化强国。

对于中华民族来说，实现现代化是实现民族复兴的先决条件。考虑到西方发达国家早已经实现现代化的现实，中国的现代化更具有世界意义。这意味着一个人口更多、体量更大、更加古老的国家步入现代化，意味着中国各族人民的生产与生活水平将得到更大程度的提高。

总之，中国共产党的中华民族共同体理论，可以说伴随了中国共产党的发展历史。经过几代领导人的努力，中华民族共同体这一理论从内涵到外延，都得到了全面、深刻的补充和完善，愈来愈切合中国多民族的实际。观念、整体与利益是理解中国共产党的中华民族共同体理论的三个向度。这三个向度也构成了一个相当完整的关于中国共产党的中华民族共同体理论的社会历史格局。在此格局下，要承认民族观念，在各民族中培育共同的背景知识，进而树立中华民族共同体的概念。当然，中华民族共同体的概念之所以能够树立，在于中国共产党不仅从形而上，也从形而下出发把中华民族当成一个整体来看待，强调民族间关系的建构与共同体的建构；更在于中国共产党强调实事求是，反对一切形式主义，注重各族人民的现实利益及中华民族的整体利益。

管窥清儒对西域史地的考据

周　赫　路天齐

摘要：清代考据学兴盛，清儒从西域的地理沿革、民族源流、民族迁徙、山水地名及建置等方面进行了一系列的考据，厘清了西域人文地理与军事地理中繁缛不清的问题。限于地理位置与文献流传，西域史地考据的内容多以考、辩、释、论类著述表达，同时又掺杂在志、图、录、外记之内，与民族学、交通史等学科的内容交织。因此本文析出清儒对西域史地的考据，分析其形成的原因及特点，论述其考据之得失，辩修学界对西域史地考据学之既有定见。

关键词：清代；西域历史地理；考据学

作者　周赫，东北大学秦皇岛分校民族学学院讲师，硕士生导师，中国社会科学院蒙古学研究中心特聘专家；路天齐，东北大学秦皇岛分校民族学学院硕士研究生（秦皇岛　066000）

　　清代朴学最为发达，清儒对疆域沿革的研究亦超越前人，又前人所著《地理志》《郡国志》等多阙漏讹误，故而清儒治舆地者多偏重于对故籍的整理修补。其中清儒对校补考据各史地理志用力尤勤，涌现出诸多尤为著名的地理考据学家如全祖望、王念孙、陈澧、洪饴孙、黄大华、刘文淇、毛昌杰、汪士铎、徐继畬、徐松、丁谦、杨守敬等，他们都对不同历史时期的各类历史地理问题进行过专门的探讨，但是涉及西域的历史地理研究则凤毛麟角。即使是被学界公认的"清代考据学三大名著"，即王鸣盛的《十七史商榷》、钱大昕的《廿二史考异》、赵翼的《廿二史札记》，对西域的地理考据也多涉及自然地理而缺少对人文地理的考据。

　　实际上，清儒考据历史地理，多专注于人文地理，而忽略自然地理。清儒对西域的考据大多停留在沿革地理阶段，他们对边疆区划的调整和古今地名的沿革较

※　基金项目：本文系2022年度辽宁省社会科学规划基金项目"辽代辽西地区族群凝聚与文化认同研究"（L22CMZ003）阶段性成果。

为感兴趣，对军事地理亦有所关注。以当今之西域历史地理学的视域来看，清儒的考据缺少近代历史地理学上的分析。纵观清儒对西域的地理考据，唯有《西域考古录》①与《蓬莱轩地理学丛书》②（以下简称《丛书》）系统地考据了西域史地，且应用价值较高。

一、清代西域史地研究之概述

自西汉时期中央王朝经略西域之后，历代学者皆对西域史地进行了探索，较为著名的如《北魏僧惠生使西域记》《大唐西域记》《西域行程记》《西域番国志》等，大多以游记的形式记述在西域的所见所闻。清代朴学发达，学者治学无征不信，开始讲究实证，在研究舆地学时常常结合历史史料，因而清儒将考据学之方法运用在不同体例的著述之中。清儒对西域史地的考据多以专门性的著作进行表达，举例如下。

乾隆年间有《钦定西域同文志》③作为满、汉、蒙、藏、维、托忒合璧的官修词典，考记了天山南北路准噶尔部、回部等部居住区域以及青海和西藏等地的建置和山水地名。其作者傅恒还主持编纂了清代关于西域的第一部官修通志《钦定皇舆西域图志》④，记载了西域各处史地沿革，系统地研究了新疆的史地。后有《新疆回部志》⑤，对回疆的史地情况进行了概括性的评说，并附以图说。《西域见闻录》⑥为七十一⑦在"库车办事"时所撰，他居西域之时将其见闻记述了下来，内容多涉及人文地理，但有讹传之处。俞正燮评其"详于回疆，至天山北路，非见闻所及，即多舛误。《外藩列传》记哈萨克、布鲁特、俄罗斯尤不合事实。其言土尔扈特背俄罗斯来归，徒以哈拉沙尔有土尔扈特游牧，而杂辑所闻记之。西人多谤土尔扈特者，所闻真伪相半耳"⑧。可见此部外记内容盈亏分明。嘉庆年间的《回疆通志》⑨详述了天

① 俞浩撰，有道光二十三年（1843年）刻本。

② 丁谦：《蓬莱轩地理学丛书》册1，北京：北京图书馆出版社，2008年。

③ [清]傅恒等奉敕撰：《钦定西域同文志》，乌鲁木齐：新疆文化出版社，2017年。

④ [清]傅恒：《钦定皇舆西域图志》，乾隆四十七年（1782年）武英殿聚珍本、光绪十九年（1893年）石印本。

⑤ [清]永贵、固世衡等撰，乾隆三十七年（1772年）抄本，初名《回部志》，1950年《边疆丛书续编》出油印本更名《新疆回部志》。

⑥ 七十一：《西域见闻录》，乾隆四十三年（1778年）刻本、道光十五年（1835年）刻本。

⑦ 七十一，姓尼玛查，号椿园，满洲正蓝旗人，乾隆进士，曾任新疆镇迪道（乌鲁木齐）观察、阿克苏主事等职，后回京，任职刑部，卒于乾隆五十年（1785年）。

⑧ [清]俞正燮：《癸巳存稿》，沈阳：辽宁教育出版社，2003年，第166页。

⑨ 和宁：《回疆通志》，成书于嘉庆九年（1804年），初有刻本和抄本两种，民国十四年（1925年）沈瑞麟校订后出排印本，1966年台湾文海出版社出影印本。

山南路的地理沿革、疆域范围、山水地名、卡伦、驿站、军台等，内容详实。还有《西陲总统事略》①专注于考述军事地理。《新疆识略》②作为《西陲总统事略》的续纂，在考据军事地理的基础上，添加了舆图及图说，同时增添了地理建置、山水地名、道路、卡伦、台站等内容。道光年间，徐松仿照《水经》体例撰写了《西域水道记》③，以甘肃嘉峪关以西的新疆地区水系为纲，详考新疆的历史地理。又有《西域考古录》④对甘肃、青海、新疆三省的史地进行了系统的考据。其录上起西汉设河西四郡，下讫道光年间的西域情况，内容涉及沿革地理与军事地理。俞浩撰此录，将史料与实地考察相结合，保其所述准确详实，令人信服。光绪年间有《新疆大记》⑤，其记专门针对新疆方舆道里及古迹遗址进行考述。后有吴廷燮作《新疆大记补编》，将其中的讹误疏漏之处重新补订。宣统年间主要有《新疆图志》⑥，利用60多种档案文书博考清代新疆地区的地理建置、国界等内容，虽有讹误，但其所附58幅图却是研究晚清时期新疆舆地情形极为珍贵的史料。

此外，陈绩芳的《历代地理沿革表》、顾祖禹的《读史方舆纪要》、洪亮吉的《补三国疆域志》《东晋疆域志》《十六国疆域志》、何秋涛的《朔方备乘》、丁谦的《丛书》等中的西域史地考据占其著述中的部分篇幅。如《朔方备乘》记述了西域边疆地区及邻国的民族与地理，其中部分篇幅涉及我国西北与俄罗斯之间的人地关系，同时也是研究中央王朝与西域关系的重要史料。《丛书》对我国边疆地区的史地情况进行了系统的考据，其中西域史地考据占有主要笔墨。丁谦对正史的考据不遗巨细，其取材由《汉书·西域传》起至《明史·西域传》讫。同时，他对杂史即《穆天子传》《佛国记》《大唐西域记》《经行记》《西游录》《元秘史》《圣武亲征录》《经世大典图》《张参议耀卿纪行》《长春真人西游记》《西使记》等中的西域进行了

---

① 又名《伊犁总统事略》，汪廷楷原辑，祁韵士增纂，宗室庚宁绘图，松筠纂定并作序。嘉庆十四年（1809年）成书出刻本，后有道光十九年（1839年）刻本、民国石印本、1958年北京中国书店影印本。

② 徐松纂，成书于嘉庆十五年（1810年），初名为《钦定新疆识略》，后有道光元年（1821年）武英殿刊本、光绪八年（1882年）同文馆铅印本、光绪二十年（1894年）上海积山书局石印本。

③ 徐松撰，成书于道光元年（1821年），后被收录于《小方壶斋舆地丛钞》，并有单行石印本刊行于世。

④ 全书十八卷：一兰州府，二西宁府，三凉州府，四甘州府，五肃州直隶州，六安西直隶州，七镇西府，八迪化直隶州，九伊犁惠远城，十塔尔巴哈台，十一喀喇阿尔，十二库车，十三乌什、阿克苏，十四叶尔羌、和阗，十五喀什噶尔，十六西藏，十七《蒙古源流》书后，十八记鱼通各土司、俄罗斯考略。附总图三幅。其资料多采自历代地理志及《西域图志》《西域闻见录》《西域水道记》《西陲纪略》等书。

⑤ 阚凤楼纂，成书于光绪十二年（1886年），有光绪三十四年（1908年）校印本。

⑥ 袁大化修，王树枏、王学曾等纂，初名《新疆图志》，宣统六年的石印本将其更名为《新疆全省舆地图》。

史地考据。

二、清儒西域史地考据之成绩

清代考据学虽然包含了西域史地考据的内容，但相对考据学的其他领域而言，清儒对西域的考据在清代仍旧十分薄弱。

从清儒考据西域的史地范围来看，其考据内容随着中央王朝对西域管理政策的调整及西域社会情况的变化而变化。如乾隆年间，清朝统一西域，社会发展进入平和稳定的状态，清廷为了更好地经营西域，势必要对西域的社会状况及人文环境进行了解，于是便有清儒对西域的人文地理进行调查及考述。嘉庆、道光之际，边患及内乱不断，清儒将考据重点集中在西域的军事地理上，卡伦、台站的位置被精确标出，为加强边疆的军事建置提供文献依据。《中俄伊犁塔尔巴哈台通商章程》《中俄勘分西北界约记》签订之后，新疆的社会矛盾加剧，清政府急欲维持其在西域的统治，清儒对西域的史地考据也变得更为广泛且细致。《中俄伊犁条约》签订之后，新疆建省，清儒考据西域史地的内容随之改变，多以社会情形为主，致用于恢复社会经济。因此，清儒考据西域之史地，仍遵循着清代考据学"经世致用"的思想，并随着清朝治边思想的变化而更新。

在清代有关西域史地的著述中，清儒考据西域史地之时态度严谨以求致用，考、辩、释、论类著述层出不穷，多从正史的记载或注释出发，较少结合其他经典的内容，考据从简从略，如《西域图志》《回疆通志》《西域考古录》《丛书》等在考据汉代西域地理沿革时，将《汉书》《后汉书》中的《地理志》及《西域传》进行互校，再参照《元和郡县图志》《括地志》等文献中的内容进行考据。在工具书的使用上也有所侧重，如钱大昕善用《说文解字》考据山水地名，丁谦则多用《尔雅》。同时，徐松、俞浩、丁谦等学者考据时，亦会参考同时代学者的著述。且清儒考据善于运用舆图并附有图说，如《新疆识略》《新疆图志》等，提高了内容上的可信度，亦方便后人对其进行校正与研究。其中亦不乏注重实地考察、将见闻与史料相结合的学者，如七十一、王树枏、王学曾等。但清儒的西域地理考据对同一问题的考据都较为类似，也并没有新的考古发现或者新的史料来进行支撑或反驳，这与我国近代考古学发轫及当世学者缺乏对西域史地研究的重视有直接关系。也因此，清儒的西域史地考据大多显得粗放。这一点，俞浩治《西域考古录》时便已发现，准、回两部的建置地理等诸多问题未被其他史籍所详考，同时他举例了诸多记载山川风土但不详尽的著作，"如彭氏之《西域地形训》、顾氏之《方舆纪要》、常氏之《行国风土记》、谢氏之《戎幕随笔》及《西北域记》、七氏之《西域闻见录》、戴氏之《水地记》、万氏之《河源集考》、孔氏之《胡注拾遗》、和氏之《乌斯藏赋》、图氏之《使俄罗斯记》、董氏之《外藩图说》、杜氏之《藏行日记》、松氏之《西招图记》《三州辑览》、札氏之《喀尔喀使记》、纪氏之《乌鲁木齐赋》、徐氏之《西域水道记》、钱氏之《秦边纪略》、洪氏之《乾隆府厅州县志》、祁氏之《西陲纪略》《西域释地》、魏氏之《海国图志》及《圣武记》，凡若干种彼皆世所称宏览博物君子，而其鸿笔丽藻又足以副之宜，其具才、学、识三长而可上配乎良史，然而志西域者未易论矣"①。

清儒考据西域史地仍有其进步之处。随着考据学在清代兴起，清儒从"通经"转为"研史"，治地方沿革地理及古史地名之时，融合了西方的地理学理念，同时结合了我国传统的舆地学的特点，对西域史地进行辩证的研究。加之康熙至道光年间三次组织纂修全国性的史志及舆图，为清儒考据西域史地提供了治学平台。西域的史地考据学被应用在了志、图、录、外记等各类体例之中，同时被赋予了新的内容与生机。于是便诞生了如《西域考古录》这样集沿革与军事地理于一身的系统考据西域史地的著作，随后又出现了推动我国历史地理近代化的《丛书》，将西域研究推向近代学者们的视野。

如王应麟的《通鉴地理通释》被认为是"系统论述历代疆域与政区沿革及军事地理的先驱"②，那么清代系统论述历代西域沿革及军事地理的著作便是《西域考古录》与《丛书》。此二部著述仿照《通鉴地理通释》的治法，皆辑历代西域史地形势要籍，举纲提要，再考释其中异误之处。《西域考古录》更"重边防"，即军事地理，作者将西域建置精确至府州县，且专以西域史地为考据对象。而《丛书》则更偏重于沿革地理，考据脉络更为清晰，且受西学演绎法的影响较深。同时《丛书》较《西域考古录》的成书时间晚，因而参考了《西域考古录》中的内容及其他晚清时期的史料作为论证基础，所考内容更为全面。但《丛书》整体上是对我国边疆进行的考据，而非专注于西域史一门。

三、《蓬莱轩地理学丛书》中的西域史地考据

谭其骧曾评"就清代学者所取得的学术成就而言，地理是最突出的领域之一。我国传统的地理学研究到清朝发展到了最后阶段，其成就也到达了空前的程度"③。择《丛书》为清儒考据西域史地的要籍举例，盖因此书成书于清末民初，融合了我国传统的地理学与考据学后，又与西方地理学思想碰撞，同时廓清代中国西域沿革

① 俞浩：《西域考古录》第一函，线装刻本，道光二十七年（1847年），序2页。
② 华林甫：《中国地名学源流》，长沙：湖南人民出版社，2002年，第221页。
③ 杜瑜、朱玲玲编：《中国历史地理学论著索引·谭其骧序》，北京：书目文献出版社，1986年。

的纷乱状况，对清代西域史地考据进行了一次系统的梳理及全面的总结，是一部集大成之作，因而是清儒考据西域史地中具代表性的著作。

丁谦在《丛书》中考据西域史地时，不仅集清儒史地考据学之成绩，同时还集考了同时代的其他综合类的著述，如《读史兵略续编》《书经稗疏》《藏程纪略》《北征纪略》《卫藏通志》《瀛寰全志》等，且历代有关的西域典籍皆为其所用，如先秦时的《山海经》《穆天子传》等，汉时的《史记》《说文解字》等，魏晋南北朝时的《洛阳伽蓝记》《水经注》《高僧传》等，唐时的《元和郡县志》《汉书注》等，宋时的《舆地广记》《黑鞑事略》等，元时的《长春真人西游记》等，明时的《天下郡国利病书》等。《丛书》也因此被梁启超评为"释地之大成，擒古之渊海"[①]。同时，考据内容以汉至明代的时间为线，对广义的西域地理范围内的地理沿革、建置更迭、民族源流与迁徙、各民族之间的冲突与交往等内容进行集考，体例清晰，脉络分明。丁谦考据超越前人之处在于，他在著述之时将近代地理学要素运用在传统舆地学考据之中，《丛书》中表现明显的地方即是对舆图的运用。丁谦借鉴舆图不限于《大清一统舆图》，同时参考了日本人所绘的《支那疆域沿革图》《东亚三国图》《瑞应图》《元奘游迹图》《东洋历史地图》等，及西方传教士的《万国舆图》《坤舆全图》《万国全图》等，将经纬网格与近代测绘技术结合后得出的结论运用在考据西域史地之中，在对部分地名进行考据之时，以经纬度定位的方式进行佐证。不仅如此，受浙东学派的影响，身处余杭的丁谦对金石学亦有了解，他将与西域相关的碑文如唐太宗所书的阙特勤碑的碑文、拉萨大昭寺的唐蕃会盟碑的碑文等作为佐证材料，并记录在《丛书》之中。丁谦所处的时代背景也相对前人复杂。清末民初正是我国社会的大变革时期，随之而来的是近代地理学的兴起、蒙元史研究热潮的出现、丝绸之路视域的打开、西北史以及新疆史研究热潮的出现，影响着丁谦考据的治学视野。同时，随着外文文献的涌入，丁谦还参考了大量的外文译著，如英国人所著的《万国通志》《波斯志》《地理全志》《中亚细亚俄属游记》等，日本人所著的《新疆探险记》《万国史纲目》《解说西域记》等，美国人所著的《地球说略》，意大利人所著的《马可波罗游记》，法国人所著的《阿富汗志》等，因此丁谦的西域史地考据较其他清代的著作善于运用同时期的外国文献。与此同时，丁谦考据具有很强的问题意识，考据往往超脱出原典之外，他在考据内容之后加入了自己的见解，如《汉时西域南道久塞复通考》《辩亚细亚即安息之误》《大夏国考》《县东乌尔图河地考》《汉以后匈奴事迹考》《欧罗巴洲人种从来考》《欧洲德意志族出铁勒考》《罽宾漕国箇失蜜分合沿革考》《昭武诸国非康居之后辨》等，考古辩今，纠谬存疑，提出新的问题与观

---

① 梁启超：《中国近三百年学术史》，北京：东方出版社，1996年，第349页。

点，通过考据人地关系寻找到历代兴亡的原因，注重边疆险要建置之得失、民族迁徙冲突与融合之沿革，欲为当时的社会弊端提供理论基础。因而丁谦的考据较早期清儒的考据更精微、更全面、更系统，且顺应当时的历史潮流，做到了学以致用于守边。

当然，丁谦对历代西域的考据也存有饾饤疏漏之现象，虽然其某些结论现今已是定论，但总的来说，他的观点对当今研究清儒的地理考据还是有非常重要的启发的，且其以拳拳爱国之心作为出发点，亦是我们所需学习的。

四、清儒对西域史地考据的历史意义

清代西域史地考据学作为当时史学研究的辉煌成果，从纯粹地考据自然地理，到逐渐添加地理沿革、民族源流、军事建置等内容，至清末已形成一定的规模，且形成了一套独特的考据方法，具有重要的历史意义。

第一，从清儒考据西域地理的范围来看，其已经包含了现代广义上的西域地理范畴，同时亦对我国西北边界进行了划定，用以守边，保卫领土主权。以《西域考古录》为代表的文献，内含历代军事建置沿革规律之总结。以《丛书》为代表的文献则厘清了史籍中记载的历代疆界所至、历代西域建置的变迁及中央王朝对西域治所的设置。又如，西域史地考据学著述中经常出现"外国""域外""西域"等词，经过仔细阅读之后可发现，清儒将外国划定在中央王朝的统治之外，域外地区则大部分属当时王朝的"藩属"，而"西域"即是历史上流变的西域范畴，可见主权意识已经在考据学的著述中逐渐形成，清儒试图通过考据西域史地为我国西北边界的划定提供史料依据。

第二，清儒在考据西域史地时，注重对民族源流的考据。西域作为我国边疆地区，其民族来源复杂，其中多个种群、族群、民族之间混杂流变，且在历史上形成了多个政权。清儒考据之时注意到了这点，对历代民族流变的地理范畴进行了考据，而以《西域见闻录》为代表的文献将清代新疆的民族风俗也进行了列述，《丛书》则将西域各民族之间的关系及其地理迁徙进行了考据，同时论述了西域民族与中央王朝之间的关系，及中央王朝对西域的管理。

第三，清儒对西域史地考据时所参引的文献，丰富了西域古文献研究的内容。如以《回疆通志》《西域见闻录》《朔方备乘》《丛书》为代表的文献，在考据时参考了大量的文献，其中的引用内容为后世保留了文献原文，为文献学的版本、讹误、考辨上的研究提供了研究史料基础。其参考的史料大多数只知其名，而遍寻不到，可见已经亡佚，如《帕米尔游记》《游记》[①]等，但清儒的参引为后世提供了原书原文中的内容，是研究西域历史地理的史料补充。

总的来说，清儒对西域史地考据之学术贡献并不尽于此。除考订讹误、补正史料以外，清儒考订西域史地的目的从以文守边变为解决边疆危机，且每种文献各有所长，总结了西域史地的发展规律。但参照现代研究成果如《中国历史地图集》等工具书，对清儒的考据进行审核，亦有误处，因大多学者考据之时并未亲履，如洪钧考据天山之时，"类皆武断，无所依据，其尤为支离者"[②]。但不可否认的是，经过乾隆、嘉庆、道光以后，随着清儒考据西域史地的不断积累，迨至清末，西域研究领域复有成就，即《丛书》以历代边疆沿革之视域对西域进行的考据，将传统的考据学和近代地理学一以贯之。因此，再辨清儒对西域史地之考据，查其按语，证其解题，我们又可管窥清儒治学之权衡、边疆观点之所依，其历史贡献与学术价值显而易见，进而观其考据之成绩、学术之一斑，以备全面了解其边疆史学之思想与中国地理学的深厚传统。

---

① 此处《丛书》原文中只提到游记二字，且所记述的内容与帕米尔无关，因此将其判定为另一种游记。

② 丁谦：《蓬莱轩地理学丛书》册 1，北京：北京图书馆出版社，2008 年，第 158 页。

加强南疆农村地区铸牢中华民族共同体意识教育实践研究

——基于南疆四地州农村地区的调查

杨远桢

摘要：长期以来，南疆农村地区受历史与现实、境内与境外、线上与线下等多种因素影响，始终是新疆反分裂、反渗透、反恐怖的前沿阵地，民族分裂主义、宗教极端主义、暴力恐怖主义的流毒尚未根除，意识形态领域的斗争尖锐复杂。因而，加强南疆农村地区铸牢中华民族共同体意识教育具有特殊重要意义。基于此，本文在对南疆四地州农村地区铸牢中华民族共同体意识教育现状深入调研的基础上，对其取得的成效及存在的问题进行总结分析，进而提出南疆农村地区铸牢中华民族共同体意识教育的有效路径，以期为进一步推进新疆铸牢中华民族共同体意识工作提供有益参考和借鉴。

关键词：南疆农村地区；铸牢中华民族共同体意识；教育

作者 杨远桢，中共新疆维吾尔自治区委员会党校民族宗教理论教研部讲师（乌鲁木齐 830002）

一、加强南疆农村地区铸牢中华民族共同体意识教育的价值意蕴

新疆一盘棋，南疆是"棋眼"。南疆四地州地处新疆西南边陲，包括阿克苏地区、喀什地区、和田地区、克孜勒苏柯尔克孜自治州。根据 2020 年第七次全国人口普查数据，南疆四地州总人口 10 337 739 人，其中农村人口 5 968 514 人，少数

※ 基金项目：本文系自治区社科基金一般项目"新疆各民族铸牢中华民族共同体意识的理论与实践研究"（21BMZ120）的阶段性成果。

民族占比超 90%[①]。由于地处偏远，经济发展水平相对落后，民族成分相对单一，文化基础相对薄弱，南疆地区部分少数民族干部群众受民族分裂思想影响，对本民族的单一民族认同意识相对浓厚，加之当地农村群众受伊斯兰文化影响，对中华文化的接受认同程度不足，中华民族共同体意识相对薄弱。因而，加强南疆农村地区铸牢中华民族共同体意识教育具有特殊重要意义。

2014 年 5 月，在第二次中央新疆工作座谈会上，习近平总书记首次提出牢固树立"中华民族共同体意识"的重大论断[②]。2020 年 9 月，在第三次中央新疆工作座谈会上，习近平总书记又提出："将中华民族共同体意识教育纳入新疆干部教育、青少年教育、社会教育。"[③] 他还提出："让中华民族共同体意识根植心灵深处。"加强中华民族共同体意识教育是铸牢中华民族共同体意识的一项基础工程和关键之举。铸牢中华民族共同体意识教育是指通过一定的途径与方法对受教育者传播中华民族共同体思想和知识的过程[④]。其内涵是让 56 个民族成员能自觉认同自身是"中华民族"中的一员，自觉认同"中华民族共同体"是一个客观存在的民族实体，形成对中华民族及其共同缔造的伟大祖国——中华人民共和国的认同、忠诚和自觉捍卫的态度及认知[⑤]。最终教育目标就是要"引导各族人民牢固树立休戚与共、荣辱与共、生死与共、命运与共的共同体理念"[⑥]。中华民族共同体意识是中华民族共同体这一客观存在在人们头脑中的主观认知，而这种共同体意识不是天生就有、与生俱来的，而是需要后天的教育和培养才能逐步建立，这离不开从自在向自觉的教育引导。

近年来，学术界关于新疆铸牢中华民族共同体意识教育的研究呈上升趋势。但通过梳理文献发现，关于铸牢中华民族共同体意识教育的研究在区域间和对象间均呈现出不均衡的状态。相关研究主要从新疆整体层面来进行探讨，且研究对象集中于各学段的学校教育，较少涉及对党员干部和农牧民群体的研究，也尚未有关于南疆农村地区铸牢中华民族共同体意识教育的相关研究。南疆农村与其他地区相比，

① 新疆维吾尔自治区统计局：《新疆维吾尔自治区第七次全国人口普查主要数据》，http://tjj.xinjiang.gov.cn/tjj/tjgn/202106/4311411b68d343bbaa694e923c2c6be0.shtml，2021 年 6 月 14 日。

② 习近平：《坚持依法治疆团结稳疆长期建疆　团结各族人民建设社会主义新疆》，《人民日报》，2014 年 5 月 30 日第 1 版。

③ 习近平：《在第三次中央新疆工作座谈会上强调　坚持依法治疆团结稳疆文化润疆富民兴疆长期建疆　努力建设新时代中国特色社会主义新疆》，《人民日报》，2020 年 9 月 27 日第 1 版。

④ 陈立鹏：《要全面准确理解铸牢中华民族共同体意识教育》，《中国民族报》，2022 年 3 月 1 日第 5 版。

⑤ 陈立鹏、闫芸：《铸牢中华民族共同体意识教育体系：意义、内容及实施路径》，《中南民族大学学报（人文社会科学版）》，2023 年第 2 期。

⑥ 习近平：《以铸牢中华民族共同体意识为主线　推动新时代党的民族工作高质量发展》，《人民日报》，2021 年 8 月 29 日第 1 版。

既有共性，又有其自身特殊性。长期以来，受历史与现实、境内与境外、线上与线下等多种因素影响，南疆农村始终是新疆反分裂、反渗透、反恐怖的前沿阵地，民族分裂主义、宗教极端主义、暴力恐怖主义的流毒尚未根除，意识形态领域的斗争仍然尖锐，影响南疆农村铸牢中华民族共同体意识的一些深层次问题亟待解决。基于此，本文在对南疆四地州农村地区铸牢中华民族共同体意识教育现状深入调研的基础上，对其取得的成效及存在的问题进行总结分析，进而提出南疆农村地区铸牢中华民族共同体意识教育的有效路径，以期为进一步推进新疆铸牢中华民族共同体意识工作提供有益参考和借鉴。

二、南疆农村地区铸牢中华民族共同体意识教育现状

（一）南疆农村地区铸牢中华民族共同体意识教育的实践成效

党的十八大以来，党中央和自治区党委高度重视铸牢中华民族共同体意识工作，相继作出重要决策部署，不断推进铸牢中华民族共同体意识教育实践取得积极成效。

1. 铸牢中华民族共同体意识教育体制不断完善

新疆坚持把铸牢中华民族共同体意识教育作为重要政治任务，各地进一步完善党委领导民族工作的体制机制。南疆四地州也在积极构建铸牢中华民族共同体意识领导机制，从地（州）到各市（县）、乡镇、村相继制定了一系列实施及分工方案，明确责任分工，成立工作领导小组，坚持"一把手"亲自抓、负总责，细化工作责任。制度设计的逐步完善为提升南疆地区教育质效打下坚实基础，例如，和田地区组织召开"铸牢中华民族共同体意识、争做'四个特别'好干部"专题组织生活会，把铸牢中华民族共同体意识工作纳入地区目标考核体系，纳入各级领导班子年终考核、班子成员绩效考核的重要内容，列入地区、县（市）党委政治巡察的重要内容。南疆四地州农村地区积极探索有效路径，把铸牢中华民族共同体意识纳入基层党员干部教育、学校教育和基层农牧民群众教育中。

（1）针对基层党员干部的教育。一是不断加强对基层党员干部的教育培训。依托理论学习中心组、"三会一课"、干部职工会议等载体，通过集中学习研讨、知识测试、专题党课等形式，将中央民族工作会议、自治区党委民族工作会议的精神作为各级党组（党委）理论学习的重要内容。二是将铸牢中华民族共同体意识纳入各级党校各类主体班次教学计划和教学内容。每年以各地党校、社会主义学院为主阵地，组织负责统战工作的干部、驻村干部等开展铸牢中华民族共同体意识的专题培训班，将铸牢中华民族共同体意识作为干部培训的必修课。例如，克州依托"克州

学考"App 线上考试系统，开展"铸牢中华民族共同体意识"知识竞赛，全面提高了全州各级各类干部对党的民族理论和民族政策的理解掌握能力。

（2）针对南疆农村各幼儿园和小学的教育。将铸牢中华民族共同体意识教育纳入到学生课堂教育和各种教学活动中。开设民族团结进步教育课程，召开现场推进会、举行专题讲座和主题教育活动，在校园环境、文化氛围和日常教育教学管理中体现有关中华民族共同体意识的内容。将课程与思政教育有机融合，如在学前阶段创编《我是中国娃》《祖国祖国我们爱你》等儿歌或快板，小学阶段学习《可爱的中国》，不同年级开设新疆地方史等课程。

（3）针对基层农牧民群众的教育。各地均成立宣讲团，培养了一批草根宣讲员，通过县领导分领域讲、讲师团宣讲员示范讲、行业部门专业讲、乡镇骨干宣讲员带头讲、草根宣讲员典型讲等方式，将铸牢中华民族共同体意识的内容列入大宣讲和常态化宣讲范畴。如和田地区采取"集中宣讲＋PPT 讲座＋入户宣讲听民意＋思想疙瘩解疑惑＋解决困难诉求聚民心"模式，开展宣讲活动。喀什地区打造了"红石榴小分队"，小分队的成员由各村村民组成。同时，各地"访惠聚"驻村工作队利用周一"三结合"、农牧民夜校、入户走访等方式，在田间地头、农庭院落，宣传"三本白皮书"、民族团结进步教育和中央民族工作会议精神等内容。

2. 依托民族团结进步创建开展各类教育实践活动

（1）深挖先进典型。南疆各地区都在挖掘先进典型上持续用力，各地延伸老典型、挖掘新案例，从老典型、新案例、驻村故事、支教故事、援疆故事、创业故事、文旅故事、乡村故事等中挖掘和打造典型人物事迹，开展"民族团结先进模范事迹"示范巡回宣讲活动。如喀什地区挖掘了拉其尼·巴依卡、刘国忠等先进模范，推出了以"全国最美村官"刘国忠为题材的《我深爱的土地》音乐剧，创作了歌曲《再唱花儿这样红》及 MV。和田地区拍摄了以水利专家王蔚为原型题材的反映民族团结的电视剧《大漠魂》，编排了历史题材舞剧《五星出东方》并在北京天桥艺术中心大剧场首演。这些教育实践活动为全社会营造了传递榜样力量、践行楷模精神、弘扬社会正能量的浓厚氛围。

（2）深化"民族团结一家亲"和民族团结联谊活动。通过与群众共同开展农业生产、共同开展庭院整治、共吃一顿饭等寓教于乐、群众喜闻乐见的联谊活动、现场观摩会等，推动各族群众交往交流交融。例如，喀什地区先后开展了"团结奋进一百载·中华民族一家亲"摄影、书法、美术作品展览，和田县建设结亲平台，积极开展"民族团结一家亲""我给亲戚送政策""民族团结一家亲，我和亲戚学党史"等主题鲜明、形式多样、内容丰富的活动。

（3）积极推进民族团结进步创建进学校、进家庭。各学校积极开展了"三进两联一交友"及民族团结进步"好班级""好宿舍""好老师""好学生"等活动。例如，喀什地区搭建"九同"育人载体，即国语同学、资源同享、科研同步、节日同庆、就餐同桌、就寝同舍、校园同护、困难同度、万里同课，丰富活动内涵，聚焦落实结好对子、注重宣传、谈心交心、做好家访、多搞活动、帮办实事6项具体任务，持续推动"三进两联一交友"活动实现制度化、规范化、常态化。南疆各地还深入开展民族团结进步创建"细胞工程"。以创建为基础，制定微创行动标准，使民族团结进步理念渗透到社会各个"细胞"，多地以民族团结"好干部""好商铺""好家庭""好邻居"等评选活动为载体，将创建工作延伸到小队、家庭和个人，推动乡村形成文明乡风、良好家风、淳朴民风的良好风尚。

3. 铸牢中华民族共同体意识教育内容不断丰富

（1）加强对中华优秀传统文化的宣传教育。南疆农村地区广泛开展了"中华优秀传统进万家"活动，充分发挥乡村文化阵地和三支队伍即文艺队、体育队、宣讲队的作用，积极开展乡村百日文体活动和百日广场文化活动。同时，依托传统文化节日如春节、中秋节、端午节、古尔邦节、肉孜节等，广泛宣传中华传统节日和少数民族传统节日的文化内涵。各地区还积极鼓励各族村民互学优秀传统文化，如和田县鼓励汉族居民学少数民族歌舞、艾德莱斯刺绣，鼓励少数民族居民学戏曲、剪纸等，和田县和谐新村村民同汉族村民相互学习、相互配合，精心排练演出了豫剧《花打朝》，引得观众惊叹。在深入推进中华优秀传统文化进校园工作中，各地根据教育部印发的《中华优秀传统文化进中小学课程教材指南》，在校园文化建设中融入中华文化的元素和符号，开设国学课堂，成立"传统文化""爱国主义歌曲大家唱"等社团，通过举办比赛等形式，用国学文化和经典陶冶学生情操，让学生在学、演、唱中感受中华优秀传统文化的魅力。如库尔班·尼亚孜创办的乌什县依麻木镇国家通用语言小学，已经成为一张学习中华优秀传统文化的名片。

（2）加强爱国主义宣传教育。近年来，南疆农村地区党组织深入贯彻《新时代爱国主义教育实施纲要》，抓住新中国成立70周年、中国共产党成立100周年、"四史"学习教育等有利契机，充分利用县域内红色文化资源，广泛开展"我和我的祖国"系列群众性活动，广泛开展"国旗下的宣讲""我是中国公民"宣誓活动。针对少年儿童，各学校组织开展了各类爱国主义主题教育活动。例如，"从小学党史、永远跟党走""童心向党""寻访红色足迹""学习新思想、做好接班人""新时代好少年""我为祖国点赞"等主题教育活动。

（3）加强国家通用语言文字教育。各地为扎实做好推广普及国家通用语言文字工作，相继制定专门实施方案。针对农牧民群体，南疆各地采取多项措施持续推进：一是分类施策，强化精准培训。将不同水平的村民分为快、中、慢三个班次，利用农民夜校、冬季大攻势进行普及。二是充分利用现代化手段，开发成人国家通用语言文字培训管理平台。如和田地区依托全民学"国通语"平台，聚焦干部、农民、学生三个层面，分类开展培训。三是寓教于乐，调动群众积极性。落实培训补贴，突出就业导向，每年组织城乡劳动力参加"国家通用语言文字＋技能"培训。通过举办演讲比赛、知识竞赛、征文活动和发放宣传品等形式，广泛开展全国推广普通话宣传周活动。与此同时，新疆持续推动国家通用语言文字学校教育全覆盖，把普及国通语教学作为学前教育的前置环节，在实现幼儿园"应建尽建"和学前适龄幼儿"应入尽入"的基础上，不断提升幼儿国家通用语言听说能力，做好幼小衔接。南疆农村各学校不断推进家校共育，以"小手拉大手"，以家庭带动社会，构建学校、家庭、社会"三位一体"的国家通用语言文字教育格局。

4. 铸牢中华民族共同体意识教育方式方法更加多样

（1）大力营造宣传氛围。利用公共空间营造氛围，利用灯箱、张贴画、雕塑、假山、拱门、文化长廊、造型小景、公益宣传栏、过境公路立式宣传广告牌等公共空间，展示标语，营造氛围。南疆农村多地还安装了大小喇叭，定时播放反映中华民族共同体意识、民族团结等题材的新闻稿件。

（2）加强宣传教育基地建设。近年来，南疆地区不断加强宣传教育基地建设，有效利用各类阵地开展宣传教育活动。新疆各地博物馆相继完成了"铸牢中华民族共同体意识"主题布展的改造升级，乡村也普遍建造了爱国主义教育馆、四史馆、新时代文明实践站、"中华文化"大院、农家书屋等场所。各地积极组织干部群众实地参观各类教育基地，不断丰富干部群众教育形式。例如，喀什地区深入开展铸牢中华民族共同体意识宣传教育全覆盖工作，在所有村（社区）和学校建设新疆"四史"教育阵地，建成民族团结展馆 57 个，扩建民族团结教育基地 81 个，建设学校爱国主义教育馆 662 所，促进宣传教育常态化。

（3）利用"互联网＋"的形式进行宣传教育。各地利用官方网站、微信公众号、地县融媒体中心等新媒体展示中华民族共同体意识相关内容。例如和田地区利用和田日报微信公众号、和云 App 媒体平台，在首页醒目位置开辟"铸牢中华民族共同体意识"专栏。其中，"和田断臂男孩故事"系列报道通过和云 App 刊播后，被多家中央主流媒体转发，系列报道国内外浏览量超 10 亿人次，引发了强烈的舆论反响，取得了良好的宣传效果。

（二）南疆农村铸牢中华民族共同体意识教育的现实问题

近年来，南疆农村铸牢中华民族共同体意识宣传教育工作虽取得一定成效，但同时还存在一些不容忽视的问题。

1. 铸牢中华民族共同体意识教育主体力量有待加强

教育主体是指在教育工作中有意识地作用于客体的组织或个体。教育主体的认知水平、数量，个体的理论素养及能力素质会直接影响教育质量[①]。对于南疆农村地区而言，一是民族工作队伍和宣传工作队伍力量不足，且能力素质、整体水平不高。基层宣讲员大都身兼数职，缺少系统学习和专题培训，自身理论水平有限，对铸牢中华民族共同体意识的理论内涵和重大意义认识不足、理解程度不深、把握不准，宣讲时只能照本宣科，致使宣讲效果达不到预期，也难以充分调动群众的主动性与积极性。二是各部门职能协同不到位，尚未形成工作合力。宣传教育工作存在主体单一问题，部分地区认为铸牢中华民族共同体意识教育工作是民族工作部门或宣传部门的责任，领导小组成员作用发挥不明显，部分干部对铸牢中华民族共同体意识与各项工作之间的联系不清楚，与主线贴得不紧。三是部分地区的领导干部及有关部门对铸牢中华民族共同体意识宣传教育重视度不够，没有将其摆在重要位置。在实际工作中，对中央民族工作会议精神、自治区党委民族工作会议精神以及铸牢中华民族共同体意识重要内容的学习和宣讲不到位，且普遍是机关传达学习，纸面和内部宣讲较多，存在"走过场"现象。

2. 影响干部群众铸牢中华民族共同体意识的因素复杂多样

当前影响南疆地区干部群众铸牢中华民族共同体意识的因素仍然复杂多样。一方面，反分裂斗争取得重大阶段性成果，但国际敌对势力"以疆制华"，利用所谓"民族问题"西化、分化新疆的政治图谋始终没有停止，一些周边国家泛民族主义思潮对南疆地区的倒灌干扰有所抬头。另一方面，境内外"三股势力"对新疆意识形态领域的渗透始终没有停止。长期以来，"三股势力"蓄意歪曲新疆历史，煽动民族隔阂与仇恨，故意夸大文化差异，这不利于部分干部群众形成对中华民族和中华文化的认同。此外，随着各民族交往交流交融的不断深入，涉民族因素的矛盾纠纷随之增多，部分民族成员在矛盾冲突中可能会形成对其他民族成员的消极刻板印象，进而在分裂势力的蛊惑下可能会产生狭隘民族主义，这些都为中华民族共同体意识的铸牢带来严峻挑战。

3. 教育内容还需进一步丰富完善

一是当前南疆部分地方将铸牢中华民族共同体意识教育片面化、简单化地等同于民族团结教育、爱国主义教育、国家通用语言文字教育，或简单地以文艺活动代替整体宣传教育，教育内容不全面、不系统。二是挖掘运用中华优秀传统文化中各民族大团结、民族团结一家亲的文化内涵，用中华文化元素、符号教育群众、感召

---

① 余文兵、普永贵：《新时代推进中华民族共同体意识教育常态化制度化实践的思考》，《云南民族大学学报（哲学社会科学版）》，2021年第5期。

群众，进而增强各族群众中华民族共同体意识的主动谋划意识还不够。三是国家通用语言文字的推广使用存在薄弱环节。教材缺乏生动性和针对性，学院式的设计也影响了国家通用语言文字的学习成效。虽然群众有很强的学习意愿，但缺乏适合的学习方法，导致群众学习积极性下降。此外，国家通用语言文字关键在使用，但基层干部学习使用国家通用语言文字的引领示范作用发挥不够。

4. 宣传教育方式方法还需不断创新

当前南疆农村在铸牢中华民族共同体意识宣传教育方式方法上存在薄弱环节。一是宣传教育方式较为单一。在社会层面的宣传教育中，主要以"自上而下"的"灌输式"的方式为主，部分村的宣传教育仅停留在"宣传板"和"宣传标语"上。宣传内容不生动，生硬的、概念性的内容多，入脑入心的生动故事少，老百姓听得懂的语言少，群众参与的互动活动少。各地文艺创作生产数量不多、类型不丰富、精品佳作少，群众喜闻乐见的广播电视优质内容供给能力不强。同时，还存在着互联网宣传作用发挥不明显、网络社交平台跟进不及时的现象。二是针对性不强。宣传教育没有与南疆地区农牧民群体的思想现状、接受方式和接受能力等实际相结合，致使效果不好。三是基层文化阵地利用不充分，存在"重建设、轻使用"现象，没有有效利用基层文化阵地进行有针对性的教育。

三、推进南疆农村地区铸牢中华民族共同体意识教育的实践路径

习近平总书记明确指出："铸牢中华民族共同体意识，既要做看得见、摸得着的工作，也要做大量'润物细无声'的事情……各项工作都要往实里抓、往细里做，要有形、有感、有效。"[1] 按照习近平总书记的重要指示，常态化开展好铸牢中华民族共同体意识教育也要做到"有形、有感、有效"。

（一）健全完善常态化机制，推进宣传教育"有形"

习近平总书记明确提出"要构建铸牢中华民族共同体意识宣传教育常态化机制"[2]。健全完善宣传教育常态化机制，要避免"短期化"和"一阵风"现象，坚持系统谋划，不断丰富宣传教育载体形式。推进"有形"就是要把宣传教育的制度化、体系化工作做好、做细、做实，使新时代中华民族共同体意识的宣传教育能够有章

① 《习近平总书记在参加内蒙古代表团审议时强调　不断巩固中华民族共同体思想基础　共同建设伟大祖国　共同创造美好生活》，《人民日报》，2022 年 3 月 6 日第 1 版。
② 习近平：《以铸牢中华民族共同体意识为主线　推动新时代党的民族工作高质量发展》，《人民日报》，2021 年 8 月 29 日第 1 版。

可循、有规可守，做到有人负责、有人落实。

1. 推动构建党委领导、全社会共同推动的大宣传教育格局

一是要强化各级党委宣传教育主体责任。加强党对宣传教育工作的全面领导，是做好铸牢中华民族共同体意识宣传教育工作的根本政治保证。各级党委应认真履行并系统推进常态化宣传教育的主体责任，研究制定专门实施方案及监督考核机制，将其纳入党的建设和意识形态工作责任制、纳入各级党政领导工作和政绩考核中，压实各级主体责任，切实把思想自觉转化为行动自觉。二是建立完善的宣传教育机制，形成宣传教育合力。铸牢中华民族共同体意识教育是一项系统性工程，需要全党和全社会的共同推动，形成立体化的大宣传教育格局。要整合各方力量，建立联动机制。依托党委的组织力统筹决策协商、监督反馈、评估考核等环节工作，强化政策支持和物质投入，使得铸牢中华民族共同体意识真正成为各级地方党委政府的重要工作，而不是某一个部门的工作。三是加强基层民族工作机构建设和民族工作力量。夯实基层基础，抓好基层党组织建设和基层民族工作干部队伍建设。尤其是针对南疆农村地区，要将宣传教育纳入党建引领基层治理标准体系，引导宣传教育抓在经常、融入日常、做在平常，推动建立基层常态化、制度化教育工作机制。

2. 创新宣传教育"有形"载体和抓手

一是将铸牢中华民族共同体意识宣传教育同基层各项工作、各项学习有机结合，尤其是要与学习贯彻党的二十大精神有机结合。学习宣传贯彻党的二十大精神是当前及今后一段时期的首要政治任务，要将这两项重要任务结合起来，同时与各地各部门实际工作有机结合，统筹谋划部署，研究制定实施方案，组织开展形式多样的培训和宣讲活动。二是打造一批具有南疆区域特色和影响力的宣传教育阵地和品牌。在充分利用好本地现有教育基地，如博物馆、文化馆、纪念馆、文物古迹等的基础上，依托新时代文明实践站、文化大院、农家书屋、乡村大舞台等，就地就近开展沉浸式、互动式、体验式的宣传教育活动。同时，南疆各地区在公共文化设施、旅游景观陈列等中要注意融入铸牢中华民族共同体意识教育的主题内容，用"四个共同"的中华民族历史观改造展板和解说词。农村地区在打造具有本村特色的同心街、同心广场、民族团结活动小广场等的过程中，要注意增加关于中华民族团结理念的要素，将各地可借鉴、可复制、可推广的好经验进一步加大宣传力度，形成共享机制。三是要创新"互联网+"宣传载体和形式。在媒体形态日益多元的今天，要用好互联网平台，创新多元传播方式，赋予铸牢中华民族共同体意识更多"有形"表达形式。习近平总书记也曾强调，要"让互联网成为构筑各民族共有精神家园、铸牢中华民族共同体意识的最大增量"①，通过"互联网+"提升共同体理念宣传教育的网络纽带。一方面，要充分发挥融媒体报道的宣传效应，依托微信公众号、微信群、抖音、快手等，推送相关文章和短视频，以灵活的形式、鲜活的故事、生动的语言打动人心。另一方面，要加强涉民族因素舆情引导、排查和管控，做好舆论引导工作，利用网上"评论区"，及时获取群众反馈意见，实时改进推送内容。构建线上与线下、网络与现实相结合的教育场域，让网络空间成为铸牢中华民族共同体意识的最大增量。

（二）健全完善宣传教育内容体系，推动宣传教育"有感"

铸牢中华民族共同体意识教育，不是简单地喊口号、贴标语，而是要健全完善宣传教育内容体系，准确把握教育的范围和重点，提高宣传教育的全面性和准确性。推动宣传教育"有感"，就是要能够引发共鸣和同感，要多做用心、用情和有深度更有温度的宣传，润物细无声地推动宣传教育入脑入心。

1.强化对铸牢中华民族共同体意识教育工作的责任感和使命感

首先，要提高对铸牢中华民族共同体意识教育工作的思想认识，从中华民族伟大复兴的高度、从党和国家民族工作发展全局的高度、从事关新疆社会稳定和长治久安总目标的高度，深刻领悟铸牢中华民族共同体意识教育的重大意义。深入学习领会习近平关于加强和改进民族工作的重要思想，自觉把思想和行动统一到习近平总书记的重要讲话精神上。其次，深刻理解铸牢中华民族共同体意识教育内涵。铸牢中华民族共同体意识的教育内容不仅包含爱国主义教育、社会主义核心价值观教育、民族团结进步教育，而且还要在此基础上重点突出中华民族共同体意识的教育内容。其重点应包括中华民族、中华民族与各民族间的关系、中华民族多元一体格局、中华民族共同体的形成与发展以及各民族交融发展、团结奋斗的历史与现实等内容。要正确把握中华民族共同体意识教育与爱国主义教育、民族团结进步教育等的区别和联系，做到思想统一、认识到位。

2.丰富完善铸牢中华民族共同体意识教育内容

针对南疆农村地区，特别要加强两个方面的教育：一要加强新疆历史教育，引导各族干部群众树立正确的中华民族历史观。深入挖掘整理新疆尤其是南疆地区各民族交往交流交融的历史事实，讲清楚新疆各民族文化与中原文化息息相通、血脉相连、历史交融，注重讲好各民族"一起走过"的历史经验、"一起生活"的现实经历以及"一起实现"的美好愿景。让各族群众深刻认识到，新疆自古以来是中国

---

① 习近平：《在全国民族团结进步表彰大会上的讲话》，《人民日报》，2019年9月28日第1版。

领土不可分割的一部分，新疆各民族是中华民族血脉相连的家庭成员，新疆各民族与全国人民一道共同开拓了辽阔的疆域、共同书写了悠久的历史、共同创造了灿烂的文化、共同培育了伟大的精神，让各族群众牢固树立"四个与共"[①]的共同体理念。二要以文化认同为纽带深化中华民族共同体意识教育。"文化认同是最深层次的认同，是民族团结之根、民族和睦之魂。"[②]以增进认同为目标，实施文化润疆工程。深入挖掘中华民族共同体意识教育的重要素材和"有感"资源，树立和突出新疆各民族共享的中华文化符号和中华民族形象，将显性教育转化为人人可见、润物无声的隐形教育，进而增进各族群众对中华文化的认同。

3. 创新方式方法，深入开展"有感"化教育实践活动

一要创新教育方式，丰富宣传教育活动载体，多渠道、全方位、滴灌式开展形式多样的社会教育。适应形势发展变化和群众接受特点，找准铸牢中华民族共同体意识宣传教育和群众所思所想的契合点。二要注重发挥精神文化产品育人化人功能。以影视文艺作品等为抓手，创作一批通俗易懂、农民群众喜闻乐见的优秀文艺作品，为加强中华民族共同体意识的宣传教育提供更多本土鲜活作品，增进各族群众的情感归属。三要定期开展群众性主题宣传教育活动。深入开展中华优秀传统文化进基层活动，持续做好"万村千乡文化产品惠民行动"。把铸牢中华民族共同体意识的宣传教育融入传统和现代节日、融入重大纪念活动，多贴近群众生活、多联系群众身边事例、多用大众化的语言、多用生动史实说话，用鲜活经历说话，用美好愿景说话，讲好新疆民族团结故事，增强各民族的情感联系、文化共性、心灵共鸣。

（三）切实提高针对性，实现宣传教育"有效"

做好铸牢中华民族共同体意识的宣传教育，在教育对象上要做到全覆盖，针对不同文化层次、不同认知水平、不同实践经历以及不同年龄段的群体，进行分类指导，切实提高针对性。"有效"就是要使宣传教育有质量、有效果，这要求我们要分众化开展好铸牢中华民族共同体意识教育工作。

1. 干部教育是关键

在干部教育中，要把握以下几个重点内容：一是要推动干部教育工作的长效开展，制订专门培训计划，提升培训质效。将铸牢中华民族共同体意识教育纳入各级党委中心组学习的重要内容，纳入各级党校、干部学院及社会主义学院培训的必修

---

① "四个与共"是指习近平总书记在 2021 年中央民族工作会议上提出的"牢固树立休戚与共、荣辱与共、生死与共、命运与共的共同体理念"。

② 国家民族事务委员会编：《中央民族工作会议精神学习辅导读本》，北京：民族出版社，2015 年，第 253 页。

课程。坚持分级分类培训，根据不同层级领导干部特点，落实培训方式、培训目标和课程设置，尤其要加大举办面向基层党员干部的专题培训班的力度，确保各级党员干部学深悟透、弄通做实。二是加快干部读本的编写工作。从自治区层面研究制订干部教育课程体系、教学大纲和干部读本，确保教育内容和教材的针对性、系统性和实效性。三是加强对基层干部教育培训的调研指导，切实解决基层存在的突出问题。要明确干部教育培训的目标，在理论学习的基础上，提升解决实际工作中发现的民族问题的能力，防范化解民族领域存在的风险隐患，正确处理涉民族因素的矛盾纠纷，真正做到学以致用。

2. 国民教育是基础

学校教育是铸牢中华民族共同体意识教育的主阵地，要紧紧抓住青少年阶段的"拔节孕穗期"。针对南疆农村地区，要注重抓好幼儿园和小学阶段的教育工作。首先，要不断提升教师队伍素质，加大教师培训力度，采取岗前培训、集体备课、教学竞赛、教学经验分享交流等措施，改进课堂教学方式，通过多种形式的主题教育活动，提高教学的吸引力和实效性。其次，要制订教育目标，对教育内容进行全面整理。由中央、自治区层面组织力量，编写适合各学段的系列教材。针对不同年龄段的学生，在教育内容上要有区别，教育方式和方法也要差异化。幼儿园和小学阶段应更加注重启蒙教育，尤其是对幼儿园的教材，应更多是以动画、音乐、绘本、故事来呈现，而小学要在可爱的中国、道德与法治等地方思政课中加入更多关于中华民族共同体意识教育的内容。

3. 社会教育是关键

针对南疆地区农牧民群体，一方面，要加强基层宣传文化队伍建设，提高宣传文化队伍的整体素质和能力，注重配备政治立场坚定、理论素养较高的党员干部担任宣讲员。加强对现有宣传文化队伍的培训力度，制订具有针对性的培训规划。除利用周一"三结合"、农牧民夜校、集中宣讲外，也可将村两委、"访惠聚"驻村工作队、结亲干部等进行混合编组，将走访工作与村里的重点任务相结合，制订任务清单，确定任务主题，形成工作合力。另一方面，要建立国家通用语言文字长效学习机制。通过建立奖惩机制，采取分层分批、因人制宜的方式，逐步提升农村群众国家通用语言文字水平。各地区根据当地实际情况，分类别、分片区组织集中学习，课下利用"国通语 App"巩固学习成效。通过开展各类文体活动提升群众的学习兴趣，例如开展唱红歌比赛、诗歌朗诵比赛、词语接龙等活动，同时可采取"积分制＋考试"的形式调动群众的积极性，促使群众从"要我学"的被动学习到"我要学"的主动学习的转变。学习的目的是使用，农村少数民族党员干部应以身作则、率先垂范，特别是在公众场合，要带动群众、影响群众，形成学习和使用国家通用语言的良好氛围。

浅谈内地高校博物馆在铸牢
中华民族共同体意识实践中的路径

——以东北大学秦皇岛分校民族学博物馆为例

吴佳亮

摘要： 高校博物馆对于学科专业教学、学科性科研、创新性的文化生活都有着重要的作用，同时高校博物馆还肩负着立德树人，培根育魂，推进素质教育，传递人文精神、民族精神和人类文明的重任。本文以铸牢中华民族共同体意识实践活动为中心，探讨内地高校博物馆在传承和弘扬中华优秀传统文化方面的实践路径。

关键词： 高校博物馆；铸牢中华民族共同体意识；民族精神

作者 吴佳亮，东北大学秦皇岛分校教师、工程师、秦皇岛市历史文化研究会副秘书长（秦皇岛 066000）

根据中华人民共和国教育部《2022 年全国教育事业发展统计公报》数据，我国现有高校 3 013 所，其中，内地综合性大学有 1 328 所。内地是相对于边疆民族地区而言的，综合性大学指学科门类较为齐全、科研实力强、办学规模较大的高校。内地综合性大学与传统的单科性高校相比，规模较大，不仅设有人文学科、理工学科，有些高校还设有体育、艺术、医学、农学等学科。不同于边疆民族地区的高校，内地综合性大学师生群体民族成分多样，专业技术水平较高，出国留学、访学和学术交流机会多，在民族交往交流交融、铸牢中华民族共同体意识教育方面有着自己的现实状况与运作特点。

一、高校博物馆的发展现状

随着中国社会的现代化转型，人们对高质量文化生活的需求呈上升态势，博物馆尤其是高校博物馆的数量逐渐增多，高校博物馆建设是大学内涵发展到新阶段面对的新问题。1905 年，中国近代实业家、政治家、教育家张謇在南通建立南通博物苑，标志着我国第一座高校博物馆出现。新时代以来，为践行铸牢中华民族共同体意识的伟大实践，高校落实立德树人、为国育人、为党育才的根本任务，高校博物馆蓬勃发展，目前中国大陆地区的高校博物馆已有 300 余座，成为我国博物馆事业发展较快的一支新兴力量。2011 年，国家文物局、教育部联合下发《关于加强高校博物馆建设与发展的通知》，提出要将高校博物馆纳入国民经济和社会发展规划，纳入高等教育事业发展规划，纳入博物馆事业发展规划，高校博物馆迎来了全新发展机遇。高校博物馆为满足广大人民群众日益增长的精神文化、教育学习需求作出了积极贡献。

东北大学秦皇岛分校民族学博物馆是随着民族学学科专业的建设发展而设立的。民族学除详细记录各族人民的现实社会现象、生活方式和文化习俗等之外，还搜集各种文物作为研究资料。我校民族学学科由搜集、征集、接受捐赠满族、汉族等民俗文物发展形成民族学博物馆。2016 年 11 月，在国家民委的大力支持下，我校建立了中国满学研究院和中国满学博物馆。东北大学的满学研究专注于北方民族的社会历史文化研究并取得显著成绩。因此，2021 年 10 月，中国满学博物馆更名为民族学博物馆，由时任东北大学党委书记的熊晓梅和秦皇岛市历史文化研究会会长的孙志升揭牌，2022 年 3 月，中国满学研究院改建为民族学学院，进行民族学本科和硕士研究生培养，经过近几年的建设，目前场馆使用面积共计 1 259.57 平方米，其中常设展厅面积 512.36 平方米，现有藏品 3 684 件（套）。展览分为两大主题：第一，中华长城精神。以明代以来长城河北段戍边人和村庄民众生产生活用品、防御兵器、近代以来汉族、满族等北方民族交往交流的生产生活、民族关系等民俗民风文物 736 件（套），构建展馆长城记忆馆、耕织器具馆、满汉书法馆、剪纸艺术馆；第二，中华民族共创文明华彩篇章。以中华民族对世界文明的伟大贡献——青铜文明、瓷器文明、中国钱币文化等藏品 2 948 件（套），构建展馆青铜文化馆、瓷器文化馆、中国历史钱币馆。另有临时主题展区"多元一体，同心筑梦"中华文化长廊和"满族文化墙"，简称"七馆一廊一墙"。

东北大学秦皇岛分校民族学博物馆的宗旨是服务于民族学学科教学科研工作，培养卓越人才；服务于全校师生，讲好中国故事，传承与弘扬中华优秀传统文化，彰显中华文化自信，培德育人；服务于学术交流和社会各界的文化传承创新需求；

服务于秦皇岛地区部分中小学的研学活动；服务于铸牢中华民族共同体意识研究基地开展课题研究；服务于学校双一流高校建设。

二、民族学博物馆服务教学科研工作，深化延展课程育人时空，成为彰显青年学子道德情操、人文精神，传播与弘扬中华优秀传统文化的德才双馨的园地

以课程建设为抓手，调整优化人文素质课程内容和课程体系，为全校各民族学生开设国学与中华优秀传统文化通识教育课程，厚植中华文化情感与认同，形成心灵的碰撞共识，深化"铸牢中华民族共同体意识"教育。同时，发挥大思政课的教书育人作用，助力各民族思想文化交融。以此为基础，在高校本科生、研究生中开设公共必修课，引导高校不同民族学生树立科学正确的国家观、历史观、民族观、文化观、宗教观，坚定社会主义信念，使之成为中华民族共同体的积极建设者。

学院坚持为新生上好学习传统文化、民族团结的第一课，每年学生入学后，开展入学教学系列活动，带领新生参观民族学博物馆，并邀请学院院长担任主讲人，培育学生弘扬与传承中华优秀传统文化的热情，引导学生树立正确的价值观。

学院举办了"讲好文物故事　彰显文化自信——民族学博物馆志愿讲解团队培育活动"，以诠释中华文化多元一体性和铸牢中华民族共同体意识为主线，结合民族学学科发展史，依托民族学博物馆展品，讲述中华民族交往交流、互融共生、创造中华文明的壮举，为更好地传承和弘扬民族文化、促进民族团结进步、推进铸牢中华民族共同体意识工作贡献智慧与力量。

三、充分发挥民族学博物馆学科和人才优势，助推"学院＋书院"制教育改革，拓宽深化各民族交流交往交融的平台和内涵，培养具有深厚人文情怀和专业技能的拔尖创新型人才

书院是弘扬中华优秀传统文化、深入宣传阐释中华文明的五个突出特性、引导各族师生增强"五个认同"的德育平台。书院采取开放式模式，突破学科专业和民族身份的框架，书院的活动可作为教师工作量和学生的学分绩点，师生自愿报名参与。据不完全统计，目前仅有200多所高等院校建设立了"学院＋书院"模式。

民族学学院构建"学院＋书院"人才培养模式，筹建夷齐书院，旨在统筹人文学科教学、研究方面的优质资源，特别是博物馆独特的时空情境，营造博雅环境。夷齐书院以商末孤竹国伯夷、叔齐的典故命名，弘扬其仁哲大义，为广大师生树立

铸牢中华民族共同体意识与民族地区乡村振兴研究
Study on Forging a Strong Sense of Community for the Chinese Nation and
Rural Revitalization in Ethnic Areas

062

诚信礼让、忠于祖国、抱节守志、清正廉明的典范。夷齐书院依托二级教学科研实体民族学学院，整合马克思主义学院、外国语言文化学院等的师资和学生，实现多元空间的开放式创新人才培养模式。以"国学精品课程＋夷齐讲堂＋探求真知"的研学活动为培养模式，为学生构建多元化的知识体系及广阔的学术视野，聘请国内知名学者担任兼职教授进行名家讲座，展示学术境界和学术前沿，通过博物馆和田野实践体验，达到培养知识体系完备和科研潜质突出的拔尖型创新人才的目标。

四、发挥博物馆时空场域功能，根据学校各部的职能，将开展各民族交往交流交融活动有序地纳入日常各项工作中，形成自上而下的自觉行动

学校各级组织有序地开展"中华一体，同心筑梦"美丽校园、主题党团日、"石榴籽一家亲""长城故事"主题演讲比赛、影像志展播沙龙、歌舞晚会等活动。2023年9月12日，中央统战部副部长、国家民委主任、党组书记潘岳在西北民族大学调研时指出，"要把铸牢中华民族共同体意识作为学校各项工作的主线"。高等学校在育人强国、讲好中国故事的同时，要注重各民族师生在学习与生活中的同频共振，使其形成"中华民族是一个大家庭"的思想，自觉成为国家利益的守护者和捍卫者。

民族瑰宝代代传，红色文化育新人，学院党支部深入学习贯彻习近平新时代中国特色社会主义思想，主动提升站位，紧贴活动主题，推动党建工作和科研教学有机结合，精心设计并开展了"守护中华国粹　传承民族精神"党支部立项系列活动，以民族学博物馆为资源依托，整合中华优秀传统文化资源，充分发挥现有文化场馆立德树人和思想引领的作用，旨在通过"七馆一廊一墙"进行传统文化教育，打造党员特色实践教育基地。学院还举办了山海民族风民族志影像展播系列活动，带领学生一同观看了《消失的良渚古国》等纪录片，旨在探源中华五千年文明，帮助学生深入了解中华优秀传统文化。

五、博物馆是高校服务社会文化建设的平台

我校民族学学院是秦皇岛历史文化研究会的挂牌单位和河北省民族事务委员会铸牢中华民族共同体意识研究基地，在挖掘整理本土文化夷齐清风、孤竹文化、畲商文化、港口文化、非遗文化和红色文化等方面将继续发挥学术引领和人力支持作用，推动文化资源的转化，产出一批文创和文旅产品。

近几年来，民族学博物馆在没有完全对公众开放的情况下，累计接待来校交流的各界人士如教育部主题教育巡视组、河北省民委相关专家、河北省文物局相关专

家、学界友人和兄弟院校领导等上千人次，平均每周接待来访者 2—3 次，在发挥学校窗口作用、彰显办学特色、讲好中国故事、铸牢中华民族共同体意识、提升学校文化传播创新能力和社会服务方面发挥了重要作用。

　　总之，内地综合性大学是各民族人才聚集的高地，青年学子和人民教师是民族国家的未来。在中华民族共同体意识理念下密切师生之间的关系、教师与教师之间的关系、学生与学生之间的关系，构建和谐美丽校园，厚植家国情怀，是内地高校博物馆的责任和使命担当。另外，民族学博物馆是展现和加强各民族交往交流交融历史与现实的文化认同和情感认同、构建中华民族共有精神家园的极佳场域。

064

铸牢中华民族共同体意识与民族地区乡村振兴研究
Study on Forging a Strong Sense of Community for the Chinese Nation and
Rural Revitalization in Ethnic Areas

交往交流交融视域下深化城市民族关系路径研究

——以C市X街道为例

胡紫薇

摘要： 本文以交往交流交融视野为出发点，以C市X街道为例对城市民族现状进行了调查研究。调查结果显示，C市X街道的民族交往受历史因素影响很深，其交往交流交融表现在方方面面。基于此，提出了加强民族团结互助、夯实制度治理基础、解决关心关切问题等策略，以促进城市民族交往交流交融，构建和谐社会。

关键词： 交往交流交融；民族调查；民族互嵌

作者 胡紫薇，东北大学秦皇岛分校民族学学院硕士研究生（秦皇岛 066000）

一、引言

民族交往交流交融在人类社会中具有重要的地位。它对促进不同民族之间的了解和理解，推动文化、经济、社会等方面的发展，促进世界和平与繁荣具有重要的作用。

民族交往交流交融表现在各个方面。首先，不同民族之间的文化交流和融合是最为明显的表现。各种艺术形式如音乐、文学、电影等中都有很多跨文化的元素。在这种交流的过程中，不同民族之间的文化特点可以互相借鉴和吸收，从而形成更为多元化和丰富的文化氛围。其次，民族交往交流交融还表现在社会领域。在不同民族之间的交往中，人们可以互相了解和学习不同的法律规定、习俗和传统。这种了解和学习可以加深人们的认识，促进社会的和谐与稳定。再次，民族交往交流交融在教育领域也有体现。学生可以在跨文化的环境中学习和交流，增强彼此之间的认识和理解。同时，教师也可以在教学过程中传授各种民族文化的知识，从而加深学生对不同文化的认识和理解。最后，在商业交往中，各地区之间的贸易、投资和企业合作都需要跨民族交往交流交融。不同的商业文化和商业机会可以促进不同地区之间的互利共赢。不同方面、不同角度的交往交流交融也促进了民族互嵌模式的形成①。

近年来，国内外学者对城市民族"三交"问题进行了大量的研究。其中，一些学者关注城市民族交往的机会和途径，认为城市化进程促进了城市民族之间的交往与融合，但同时也存在民族文化交流不够充分、民族认同感不够强烈等问题。另一些学者则从社会心理学角度分析城市民族问题，认为民族认同感对城市民族交往有着重要的影响。这些研究多偏重文献理论研究，而本文以 C 市 X 街道为例，对城市民族现状进行了实地调查研究。

二、调研点概况及研究思路

（一）调研点概况

坐落在 S 省南部的 C 市的人口构成以汉族和回族为主，兼有少部分其他民族人口，其中回族人口规模较大，根据当地统计局数据，能够达到全市少数民族人口的90% 以上。C 市的回族群众主要聚居在市区的 X 街道，在那里，回民人数甚至能达到总人口的 50%。因此，X 街道作为民族混居街道，其回汉关系受到 C 市社会各界的关注。X 街道在建立的数十年间，获得过不少荣誉称号，如"全国和谐街道建设示范街道""S 省民族团结进步模范集体"等。经过前期的调查和后期的分析可以发现，C 市对民族工作较为重视，社会各界较为了解当地民族关系，X 街道的民族工作尤其受到关注，街道的民族工作和回汉关系能够在很大程度上代表全市的民族工作成绩和进步情况。近年来，C 市在回汉关系处理和 X 街道民族关系建设上颇有建树，但是在实际调查研究中，通过对 X 街道回汉民族关系的分析，笔者认为其在工作上仍然存在一定的提升空间，仍然需要积极作为，铸牢中华民族共同体意识。

（二）调查的基本思路

笔者借助 C 市某政府部门开展民族关系社会调查的良好契机和便利条件，深入到 C 市 X 街道进行实地调研，作为"观察者"和"参与者"对街道内民族相处情况进行实地观察，观察回族、汉族群众日常的交往方式、交往内容以及交往过程中出现的问题等，并采取问卷的方式收集关于民族关系的相关信息。由于年龄、时间、

---

① 刘春呈：《从"宾弄赛嗨"到"共同体"：民族互嵌式社会结构的发展》，《西北民族大学学报（哲学社会科学版）》，2022 年第 5 期。

识字等问题，部分群众自身阅读问卷存在困难，所以一些问卷采取了访谈者与被访者一对一交流的方式进行填答。笔者还对街道内的工作人员进行深度访谈，深入了解回汉群众的交往特征、交往内容、交往方式及交往过程中所遇到的障碍和矛盾等，切实把握街道居民社会交往现状，深入分析当前回汉关系的深层次原因。

为了解当地人对 X 街道回汉民族关系的评价，笔者在 C 市 X 街道随机选择了50 名 X 街道群众和 50 名市区其他群众作为调查对象分别进行调查。其中，在 X 街道群众中，汉族群众和回族群众各一半，市区其他群众主要为汉族。在调查中设计了"您认为 X 街道的回汉关系怎样""您认为 X 街道的回汉关系好在哪些方面""您认为 X 街道的回汉关系存在哪些问题""您对以后的 X 街道民族工作有何建议"等问题。其中，绝大多数被调查者认为 X 街道回汉关系很好或比较好，占比为 84%，他们认为回汉之间关系比较好的地方在于彼此互相理解、伦理道德互通等，而认为回汉关系存在的问题主要集中在两族群众对彼此一些素质、行为等的批评或不认可。

三、C 市 X 街道各民族交往交流交融的历史与现状

（一）X 街道少数民族流动人口与历史融入

自 1978 年改革开放以来，C 市 X 街道少数民族尤其是回族群众的迁入现象逐年呈现一个比较明显的上升趋势。这些迁移而来的同胞们来自全国各地，来到 C 市后，因为民族聚居的优势，他们往往选择在 X 街道从事商业活动或者寻求养家糊口的工作。长期如此，X 街道便逐渐拥有了人口较为庞大的少数民族聚居群众，情况较为特殊。首先，这些少数民族尤其是回族成员是 C 市日常生活和社会活动中必要的地方成员；其次，外来的少数民族群众在与 C 市本地的群众以及本民族的群众交往时保留了自己本身的交流习惯；最后，他们与本民族去往其他民族地区的群众也保持着联系，这三种联系构成了相互关联的网络，包括经济信息、文化交融等。因此，可以说，这些民族迁移者对 C 市民族之间的关系有着重大而动态的影响。

在此次社会调查当中，笔者对 X 街道中 3 个规模比较大的社区投入了比较多的工作量，将其视为主要调查对象。调查发现 X 街道中的各个社区其实都或多或少地有来自全国各地的少数民族流动人口，人口构成包括商人、农民工、企事业单位人员、学生陪读人员以及投靠子女的老年人等，绝大多数人都办理了暂住证并选择 X 街道定居。在 3 个主要社区当中，具有 X 街道户籍的少数民族流动人员有近 500 人。具体来看，T 社区有少数民族流动人口 150 余人，规模约占街道总人口的 2.5%。S 社区有少数民族流动人口 180 余人，规模约占街道总人口的 5%。笔者在调查中还

专门访问了负责 S 社区流动人口管理的工作人员，在访谈中得知 S 社区的流动人口管理工作从 2006 年就开始了，且有专门经费和专职工作人员负责。当时的少数民族流动人口仅在 50 人左右，而到了 2022 年这个数字已经超过当初的 3 倍。N 社区少数民族流动人口有 130 余人，规模约占街道总人口的 3.6%。N 社区的少数民族流动人口很有规律性和代表性，根据社区工作人员介绍，该社区的少数民族流动人口主要来自 C 市 H 村，这个村子正是回族聚居的村落。由于 H 村所处位置为山区，当地各类学校的教育水平差，致使当地很多回族群众都带领孩子到市区读书，那么其首选之地自然便是回族聚居的 X 街道。比如从居住条件上来说，外地的一家人一般都需要租房生活，而 X 街道的房东有许多穆斯林人士，这就为回族群众提供了不少便利。

（二）X 街道民族"三交"情况

在对 X 街道群众的问卷调查和实地访谈当中，笔者发现在街道内部，汉族居民对身边广大回族居民的印象和反映是比较好的。进一步说，当地和回族居民朝夕生活相处、长期密切来往的汉族居民对回族居民的印象主要是勤俭持家、勤劳、善良。因此，在长期为邻的日子里，这些汉族居民是愿意与回族居民打交道或者合作一些事情的，他们认为回族居民是可靠的朋友。但与之相对的，在非 X 街道居民群体当中，即居住在市内其他地区的居民，哪怕绝大多数群众对 X 街道的回汉关系表示认可，其中仍有一部分人对 X 街道的回族不甚了解，也谈不上交往紧密。X 街道虽然是 S 省最大的回族聚居区，回族人口也不少，但对于整个城市来说是非常小的群体，容易受到忽视。此外，人们偶尔可能还会无意识地将个人行为上升到民族整体，产生错误的、偏激的固有印象，从而对回族存在误解。

X 街道民族"三交"深度不够有其客观原因，各个层面、各个群体的脱嵌都有可能导致各族居民偏离街道生活集体和精神集体的同心圆。详细来看，在 X 街道这种典型的民族融合街道中，大家虽然居住距离很近，但在互联网盛行的时代，他们的交往交流较少。随着市场经济的快速发展，部分群众难以跟上节奏，就导致了各家庭和个人的收入水平、文化水平、精神世界等出现一定的差距。这些方面的彼此脱节，进一步导致各民族群众在社会、经济、心理等层面出现差异，一定程度上助长了个人主义、利己主义等，从而影响了民族"三交"。当然，上述客观因素只是比较突出的一个方面，群众参与街道治理的意识不强、街道服务意识不足等普遍性问题也是阻碍民族"三交"深度发展的因素。

四、城市各民族交往交流交融的实践路径

（一）加强民族团结互助，促进回汉民族之间的日常交往

C 市的一切成就，都是各族人民共同努力的结果。贾薛飞曾说："从城市解放到发展，每个历史时期取得的胜利都与各民族息息相关。"[1] 与汉族一样，C 市少数民族也曾在旧社会遭受残酷的剥削和压迫，但 C 市少数民族始终团结一心，铸就了全市的发展。因此，要宣传少数民族团结入户的实例，让每一个 C 市市民了解本地各民族的现状，树立民族平等意识，增进民族感情，深化民族团结，加强民族之间的日常交往。具体宣传方式可多样化，如开展"民族大讲堂进课堂"活动，让 C 市中小学生了解少数民族知识，了解中华民族文化，从小树立正确的民族情怀。还可以举办"回族好人游城"活动，在地方电视节目中增设"民族知识讲坛"，从专业角度传授民族知识，从群众角度宣传民族团结事迹，以生活的视角、从情感层面传达民族和谐的真实案例。最终，让全市人民切身体会到 C 市是一座多民族包容的城市，城市的发展是各民族发展的结果，让民族团结、平等意识深入人心，铸牢中华民族共同体意识，推动 C 市民族交往愈发紧密和互不可缺。

同时，具体到 X 街道，街道和社区应当积极宣传宣讲常用法律法规，引导各族人民遵纪守法。在人民群众遇到困难时，街道和社区应当牵头为其出谋划策、解决问题，维护社区群众平等、团结，增强社区各族群众的幸福感和向心力。当各族群众之间主动开始互相关心照顾、互为彼此生活中的帮助和依靠时，中华民族共同体意识也就会潜移默化地增强，各族群众也就会融入共同的美好家园当中，实现对美好生活的共同向往[2]。

（二）夯实制度治理基础，密切回汉民族之间的主动交流

X 街道虽然目前民族之间相处较为融洽，但街道和社区应当持续夯实制度治理基础，使民族聚居区主动提升交流意识，实现街道社区牵头、各方居民主动参与的社区治理和交流机制。首先，街道和社区要建立健全生产生活的基本制度，保障居民的各方面权益。其次，街道要用好国家政策和社会资源，为居民建好居委会、业主委员会、志愿互助团队等，使居民能够享受到优质的居住服务。再次，要充分开展各类民族团结和交流活动，抓好区域内有威望的居民、老党员、社会活动人士、劳动模范、民族团结先进个人等关键少数，推动上述群体积极参加到社区治理和民

---

① 贾薛飞：《长治西街回汉民族关系现状分析》，《长治学院学报》，2016 年第 3 期。
② 王珏：《在城市建设中推动民族工作高质量发展》，《中国民族》，2022 年第 5 期。

主自治当中去，将各族人民群众对美好生活的向往传递为共同心愿。同时，尽量多地吸引广大群众为街道发展和社区建设建言献策，认真吸纳好的想法，积极将好的思路向群众分享，铸牢中华民族共同体意识。同时，发现不利于民族事业发展的问题要及时解决和处理，保证公开公正，为人民群众树立互惠互利、阳光公平的价值观，绝不搞"一刀切"。

（三）解决关心关切问题，推动回汉民族之间的全面交融

经济发展和人民群众收入水平增加是提升各族人民群众幸福感的直接之路，也是街道生产生活有序进行、各族人民融洽相处的必由之路。街道和社区要立足区域经济发展和产业进步，为各族人民探索合法致富的有效途径，推动各族人民群众在经济和生产生活上全面交融，整合汇聚各方面的社会力量和经济资源，积极争取政策支持，为街道群众办实事，提供就业岗位和创业好点子[1]。由于 C 市和 X 道人口较为密集，X 街道可以简化行政审批手续，加强市场监管服务，因地制宜引入品牌便利店和民族餐饮等，帮助群众创业就业。同时，积极借鉴经济发达民族地区的发展思路，发展具有街道特色的集体经济、旅游经济、餐饮文化等，将回族美食和民族文化向全市范围内推广，为街道经济发展和群众增收创造有利风口，全力营造出全民参与街道经济发展的良好氛围，共同谋划增收致富的有效路子，进而推动回汉民族之间的全面交融和共同富裕[2]。

五、结语

本次实地调查研究，虽然笔者使用的调查方法较为简单，但是操作性和针对性较强，比较清晰明了地收集到了当地回汉两族群众对于民族关系的想法，也能够在一定程度上反映当地的回汉关系现状。在发现了一些较为普遍的问题后，笔者从民族和谐、民族团结及铸牢中华民族共同体意识大局出发，在增强民族交往交流交融等方面提出了有效建议，以期为当地民族工作提供参考。

民族交往交流交融是现代社会不可避免的一个重要问题，它对提升文化的多元性和创新性、促进社会的和谐与稳定、促进经济的发展和繁荣都具有重要意义。我们应该继续深入研究民族交往交流交融，共同营造一个和谐、包容、开放的社会环境。

---

[1] 周平：《中华民族复兴与民族理论创新》，《四川大学学报（哲学社会科学版）》，2022 年第 5 期。

[2] 刘诗谣、刘小珉、吴雎：《族际互惠视角下的民族交往交流交融：实践、逻辑与功能——基于怒江傈僳族自治州的田野调查》，《云南民族大学学报（哲学社会科学版）》，2022 年第 6 期。

践行社会主义核心价值观与铸牢
中华民族共同体意识的价值同构

向唐卉

摘要： 铸牢中华民族共同体意识作为新时代党的民族工作的主线，对新时代中国特色社会主义现代化建设有着重大推动作用。社会主义核心价值观对巩固全国人民团结奋斗的共同思想基础具有重要现实意义，铸牢中华民族共同体意识对实现中华民族伟大复兴具有重大推动作用。社会主义核心价值观与铸牢中华民族共同体意识作为中国特色社会主义现代化建设的重要组成部分发挥着重要作用。笔者在查阅相关文献后，结合当前学术界研究成果，尝试从实现践行社会主义核心价值观与铸牢中华民族共同体意识的价值同构这一新视角出发为中国特色社会主义现代化建设提供理论支撑。

关键词： 价值同构；铸牢中华民族共同体意识；社会主义核心价值观

作者 向唐卉，东北大学秦皇岛分校民族学学院硕士研究生（秦皇岛 066000）

一、前言

"铸牢中华民族共同体意识"是中国共产党对马克思主义理论的创新性发展，是当代马克思主义的重要组成部分，是 21 世纪马克思主义中国化的重要组成部分，也是习近平新时代中国特色社会主义思想的重要组成部分，是新时代党的民族工作的主线。积极培育和践行社会主义核心价值观，是党的十八大从坚持和发展中国特色社会主义、巩固全党全国人民团结奋斗共同思想基础的高度提出的一项战略任务。铸牢中华民族共同体意识与践行社会主义核心价值观作为中国特色社会主义现代化建设的重要组成部分，二者之间存在着怎样的关系，笔者认为是值得探究的。通过整理文献发现，学术界有不少学者都对两个主题进行了研究，然而，现有研究呈现出"两多两少"的特点。一是综合性成果多,系统探讨二者关系的专门性成果较少;二是宏观层面的价值分析较多,而从微观层面的作用机理和引领机制入手,研究社会主义核心价值观在铸牢中华民族共同体意识过程中如何发挥引领作用的成果较少[1]。本文主要探讨了二者之间的关系,即二者之间能够进行价值同构的必然性和合理性,主要表现在内容交互性和目的契合性两方面,既不强调社会主义核心价值观的引领作用,也不强调铸牢中华民族共同体意识的关键性作用,二者之间是一种相辅相成的关系。

二、核心概念界定

所谓"知己知彼,百战不殆",真正深入探讨二者之间关系的首要前提就是了解何谓价值同构,何谓践行社会主义核心价值观,何谓铸牢中华民族共同体意识。

笔者通过查阅相关文献发现,学术界关于价值同构的内涵解析较少,其中关于"价值"一词的研究数量众多,而涉及"价值同构"的研究大约有 60 篇,对"价值同构"进行内涵解析的几乎没有。比较有代表性的就是苏航和罗昌勒两位学者,苏航结合人类学与经济学的观点,通过分析个人价值结构与文化价值结构来解释价值同构[2];罗昌勒并未直接对价值同构进行解析,而是从社会学角度出发,论证了完善社会保障制度与构建和谐社会的价值同构性[3]。不难发现,两位学者在对价值同构进行解析时都采用了比较法,即比较不同事物之间存在的价值。基于此,笔者综合上述两位学者的观点,从民族学角度出发解析价值同构,认为价值同构是一个存在至少两者以上的动态过程,在这一过程中,不同民族间的个人或者群体文化价值因为文化的内容与目的具有交互性与契合性,存在着价值同构关系,同时,价值同构可自然也可被动发生——自然发生是指不同群体或者个体自发地吸收他文化的优质内容;被动发生是指该过程出现了第三方力量,指第三方发现二者之间存在价值同构关系并提倡采取行动促进二者价值同构的实现。鉴于此,本文对践行社会主义核心价值观与铸牢中华民族共同体意识的内涵进行进一步探析,再分析二者价值同构的内在逻辑和实践路径,为其提供理论依据。

对价值同构进行了简要探析后就需要进一步探究何谓践行社会主义核心价值观。自中共中央提出社会主义核心价值体系以来,学术界对社会主义核心价值观内涵进行

---

① 陈蒙:《论社会主义核心价值观引领铸牢中华民族共同体意识的内在机理》,《社会主义研究》,2021 年第 6 期。

② 苏航:《从价值同构看北朝的文化变迁和民族凝聚》,《历史研究》,2021 年第 4 期。

③ 罗昌勤:《论完善社会保障制度与构建和谐社会的价值同构性》,《学术交流》,2007 年第 6 期。

了广泛研究，笔者对相关文献进行整理后认为，学术界对社会主义核心价值观的内涵解析可归纳为五个方面：以田海舰为代表者着重其表层含义[①]，以钟明华等人为代表者着重其形成的历史过程[②]，以孙杰为代表者着重其主流地位[③]，以徐腾为代表者着重其与社会主义的关系[④]，以周蓉辉为代表者着重其中国特色的特点[⑤]。基于此，笔者认为本文所探讨的社会主义核心价值观是狭义的——即中国特色社会主义核心价值观，是对社会主义"一般"价值观的"具体"体现。针对学术界较少学者对践行社会主义核心价值观进行定义的现状，笔者从民族学角度出发将其定义为：践行社会主义核心价值观即强调从实践出发实现社会主义核心价值观，实践决定认识，社会主义核心价值观是当前我国社会的主流文化和意识形态，需要用实际行动彰显和传播社会主义核心价值观，让其深入国家、社会、个人三个层面，并指导中国特色社会主义现代化建设。

自党的十八大以来，关于中华民族共同体意识的研究就在学术界掀起了热潮，铸牢中华民族共同体意识是一个从认识到实践的循序渐进、循环往复的过程[⑥]，笔者在进行基本文献梳理后参考青觉、徐欣顺二位学者的观点，认为中华民族共同体意识是指中华各民族成员在生存发展的共性条件和历史实践中，深受语言文字、风俗习惯等物质要素和非物质要素影响逐渐形成的对民族的归属感和认同感，主要表现在认知体验、价值信念、行为意愿三个方面，进而凝结为各民族成员共同遵循的价值共识，并有利于促进中华民族大团结[⑦]。铸牢中华民族共同体意识则强调了其实践内涵，国家、社会与个人应该在实现中华民族伟大复兴的历史实践中逐渐加强和巩固对中华民族多元一体的认同，从而增强中华民族的凝聚力和包容力。

三、二者同构的内在逻辑

（一）内容交互性

社会主义核心价值观与中华民族共同体意识二者属于社会主义意识形态范畴，

① 田海舰：《社会主义核心价值观研究》，中共中央党校博士学位论文，2008 年，第 18 页。
② 钟明华、黄荟：《社会主义核心价值观内涵解析》，《山东社会科学》，2009 年第 12 期。
③ 孙杰：《当代中国社会主义核心价值观研究》，中共中央党校博士学位论文，2014 年，第 4 页。
④ 徐腾：《中国特色社会主义核心价值观研究》，扬州大学博士学位论文，2013 年，第 27 页。
⑤ 周蓉辉：《中国特色社会主义核心价值观研究》，中共中央党校博士学位论文，2011 年，第 80 页。
⑥ 次旦扎西、周国起：《论西藏铸牢中华民族共同体意识的重大意义、存在挑战及实践路径》，《中央民族大学学报（哲学社会科学版）》，2021 年第 3 期。
⑦ 青觉、徐欣顺：《中华民族共同体意识：概念内涵、要素分析与实践逻辑》，《民族研究》，2018 年第 6 期。

离不开中华文化的长期滋养，离不开社会主义现代化建设的长期探索，离不开华夏子孙创造新时代中国特色社会主义伟大成就的长期实践，离不开习近平新时代中国特色社会主义思想的思想引领，离不开马克思主义中国化新的飞跃的伟大进程，二者相辅相成、相得益彰，具有内在的逻辑关系。

1. 文化底蕴同质性

社会主义核心价值观与中华民族共同体意识的文化底蕴具有同质性。二者的生成离不开五千年中华优秀传统文化的浸染，二者的延续也离不开革命文化的历史实践，二者的发扬更离不开社会主义先进文化的长期探索[1]。从文化来源看，社会主义核心价值观在个人层面提倡的"爱国、敬业、诚信、友善"八字道德规范要求是对"苟利国家生死以，岂因祸福避趋之""路漫漫其修远兮，吾将上下而求索""无信，患作；失援，必毙""柴门鸟雀噪，归客千里至"等中华民族传统美德的创新继承和具体践行；在社会层面弘扬的"自由、平等、公正、法治"八字公共价值追求是对"一蓑烟雨任平生，料峭春风吹酒醒""水至平而邪者取法，镜至明而丑者无怒""一言得而天下服，一言定而天下听，公之谓也""徒善不足以为政，徒法不能以自行"等中华民族正确义利观的高度升华和时代衍生；在国家层面提出的"富强、民主、文明、和谐"八字家国情怀是对"利于国者爱之，害与国者恶之""安民者何，无求于民，则民安矣""名不显时心不朽，再挑灯火看文章"等中华民族家国担当的内涵再现和价值弘扬。从文化继承看，二者对中华文化的继承相得益彰。铸牢中华民族共同体意识的认知体验、价值信念、行为体验三个方面与社会主义核心价值观个人、社会与国家三个层面的生动实践相辅相成。铸牢中华民族共同体意识是在长期民族交往中形成的民族成员个人认知体验中追求"人的自由全面发展"的价值目标，也是在不断探索民族发展过程里生成的民族成员价值信念中平稳追求"公平正义、社会和谐"的美好愿景，更是在共同致力于实现中华民族伟大复兴的行为体验中见证"共同富裕、人民民主"的盛世局面。从文化表现形式看，社会主义核心价值观三个层面要求层层递进，为中华民族共同体意识的民族认同、文化认同、国家认同巩固了行为壁垒，夯实了思想基础，三个认同的逐步加深又促进了三个层面美好目标的实现。因此，社会主义核心价值观与中华民族共同体意识共同根植于中华优秀传统文化五千年上下的历史长河中，共同深化于中华民族实现伟大复兴百年之梦的生动实践中，以社会主义核心价值观为天，以中华民族共同体意识为地，共同书写中华民族文化繁荣发展的美好蓝图。而社会主义核心价值观与中华民族共同体意识文化底蕴的同质性为二者内容体系的共生发展奠定了坚实的文化基础。

---

[1] 孟凡丽、王国宁：《以社会主义核心价值观引领中华民族共同体意识培育》，《西北师大学报（社会科学版）》，2022 年第 4 期。

2. 内容体系共生性

社会主义核心价值观是社会主义核心价值体系的高度凝练和集中表达，反映了全国各族人民价值观的"最大公约数"和共同价值信仰，充分体现了我国社会主义意识形态建设的本质要求，充分符合当代中国特色社会主义现代化建设的现实要求。所谓中华民族共同体意识，就是中华各民族成员在生存发展的共性条件和历史实践中，深受语言文字、风俗习惯等物质要素和非物质要素影响逐渐形成的对民族的归属感和认同感，主要表现为认知体验、价值信念、行为意愿三个方面，进而凝结为各民族成员共同遵循的价值共识，并有利于促进中华民族共同体大团结。在新时代，社会主义核心价值观就是中华各民族集中一致的思想和价值观念，它不仅是中华民族精神和时代精神的集中体现，也是新时代中国特色社会主义建设的主流价值观和各族群众的共同价值追求。从内容生成看，社会主义核心价值观与中华民族共同体意识都坚持一个前提——国家性与民族性的统一[①]。社会主义核心价值观与中华民族共同体意识的根本前提就是坚持中国是一个统一的多民族国家。自秦汉以来，统一一直是历史的主流，从秦始皇统一度量衡，到汉武帝独尊儒术，到成吉思汗西征，再到近代以来无数仁人志士救国救民，历史的长河见证了华夏子女戮力同心为国家与民族奋斗的不懈努力。社会主义核心价值观与中华民族共同体意识虽然都是近年来提出的观点，但是其内容实质都离不开中华民族，离不开中华文化。只有坚持国家性与民族性的统一，社会主义核心价值观才有正确的思想支撑，中华民族共同体意识才有明确的思想指引。社会主义核心价值观是当前社会的主流文化，是符合长期历史实践的思想指南，是中华民族共同体意识形成的充分条件，而中华民族共同体意识又是社会主义核心价值观普遍化的必要条件，正是中华民族共同体意识的逐步加深深化了公众对社会主义核心价值观的认同。从内容导向看，二者坚持一个主张——增强中华民族凝聚力。二者的最终目标都是实现中华民族伟大复兴，实现这一目标少不了历史创造者——人民群众的团结努力，少不了历史的主体——人民群众的不懈奋斗，少不了社会变革的决定力量——人民群众的长久支持。"水能载舟，亦能覆舟"，人民群众在历史中的作用是不容忽视的，践行社会主义核心价值观与铸牢中华民族共同体意识必须增强华夏子女的民族凝聚力，发挥人民群众在历史长河中不可磨灭的伟大力量。从内容创新看，二者都坚持一个宗旨——为人民服务。社会主义核心价值观是党的主张、国家意志、人民意愿高度统一的具象化表达，是对各族群众行为遵循的多维概括；铸牢中华民族共同体意识是党的领导者在中国特色社会主义现代化建设实践中提出的符合历史、现实、未来的要求，二者的实现离不开

[①] 李凯，孟凡东：《中华民族共同体教育的内容体系建构》，《中南民族大学学报（人文社会科学版）》，2023年第3期。

人民群众，牢记为人民服务这一宗旨是二者未来发展的永恒要求。当今世界，局势错综复杂，单边主义与霸权主义不断抬头，中国作为人文主义的代表者和提倡者将一直坚持为人民服务的根本宗旨。社会主义核心价值观与中华民族共同体意识的提出是国家展现大国担当的文化输出。历史在变，时代在变，但是宗旨不变。社会主义核心价值观在中华民族共同体意识内涵日渐丰富的过程中势必会被赋予新的表达形式，形成富有新时代特色的内容体系，中华民族共同体意识也定会在社会主义核心价值观的引领和支撑下生成更有生命力和影响力的时代理论样态，而无论形成怎样的表达形式与理论样态，都将始终坚持为人民服务的宗旨。

（二）目标契合性

进入新时代，中国特色社会主义发展进入新阶段，习近平总书记立足党、国家和人民，立足国家与民族发展的新历史方位，在"四个认同"的基础上战略性提出了"五个认同"，阐明了"五个认同"是新时代铸牢中华民族共同体意识的核心，分别是对伟大祖国、中华民族、中华文化、中国共产党、中国特色社会主义的认同。培育和践行社会主义核心价值观要从个人、社会、国家三个层面着手，要发挥文化符号建构民族认同的基础性作用、文化身份建构文化认同的关键性作用、价值文化建构国家认同的引领性作用。因此二者在价值目标上是互嵌的，在价值追求上是统一的。

1. 价值目标互嵌性

（1）个人层面

社会主义核心价值观在个人层面提出要做一个爱国、敬业、诚信、友善的公民。鞭策自己成为一个合格的社会主义核心价值观实践者需要重视中华文化符号的深远意义，发挥文化符号建构民族认同的基础性作用。铸牢中华民族共同体意识的目标之一就是对中华民族的认同，其核心就是民族认同。因此在个人层面，二者的互嵌性表现为对中华民族的认同。无论是践行社会主义核心价值观，还是铸牢中华民族共同体意识，都离不开民族认同。民族认同是指构成民族的成员（个体）对本民族（整体）的起源、历史、文化、宗教、习俗的接纳、认可、赞成和支持，并由此产生的一种独特的民族依附感、归属感和忠诚感。以中华文化符号价值内涵构筑民族共有精神家园是建构民族认同的重要举措。中华文化符号是中华民族文化的载体与媒介，包含了物质要素和非物质要素，诸如服饰、器物、用具、生计方式、生活模式、语言文字、神话传说、歌舞乐器、思想观念、伦理道德、风俗习惯、宗教事项、村规民约、人伦礼教等文化形态，是一个民族实现族群文化维系、传承和教育功能的认同工具，各类文化符号元素是其成员进行民族文化认知的源泉，具有表意和释义功能，它反映着这个民族对待人和事的观念，凝聚着一定的心理和精神意识，通过其成员的倾向性共识与认可，而具有独特的社会价值和意义，并借助一系列心智运算和实践操作，成为该民族群体的标识，演变和内化为民族共享的心理内容和文化心理特征。黄河、长江、长城等都是中华文化符号的典型代表，提起黄河、长江就会想到它们是中华文明的发源地，提起长城就会想到中华民族抵御敌骑的智慧，提起故宫就会想到中国封建王朝的几千年历史，提起圆明园就会想到中华民族的文化瑰宝，这些都是在我们心中逐渐形成的深层次的中华文化符号认同。要注重中华文化符号物态化意义，发挥中华文化符号象征性作用，让中华文化符号深入社会生活，融入成员思想，让公民在与中华文化符号的长期接触中形成更深层次的民族认同，成为中华优秀传统文化的传播者，成为符合社会主义核心价值观的弘扬者，成为铸牢中华民族共同体意识的实践者，为共同践行社会主义核心价值观与铸牢中华民族共同体意识而努力。

（2）社会层面

社会主义核心价值观在社会层面提出要建设一个自由、平等、公正、法治的社会。践行价值观社会层面的要求需要重视文化身份建构文化认同的关键性作用，从而凝聚文化认同根脉。铸牢中华民族共同体意识的目标之一就是对树立各民族中华文化的认同。对中华文化的认同又是铸牢中华民族共同体意识的思想基础。因此二者在社会层面的互嵌性就表现在文化认同上。中华民族有着五千年的文明史和多元、多层次的民族结构，形成了"你中有我，我中有你"、不可分割的多元一体的中华文化。中华文化是中国各民族文化的集大成者。由各民族组成的中华民族正是由各民族自己的文化而融合成的，并以中华文化为显著特征。因此，文化认同成为中华民族最深层次的认同，是中华民族共同体意识的核心内容和思想基础[1]。

伴随着全球化时代到来，各个国家与民族都无法避免外来文化。我们要牢记近代以来闭关锁国的教训，适应全球化，坚持开放的民族主义立场，坚持本民族文化身份的主体性，坚持在中国特色社会主义现代化实践中建构文化身份认同。

铸牢中华民族共同体意识说到底就是坚定文化自信，习近平总书记也指出，文化自信是"四个自信"中最根本的自信，而文化自信是文化认同的最高层次。文化身份认同与建构归根到底就是价值观念问题。文化是民族的，民族也是文化的，某个民族的文化价值观在某一阶段可以保持一定的稳定性，但是随着社会的发展，民族成员的社会身份却是变化的，它不可能像文化价值观一样保持长期的文化稳定，这是因为文化身份是各民族成员对自己的身份认同，究其本质是一种认识，我们知

---

[1] 郎维伟、陈瑛、张宁：《中华民族共同体意识与"五个认同"关系研究》，《北方民族大学学报（哲学社会科学版）》，2018年第3期。

道认识总是不断变化和发展的，认识具有反复性，因此人的观念会在不断的实践中变化，文化身份认同也会不断变化。和平与发展是 21 世纪的主题，当今世界看似和平，实则各地暗流涌动。回望过去，两次世界大战给人类带来了巨大的灾难，直至今日，很多人还在饱受战争的磨难，叙利亚、伊拉克多年战乱给当地人民带来了不可抹去的痛苦回忆。近年的俄乌战争更是表明了世界局势的不安定性。仔细分析这些战争，我们会发现其根源都与民族问题相关。文化是多样的，民族是多样的，这个世界本身就是多样的。物质世界的统一性是多样性的统一，而不是单一的、无差别的统一。我们要在坚持多样性的前提下保持本民族文化身份的独特性，坚守民族文化身份认同。开放的民族主义立场是民族文化发展的必要条件，每一个民族的文化都有其自身的独特历史，任何文化都有其自己的生活方式和生存手段而无高低之分。应坚持开放的民族主义立场，在文化发展过程中汲取他文化之长，博众文化之长，实现"各美其美，美之人美，美美与共，天下大同"。

要牢牢把握开放民族主义立场，在中国特色社会主义现代化建设实践中始终坚持中华民族文化的主体性，在实现中华民族伟大复兴的伟大梦想中坚持文化身份认同，坚定文化自信，为践行社会主义核心价值观提供强大理论支撑，从而铸牢中华民族共同体意识。

（3）国家层面

社会主义核心价值观在国家层面提出要建设一个富强、民主、文明、和谐的社会主义现代化国家，践行价值观国家层面的要求需要关注价值文化建构国家认同的引领性作用，从而加固国家认同壁垒。铸牢中华民族共同体意识的目标还包含了对伟大祖国、对中国共产党、对中国特色社会主义的认同。因此，二者在国家层面上的互嵌性就表现在国家认同和价值认同上。

对伟大祖国的认同构建中华民族共同体的爱国意识，对中国共产党的认同是中华民族共同体的政治基石，对中国特色社会主义的认同是中华民族共同体的动力之源。价值文化认同主要强调成员在社会层面对于社会规范的认同，不是简单的群体文化，而是群体文化中的社会规范、社会行为规则等具有约束性与价值选择的文化观念。价值文化认同可以揭示人类文化创造的目的选择、发展方向和命运。发挥价值文化建构国家认同的引领性作用需要正确认识何谓中国特色社会主义、何谓中国共产党及何谓爱国主义。中国特色社会主义的本质是解放生产力，发展生产力，消灭剥削，消除两极分化，最终达到共同富裕。中国共产党是一个具有马克思主义思想、敢于担当、始终保持先进性和纯洁性的政党。爱国主义是国家认同的最高体现，是新时代民族精神的核心。对伟大祖国的认同、对中国共产党的认同和对中国特色社会主义的认同必须在价值文化认同的引领下进行。发挥价值文化建构国家认同的作用需要坚持中国特色社会主义道路，坚持中国共产党的领导，坚定文化自信，牢牢把握铸牢中华民族共同体意识的核心与根本，在践行社会主义核心价值观中实现对伟大祖国、中国共产党及中国特色社会主义的认同。

2. 价值追求统一性

践行社会主义核心价值观与铸牢中华民族共同体意识的实践内涵都离不开党和政府的有力领导，离不开社会公众的强力执行。二者的价值追求统一性主要表现为价值追求方式都离不开实践，价值追求都是为了实现中华民族伟大复兴这一共同目标。践行社会主义核心价值观是树立国家良好形象、提升国家文化软实力的迫切需要，是凝聚社会共识、实现团结和谐的基本途径[①]。社会主义核心价值观三个层面的二十四字要求，既是"五个认同"生根发芽的思想摇篮，也是"美丽中国"稳步推进的实践要求，更是"伟大复兴"的价值追求。发挥社会主义核心价值观的引领性作用需要公众从实践出发用其指导中国特色社会主义现代化建设实践，立足生活，立足实际，立足行动。社会主义核心价值观是社会普遍遵循和认可的真理，但真理具有反复性和相对性，真理是一个从相对向绝对转化的过程，每一个真理都是人类从相对走向绝对的无穷转化的过程。因此，社会主义核心价值观既需要从实践中践行，也需要在实践中去发展。让公众在实践中发现并认识真理将是培育和践行社会主义核心价值观的重要举措。国家和政府所倡导的普及价值观宣传教育、鼓励志愿者服务活动、发挥媒体传播媒介作用等都是践行社会主义核心价值观的具体举措，其根源还是实践。因此，应以实践为源，以实践为本，以实践为果，在无数探索中国特色社会主义现代化的社会实践中达到实现中华民族伟大复兴的价值追求。铸牢中华民族共同体意识的核心内容——"五个认同"：对伟大祖国的认同、对中华文化的认同、对中国特色社会主义的认同、对中国共产党的认同、对中华民族的认同都是在长期历史实践过程中逐步形成的，以前如此，现在如此，未来也如此。党的二十大召开以来，中国特色社会主义现代化建设迈入新征程，踏进新时代，如何在保持当前成就的前提下稳步前进，为实现中华民族伟大复兴进一步奠定思想的基石，进一步巩固团结的壁垒，离不开亿万华夏子民的生动实践。"五个认同"既是认识，也是行动，它们既存在于华夏子民的潜意识中，又表现在华夏子民的一言一行里。每一次我们看到冉冉升起的红旗仍旧难掩心中激动，每一次我们听到雄壮激昂的国歌依旧难挡心中激奋，每一次我们听到体育健儿的靓丽表现的播报依然感到自豪，每一次我们听到国际赛事的成功夺冠的报道仍然感到骄傲。不同的场景、不同的时间、不同的人物，唯一相同的是深存于华夏子民心中浓浓的祖国情。铸牢中华

---

① 王晓晖：《积极培育和践行社会主义核心价值观》，《求是》，2012 年第 23 期。

民族共同体意识，需要用实践深化"五个认同"，用实践强化"五个认同"，用实践开化"五个认同"。因此，二者的价值追求都需要经由实践这一途径来实现中华民族伟大复兴的共同目标，二者的价值追求是统一的。

四、结语

新中国成立以来，以毛泽东为代表的中国共产党，坚持把马克思主义理论同中国具体实际相结合，从中国国情出发，带领中华民族广大人民坚定不移地走自己的道路，开展了社会主义实践探索。在这个历史进程中形成的价值观念为我们社会主义核心价值观的生成奠定了坚实可靠的实践基础，为中华民族共同体意识的形成打下了坚不可摧的情感基石。实现践行社会主义核心价值观与铸牢中华民族共同体意识的价值同构符合新时代中国特色社会主义现代化建设的新要求，是符合中国历史和现实语境的一种本土化的研究创新。实现二者价值同构将为铸牢中华民族共同体意识夯实文化认同基础，筑牢国家认同壁垒。百年风雨初心如磐，百年征程笃定前行，我们要在培育和践行社会主义核心价值观实践中筑牢信仰之基，补足精神之钙，铸牢中华民族共同体意识，立足新时代，奋斗新征程。

《湖南农民运动考察报告》对乡村振兴的当代启示

——基于人类学的研究视角

杨志强

摘要：《湖南农民运动考察报告》是作于国民大革命高潮时期的一篇经典革命论著，毛泽东同志在文中发表了对农民运动的看法，总结出其基本理论和发展规律。本文拟运用人类学的相关知识和理论对《湖南农民运动考察报告》中所涉及的农村地区、农民革命等问题进行讨论，分析其所处时代背景下作者对于农民问题认识的合理性，及其总结出的基本经验对当下乡村振兴的重要启示。

关键词：农民运动；人类学；乡村振兴

作者 杨志强，东北大学秦皇岛分校民族学学院硕士研究生（秦皇岛　066000）

1926 年年末到 1927 年间，在中国共产党的领导下，湖南地区的农民运动迅速发展。但是，以国民党右翼为代表的城市、农村的各种反动力量开始污蔑和指责农民运动是"糟得很"的。不仅如此，以陈独秀为首的党内右翼分子，也对农民运动进行了"过于'左倾'"和"过火"的谴责。但党内和党外对农民运动的谴责和批判，没有动摇那些为追求真理而献身于中国革命的先进共产党员的信仰和行为。为了驳斥上述的指责、诽谤并寻找中国革命的根源，毛泽东同志于 1927 年 1 月到湖南湘乡、湘潭、长沙、衡山、醴陵 5 个县进行了 32 天的实地调研，并根据大量的调研材料，于次年 3 月发表了《湖南农民运动考察报告》（下文简称《报告》），对农民运动的正义性、正确性、正当性进行了充分的论证，从而塑造出了积极的农民革命形象。

在人类学发展的今天，或许我们可从学科发展的角度和学科相关理论的角度去分析《报告》一文，分析作者文中内容、观点的合理性和必要性。秉承人类学最基本的文化整体性原则，强调人类世界具有自然生物和社会文化的双重维度，讨论在这种特殊的时代背景下，作者如何通过田野调查分析出农民运动的本质问题，从而继续推进革命。同时也可从《报告》本身讨论其为人类学的发展作出了哪些理论和方法上的贡献。更具体地说，可从田野调查、文化多样性和相关分支学科进行多层次的诠释，以人类学的角度去思考《报告》中所涉及的农民问题以及对当下乡村振兴的借鉴意义。

一、《报告》的人类学解读

（一）田野调查和民族志的方法

自马林诺夫斯基的《西太平洋的航海者》出版以来，田野调查就被视为人类学研究中一门最基本的研究方法，在后来的各种学术著作中反复被使用[1]。通过《报告》中作者对革命现状的描写，我们可以看出作者扎实的田野调查工作，文中的论据与观点都来源于作者的实地科学考察，建立在作者听取被调查者心声、深入农村基层的基础上。那么在《报告》中我们能看到哪些具体特质呢？

作者以 32 天的乡村调查为基础，撰写了《报告》，同时在 1 个多月的调查和研究中，一直密切关注 1926 年下半年在全国范围内掀起的农民运动，并跟进研究这一问题的发展。这里可推断作者使用了参与观察法。文中对个案的叙述也能够判断作者运用了访谈法，以便更加细致地了解时下的农民问题。同时作者也擅长比较法的运用，把调查中所遇到的各方政治势力做对比，如对比国民革命运动取得阶段性胜利的时候，广大的贫农欢呼雀跃，而土豪劣绅们却嗤之以鼻，凸显出这群人的顽劣与落后。人类学学科所倡导的田野调查，最首要的就是明确自己调查的问题，这不仅是进入田野之前需要准备的，同样也是在调查过程中需要反复思考的。根据《报告》中所描述的，在真正实地调研的这段时间里，作者就要搞清楚这场农民运动的真正情况，所以在田野调查开始的时候，就用实际行动观察一下农民运动对社会的影响，以及革命对农民运动的影响。这种应用于调查当中的问题意识能够极大地明确田野调查过程中的具体工作，突出研究重点，同时也能剖析出这一特殊时期的社会发展规律。

《报告》中也深刻地体现了民族志的研究方法，该方法主要包含两方面的解释：一是指专业的人类学家、调查者或作者用于田野调查的实地研究方法；二是指这类专业的人类学家在田野调查过程中对研究对象形成的描述性的资料和文本。由此可以得出，从田野调查获取的材料在经过精细的"加工"后才能形成一篇完整的民族

---

[1] 目前学界认为科学的人类学田野调查方法，是由英国功能学派的代表人物马林诺夫斯基奠定基础的，我国在这方面卓有成绩的属著名人类学家、社会学家费孝通先生。田野调查最重要的研究手段之一就是参与观察。

志。《报告》中的行文结构和具体内容也体现出了作者对于材料和问题梳理的凝练程度。在实地考察和大量的数据支持下，《报告》总结了这项调查："农民的举动，完全是对的，他们的举动好得很！"[1] "孙中山先生致力国民革命凡四十年，所要做而没有做到的事，农民在几个月内做到了……这是好得很。"[2] "所有各种反对农民运动的议论，都必须迅速矫正。革命当局对农民运动的各种错误处置，必须迅速变更。"[3] 作者以对中心问题的判断与反应为依据，通过对调查材料的归纳，形成了对农民运动的看法，完成了一篇有价值的"民族志"。

（二）文化、民俗与禁忌

1. 宗教与民俗

《报告》里农民做成的十四件大事中，第九件谈及了农民诸禁问题，此处说的诸禁大多数与民俗、宗教文化相关。民俗是一个国家或民族中广大民众在长期的历史生活过程中所创造、享用和传承的生活文化[4]。大部分的民间习俗是在民族和国家长久传承中的优秀传统文化，对社会的发展和文化的传承起着积极作用，反之，不良的社会风俗不仅毒害民众的日常生活，而且对文化氛围的营造与革命的推进也是不利的。对于农民诸禁问题中的禁轿、禁吃酒席、禁鸦片乃至于禁工业品，作者发表了这样的看法："第一是对于社会恶习之反抗，如禁牌赌鸦片等。这些东西是跟了地主阶级恶劣政治环境来的，地主权力既倒，这些东西也跟着扫光。第二是对于城市商人剥削之自卫，如禁吃酒席，禁买南货斋果送情等等。"[5] 文中这些传统习俗成为其时代背景下经济社会发展的巨大阻碍，反映出农民贫困和城乡矛盾两方面的问题，同时也不难看出这些诸禁行为也是在特殊时期所采取的特殊办法。

第七条大事是对族权和神权的推翻，分析了神权在农村地区的地位和影响，指出农村地区的鬼神系统是严重束缚中国人民尤其是农民的一条精神枷锁，无论从经济的适用性还是从文化的适应性来说，都影响了社会乃至革命的推进。作者在对中国农村宗教信仰现象进行深入思考后指出，在农会领导下的农村，男性青壮年都不再迷信，只剩下"老年农民和妇女"，这一切原因还归功于农会在各地推行的"推翻神权，破除迷信"活动。这些论述从唯物史观的角度，肯定了像农会这样的先进组织对宗教迷信的净化。正如作者文中的提问："现在你们想减租，我请问你们有什么

---

① 毛泽东：《毛泽东选集》（第一卷），北京：人民出版社，1991年，第18页。
② 毛泽东：《毛泽东选集》（第一卷），北京：人民出版社，1991年，第17页。
③ 毛泽东：《毛泽东选集》（第一卷），北京：人民出版社，1991年，第14页。
④ 钟敬文：《民俗学概论》（第二版），北京：高等教育出版社，2010年，第10页。
⑤ 毛泽东：《毛泽东选集》（第一卷），北京：人民出版社，1991年，第40页。

法子，信神呀，还是信农民会？"①

2.性别文化中的妇女解放

资产阶级革命以后，世界范围内的各个国家先后涌现妇女解放运动，由于中国的特殊国情，这种运动始终未能波及中国，故中国在此方面谈论的较为稀少，尤其在文章撰写的特殊年代，这种对于性别文化的讨论更是凤毛麟角。而《报告》的发表，成了在特殊的封建背景下对性别文化中女性权力探讨的一个案例，也无疑是作者妇女思想形成的开端。

人类学中对妇女解放的研究，主要集中在生产、政治参与、人类自身的再生产和家庭活动中，《报告》中对这些也做了讨论，其中对妇女解放的相关讨论集中在作者笔下十四件大事中关于推翻封建男权的描述中。"男子支配"是妇女所受压迫的主要原因，作者将政权、族权、神权和夫权概括为压迫中国女性的四种权力，其中"夫权"则是给中国女性增添的一层枷锁，使得女性处于社会的最底层②。中国封建社会的夫权制是以男权为核心的，女性通常没有权利占有生产资料，必须依靠男人来维持生活，这就导致了政治、教育、地位、道德、婚姻、家庭、习俗等方面一系列男尊女卑的社会现象。

从作者的分析可以看出，土地是封建国家的根本，只要把地主赶下台，农村的封建宗法，乃至旧俗都会土崩瓦解，从而使妇女获得自由。"由于农民的力量上升，一切封建的夫权制观念和体制都受到了动摇。"所以当下实现妇女解放的根本是解决政治层面的矛盾，是如何去削弱土地所有者的政治力量。

（三）人类学分支学科特点的凸显

1.农会的引导与控制——政治人类学

政治人类学作为社会文化人类学中的一个重要分支，它的研究内容包括决策行为、权力控制、社会整合等③。《报告》中与政治人类学最贴近的内容就是农会和农民问题。在这里可以看出权力控制和做出决策的主体都是以农民为代表的广大劳动群众，在文中，作者首先亮明了自己对农民的阶级倾向，对其阶级立场作出正面的论断，并指出，所谓的"糟得很"，就是指地主阶级和大资产阶级等反动力量为了维护自己的阶级利益企图阻挠中国的民主革命运动。作者从根本上直接地反对封建官僚的阶级立场。在批驳之后，作者公开而直接地提出了农民的意见，表明了他们的改革是正确的。就像作者所说的那样，"他们做得很好！""好得很！"这就是革命派

---

① 毛泽东：《毛泽东选集》（第一卷），北京：人民出版社，1991 年，第 36 页。
② 毛泽东：《毛泽东选集》（第一卷），北京：人民出版社，1991 年，第 33 页。
③ 范可：《政治人类学今昔》，《广西民族大学学报（哲学社会科学版）》，2008 年第 2 期。

中的农民。同时，将这种"好得很"的农民理论，用来支撑农村的革命，农民便成了发展革命的主体。在以往的政治学研究中，大多数关注到的是不同文化利益集团中的社会精英对政治局势的控制，而政治人类学关注到了底层群众对革命运动的影响，这一点也是作者在撰写《报告》时的根本立场。

以巴斯（Barth）和科恩（Cohen）为代表的人类学家曾谈及族群性的描述，分析族群性被结构的路径[①]。文中对农会问题的相关描述更能使人领略政治环境变迁和经济发展是如何关系到以农民为主体的这一群体的族群性浮现的。当然，文中的立场不仅限于纯粹的阶级性辩护，作者也根据现实进行了多维度的理论，这一点是值得称赞的。《报告》以失败的历史事实作为反面材料，认为之前的失败，是因为没有进行农村的变革，也没有发动农民。因此，中国的革命要想取得胜利，就必须进行农民的革命和农村的改革，从而为农民革命提供了正当的理由。

2. 关注于区域，游离于边缘——历史人类学

"历史学研究强调事件与过程，人类学调查注重空间和结构；历史学研究的地域范围可大可小，人类学一般研究较小的区域单元；历史学讲究史料的分析、考辨、排比与校释，人类学实现参与体验，从田野中直接获得研究材料；历史学对实证有较大偏重，人类学则关注理论进展。把二者的研究方式和特点结合起来的研究，我们大体都可以视作历史人类学的研究。"[②]

除了实地调查之外，《报告》的撰写也立足于前人文献资料的基础之上。十月革命之后，马克思主义传入中国，大量如《哥达纲领批判》《家庭、私有制和国家的起源》这类的马克思主义经典论著在大陆地区广泛传播，这些经典论著中反映出的思想对作者有着很深的影响。《报告》的前半部分对农民运动做了两阶段的分析，也是从事件推演的过程来解释农民运动的发展。整篇报告更是以湖南农民运动为个例，去关注区域史的发展，以湖南农民运动来影射出同时代中国其他地区的革命运动发展态势，接近于历史人类学所关注的"中心与边缘""整体与局部"等理论。从地区的农会描写出国家在区域之中的权利、秩序与观念的表达，这些更与历史人类学所关注到的重点不谋而合。

二、《报告》对当下乡村振兴研究的启示

"实践、认识、再实践、再认识，这样形式，循环往复以至无穷，而实践和认

---

① 费雷德里克·巴斯：《族群与边界》，李立琴译，北京：商务印书馆，2014年，第12页。
② 黄国信、温春来、吴滔：《历史人类学与近代区域社会史研究》，《近代史研究》，2006年第5期。

识之每一循环的内容，都比较地进到了高一级的程度。"① 步入中国特色社会主义新时代以来，十九大报告指出，农业农村农民问题是关系国计民生的根本性问题，必须始终把解决好"三农"问题作为全党工作的重中之重，实施乡村振兴战略。因此，对《报告》的重新解读，以及对毛泽东同志原创性的乡村建设思想的重新理解，就显得尤为重要。

（一）把握人民群众的主体地位

"人的本质不是单个人所固有的抽象物，在其现实性上，它是一切社会关系的总和。"② 毛泽东同志坚持人民群众是历史的创造者这一基本原理，重视农民在中国反帝反封建革命中所发挥的主力军作用，肯定农民阶级的革命性，在《报告》中反复赞扬了农民运动"好得很"，批判了"糟得很""痞子运动"一类的错误声音。这些论述都体现了无产阶级以人民为中心的指导思想。人民群众不仅是社会历史的创造者，更是乡村振兴中不可缺少的一环。新时代，农民依然是乡村振兴的主要力量，推进农村改革和发展的过程中，应把乡村振兴的主体权还给农民，重视农民的权益和需求，把政策扶持和农民意愿结合起来，使发展成果惠及农民。同时，实施乡村振兴战略也必须坚持以人民为中心的发展思想，将广大人民的切身利益作为推进工作和实施改革的出发点和落脚点。

（二）调查研究是一切工作的基础

在调查期间，作者深入基层、联系群众，亲自体会当地人民的政治、经济、文化生活，收集到了大量的第一手材料，所收集到的信息十分丰富、全面，为进行科学的分析和研究奠定了基础。在《报告》中的不少地方我们都可以看到作者和当地农民之间的互动。

作者在考察中，对农民运动有两个阶段的认识：第一阶段是在组织时期，这时农会的成员比较少，造成的影响也较为有限；第二阶段是在革命时期，农会的成员数量大大增加，由农会直接领导的农民数量达到一千万。在这里作者认识到农民革命使基层政权从地主向农会过渡，了解到过去反对农会人士急切想要加入农会的情况后，有了新的觉悟。以上两种阶段认识都是作者通过深入各地群众当中，与当地农民保持紧密联系，从而对农民运动和农会组织的发展做出的科学分析。毛泽东认

---

① 毛泽东：《毛泽东选集》（第一卷），北京：人民出版社，1991年，第296页。
② 中共中央马克思恩格斯列宁斯大林著作编译局：《马克思恩格斯文集》（第1卷），北京：人民出版社，2009年，第501页。

为"没有调查,没有发言权"[①],调查研究是决定政策和进行一切工作的基础。推进乡村振兴,也要坚持一切从农民需要出发、从农村实际出发,深入调研,探索出一条适合当地发展的强村富民的有效路径。

(三)充分发挥农民的创造性和积极性

农会是农民在进行反帝反封建的革命斗争中自发形成的团队组织。在农村生产力中,最活跃、最积极的元素就是农民,"打倒土豪劣绅,一切权力归农会"[②]是农民在实践中发挥自身积极性和创造性的成果。因此,在当下实施乡村振兴战略的过程中,更应该牢牢把握习近平总书记所论述的"尊重农民意愿和维护农民权益,把选择权交给农民,由农民选择而不是代替农民选择,可以示范和引导,但不搞强迫命令、不刮风、不一刀切"[③]。因此,新时代的乡村振兴应当加强对农民的宣传教育,在实地工作中,要培养农民的公民意识和内在的社会责任感,以唤起农民思想上的重视和行动上的参与。同时切实保障农民自身的权益,调动农民参与农村建设和管理的热情,从而充分发挥农民自身的积极性、主动性和创造性。

三、结语

新时代中国特色社会主义的农村建设问题需要以伟大的思想理论作为指导。与时俱进、创新发展有中国特色社会主义的理论,同时围绕"农民、土地、资本"农村建设三要素,是解决"三农"问题、实现乡村振兴战略的时代要求。作为我们党和国家基本制度主要创始人的毛泽东同志,通过一系列田野调查,与地方群众组织建立起紧密的联系,获得了珍贵、翔实的材料,突出了农民革命,特别是贫农革命的先驱地位,有力地证明了农民革命的正义性、主体性和正确性。这些论证不仅为中国共产党在国民党倒退、大革命失败后建立新的革命路线提供了理论和现实基础,还丰富了文化人类学的学科知识体系发展,为其提供了案例支撑。同时《报告》所体现的毛泽东同志关于农村建设的相关思想,深刻影响了中国共产党领导的从革命到社会主义建设各个时期农村建设的政策和实施进程。我们重新学习《报告》中关于早期农村建设的相关特征和规律等,对当下全面贯彻实施乡村振兴战略仍然有着重要的现实意义。

---

① 毛泽东:《毛泽东选集》(第一卷),北京:人民出版社,1991年,第109页。
② 毛泽东:《毛泽东选集》(第一卷),北京:人民出版社,1991年,第17页。
③ 习近平:《论坚持全面深化改革》,北京:中央文献出版社,2018年,第260页。

红色历史文化资源助推乡村振兴及其实现路径探究

——以河北省卢龙县为例

鲁慧颖

摘要：河北省卢龙县具有丰富多样的红色历史文化资源，这些资源在当代彰显了巨大的经济价值和教育价值，是推动卢龙县振兴发展的重要力量。在新时代全面实施乡村振兴战略的背景下，卢龙县借助红色历史文化资源积极探索乡村振兴发展之路。本文立足于对卢龙县红色历史文化资源的田野调查，探索卢龙促进乡村振兴战略有效落实的路径。

关键词：红色历史文化资源；乡村振兴；卢龙县

作者 鲁慧颖，东北大学秦皇岛分校民族学学院硕士研究生（秦皇岛 066000）

习近平总书记在文化传承发展座谈会上说："在五千多年中华文明深厚基础上开辟和发展中国特色社会主义，把马克思主义基本原理同中国具体实际、同中华优秀传统文化相结合是必由之路。"[1] 随着中国特色社会主义的发展，红色历史文化资源在乡村振兴中已经呈现出强有力的后劲。与此同时，随着人类社会的不断进步与个人文化素养的逐渐提升，人类对历史文化的认同不断加强，自然而然增加了对历史文化资源的关注度。在此后很长一段时间里，区域文化软实力在促进乡村振兴战略落实上将起到不可或缺的作用。

卢龙县位于河北省东南部、秦皇岛市西部，总面积约961平方千米。县周围分别与抚宁区、昌黎县、青龙县、滦州市和迁安市相邻。卢龙县人民政府驻卢龙镇，辖10镇2乡，548个行政村。卢龙县是秦皇岛市重点老区县，县内约51%的村为革

---

[1] 《习近平在文化传承发展座谈会上强调　担负起新的文化使命　努力建设中华民族现代文明》，《中国新闻发布（实务版）》，2023年第6期。

命老区村。抗日战争时期，卢龙人民踊跃参加冀东抗日大暴动，开辟滦东抗日根据地，创造了许多以少胜多、以弱胜强的经典战例。解放战争时期，卢龙人民同国民党反动派顽强拼搏、英勇作战，涌现了党的女儿李洗凡、爆破英雄邵洪生等一批名垂青史的英雄人物，为人民解放军挺进东北作出了积极贡献，这是卢龙县宝贵的红色资源、精神财富。

一、卢龙县主要的红色历史文化资源

卢龙县柳河北山村被称为"冀东红色政权的摇篮"，这里曾是冀东抗日革命根据地的大本营和后勤基地。因该村具有得天独厚的位置条件，三面群山环绕，地形较为复杂，故在此设址作为抗日战争时期冀东十二地委和专署机关的办公地。1943年至1945年间，李运昌、曾克林等多名将领在此指挥前线军民英勇抗敌，如白家窝大捷、后官地伏击、营山突围、石门火车站战斗等著名战役。除了战争遗址外，现在柳河北山村还有指挥部、兵工厂、日报社、冀东抗战纪念馆、卢龙烈士陵园等遗迹和纪念场馆；红色情景剧《北山之歌》，红色民谣《说唱柳河北山》《八劝抗日战歌》《军民鱼水情》等，这些都是卢龙县重要的红色文化资源。

（一）卢龙烈士陵园

该陵园位于卢龙县城东南约29千米处，坐落于刘田各庄镇柳河北山村。陵园占地约1万平方米，东西走向，周围群山围绕，于2013年11月初完成建设。2014年卢龙烈士陵园被评定为市级烈士陵园，是秦皇岛市重要的爱国主义教育基地。卢龙烈士陵园由景观石、台阶路、纪念碑、墓区及展馆5部分组成。景观石长6米，高2米，宽1.5米，正面顶端镌刻"卢龙县烈士陵园"7个金色大字，中下端是再现战斗场景的雕塑，背面是宋坤先生撰写的碑记。台阶路共14个平台，每个平台由9级台阶构成，寓意着为了民族的独立、全国的解放和祖国繁荣富强而英勇献身的先烈们永垂不朽。纪念碑主碑高9米，寓意党的事业蒸蒸日上，天长地久，底座为4层，分别代表4个不同时期，即抗日战争时期、解放战争时期、抗美援朝时期和和平建设时期。纪念碑总碑高度10.08米，上面镌刻的"革命烈士永垂不朽"8个金色大字。纪念碑以花岗岩为材质，以4把利剑为主体造型，气势雄伟、刚劲有力，象征着钢枪利剑时刻保卫着祖国的和平、和谐和安宁。纪念碑基座四周采用场景人物深浮雕，汉白玉材质，增强纪念碑的历史厚重感和纪念内涵。纪念广场长60米，宽30米，占地约1.8万平方米，可同时容纳800人举行纪念活动。墓区由3部分组成，分别为有名、知名和无名烈士墓区。有名和知名烈士墓区位于北区，目前已有30座有名烈士墓和 2 座知名烈士墓迁葬于此。南区是无名烈士墓区，以卢龙境内烈士所参加的战斗为类别，分别设立营山突围战、后官地伏击战、石门火车站战斗和昌黎战斗无名烈士之墓。

（二）冀东抗战纪念馆

冀东抗战纪念馆占地面积约 140 平方米，是冀东地区唯一一座全景展示冀东抗战的纪念馆。始建于 2007 年，投入资金 80 多万元，是河北省国防教育基地、革命老区红色教育基地、秦皇岛市直机关党员干部红色教育基地等各级各类院校和单位的红色教学基地。冀东抗战纪念馆由 1 个大厅和 4 个展厅组成。大厅正面墙上有大型人物浮雕，浮雕左上角有"全国解放没有冀东不行，冀东没有李运昌不行"的题词。这是毛泽东同志对冀东抗战的历史地位和李运昌的卓著战功的高度评价。纪念馆分为 4 个展厅，以图片和实物的形式展示了冀东军民抗击日本侵略者的英雄事迹。第一展厅以图片形式展示了冀东抗战根据地的组织机构、人物简介以及兵工厂、被服厂、粮库、卫生所设置情况；5 个展柜分别展出了当年的武器装备。第二展厅的东墙展示了卢龙籍烈士英雄名录、知名烈士李洗凡和邵洪生的英雄事迹以及时任冀东军区政委的吴德将军为邵洪生题写的"爆炸英雄"的复制牌匾；西墙以图片形式还原了"草根英雄"张世和、杨淑兰，兵工厂负责人马石中，为掩护地委安全转移而英勇献身的"跳崖五壮士"的光辉形象。第三展厅展示了军民合作解放蛤泊、樊各庄的战斗场景；9 个展柜分别展出了起爆器、反坦克地雷、有线电话交换机等军用装备。第四展厅展现了卢龙县取得的巨大成就，昭示了英烈精神普照卢龙大地。

（三）红色歌谣

红色歌谣是根据地军民战斗生活的艺术结晶，是红色文化不可或缺的一部分。在抗日战争过程中，卢龙人民以真挚、火热的情怀投身到保家卫国的队伍中，他们听从党的指挥，以行动支持抗战，以歌声动员参军。"三月里来三月三，李运昌带大队十二团，青年壮年前方去打仗，妇救会儿童团全把责任担……"这段歌词来源于《说唱柳河北山》，简单的辞藻和上柳河口音，极大地鼓舞了当地人民的抗日决心，高涨了群众的抗日情绪。民谣《八劝抗日战歌》中也能感受到人民群众的抗日热情，"一劝抗战我的亲祖父，你孙抗战去把日寇逐，游击战争去把鬼子打，我们至死不做亡国奴。二劝抗战我的亲奶奶，你孙抗战不用挂记怀，家中老小国家有优待，抗日分子脑子要打开。三劝抗战我的父天伦，你儿抗战去当八路军，国家合作大家组织起……"人民群众的积极抗日和部队的引导离不开，柳河北山军民一家亲，就如《军民鱼水情》中所唱的，"河边柳林根连根，母亲儿子心连心，母亲儿子亲骨肉，军队百姓一家亲，鱼水相依齐战斗，中华儿女抖精神……"红色歌谣记载着柳河北山军民的英雄业绩和奋勇精神，至今仍被传唱。

综上，卢龙县红色历史文化资源种类繁多、地域特色鲜明。该县历史文化资源按是否有实物性形态可以分为有形与无形两类。有形的历史文化资源是卢龙红色历史文化的物理表征，无形的历史文化资源孕育了卢龙县独有的红色文化精神内核，无形附着于有形之上，共同构成了卢龙县独有的红色文化内涵。

二、卢龙县红色历史文化资源的现状分析

党的十八大以来，党中央、国务院对红色文化的保护与传承极其重视。相关的各级政府也对区域内的重要红色文化资源给予资金和政策支持。新时代弘扬卢龙县红色文化资源势在必行，正如习近平总书记强调的一样："红色资源是我们党艰辛而辉煌奋斗历程的见证，是最宝贵的精神财富，要用心用情用力保护好、管理好、运用好。"[1] 近年来，卢龙越来越重视红色资源的保护与利用，深度挖掘红色文化内涵，传承红色基因。

（一）打造红色教育基地，传承红色精神

卢龙县政府为了保护和传承红色文化，投资 80 多万元建设了冀东抗战纪念馆，投资 300 万元对冀东日报社、抗战指挥部等旧址进行复原。纪念馆墙体上图文并存，较为清晰地展示了每一个历史事件、地点和人物等。在墙体的周围陈列着大量的抗战军用装备遗存，如电话机、起爆器、反坦克地雷、枪栓、军号等。这些军事装备遗存被用玻璃罩住，保存完好，每一个装备下面都贴有名字。军事装备实物的展示更能使参观者感同身受，一个个场景尽现脑中。更为巧妙的是冀东抗战纪念馆的选址，纪念馆坐落在卢龙烈士陵园的对面，两者分开均可以成为一个独立的红色文化纪念点，合起来可以将纪念馆看成卢龙烈士陵园的一部分，从整体的角度诠释柳河北山的红色文化。起初，来此地的人并不是特别多，因为该红色教育基地背靠群山，地处山区，交通极为不便。卢龙县政府为了解决交通不便问题，投资 55 万元拆除周围老旧房屋，进行道路修整，打通路段，助推红色旅游。

现如今卢龙柳河北山红色教育基地的打造已显成效。柳河北山的冀东抗战纪念馆是县级、市级乃至省级的红色教学基地。纪念馆的大门左右侧有不少单位挂牌，进入展馆的左侧门口上侧也有挂牌。这些牌子的挂立足以展现各单位对该展馆红色

---

[1] 习近平：《用好红色资源　传承好红色基因　把红色江山世世代代传下去》，《求是》，2021 年第 6 期。

文化教育基地的认可。每逢五四青年节、清明节、六一儿童节和七一建党节等，各地各业都组团来此地参观游学，组织开展爱国主义教育活动。

（二）盘活红色历史文化资源，推动乡村产业振兴

卢龙县以爱国主义教育基地、红色旅游景区和乡村旅游村等为依托，结合当地自然风光资源，大力发展乡村旅游。卢龙有鲍子沟景区、柳河溪谷景区、左右佳园景区和棋盘山景区等。这些景区或是距离红色文化景观近，或是建立在红色文化遗址上，或是景区里设有红色主题相关的景点。无论是哪一种，都有把红色文化与乡村旅游相结合的想法。例如，鲍子沟景区距离冀东抗战纪念馆约12千米，完全可以考虑作为卢龙红色旅游线路的一环。当地盛产葡萄，被誉为"渤海之滨吐鲁番"。2013年，景区接待游客达12.6万人次。2022年，接待游客30多万人次，实现年旅游收入1 000余万元。2022年，鲍子沟村成功入选中国美丽休闲乡村名单。左右佳园景区既距离柳河溪谷近，又是红色教育基地，还有御君山抗日阻击战遗址。该景区是一个集旅游观光、休闲度假、文化传播、研学基地、青少年培训基地、绿色农副产品产销为一体的现代农业科技示范观光园。冀东抗战纪念馆位于柳河溪谷景区内，每年接待参观研学的人数能达3万多。该景区依托自身的自然条件和红色旅游资源，以红色文化为主题，以红色主题体验、生态休闲为内容，建设冀东抗战旧址、柳河源风情谷等项目供游客踏寻红色记忆和享受田园风情，景区致力于成为秦皇岛高品质的红色文化休闲品牌、冀东红色旅游深度开发示范区。

（三）书写展演红色作品，弘扬红色文化

卢龙县一直致力于红色文化资源的挖掘，通过书籍撰写、编排剧目等方式弘扬地方红色文化。例如由卢龙记忆编委会主编的图书《卢龙记忆》，重点介绍了卢龙儿女不畏强敌、舍生取义的英勇事迹；卢龙县老区建设促进会主编的《卢龙县革命老区发展史》，全面展现了卢龙县从革命时期到新时代的发展历程；由卢龙县中国孤竹文化研究中心主编的《冀东抗战》，讲述了抗日英雄奋勇杀敌的传奇经历；由卢龙县退役军人事务局编印的《不朽的丰碑》，记录了一个个英雄英勇抗战的事迹，使卢龙县红色历史得以弘扬并延续。同时，依托真实历史事件，卢龙县编排了精品红色舞台剧《卢龙北山·1942》和红色情景剧《北山之歌》，用艺术手法再现了柳河北山抗战时期的峥嵘岁月，生动展示了柳河北山革命根据地军民在冀东抗战中作出的重要贡献。

三、卢龙县红色历史文化资源助推乡村振兴中存在的问题

卢龙县具有丰富的红色文化资源，先后出台了系列文件挖掘红色资源，开展了多种各具特色的宣传活动，推出红色文化旅游特色路线。虽然卢龙县的红色旅游业蓬勃发展，但也存在着一些问题，做好、做大、做强红色文旅产业仍然任重道远。

（一）红色文化旅游配套基础设施建设滞后

卢龙县推出了众多红色旅游路线，其中"碧霞山庄—木井镇休闲农业园—左右生态谷—柳河山庄—柳河溪谷"旅游线路被省文化和旅游厅评为"夏季休闲旅游精美线路"。就以这条路线为例，该路线将田园文化、红色文化有利结合，但是从"碧霞山庄"到"木井镇休闲农业园"有40多千米，驾车至少需要1个小时；从"木井镇休闲农业园"到"左右生态谷"约20千米，驾车约30分钟；从"左右生态谷"到"柳河山庄"约5千米，驾车约10分钟；从"柳河山庄"到"柳河溪谷"约7千米，驾车约14分钟。这条夏季休闲旅游精美线路仅仅适合自驾出行，因为途中尽是乡道，且各个地点之间没有直达的公共交通。笔者调研时从卢龙县城前往左右山谷，先是坐班车到刘田各庄镇里，再从镇里打车到左右山谷。想从左右山谷去柳河北山村的冀东抗战纪念馆，打车都打不着，幸得朋友帮助才自驾前往。足以见得该县交通设施的不完善。

（二）红色文化产业的培育力度欠缺

红色文化产业的培育力度还不够，较为成熟的红色旅游产业链尚未形成，红色文化与景点景区、传统民俗的结合程度还不够深入。红色文化资源呈现形式较为单一，主要停留在游览革命旧址、参观展馆、开展研习活动上。景区缺乏专业的讲解员来介绍红色革命历史。

（三）研习活动未能形成常态化机制

卢龙与红色文化相关的研习活动开展得确实不少，但未能形成常态化机制。在重要节点之际，如清明节、烈士纪念日、五四青年节、十一国庆节等节日，各个机关、学校、企事业单位等积极前往柳河北山开展研习活动。借助节点开展研习活动是好，但是从长远考虑，使开展研习活动形成常态化机制，应是卢龙县努力的方向。

四、卢龙县红色历史文化资源助推乡村振兴的实现路径

红色文化资源既是记录中国共产党波澜壮阔历史的重要载体，也是伟大建党精

神的重要体现。卢龙县积极探索红色历史文化资源助推乡村振兴的实现路径，目前已取得不少成效。为更好地探索卢龙县红色历史文化资源助力乡村振兴的可行性，笔者将从以下几点展开论述。

（一）加大政策扶持和资金投入力度

卢龙县红色历史文化资源分布在村里的居多，且各个村距县城、市区都有一段距离，仅靠百姓的力量借助红色历史文化资源助推乡村振兴不现实。所以政府层面要加大政策的扶持和资金的投入力度。首先，挖掘红色历史文化资源需要政策支持和资金投入，通过引进建设项目，吸引企业进行投资，还可以鼓励社会力量参与红色资源的挖掘。其次，完善红色文化旅游配套基础设施建设需要资金支持。卢龙红色文化旅游景区优美、宣传到位，但交通不便让很多无车族望而却步，所以完善红色文化旅游配套基础设施建设很有必要。政府需要设计好旅游出行路线，并设置旅游专线大巴，或者与旅行公司合作，让卢龙红色旅游不受困于交通出行，但是这些都需要资金的支持。

（二）加强地方专业人才队伍建设

卢龙县需要发挥百姓的内生动力，建立地方人才队伍。无论是在景区旅游，还是在展馆参观，游客直接接触到的都是当地人。所以让地方的人讲解地方红色文化，有利于培养百姓的文化自信，也解决了当地无人能讲解红色文化的困境。在利用红色历史文化资源助推乡村振兴发展的过程中，百姓始终是主力军。现如今当地百姓主要承担着体力性劳动，如卫生维护、开观光游览车等。其实他们还有一个身份可以挖掘，即地方红色文化的宣传大使。

要利用红色历史文化，就要了解红色历史文化，文旅结合不该停留在表面，不该对红色文化的深层了解不够。为了更好地加强地方专业人才队伍建设，需要政府和企业合力推进。政府层面主要是提供政策资金支持和专业人士指导培训。通过政策鼓励百姓积极参加，如通过地方人才考核给予金钱奖励或者对子女上学有优待政策等，不论政策具体是什么，一定要关注到百姓所需，对症下药。政府还需要提供专业人士指导培训，培训要做到生动有趣，唤醒百姓血液里的红色基因。同时，企业要对能讲述地方红色文化的专业人才予以重用，让其担任景区的红色文化讲解员，提高百姓收入水平。

（三）建立红色文化学习教育常态化机制

红色文化学习教育是一个润物细无声的过程。从内容上，卢龙县要用好红色资源。既要用好革命旧址、纪念场馆、革命事迹和历史文物等传统实体的红色资源，抓住重要节点开展实地研习活动，同时，卢龙县也要创造性地运用好互联网、自媒体及 3D 艺术影像等新技术，将革命文物和遗址搬上荧幕和舞台，利用数字技术打造虚拟红色资源。从方法上，要创新宣传教育途径。在已有基础上继续打造红色旅游、红色研学精品线路和特色品牌，注重对红色文化内涵的挖掘。从实践上，将红色文化融入当地教育体系。针对中小学义务教育阶段的学生群体，学校开设红色文化教育实践课程，组织学生演绎红色故事、分享红色书籍。通过系列教育教学实践活动，展现卢龙县红色文化的当代价值，推动红色文化学习教育常态化。

第二部分

中华民族交往交流交融史
与中华民族共同体形成研究

中华民族共同体视域下
肃慎族系朝贡活动的历史价值

郝庆云

摘要： 本文运用长时段理论和文化认同理论对肃慎族系各族的朝贡活动进行历史考察和比较，阐释中国古代朝贡制度对该族系各族融入并发展中华民族命运共同体的历史意义与作用，进而论证中华民族共同体形成的轨迹与凝聚过程，以期能够使人们对中华民族多元一体格局的形成有更为深刻的认识。

关键词： 肃慎；朝贡制度；中华民族共同体

作者　郝庆云，东北大学秦皇岛分校民族学学院教授（秦皇岛　066000）

　　肃慎族系是在不同历史时期汇聚各种不同族群而组成的民族共同体，因古籍文献中最早有"肃慎"一称而得名。肃慎族是今天满族、赫哲族、鄂温克族等东北地区世居民族的先民，先秦称肃慎，两汉称挹娄，南北朝称勿吉，隋唐称靺鞨，宋元明称女真，清代称满洲族，辛亥革命之后称满族、赫哲族、鄂温克族。肃慎族系各族的朝贡活动是古代中国朝贡制度的产物。朝贡制度是古代中国的一种政治制度，它既是中原王朝处理与边疆民族关系的制度，也是古代中国王朝建立对外秩序的制度依据。肃慎族系各族是中国古代朝贡活动的积极参与者，其朝贡活动从商周至明清，持续了 3 000 多年，见证了朝贡体系的兴衰，从一个侧面揭示了中华民族共同体形成的轨迹和历史必然性。

※　基金项目：2019 年度教育部人文社会科学研究项目（19YJA770006）阶段性成果。

一、商周及汉魏时期肃慎和挹娄人以"楛矢石砮"为主的朝贡活动奠定了其融入中华一体的政治情感基础和民族发展方向

先秦时期文献《竹书纪年·五帝纪》载："帝舜二十五年，息慎氏来朝，贡弓矢。"[①]《史记·五帝本纪》载："方五千里，至于荒服。南抚交趾……北山戎、发、息慎……四海之内，咸戴帝舜之功"，表明肃慎人通过"楛矢石砮"已被"四海之内"的成员认知，并有资格表达对帝舜的拥戴，初步形成了肃慎与中原地区华夏一体的历史情境。

至于肃慎所贡之"弓矢"，也就是后来史书中常常提到的"楛矢石砮"，我国古代伟大的思想家、教育家和历史学家孔子就曾有过一段精辟的议论："仲尼在陈，有隼集于陈侯之庭而死。楛矢贯之，石砮，其长尺有咫。陈惠公使人以隼如仲尼之馆问之。仲尼曰：'隼之来也远矣！此肃慎氏之矢也。昔武王克商，通道九夷、百蛮，使各以方贿来贡，使无忘职业。于是肃慎氏贡楛矢、石砮，其长尺有咫。先王欲昭其令德之致远也，以示后人，使永监焉。故铭其楛曰'肃慎氏之贡矢'，以分大姬，配虞胡公而封诸陈。古者，分同姓以珍玉，展亲也；分异姓以远方之职贡，使无忘服也。故分陈以肃慎氏之贡。君若使有司求诸故府，其可得也。'使求，得之金椟，如之。"[②]表明商周时期，肃慎人与中原王朝之间建立了政治性的联系或从属的关系。

从汉魏时起，"挹娄"人称取代"肃慎"。《三国志·魏书·乌丸鲜卑东夷传》载："挹娄在夫余东北千余里，滨大海，南与北沃沮接，未知其北所极。其土地多山险。其人形似夫余，言语不与夫余、句丽同。有五谷、牛、马、麻布。人多勇力。……其弓长四尺，力如弩，矢用楛，长尺八寸，青石为镞，古之肃慎氏之国也。善射，射人皆入。矢施毒，人中皆死。"这明确指出当时的挹娄就是先秦时的"肃慎氏之国也"，即肃慎人的后续族体。《三国志·魏书·明帝纪》载："青龙四年（236年）……五月……肃慎氏献楛矢。"《三国志·三少帝纪》又记："景元三年（262年）……夏四月，辽东郡言，肃慎国遣使重译入贡，献其国弓三十张，长三尺五寸，楛矢长一尺八寸，石砮三百枚，皮骨铁杂铠二十领，貂皮四百枚。"《晋书》记载肃慎曾3次朝贡：景元三年（262年）夏四月，肃慎来献楛矢、石砮、弓甲、貂皮等，天子命归于大将军府（卷二《文帝纪》）。咸宁五年（279年）十二月……肃慎来献楛矢石砮（卷三《武帝纪》）。大兴二年（319年）八月，肃慎来献楛矢石砮（卷六《元帝纪》）。《宋书》记载宋孝武帝大明三年（459年），"十一月己巳，高丽国遣使献方

[①] 据东汉学者郑玄的疏注，"息慎"即东北夷中的肃慎。

[②] 东郭士、高雅风、马甫生、吴辽生：《东北古史资料丛编》第一卷，沈阳：辽沈书社，1988年，第37—38页。

物，肃慎国重译献楛矢、石砮，西域献舞马。"《北齐书》记载北齐文宣帝天保五年（554 年），"秋七月戊子，肃慎遣使朝贡"。

对于持续千年的"楛矢石砮"之贡，中原文献对肃慎人朝贡记载愈发详实，表明两者之间相互认知和一体性关系的愈加深入。肃慎人与中原王朝和华夏族群之间的政治隶属关系已确立，开启了肃慎人"远慕华风"的文化趋同的情感历程。

二、隋唐时期渤海人的频繁朝贡使肃慎族系成为中华民族共同体的成员

唐五代时期，肃慎被称为"靺鞨"。《旧唐书·靺鞨传》称："靺鞨，盖肃慎之地，后魏谓之勿吉，在京师东北六千余里。"靺鞨人建立的渤海国被中原史家誉为"海东盛国"，立国 229 年，传 15 世。渤海国建立者大祚荣于唐中宗神龙元年（705 年）欣然接受唐朝侍御史张行岌的招慰，并派世子大门艺到长安宿卫。开元元年（713 年），大祚荣又接受唐朝册封，为左骁卫员外大将军、渤海郡王，以其所统地区为忽汗州，加授忽汗州都督。自是始去靺鞨号，专称渤海[1]。渤海国境内有靺鞨、高句丽、汉人、契丹、奚人、九姓杂胡等，泛称为渤海人。渤海国确立了"宪象中原""常习华风"的国策，历经 200 多年与中原王朝的朝贡活动，形成了"渤海人、汉人、女真今皆一家"的局面。

自从唐廷正式册封大祚荣，确定了渤海对唐朝的藩属关系后，渤海人便"每岁遣使朝贡"。渤海国王履藩礼、尽藩职，按唐朝规定进行朝贡、朝觐、贺正、质侍等。据现有史料统计，终渤海国之末，渤海国向唐朝进贡和朝觐达 134 次。仅第三代王大钦茂在位 57 年（737—793 年）间，就朝唐入贡 49 次，有时一年内朝唐 4—5 次。

据史料记载可知，渤海入贡唐王朝的贡物有鹰、鹘、野兽皮、鱼类、鲸鲵鱼晴、昆布、马、皮革、人参、牛黄、白附子、蜂蜜、黄明、松子、金银佛像、细布、紫瓷盆、玳瑁杯、玛瑙杯等土特产及一些工艺品。有的是唐王朝没有的或罕见的产品。入贡产品的数量有时很多，如公元 738 年，渤海国向唐王朝贡"貂鼠皮一千张、乾文鱼一百口"[2]。

朝贡的时间一般在中原重要节日之时，或是有重大事件之时。在中国古代，元旦、冬至是比较重要的节日。"元"有开始之意，"旦"是天明的意思。元旦便是一年开始的第一天。元旦又称"三元"，即岁之元、月之元、时之元。冬至日又称"亚

---

① [宋] 欧阳修、宋祁等：《新唐书》卷二百一十九《渤海传》，北京：中华书局，1975 年，第 1 821 页。

② [宋] 王钦若等：《册府元龟》卷九百七十一《外臣部》，北京：中华书局，1989 年，第 11 408 页。

岁",这一天是北半球全年中白天最短、夜晚最长的一天,过了冬至,白天就会一天天变长,黑夜会慢慢变短。古人对冬至的说法是:阴极之至,阳气始生。唐宋时,以冬至和元旦并重。每逢元旦、冬至,唐王朝都要举行祭祀活动,周边民族都要赶来祝贺。渤海国也派遣使者携带礼物入朝祝贺,是为"贺正旦"。有时在端午节,也派专使祝贺并入贡。此外,还有其他重要日子,如唐王朝平定重大叛乱、皇帝登基等,渤海方面都是要遣使祝贺的。如公元869年秋,唐朝终于平定了以庞勋为首的历时数年之久的徐州兵变,渤海王廷闻讯后,即派出以崔宗佐、大陈润为贺使的60余人的使团越海赴唐"贺平徐州"。

渤海的贡使到达唐都长安时,唐廷方面则要派人到驿馆进行慰问,并给予妥善安置,然后协议递交贡表的日期。届时,渤海贡使入朝,于朝廷之上递交贡表于皇帝,然后,贡物交礼官收下,贡使及随员向皇帝行拜见大礼,并向皇帝奏报国中情况,然后退下,返回客馆,等待皇帝的宴赐。离开时唐廷也有回赐,主要有纺织品、粮食、工具、工艺品等。

渤海国与唐朝朝贡关系发展的历史结果诚如唐玄宗《敕渤海王大武艺书》中所言的"地虽海曲,常习华风",晚唐诗人温庭筠在《送渤海王子归本国》中所吟诵的"疆里虽重海,车书本一家"。"海曲华风""车书一家"的局面,诠释了渤海人对中原王朝国家和中华文化的高度认同和归属意识,中原王朝国家将渤海文化纳入中华文化中,将渤海国作为政治体系的组成部分、中华民族共同体的成员。唐朝人和渤海人"车书本一家"的文化高度认同是后世女真人"大中国观""多元正统观"的历史基础。

三、金朝女真人"大中国观"将中华民族共同体思想提升为王朝国家思想意识

10世纪初至1635年(清天聪九年)"满洲"之称出现,肃慎族被称为女真族。女真完颜部起兵反契丹辽国,建立大金国,传10帝,国祚120年。金兵灭辽国攻宋,1127年灭北宋,又迫使南宋对其称臣。

早在宋朝建立之前,女真人已遣使向中原政权朝贡。《册府元龟》记载后唐庄宗同光三年(925年)五月,"黑水胡独鹿女贞等使朝贡"。后周世宗显德六年(959年)正月,"女真国遣使贡献"[1]。宋朝建立后的第二年,太祖建隆二年(961年),

---

[1] [宋]王钦若等:《册府元龟》卷九百七十二《外臣部》,北京:中华书局,1989年,第11 254、11 258页。

"女真国遣使嗢突剌来贡名马"①，从此开始了女真人对宋朝近60年的朝贡活动。到真宗天禧三年十二月，女真向北宋王朝的朝贡活动，有明确纪年的共25次。

女真朝贡于宋，源于臣属中原王朝的传统政治理念和族群发展的需要。随着女真人社会的发展和统治者对大一统权力的追求，贞元元年（1153年），海陵王完颜亮将都城由上京（今黑龙江阿城）迁往燕京（今北京），改称中都。这是北京作为我国政治中心之始，同时女真人也完成了饮马黄河、主政中原的夙愿。贞祐二年（1214年），金宣宗又将都城南迁汴京（今河南开封）。金朝成为统治中国秦岭淮河一线以北和俄罗斯远东地区的封建专制王朝。

金朝统治者从历史上继承了渤海时期"车书一家"的民族一统思想，认为天下非一人之天下，统一天下者皆可为正统，"中原即中国""懂礼即中国"，因此自称"中国"，以正统自居，史籍中也频繁地记载金代女真人自称"中国"②。据赵永春先生研究，在《金史》一书里，"中国"一词共出现14次，除了3次指中原地区以外，其余均指金朝。《金史·哀宗纪》载"太祖、太宗威制中国（中原）"，"太后（完颜亮嫡母徒单氏）与师恭语久之。大概言'国家世居上京，既徙中都，又自中都至汴，今又兴兵涉江、淮伐宋，疲弊中国（金朝）'"。其他金人的著述中也大体如此，"中国"一词在元好问的《遗山先生文集》中出现14次，在赵秉文的《闲闲老人滏水文集》中出现5次，在王若虚的《滹南遗老集》中出现6次，在李俊民的《庄靖集》中出现2次，在刘祁的《归潜志》中出现10次，在《大金德运图说》中出现1次。这些在金人著作中所出现的"中国"一词，除了指历史上的中原政权以外，全部指金朝。其原因，正如海陵王完颜亮诗作《题临安湖山画壁》写道："自古车书一混同，南人何事费车工。提师百万临江上，立马吴山第一峰。"虽有唐代诗人温庭筠的"车书本一家"诗句，但"车书一混同"是由女真族统治者提出的，体现了女真人对汉族及其他民族的相互认同及多元化"正统"观，或称"大中国观"。

金代女真人在多元化的正统观下，同时也称并存的宋朝为"中国"。在讨论关于燕山和云中地区的归属问题时，金人的态度是"我自入燕山，今为我有，中国安得之""云中久为我有，中国安得之"，另外金人认为"宋虽羁栖江表，未尝一日忘中国，但力不足耳"。这里的"中国"指宋朝在中原之时。

元朝初年，辽金帝王皆为中国皇帝，而且与南朝（宋）的盟主观念达成共识。来自北方燕地的修端正式提出辽、宋、金均为"正统"的多统思想。这一思想得到元朝统治者的认同，元代确定了辽、金、宋"各与正统，各系其年号"的"中国正史"修撰原则，也是对金代女真人"大中国"思想的发展，是统治集团的多元化

---

① [宋] 李焘：《续资治通鉴长编》卷二，北京：中华书局，1985年，第52页。
② 赵永春：《历史上的"中国"与中国历史疆域研究》，长春：吉林大学出版社，2017年，第227页。

"正统"观和基层民众"一家"观的有机结合,"中华一体"观提升为王朝国家的意识形态。

四、清朝赫哲鄂温克的朝贡及反侵略斗争表明中华民族共同体的形成

明清时期肃慎族系各族分布在黑龙江上游地区、中下游地区和库页岛等地,包括黑龙江上游地区索伦部的达斡尔、鄂伦春、鄂温克人等,黑龙江中下游地区赫哲、费雅喀、乌尔奇人等,库页岛等地库页、费雅喀人等。他们与建立清朝的满洲族在民族源流、语言习俗、宗教信仰等方面存在同源关系。努尔哈赤、皇太极统一黑龙江流域时,他们被编旗设佐,实施噶珊(满语,意为村屯,乡)制度,以貂皮作为贡赋,按编户数量定期向清廷缴纳,因此统称其为贡貂边民。据清代三姓副都统衙门档案等记载:贡貂边民有葛依克勒姓等56姓,2 390户,分布在58个噶珊,约2万人[①]。

编旗设佐、贡貂赏乌绫是清朝中国对黑龙江沿岸贡貂边民的认同。清统治者认为黑龙江沿岸贡貂边民与满洲"族类同,则语言同,水土同,衣冠居处同,城郭土著射猎习俗同"。"少年精悍者,渐移内地,编甲入户,或有为侍卫者。初服鱼皮,今则服大清衣冠,所谓窝稽鞑子是也,又名异齐(新)满洲。"编入满洲八旗,称为"异齐满洲(新满洲)"。对留居故地的七姓、赫哲、奇愣部落进行编户,以氏族和村屯为单位,分户管理。实施噶珊制度,即"设乡长姓长以治之""辖以三姓副都统,统以吉林将军"。"贡貂",即编户的赫哲族每户每年向清政府进贡貂皮一张,以示臣服。"赏乌林"或"赏乌绫","乌林",满语音译,意为财帛;"赏乌林",即对前来纳贡之人给予回赐。

黑龙江沿岸贡貂边民与清军共抗沙俄侵略,守疆固藩,体现了其对清朝中国认同的深化和自觉。顺治七年(1650年),哈巴罗夫率哥萨克匪徒越外兴安岭侵入黑龙江沿岸,闯入赫哲人村落,建造了过冬营地阿枪斯克堡。1652年4月,赫哲、达斡尔、鄂温克各族边民配合宁古塔章京海色率领之清军,向哈巴罗夫匪徒冬营"阿枪斯克"发动攻击,毙敌10人,击伤76人,迫使哈巴罗夫匪徒离开阿枪斯克堡。顺治十七年(1660年),清兵在征讨沙俄匪徒时,得到约3 000名赫哲人的有力支持,后该部众进贡貂皮,拱卫边疆。清军在战斗中丢失了马匹,赫哲人为其寻找到这些马匹,不远千里,送往宁古塔,清政府给予犒赏。文献记载,赫哲的"黑格勒姓阿交哈章京,宁固(古)塔兵与老掐交阵,失去马二十匹,本身得获送来。……我朝

---

① 辽宁省档案馆译编:《三姓副都统衙门满文档案译编》,辽沈书社,1984年,第137—152页。

兵失落马匹，今得获送来甚好。照各屯头目例，给赏末等蟒缎披领一件，因其送马至宁固（古）塔，又赏妆缎镶领缎子小袖袍一件"。

黑龙江沿岸贡貂边民举族内迁回归体现了其对清朝中国和中华民族身份的自觉认同，清政府积极安置抚恤。19世纪中期以后，俄境之赫哲人眷念祖国，痛恨沙俄，曾纷纷南迁，界内赫哲人数大增。如1860年，黑龙江北岸的赫哲居民269人，"始终不忘根本"，"不肯甘从外夷"，迁回到松花江一带居住。是年，乌苏里江以东的恰喀喇居民数百人，因"俄夷骚扰，日不安生"也迁至珲春一带居住。"界内各屯之赫哲计有七姓，均以渔猎为生，秉性诚朴，骁健耐苦，素习鸟枪，并善戈弋。"

清代黑龙江沿岸边民通过"贡貂"活动对清朝中国的认同是"中华一体"和"中华民族"理念在清朝完全定型为民族国家体制机制的历史实证。"清朝中国"与"汉族中国"的概念最终完成了分离，统一的多民族的"中国（中华民族共同体）"及其疆域形成。"中国"一词作为清朝国家的代名词，则成了多民族国家即"中国（中华民族共同体）"的称谓。

综上所述，商周汉魏时期肃慎族系的先祖以"楛矢石砮"之贡被中原华夏政权认知和认同，成为中华民族共同体的成员。在唐代，该族系的粟末靺鞨部建立了"渤海"统治政权，在与唐王朝的朝贡活动中，不断学习华夏文化，实现了"华夷同风""车书一家"。金朝女真人将其提升为王朝国家的意识形态。满族建立的中国最后一个王朝清朝，继承并发展朝贡制度，巩固疆土，固化中华民族各族成员的家国情怀，期间的朝贡活动是纽带、是保障。

104

铸牢中华民族共同体意识与民族地区乡村振兴研究
Study on Forging a Strong Sense of Community for the Chinese Nation and
Rural Revitalization in Ethnic Areas

从军卫到军民卫：明代军民指挥使司
在河洮岷地区的创制

蔡亚龙

摘要： 明代治理边疆民族地区的特殊建置军民指挥使司，最早建立于河洮岷地区。其确立过程主要分为四个阶段：初建河州卫，吸收前元吐蕃等处宣慰司都元帅府；增设河州府与河州，形成"军强民弱"的府卫并置格局；增设西安行都卫（陕西行都司），加强当地军事驻防；平定叛乱，废除府州，正式设置河州、洮州、岷州三处军民指挥使司。军民指挥使司在河洮岷地区的建立，是明廷因当地地情调整行政建置、因西北局势调整统治方略的结果，并为明朝管理西部边疆民族地区提供了以军卫兼理民事的全新建置形式和统治方案。

关键词： 明代；军民指挥使司；河洮岷地区

作者 蔡亚龙，中央民族大学历史文化学院副教授（北京 100081）

关于明代对民族地区的管理，丘濬认为在宣慰司、宣抚司、安抚司、招讨司、长官司之余，"外此所谓军民府及军民指挥使司者。又兼设土官以辖其夷人，随其地而设其官，因其俗而为之治，善者授以职，恶者分其势，是盖得有虞分背之义、《禹贡》丕叙之意也"[1]。可见军民指挥使司兼设土官、因俗而治，是明代在土司建置之外治理边疆民族地区的重要建置形式。军民指挥使司散布于陕西、四川、云南、贵州、湖广等地区，这些区域的地方历史多有涉及军民指挥使司的内容。而围绕军民

---

[1] [明] 丘濬：《大学衍义补（下）》，金良年整理，朱维铮审阅，《中国经学史基本丛书》本，上海：上海书店出版社，2012年，第514页。

指挥使司核心问题展开的研究，主要集中在建置沿革[①]、设置标准[②]、群体与社会史[③]
等方面。而军民指挥使司的创制问题，目前仍有可研究的空间。如最基本的起源时
间，清官修《明史》言"（洪武）二十三年，又设军民指挥使司、军民千户所"；但
查《明太祖实录》，洪武十二年七月明廷改河州右卫指挥使司为河州军民指挥使司[④]，
军民指挥使司早在十多年前已在河洮岷地区起源，《明史》所言实误。

　　所谓河洮岷地区，是指古代河州、洮州、岷州地区，包括今甘肃省临夏回族
自治州全境、甘南藏族自治州东南部及定西市部分地区。元代归吐蕃等处宣慰司
都元帅府管辖，洪武初年先后在此置河州卫、河州府、西安行都卫（后改陕西行
都司）等多个建置，而最终形成河州军民卫、洮州军民卫、岷州军民卫三个军民
指挥使司。今人对该区域的研究，多以特定卫所为对象，考察其建置沿革、治理
情况等[⑤]；而关于明初该区域的整体建置研究，则多以陕西行都司为重点，侧重于
这一上层建置的变迁，兼及下层卫所的变迁[⑥]。基于以往研究情况，本文将视角转
移到河洮岷这一区域的下层建置（卫所、府州县），以梳理其在明初的整体变迁过
程，并分析其变迁的线索和深层次原因，以理清军民指挥使司在该区域创制的背
景和过程。

① 罗勇：《明代云南金齿军民指挥使司设置研究》，《中国历史地理论丛》，2015 年第 1 期；蔡亚龙：
《明代设置的军民指挥使司考论》，《中国历史地理论丛》，2016 年第 4 期；蔡亚龙：《明初广西
置废军民指挥使司考论》，《中国边疆史地研究》，2020 年第 3 期。
② 李新峰：《明代卫所政区研究》，北京：北京大学出版社，2016 年，第 95 页；蔡亚龙：《明代军
民指挥使司建置标准考论》，《中国历史地理论丛》，2018 年第 1 期。
③ 彭勇：《卫所制度与边疆社会：明代四川行都司的官员群体及其社会生活》，《文史哲》，2016
年第 6 期；王海兵：《明代河洮岷的卫所镇戍、移民屯垦与边地社会》，《农业考古》，2018 年
第 6 期；张磊：《明代卫所与河西地区社会变迁研究》，北京：光明日报出版社，2021 年；吴才
茂：《明代卫所制度与贵州地域社会研究》，北京：中国社会科学出版社，2021 年。
④ 《明太祖实录》卷一百二十三，洪武十二年七月丁未，北京：中华书局，2016 年，第 2 004 页。
⑤ 王继光：《明代的河州卫——〈明史·西番诸卫传〉研究之一》，《西北民族研究》，1986 年第 1
期；丁汝俊：《论明代对西北边陲重镇洮州卫的经营》，《西北民族研究》，1993 年第 2 期；王
玉祥：《论朱元璋经略洮州》，《甘肃社会科学》，2003 年第 6 期；武沐：《岷州卫：明代西北边
防卫所的缩影》，《中国边疆史地研究》，2009 年第 2 期；吴景山、刘晓禾：《试析明洪武朝河
州统治"体统"》，《青海民族研究》，2016 年第 4 期；王海兵：《明代河洮岷的卫所镇戍、移民
屯垦与边地社会》，《农业考古》，2018 年第 6 期。
⑥ 陈梧桐：《明太祖与明成祖对西北民族地区的经营》，《民大史学（第一期）》，北京：中央民族
大学出版社，1996 年，第 368—396 页；梁志胜：《洪武二十六年以前的陕西行都司》，《中国
历史地理论丛》，1993 年第 3 期；马顺平：《明代陕西行都司及其卫所建置考实》，《中国历史
地理论丛》，2008 年第 2 期。

一、沿袭与融合：河州卫指挥使司的初创和经营

洪武二年明军进入陕西，相继占领凤翔、临洮等地[①]。临洮西、南方向即是"西番"聚居的河洮岷地区，俞本《纪事录》记明军下临洮，"时有河西戎瞥至城下剽掠"，又有"河州土官院使锁南领番戎至城下哨掠"[②]。其所称"锁南"即吐蕃等处宣慰司宣慰使"何锁南普"，为元朝河洮岷地区主要官员之一。这对于素来在汉地南征北战而"不谙番情"的明军将士而言，难免是全新挑战；而对于明廷而言，如何处置"汉地"之外的"化外之地"，亦是需要慎重处理的问题。

洪武二年四月，明军大将冯胜曾在攻下临洮之后，顺势西渡攻克河州，首次进入"西番"之地，却以"化外之地，不可守"为由，将河州城池、仓库、房屋等尽数焚毁，"拘虏南归"[③]。冯胜此举，显然与明太祖后来所标榜的"朕既为天下主，华夷无间，姓氏虽异，抚字如一"[④]的民族政策存在较大的差异。这虽可视作冯胜目光浅薄的个人行为，但亦能说明洪武二年之时，明廷在处置西北少数民族地区（至少在河洮岷地区）方面仍没有既定的方针和政策[⑤]。直到洪武三年，明军再度北征[⑥]，加之元顺帝突然病逝于应昌[⑦]，抗明势力日渐式微，明廷方才展开对"西番"的积极攻势。五月，邓愈率大军自临洮再度攻取河州，同时"遣人招谕吐蕃诸酋"[⑧]，涉及吐蕃、十八族、大石门、铁城、洮州、岷州等诸多区域，充分展现出明廷试图将河洮岷等广袤地区以及周边少数民族纳入明朝统治的积极姿态。招降事宜由陕西行省员外郎许允德负责，进展颇为顺利，"故元陕西行省吐蕃宣慰使何锁南普等，以元所授金银牌印、宣敕诣左副将军邓愈军门降，及镇西武靖王卜纳剌亦以吐蕃诸部来降"[⑨]，元朝吐蕃等处宣慰使以及负责镇戍吐蕃的元宗室镇西武靖王两大势力悉数归附。此后，盘踞在河洮岷地区的前元主要势力或归附，或打起游击战，这一区域的主要据点基本为明军所控制。

① 《明史》卷二《太祖本纪二》，北京：中华书局，1974 年，第 22 页。
② 俞本：《纪事录笺证》卷下《洪武二年乙酉》，李新峰笺证，北京：中华书局，2015 年，第 297 页。
③ 俞本：《纪事录笺证》卷下《洪武二年乙酉》，李新峰笺证，北京：中华书局，2015 年，第 318 页。
④ 《明太祖实录》卷五十三，洪武三年六月丁丑，北京：中华书局，2016 年，第 1 048 页。
⑤ 陈梧桐：《明太祖与明成祖对西北民族地区的经营》（《民大史学》，北京：中央民族大学出版社，1996 年，第 368—396 页）一文指出明廷经营西北的战略目标和方针受限于对北元的策略方针，直到洪武五年确定对蒙古暂取守势之后，方才集中更多力量经营西北，制定了"断蒙古右臂"的战略目标。
⑥ 《明太祖实录》卷四十八，洪武三年春正月癸巳，北京：中华书局，2016 年，第 947—948 页。
⑦ 《元史》卷四十七《本纪第四十七·顺帝十》，北京：中华书局，1976 年，第 986 页。
⑧ 《明太祖实录》卷五十二，洪武三年五月辛亥，北京：中华书局，2016 年，第 1 027 页。
⑨ 《明太祖实录》卷五十三，洪武三年六月乙酉，北京：中华书局，2016 年，第 1 056 页。

明王朝为进一步巩固对该区域的控制，安定地方局势，建立起适宜的行政、军事等建置便迫在眉睫。元代曾于河洮岷地区置吐蕃等处宣慰司都元帅府[①]，领有河州、岷州等路、州、县等建置[②]，并兼置洮州元帅府、十八族元帅府等军事建置，以及礼店文州蒙古汉军西番军民元帅府等军政合一建置[③]。而吐蕃等处宣慰司从设置之日起就与都元帅府合二为一，吐蕃等处宣慰司衔都元帅强化了军事功能，成为一个军政合一性质的建置[④]。因此，一定程度上而言，河洮岷等地在元代一直处于军政合一的管理体制之下。

鉴于前代经验，洪武三年明廷正式在河洮岷设立首个建置即河州卫指挥使司，以军卫管辖其地，并由大将韦正（又名宁正）任指挥使[⑤]。最初的河州卫应当是以内地军士为主体的军卫。次年初，明廷又对河州卫进行改置和扩充，吸收了少数民族官员和军士，以前元吐蕃等处宣慰司宣慰使何琐南普为指挥同知，其弟汪家奴、元甘肃行省右丞朵儿只失结为指挥佥事，吸纳不少土著进入河州卫任职，并借机对前元建置进行全面改组和接管。"改洮州六元帅府为千户所，其百户、镇抚敕谕锁南举之"，由是原吐蕃等处宣慰司所属洮州等六处元帅府悉数改为千户所，为铁（帖）城、岷州、十八族、常阳、积石州、洮州[⑥]；此外，吐蕃等处宣慰司还领有较为特殊的军民元帅府一处，即礼店文州蒙古汉军西番军民元帅府，被改为蒙古军、灭乞军[⑦]、招藏军等处千户所。原吐蕃等处宣慰司所辖的其他机构亦被归并、改置，因此形成了河州卫指挥使司新设千户所九处、百户所九处，"皆命其酋长为之"[⑧]的情形："置所属千户所八，曰铁城、曰岷州、曰十八族、曰常阳、曰积石州、曰蒙古军、曰灭乞军、曰招藏军；军民千户所一，曰洮州；百户所七，曰上寨、曰李家五族、曰七族、曰番客、曰化州等处、曰常家族、曰爪黎族；汉番军民百户所二，曰阶文扶

① 关于元代吐蕃等处宣慰司都元帅府的建置情形，参见张云的《元代吐蕃等处宣慰司史地考证》（《西北民族研究》，1997 年第 2 期）及《元代吐蕃地方行政体制研究》（南京大学博士学位论文，1993 年），武沐的《元代吐蕃等处宣慰司都元帅府的机构设置》（《青海民族研究》，2012 年第 3 期）等文章。
② 《元史》卷六十《志第十二·地理三·陕西等处行中书省》，北京：中华书局，1976 年，第 1 432—1 434 页。
③ 《元史》卷八十七《志第三十七·百官三·宣政院》，北京：中华书局，1976 年，第 2 195—2 197 页。
④ 武沐：《元代吐蕃等处宣慰司都元帅府的机构设置》，《青海民族研究》，2012 年第 3 期。
⑤ 《明太祖实录》卷五十六，洪武三年九月甲寅，北京：中华书局，2016 年，第 1 098 页。
⑥ 俞本：《纪事录笺证》卷下《洪武三年庚戌》，李新峰笺证，北京：中华书局，2015 年，第 310 页。
⑦ 即蔑吉里、灭乞里，该部曾被大量安置在河州镇戍。参见武沐、赵洁的《高昌回鹘与河州》（《民族研究》，2008 年第 3 期）。
⑧ 《明史》卷三百三十《西域传二·西番诸卫》，北京：中华书局，1974 年，第 8 540 页。

州、曰阳呕等处。"① 下表为河洮岷地区元明部分建置对照表。

表 1　河洮岷地区元明部分建置对照表

元代建置（元帅府）	明代建置（千户所）
帖城河里洋脱元帅府	铁城千户所
常阳元帅府	常阳千户所
岷州元帅府	岷州千户所
积石州元帅府	积石州千户所
洮州路元帅府	洮州军民千户所
十八族元帅府	十八族千户所
礼店文州蒙古汉军西番军民元帅府	蒙古军、灭乞军、招藏军千户所

　　显然，改置后的河州卫指挥使司虽以卫指挥使司为基本建置形态，却带有浓重的元代吐蕃等处宣慰司都元帅府烙印。但在承袭中亦进行了不小的调整，最为明显的是将各级建置悉数降级，如河州卫代替了原吐蕃等处宣慰司都元帅府，而元帅府全部降为千户所。另外，对于元代已有的"军民元帅府""军民千户所"等兼管军民的军事建置形态亦有所承袭和发展，建立了全新的"军民千户所""军民百户所"等形制。

　　在新设千户所、百户所官员任命上，凡来降之旧官，明廷均授予卫所武职，给予印信，使世袭不变。原任官员、土著由此多任命为河州卫百户、千户乃至指挥等职位，如以包完卜乩为十八族千户所正千户、七汪肖为副千户、坚敦肖为岷州千户所副千户。另外，明廷对来降旧官亦赏赉有加，如明廷赏赐何索南普等人"文绮帛一十四、金绣盘龙衣及文绮绵衣、银碗、靴袜有差"②。

　　针对在河洮岷地区归附的武靖王、岐王等元宗室成员，明廷亦设卫所以安置。洪武四年春正月，明廷置武靖、岐山、高昌三卫指挥使司，以武靖王、岐王等为指挥③。实际上，武靖等卫仍与一般军卫不同，其并不临土，需要附寄于他处。据《纪事录笺证》，"上于河州设武靖卫……诠注河州""设岐山卫于河州"④，显然，武靖卫、岐山卫并非独立卫所，在事实上依附于河州卫。这亦能反映河州卫已非一般的镇戍军卫，乃明廷经营河洮岷地区乃至广大西域的重要机构和基地。可以说，此时的河州卫已经超越了原本的镇戍军卫单位，成为明廷在河洮岷地区设置的一级行政建置。它沿袭了前元吐蕃等处宣慰司都元帅府的管理形态特征，并将其糅合到军卫

---

① 《明太祖实录》卷六十，洪武四年春正月辛卯，北京：中华书局，2016 年，第 1 173 页。

② 《明太祖实录》卷六十，洪武四年春正月辛卯，北京：中华书局，2016 年，第 1 173 页。

③ 《明太祖实录》卷六十，洪武四年春正月庚寅，北京：中华书局，2016 年，第 1 172 页。

④ 俞本：《纪事录笺证》卷下《洪武三年庚戌》，李新峰笺证，北京：中华书局，2015 年，第 322 页。

的基本形制之中，管理各项军民事务，加强了与当地土著的联系。

初置的河州卫积极开拓经营河洮岷地区，有力地促进了当地经济的恢复和发展。明军初至之时，河州一片萧条，"城邑空虚、人骨山积，将士见之，咸欲弃去"①。然在河州卫及指挥使宁正的经营下，河州颓势很快得以扭转。通过招募商人开中，"期年仓储米粮二十五万"；又招集复业人民，多达"四十四里有奇"②。很快，"其民俾各安其居"，河州"遂为乐土"③。此外，河州卫亦积极疏通驿道，招抚"西番"等地。洪武四年宁正"遣人招抚山后好来、阿仁、剌哥、美吉、朵的、云都、亦思麻因等七站人民，并下缺军总旗仲与等七人，委监站掌印，以土官为副，共牧人民"④。河州卫遂将七站之地纳入控制范围，以卫所旗军与土官共同管理，既收编了民户，又疏通了往朵甘、乌斯藏等藏区的驿路。明廷借由此道继续向西招抚，又先后收服归德州⑤、必里⑥等处，隶河州卫；至洪武六年初，朵甘、乌斯藏等藏族聚居区亦被招谕，相继归附明廷⑦。显然，对于此时的河洮岷地区而言，带有前元吐蕃等处宣慰司都元帅府烙印的河州卫指挥使司无疑适应了此时的需要，稳定了局势，收集了民户，有力地促进了当地生产的恢复和发展，还充当了明廷向西经略乌斯藏等"西番"广阔地域的前沿阵地。

二、内地化的尝试：增设河州府与河州，"府卫并置"的不稳定性

借助河州卫的积极经营，到洪武五年年底、六年年初，明廷已基本稳定了"西番"地区局势。然鉴于河州卫在处理粮饷方面的不足，"河州卫请设州县，专掌钱

---

① 《明太祖实录》卷五十六，洪武三年九月甲寅，北京：中华书局，2016年，第1098页。

② 俞本：《纪事录笺证》卷下《洪武三年庚戌》，李新峰笺证，北京：中华书局，2015年，第326页。

③ 《明太祖实录》卷五十六，洪武三年九月甲寅，北京：中华书局，2016年，第1099页。

④ 俞本：《纪事录笺证》卷下《洪武四年辛亥》，李新峰笺证，北京：中华书局，2015年，第335页。

⑤ 据俞本的《纪事录笺证》卷下《洪武四年辛亥》，第337页："以归德州土官王伦奴为千户，设西番、达达二百户所。"

⑥ 据《明太祖实录》卷六十九，洪武四年十一月丁丑，第1292页："置必里千户所，属河州卫，以朵儿只星吉为世袭千户。必里在吐番朵甘思界，故元设必里万户府，朵儿只星吉为万户，至是来降，河州卫指挥使韦正遣送至京，故有是命。"

⑦ 据《明太祖实录》卷七十九，洪武六年二月癸酉，第1437页："诏置乌思藏、朵甘卫指挥使司、宣慰司二、元帅府一、招讨司四、万户府十三、千户所四，以故元国公南哥思丹八亦监藏等为指挥同知、金事、宣慰使、同知、副使、元帅、招讨、万户等官，凡六十人，以摄帝师喃加巴藏卜为炽盛佛宝国师。"

粮"①，明廷遂增设河州府，辖宁河县②。是为"置河州府以治民，设河州卫以戍兵"③，河州亦仿效内地建立起民政、军事两套管理体制。而"府卫并置"的建置形态，一方面表明府州县等民政建置在管理钱粮、民户等方面的优势，卫所在该方面对其有一定的依赖性；另一方面，亦显示出明廷已经有效地管控了该区域局势，希望对这一区域亦如内地一样，建立起直接而有效的统治。

但河州"府卫并置"体制绝非完全复制内地，亦有其特殊性。

其一，河州卫吸收了大量前元旧官和当地土著，有利亦有弊。这一方略笼络了当地世家大族，适应了"番夷狃习世官"④的地情，一定程度上控制了河洮岷地区局势，但事实上这种管控仍具有很大的弹性。土官归附初期，许多人摇摆不定，又与前元、明夏等势力多有牵涉，因此抗明、入寇现象仍是不断。如洪武四年，明夏政权平章丁世真诱合"番寇"数万来攻，"陷文州，指挥佥事朱显忠死之"⑤。

其二，河州卫在"府卫参治"体制中处于明显的优势地位，而河州府相对弱势。因河州战略位置及地情的特殊性，河州卫在该区域事务中势必占据着重要的地位，在处理"番情"等方面必不可少；从管辖范围看，河州卫所属千户所、百户所几乎涵盖整个河洮岷地区，而河州府及所属宁河县虽然以河州为中心，应不包括广袤的少数民族聚居区域；而置河州府又缘于河州卫在粮饷管理上的不足，且为河州卫所奏请添设，这亦决定了河州府的弱势地位。这些都表明河州"府卫参治"体制的不平衡状态，可谓"军强民弱"。

其三，以当时河州等地经济、户口等情况来看，供给军事、行政等两套系统实为捉襟见肘，当为权宜之计。《明太祖实录》中记载了河州卫初创之时的情形：

河州卫指挥韦正言："西边军粮民间转输甚劳，而绵布及茶可以易粟，今绵布以挽运将至，乞并运茶给各卫军士，令其自相贸易，庶省西民之劳。"诏从其言。正初至河州，时城邑空虚，人骨山积，将士见之，咸欲弃去。正语之曰："正受命同若等出镇边陲，以拒戎狄，当不避难艰险，致死命以报国恩。"⑥

可见，河州等偏远地区军粮全靠转输，而转输不便，乃以棉布、茶等发与军士，让其自行买卖以换取食粮，可谓苦矣；且河州初附之时，"城邑空虚，人骨山积"，

① 《明太祖实录》卷七十八，洪武六年春正月庚戌，北京：中华书局，2016年，第1 423页。

② 嘉靖《河州志》卷一《地理志》，《中国地方志集成·甘肃府县志辑》第40册，南京：凤凰出版社，2008年，第7页。

③ 张维编：《陇右金石录》卷六《明一·南门城楼碑》，《石刻史料新编（第一辑）》第21册，台北：新文丰出版公司，1977年，第16 162页。

④ [明]茅瑞征：《皇明象胥录》卷八《西番》，《四库禁毁书丛刊·史部》第10册，北京：北京出版社，1997年，第671页。

⑤ 《明太祖实录》卷六十六，洪武四年六月戊戌，北京：中华书局，2016年，第1 239页。

⑥ 《明太祖实录》卷五十六，洪武三年九月甲寅，北京：中华书局，2016年，第1 098页。

战争无疑使居民鲜少的河洮岷地区户口更减。钱粮不足、少民可治，河州府等民政建置多因"专掌钱粮"而设便不足为奇。原本以抚民为主的民政建置在河洮岷地区便显得有些无用武之地，且建置繁多必会给本已困弊的财政问题雪上加霜。

综上所述，洪武二年到洪武六年间，明廷对河洮岷地区的掌控逐步加强，从尚无既定方针到逐步完善建置，从初设河州卫到"府卫并置"，河州地方体制逐步完善，且趋于内地化。这在一定程度上稳定了当地局势，但亦遗留了一些隐患，为今后建置变革埋下了伏笔。

三、转攻为守：北元复苏与行都司的置废

刚刚稳定下来的河洮岷地区局势，很快便因明军的败北而被打破。洪武五年年底，明朝突然遭遇"岭北之役"失利，西北积极进取姿态逆转，该区域军事防守任务加重，前元及反明势力迅速反扑，促成了河洮岷地区建置的再度变迁。

明军自洪武二年深入西北，洪武五年已相继收复宁夏、河西等广袤国土，元将王保保等大军不得不北遁漠北，仅留部分残余势力在西北不时骚扰明军。于是，明廷在西北遍设卫所、府州县，步步为营，以稳固在西北的统治。然而，洪武五年年初，不安于现状的明廷决定彻底肃清沙漠，根绝北元势力，以徐达为征虏大将军出中路，曹国公李文忠为左副将军出东路，宋国公冯胜为征西将军出西路，分三路大军北征[1]。却不料，初登帝位的北元昭宗爱猷识理达腊正踌躇满志、矢志中兴，北元大军遂以计诱敌深入，进而大破明军。明军此役除西路军有所斩获外，东路、中路均铩羽而归，伤亡甚为惨重。无疑，此战迅速扭转了明廷在西北边防积极进取的战略攻势[2]，且大获全胜的西路军冯胜竟以"惧回鹘之兵"，"将甘州所葺城池营房仓库、转运米麦料豆二十余万石及军需，尽焚之，弃城归"[3]，宁夏、凉州、庄浪等地亦尽数弃守。如宁夏地区，明初"立宁夏府，洪武五年废，徙其民于陕西"，竟被丢弃[4]。

明军的内撤，一方面让河洮岷地区直面"北虏"，再次成为明廷与北元对抗的前线；另一方面，助长了本已消减的地方抗明势力的气焰，再度使入寇、反抗现象

---

① 《明太祖实录》卷七十一，洪武五年正月庚午，北京：中华书局，2016 年，第 1 321 页。
② 赵现海在《洪武初年甘肃地缘政治与明朝西北疆界政策——由冯胜"弃地"事件引发的思考》（《古代文明》，2011 年第 1 期）一文中指出岭北之役的失利，"促使明政权内部北边战略由武臣所主张的肃清蒙古的进攻策略，转变为依托长城，实施近边防御的战略，奠定了后来 200 余年明、蒙长期对峙的格局，对中国历史的走向影响甚大"。
③ 俞本：《纪事录笺证》卷下《洪武五年壬子》，李新峰笺证，北京：中华书局，2015 年，第 364 页。
④ 嘉靖《宁夏新志》卷一《宁夏总镇》，《宁夏珍稀方志丛刊》，北京：中国社会科学出版社，2015 年，第 10 页。

不断。河洮岷地区业已稳定下来的局势顿时紧张起来，军事驻防压力骤增。洪武五年年底，以岐王朵儿只班为代表的残元势力便公然反明，邓愈、沐英等领大军追袭，"不及而归"[①]。洪武七年，反明势力更加猖獗。七月，"洮州三副使阿都儿等以出猎聚众约故元岐王朵儿只班寇边，朵儿只班等遂率众驻大通山黑子城，入寇河、兰二州"[②]；八月，"胡兵寇河州，夜入土门峡"[③]。

另外，因北元势力复苏，主动拉拢"西番"、云南梁王等势力，河洮岷地区亦成为北元与明廷拉锯的重要战场。洪武六年，北元昭宗"遣和林国师赍金银铜印、宣敕、牌面，游说朵甘思、乌斯藏、朵思麻及临洮、巩昌等处土官"[④]，企图颠覆明朝在该区域的统治。洪武八年，割据云南的元梁王"遣府尉涅哈列并二十五人，前去元君处通南蛮信，自建昌、罗田、罗长、河西，经朵甘思、罕东诣撒立畏兀儿安定王处，往沙漠"[⑤]，河洮岷等地区显然成为残元南北势力沟通的重要通道。总之，岭北一战失利之后，在西北尤其是河洮岷等地区，明王朝面临着空前的统治危机，不得不调整方略，转攻为守。

自"岭北之役"后，明廷便不断加强在这一区域的军事驻防力量。洪武六年，创设西宁卫[⑥]；七年年初，以西安左卫兵分隶河州卫，且调凤翔卫兵力补充，以增强河州地区的军事布防[⑦]。此外，明太祖又下令"以辽东、北平、山东、山西、河南、陕西指挥、千百户、镇抚有犯法者，俱发河州充军"[⑧]，以补充河州军员数量。洪武七年七月，明廷又置西安行都卫于河州，以河州卫指挥使韦正为都指挥使，总辖河州、朵甘、乌思藏三卫，将河州地区军卫提升至行都司级别，给其更多的军事自主权，增强军事驻防能力。明太祖在置西安行都卫的诏谕中，强调"立重镇治之"的对象就是"西番、朵甘、乌思藏"等"番人"[⑨]，其目的无非是稳固明廷在该地区的控制，以断绝"西番"与"北虏"联合抗明，达到"北拒蒙古，南捍诸番，俾不得相合的目标"[⑩]。

---

① 俞本：《纪事录笺证》卷下《洪武五年壬子》，李新峰笺证，北京：中华书局，2015年，第364页。
② 《明太祖实录》卷八十三，洪武六年七月己巳，北京：中华书局，2016年，第1492页。
③ 《明太祖实录》卷八十四，洪武六年八月丙子，北京：中华书局，2016年，第1498页。
④ 俞本：《纪事录笺证》卷下《洪武六年癸丑》，李新峰笺证，北京：中华书局，2015年，第370页。
⑤ 俞本：《纪事录笺证》卷下《洪武八年乙卯》，李新峰笺证，北京：中华书局，2015年，第394页。
⑥ 《明太祖实录》卷七十八，洪武六年正月己未，北京：中华书局，2016年，第1430页。
⑦ 《明太祖实录》卷八十七，洪武七年二月甲子，北京：中华书局，2016年，第1555页。
⑧ 俞本：《纪事录笺证》卷下《洪武六年癸丑》，李新峰笺证，北京：中华书局，2015年，第378页。
⑨ 《明太祖实录》卷九十一，洪武七年七月己卯，北京：中华书局，2016年，第1595页。
⑩ 《明史》卷三百三十《西域传二·西番诸卫》，北京：中华书局，1974年，第8549页。

西安行都卫（陕西行都司）设立之后，积极安抚、招降"西番"，促进了明廷与"西番"土著势力的沟通和联系，在一定程度上缓解了反明势力的冲击，稳定了局势，是故"军卫既肃，夷戎率服，通道置驿，烟火相望"①。另外，随着明廷逐步走出岭北之役惨败的阴影，宁夏等弃地得以收复、驻防得以加强②，河洮岷等地区的军事压力得到缓解。行都司由是在洪武九年十二月被废止③。但行都司的废止④，并不意味着战争的结束，明太祖在洪武十一年诏谕秦王朱樉暂缓建筑宫室的敕书中，便提及"西至于凉州，北至于宁夏，南至于河州，民未休息，予甚悯焉"⑤，指出当时西北边疆局势仍然不甚稳固、百姓难以休养生息的情形。

四、平叛与再造：河州、洮州、岷州军民指挥使司的设立

陕西行都司的废止，或可视为明廷放松对"西番"控制的信号，但其结果并未如明廷所料，实为"决策失误"⑥。随之而起的"西番"叛乱从洪武九年一直蔓延到十二年间，河洮岷地区布局随之洗牌。

洪武九年，通事舍人巩歌锁南自乌斯藏返回，途中被川藏部邀杀⑦。次年，明廷命卫国公邓愈为征西将军、大都督府同知沐英为副将军，"率师讨吐蕃"⑧。明军在邓愈指挥下，兵分三路进剿叛乱"西番"部族，穷追至昆仑山下，大获全胜，"俘男女一万口，马五千，牛羊十三万"⑨。五月，"邓愈发凉州等卫军士分戍碾北、河州等

---

① 解缙撰，解悦编：《文毅集》卷七《送习贤良赴河州序》，《景印文渊阁四库全书》，第1236册，台北：台湾商务印书馆，1986年，第694页。
② 据嘉靖《宁夏新志》卷一《宁夏总镇》，《宁夏珍稀方志丛刊》，宁夏卫置于洪武九年，第10页。
③ 《明太祖实录》卷一百一十，洪武九年十二月癸酉，北京：中华书局，2016年，第1832页。
④ 关于行都司被废的原因亦有其他观点：如陈梧桐在《明太祖与明成祖对西北民族地区的经营》（《民大史学》，北京：中央民族大学出版社，1996年，第368—396页）一文认为这一举措是明廷进行地方行政机构改革的最终结果；梁志胜在《洪武二十六年以前的陕西行都司》（《中国历史地理论丛》，1993年第3期）一文中将行都司被废的原因归结为明太祖战略中心的转移："自从扩廓帖木儿死后，辽东的纳哈出和云南的元梁王就成为最大的两股故元残余势力，明太祖的战略重心自然倾向于此。"笔者倾向于马顺平在《明代陕西行都司及其卫所建置考实》（《中国历史地理论丛》，2008年第2期）一文中的观点，陕西行都司的废置应是鉴于局势稳定、战略转移的综合决策结果。
⑤ 《明太祖实录》卷一百一十八，洪武十一年五月乙亥，北京：中华书局，2016年，第1927页。
⑥ 梁志胜：《洪武二十六年以前的陕西行都司》，《中国历史地理论丛》，1993年第3期。
⑦ 《明太祖实录》卷一百零七，洪武九年七月丁丑，北京：中华书局，2016年，第1795页。
⑧ 《明太祖实录》卷一百一十一，洪武十年四月己酉，北京：中华书局，2016年，第1851页。
⑨ [明]严从简著：《殊域周咨录》卷十《西戎·吐蕃》，余思黎点校，《中外交通史籍丛刊》本，北京：中华书局，2000年，第361页。

处"[1]，以巩固对"西番"诸部落的镇戍。六月，邓愈便以捷报闻，获准班师回朝[2]。而后邓愈病故，由沐英接替镇戍"西番"；当年，"立河州左、右二卫"[3]，以骁骑左卫指挥杨广率军开设河州左卫[4]；十一年，筑岷州城，"置岷州卫镇之，又置碾北卫指挥使司"[5]，河州、岷州等地驻防得以加强，继续形成对"西番"诸部落的军事弹压之势。

洪武十一年年底，明廷又以"西番屡犯边"，再命西平侯沐英为征西将军，率都督金事蓝玉、王弼，领京卫及河南、陕西、山西马步官军对"西番"进行讨伐[6]。然在沐英大军出动后不久，"洮州十八族番首三副使汪舒朵儿、瘿嗦子、乌都儿及阿卜商等叛，据纳邻七站之地"[7]。不仅声势浩大，而且占据了早已被河州卫旗军控制的纳邻七站之地，切断了通往乌斯藏等地的驿道。明廷随即调遣西平侯沐英移兵讨伐；次月，又令曹国公李文忠督师西进，"往河州、岷州、临洮、巩昌、梅川等处整治城池，督理军务，边境事宜，悉从节制"[8]。由李文忠、沐英亲自督师讨伐，足见明廷对此次叛乱的重视。明太祖还特意告祭西岳诸神，以"于心将欲抗拒，朕心有所不安"为由出兵征讨[9]。

明军征伐十分顺利。洪武十二年二月，沐英大军兵下洮州，叛军遁去，明太祖以洮州为"西番"门户，"今筑城戍守，是扼其咽喉矣"，遂置洮州卫，以指挥聂纬、陈晖、杨林、孙祯、李聚、丁能等统兵驻守洮州等处[10]。三月，李文忠、沐英击败叛军，"西番"基本平定，明廷以"河州二卫之兵，止留一卫，以一卫守洮州，其岷州守御士卒未可轻动，宜留以镇静之"[11]，河、洮、岷三地悉已纳入明军控制。九月，明军奏报战果，"擒三副使瘿嗦子等，杀获数万人，获马二万、牛羊十余万"，遂正式班师[12]。

与此同时，明军对"西番"等不安定势力进行了较为严苛的肃清和驱逐，这在

---

① 《明太祖实录》卷一百一十二，洪武十年五月辛卯，北京：中华书局，2016年，第1857页。

② 《明太祖实录》卷一百一十三，洪武十年六月壬戌，北京：中华书局，2016年，第1864页。

③ 嘉靖《河州志》卷一《地理志》，《中国地方志集成·甘肃府县志辑》第40册，2008年，第7页。

④ [明]焦竑：《国朝献征录》卷一百一十一《各卫·河州卫指挥使杨广》，《中国史学丛书》本，台北：台湾学生书局，1984年，第4911页。

⑤ 《明太祖实录》卷一百一十九，洪武十一年七月辛巳，北京：中华书局，2016年，第1938页。

⑥ 《明太祖实录》卷一百二十一，洪武十一年十一月庚午，北京：中华书局，2016年，第1960页。

⑦ 《明太祖实录》卷一百二十二，洪武十二年正月甲申，北京：中华书局，2016年，第1972页。

⑧ 《明太祖实录》卷一百二十二，洪武十二年二月戊戌，北京：中华书局，2016年，第1974页。

⑨ [明]朱元璋撰：《明太祖御制文集》卷十九《祭文·祭西岳华山西镇吴山文》，《中国史学丛书》本，台北：台湾学生书局，1965年，第547页。

⑩ 《明太祖实录》卷一百二十二，洪武十二年二月丙寅，北京：中华书局，2016年，第1979页。

⑪ 《明太祖实录》卷一百二十三，洪武十二年三月庚午，北京：中华书局，2016年，第1982页。

⑫ 《明太祖实录》卷一百二十六，洪武十二年九月己亥，北京：中华书局，2016年，第2014页。

明太祖颁给李文忠、沐英等人的三封谕令中表现得淋漓尽致。其一，搜刮铁城等处人民的粮食以供军饷，"即目铁城等处人民多不曾纳粮当差，地方多有积蓄，令军人哨取以为自供"。其二，掠夺当地百姓所蓄养的马匹，"彼中人户多养马匹，务要收拾干净，不可令人作弊，其十八族地方亦养马多，除端王旧管当差不科外，其余包锁南等一了不曾当差人民，见一户出马一匹"。其三，押送土著首领入京，"首目绝不可容下，应有发来，庶无后患"。其四，多次强调迁徙、驱逐洮州等处居民，"其洮、铁二城、长阳地方人民切不可留一户在彼"。凡此种种，皆因明太祖对西番根深蒂固的偏见使然，其犹言"西番人性多不怀德畏威有之，今遍大军至彼，各各星散，失其前日所有，少有降者不过面从而已，非心服也"①。

显然，自洪武九年到十二年间明廷对"西番"的征讨，目标是肃清该区域的反明及不安定势力；恰如明廷所图，经历此番大规模征讨，"群番震慑，不敢为寇"②。另外，明廷又在河州、岷州、洮州等据点新筑城池、增设卫所、扩充驻军，牢牢管控了当地局面，已绝非洪武三年河州初降之时所能比拟。可以说，河洮岷地区局面在洪武十二年得以重新洗牌，如何建立起稳固的统治，成为明廷需要再次面对的问题。

明军虽再度控制河洮岷等地，但此地长达数年的不安定，亦让明军将士心有所忌，仍有弃守的念想。洪武十二年三月，明军攻下洮州，李文忠、沐英二人遣使言"官军守洮州，馈运甚艰，民劳不便"，请求弃守洮州；明太祖却以"洮州，西控番夷，东蔽湟陇，自汉唐以来备边之要地也，今羌虏既斥，若弃之不守，数年之后番人将复为边患矣，虑小费而生大患，非计也"，要求明军不得丢弃该地③。显然，明太祖将"西番"作为河洮岷地区军事防御的主要对象，洮州作为其防御"西番"的桥头堡必然不能丢弃。明太祖这一构想遂促成了该区域建置的再次调整，以河、洮、岷为据点的防御"西番"体系得以形成。

洪武十二年七月，明廷改河州右卫指挥使司为河州军民指挥使司④；同时，省河州府、县，以河州左卫调守洮州⑤；且以指挥使"抚安黎庶，训练兵戎"⑥，管军又抚民，河州卫军民指挥使司由是正式设立。

① [明] 朱元璋：《明太祖御制文集》卷九《敕·谕曹国公李文忠西平侯沐英等敕》，《中国史学丛书》本，台北：台湾学生书局，1965年，第300—301页。
② 《明史》卷三百三十《西域传二·西番诸卫》，北京：中华书局，1974年，第8541页。
③ 《明太祖实录》卷一百二十三，洪武十二年三月丁亥，北京：中华书局，2016年，第1986页。
④ 《明太祖实录》卷一百二十三，洪武十二年七月壬未，北京：中华书局，2016年，第2004页。
⑤ [明] 唐懋德：《临洮府志》卷三《沿革考·河州》，《新修方志丛刊》第58册，台北：台湾学生书局，1967年，第94页。
⑥ 张维编：《陇右金石录》卷六《明一·南门城楼碑》，《石刻史料新编（第一辑）》第21册，第16162页。

同年二月，洮州卫（原河州左卫）亦如河州例升置军民指挥使司①，"筑新城于东陇山，以旧洮城为堡，升为洮州卫军民指挥使司，隶陕西都司，领千户所五"②。河州、洮州二军民指挥使司率先建立。

关于岷州置军民指挥使司的时间，文献记载多有出入。《大明一统志》记岷州卫军民指挥使司置于洪武十一年③；康熙《岷州志》与之相同，且更为详细，其载："（洪武）十一年，曹国公李景隆奉制开设岷州卫军民指挥使司，隶陕西都司，领军民千户所四、西固城军民千户所一；移直隶各省官军守之，并经历司编户十六，又徙岐山县在城里民居之，谓之样民，总计一十七里"④，认为李景隆于洪武十一年开设军民指挥使司，实误。其一，据《明太祖实录》记载，"（洪武十一年七月）命西平侯沐英率陕西属卫军士城岷州，置岷州卫镇之"⑤，则洪武十一年所创仅为岷州卫，而非军民指挥使司。其二，与沐英一同"整治城池、督理军务"的为曹国公李文忠，而李景隆乃李文忠之子，洪武十九年方才袭爵曹国公，该志误将两代曹国公混淆，将平定"西番之乱"的事迹移花接木给了李景隆。另外，《明太祖实录》又记洪武十五年四月，"改岷州卫为军民指挥使司，西固城千户所为军民千户所"⑥，《明史》沿用洪武十五年之说⑦。但是，早在洪武十五年正月，礼部上奏言："天下布政使司府州县，凡祭祀社稷山川命文官主祭，武官不与；岷州等卫军民指挥使司，既职兼军民，其社稷山川之祭则宜从本司主之"⑧，便已经称岷州为军民指挥使司。据此，岷州卫升军民指挥使司可能在洪武十五年之前。笔者认为岷州改置军民指挥使司极有可能在徙岐山县"样民"入岷州之时，即洪武十一年七月到十五年四月间，洪武十五年四月仅是明廷对这一事实的最终确认而已。

至此，河州、洮州、岷州三地相继设置军民指挥使司，河洮岷地区针对"西番"的防御体系最终建立起来。其一，突破了传统以河州为单一据点的情况，形成了河州、洮州、岷州三位一体的防御线。其二，军民指挥使司成为维持河洮岷地区防御体系的最主要的建置形态。首先，保持了卫所"训练兵戍"、担当驻防的军事任务；

① 《明史》卷四十二《地理志三·陕西·洮州卫》，北京：中华书局，1974 年，第 1 011 页。
② 光绪《洮州厅志》卷二《沿革》，《中国西北文献丛书·西北稀见方志文献》第 49 卷，兰州：兰州古籍书店，1990 年，第 292 页。
③ 李贤等：《大明一统志》卷三十七《岷州卫军民指挥使司》，西安：三秦出版社，1990 年，第 647 页。
④ 康熙《岷州志》卷二《舆地上·沿革》，《中国地方志集成·甘肃府县志辑》第 39 册，南京：凤凰出版社，2008 年，第 19 页。
⑤ 《明太祖实录》卷一百一十九，洪武十一年七月辛巳，北京：中华书局，2016 年，第 1 938 页。
⑥ 《明太祖实录》卷一百四十四，洪武十五年四月乙巳，北京：中华书局，2016 年，第 2 269 页。
⑦ 《明史》卷四十二《地理志三·陕西·岷州卫》，北京：中华书局，1974 年，第 1 011 页。
⑧ 《明太祖实录》卷一百四十一，洪武十五年正月甲申，北京：中华书局，2016 年，第 2 223 页。

其次，正式拥有了"抚安黎庶"的民政权力，符合了该区域"番汉杂居"的民情；再次，精简了机构，节约了开支，适应了生产相对落后的地情。因此，以河、洮、岷三处军民指挥使司为基本建置而构建起来的防御体系，无疑适应了当地的实际情况，有利于稳固明廷对当地乃至"西番"的控制。

五、结语

在河洮岷地区建立军民指挥使司，是明廷因地制宜调整建置的最终选择。自然地理环境的特殊性及"番汉杂居"的地情，决定了河洮岷区域建置难以真正向内地看齐，而元代吐蕃等处宣慰使司都元帅府的实践经验，印证了军政合一对于维护该区域统治与稳定的重要性和可行性。入明之后，初期的河州卫指挥使司同样军政合一，促进了河州等地生产的恢复和发展。但因河州卫"重军事、轻民政"的体制特征，引发了明廷增设府县、试图将该区域内地化的尝试，不料无果而终。而"上马管军、下马管民"的军民指挥使司建置无疑更符合明初该区域的地情，最终能够在此地生根发芽。

此外，军民指挥使司在河洮岷地区的建立，也是明廷根据西北局势不断因时调整统治方略的结果，并非一蹴而就的。洪武三年，河洮岷地区内附，从带有浓重前元吐蕃等处宣慰司色彩的河州卫指挥使司到河州"府卫并置"，河洮岷地区建置从"承袭"趋向"内地化"；但因河州"府卫并置"体制有其特殊性和不稳定性，亦随着北元等抗明势力的反扑而遭受挑战；直到洪武十二年，明廷再度平定河洮岷地区叛乱力量，遂以调整河洮岷地区建置为契机，构建起对"西番"的防御体系，军民指挥使司于是成为该区域的基本建置。

军民指挥使司的建立过程颇为复杂，前后经历了将近十年的调整。从前元的吐蕃等处宣慰司及所属军民元帅府、军民千户所，到河州卫及所辖军民千户所、军民百户所，再到河州卫军民指挥使司的最终确立，"军民兼管"的建置形态既一脉相承，又不断完善。河洮岷地区作为明廷最早接触的"西番"地区、较早管辖的少数民族地区之一，采取何种行政建置进行管理，无疑具有较大的示范作用。军民指挥使司在河洮岷地区确立之后，便在四川、云南、贵州等西南边疆地区迅速扩展，最终广泛分布于北起河洮岷、南至云南腾冲的"西番"沿边一线和自湖广中经贵州达云南的一带。军民指挥使司因而成为明代治理西部边疆地区的重要特殊建置形式，在边疆民族地区社会发展和内地化的整体进程中扮演着重要的角色，为明代统一多民族国家的巩固和发展发挥了突出的作用。

清初盛京包衣三佐领所属人等群体与身份认同

李小雪

摘要： 包衣三佐领所属人等身份构成以被俘旧汉人及关内民人为主，在盛京官员对地方进行有效治理的过程中，包衣三佐领所属人等形成以职业为纽带之群体认同和以利益为纽带之身份认同。

关键词： 盛京包衣三佐领；认同；清代

作者 李小雪，东北大学秦皇岛分校民族学学院讲师（秦皇岛　066000）

盛京包衣三佐领所属人等，身份构成多为被俘旧汉人及关内移民。从血缘关系来看，群体认同自应以汉俗为主。因其已编入旗内，清廷依旗人例对其管理。但又因其身份特殊，旗内地位并未确定。盛京地方官对包衣三佐领之管理，便据本地方实际，采取相应措施协调总管内务府与三佐领所属人等及清廷与盛京旗民人等关系，进而实现对地方有效治理。在此过程中，包衣三佐领所属人等形成以职业为纽带之群体认同及以利益为纽带较为灵活之身份认同，以下便对此两方面认同之形成过程进行简要论述。

一、群体认同

明人述辽东风俗时曾指出："我朝始徙江淮齐鲁之民居之，而高丽、女直等夷之土著不易其处，故今之浸淫于衣冠文物之化者七，而侏离左衽之遗尤二三焉。"[①]有明一代，随着关内移民的不断涌入，少数民族汉化情况明显，辽东风俗以汉俗为主。清初，盛京等处仍延续明代辽东故事，旗人渐染汉俗成风，康熙二十七年

※ 本文为教育部人文社会科学研究项目"满—通古斯诸族中华民族共同体意识形成与传承研究"
（19YZA770006）阶段性成果。
① 金毓黻：《全辽志》卷四，《辽海丛书》，沈阳：辽沈书社，1985年，第1册，第632页。

（1688年），奉天将军衙门为令各属查禁旗人染习汉俗时便指出："满洲、蒙古、汉军等，不行骑射，渐染汉俗。""衣、帽、靴等服饰样式各异，不合满洲之俗，反有汉人之式。"① 盛京包衣三佐领所属人等以旧汉人及关内移民为主，旧汉人多为被俘者，即虽与女真交往密切，但更慕汉俗。关内移民，长期身处中原汉地，渐染满俗者更为稀少，以自卖或被拐卖而为家奴入三佐领，又因差务繁重而多望出旗为民。因而，从血缘关系及身份构成来看，顺治、康熙时期包衣三佐领所属人等应表现为坚持以汉俗为特色之群体。但清廷在处理三佐领所属人等相关案件之时，仍将其视旗人例处理。如，雍正九年（1731年），奉天将军衙门在盛京城关厢拿获押宝赌钱之陈五一伙，其中陈五系正黄旗包衣莫立器佐领下拔什库马尔泰家人，常三系正白旗包衣那善佐领下壮丁，盛京刑部以常三及陈五分别为包衣三佐领所属正身旗人及正身旗人之家人，皆依旗人例量刑，家人另依家仆例追责家主②。针对包衣旗人具体量刑方法，如，康熙五十九年（1720年）十月二十八日，包衣三佐领所属庄头周雅图之子五十六指控庄头周国英谋杀额丁之事，三佐领的量刑是："五十六所控周国英杀人之事还未施行，依律书杖一百流三千里。因为旗人，则枷号两月，鞭一百。"③ 即三佐领所属人等所犯刑名案件依照旗人例进行处理，先依已成定式之处理民人案件之律条量刑，然后对照旗人之俗折换处理。折换办法，据康熙朝《大清会典》载，一般案件鞭一百以上刑部议，一百以下官员自行议结。即此时清廷对包衣人等所涉案件量刑并无具体规定，轻案可由地方官据实际情况酌情处理。三佐领所属人等既然编入旗内，涉案之时尚可依旗人例处理，而具体量刑之时由官员斟酌进行，一方面说明此时清廷对三佐领所属人等旗内身份尚无明确界定；另一方面，清廷据地方实际采取之措施对包衣三佐领所属人等在血缘与身份构成形成的汉俗认同基础上出现新的身份认同产生影响。

清初，盛京包衣三佐领官员便据盛京实际状况对所属人等婚姻做出特殊规定，由此在血缘认同基础上形成以职业分工为纽带之群体认同。清军入关之初，虽曾允许满汉通婚，但《康熙朝黑图档》记，康熙五十五年（1716年）闰三月二十五日，盛京刑部宣谕盛京大小衙门之旗民人等婚嫁条例内首条便指出："满洲、蒙古

---

① 《康熙二十七年六月二十六日奉天将军衙门为令各属查禁满洲蒙古汉军旗人渐习汉俗事咨盛京佐领》，辽宁省档案馆编：《康熙朝黑图档》，北京：线装书局，2016年，第27册，第45—46页。

② 《雍正九年七月二十日盛京刑部为催追解送押宝赌钱之陈五等人事咨盛京内务府》，辽宁省档案馆编：《雍正朝黑图档》，北京：线装书局，2016年，第14册，第77页。

③ 《康熙五十九年十月二十八日盛京佐领特布库为原庄头周雅图之子五十六诬陷庄头苏成英霸占粮庄拟将周雅图等人照例治罪事呈总管内务府》，辽宁省档案馆编：《康熙朝黑图档》，北京：线装书局，2016年，第24册，第271页。

人等不得给或卖汉军及民人。"① 即满蒙男女皆不得与汉通婚，"汉"不仅指民人，还包括汉军。可见，清廷对旗民人等之婚嫁仍强调血缘之别。与此同时，包衣三佐领群体初建之时，三佐领官员对其婚配问题还存在特殊规定。康熙五十五年（1716 年）三月二十九日盛京刑部询问包衣人等婚嫁规定之时，三佐领官员指出："包衣佐领之孀妇嫁包衣佐领所属之人可，旗民之孀妇嫁包衣佐领之人可，包衣佐领之孀妇嫁旗民人等不可。"② 即包衣佐领下男子可与包衣佐领下女子及旗民女子婚配，而包衣佐领下女子仅可与包衣佐领下男子婚配。同为包衣佐领所属，而男女婚嫁范围不同，可见，此规定并非以血缘为依据进行区分。而男女婚嫁范围区别之处在于可否与"旗民人等"婚配，男女同属包衣佐领则血缘相同，即可否婚配皆可成立，这样，此处之"旗民人等"内之"旗"，便应仅指汉军。因而，此时三佐领对所属人等婚嫁之规定是在清廷所定血缘认同基础上做出的。而且，总管内务府对三佐领所属女子的婚嫁范围仍有具体规定，顺治五年（1648 年）二月二十二日，总管内务府衙门札盛京包衣佐领文内指出："你等二佐领之女及棉、靛庄之女，与其父母相商，嫁于尔等之二佐领及棉、靛庄内之人。倘盛京无相称者，则嫁与北京汉人八佐领中之人。若嫁给外旗之人，即罪之。等语。"③ 即三佐领（顺治五年之时仅设两佐领）所属女子，应先与本佐领所属男子婚配。若无相称者，可与总管内务府下由汉人所编之旗佐领所属男子婚配，不得嫁与外八旗人等。即三佐领所属女子应与包衣人等内之汉人身份者婚配，这也是三佐领所属人等以汉人身份为主之体现。如此，本佐领所属男子最为合适。而包衣三佐领对所属之人进行婚姻管理时，则竭力结合本处实际变通进行。如，康熙五年（1666 年）八月二十日，盛京三官保佐领下娄文富请求将嫁给粮庄庄头李二已故之弟李英登之妹接回娘家，掌关防佐领辛达里等言："（顺治）十八年咨文内开，外旗之人将女儿嫁给包衣人等，若守寡且困苦，可使其返回娘家。按例可将其妹给回佐领，但因是嫁给粮庄，可否使其返回娘家，身等不知，特此询问。"④ 就此总管内务府给其回复是："即已明白知晓条例，却又以不知可否使其返回娘家来询问，不合时

---

① 《康熙五十五年闰三月二十五日盛京刑部为晓谕重教化以正人伦并抄送婚嫁条例事咨盛京佐领》，辽宁省档案馆编：《康熙朝黑图档》，北京：线装书局，2016 年，第 35 册，第 350 页。

② 《康熙五十五年三月二十九日盛京佐领为查处于完仓呈控民人贾四保强抢孀妇陈氏事咨盛京刑部》，辽宁省档案馆编：《康熙朝黑图档》，北京：线装书局，2016 年，第 51 册，第 49 页。

③ 《康熙十九年十月十五日会计司为盛京三佐领下赵义连等三人请求回归原所在佐领一案待查明前后原委呈报后再议事咨盛京佐领富贵等》，辽宁省档案馆编：《康熙朝黑图档》，北京：线装书局，2016 年，第 3 册，第 288—291 页。

④ 《康熙五年八月二十日总管内务府为粮庄孀妇是否不回娘家事咨盛京掌管防佐领辛达里等》，辽宁省档案馆编：《康熙朝黑图档》，北京：线装书局，2016 年，第 1 册，第 313 页。

宜。"① 可见，包衣三佐领在进行婚姻管理时，总管内务府强调一体遵循，而三佐领更看重以维护本处利益为先而变通执行，即包衣三佐领所属女子应限定在同种差务之人内择偶出嫁。究其原因，与此时三佐领所属人等内男多女少情况有关。顺治十三年（1656 年），盛京各庄有未婚额丁七十八名，清廷出盛京买粮银为其买妻②。至康熙九年（1670 年），"山海关内外各庄额丁中无妻者亦多"③。据《康熙朝黑图档》收录的三份三佐领所属粮庄庄内人等家庭情况档册④可见，一百九十三户家庭成员内，男女性别比约为 1.32 ∶ 1。而据《雍正朝黑图档》所载清帝赏给多罗果郡王之原属盛京包衣三佐领一粮庄之丁册⑤可见，八十八户家庭成员内，男女性别比约为 1.37 ∶ 1。即康熙、雍正两朝三佐领所属人等内男性普遍多于女性。与此同时，雍正十三年（1735 年）奉天将军衙门抄送之允禩家人人口房地细册⑥，特别记录了七户十五对人年龄情况，借此对当时三佐领所属人等夫妻年龄差有所反映，最高达三十岁，最低至零岁，平均年龄差为九岁，年龄差较高进一步揭示庄内男女不均、婚配困难之情况。因而，三佐领对所属女子婚配范围进行限定，缓解男多女少致男子娶妻困难的情况，保证三佐领所属劳力充足，进而，使得本佐领内应同种差务者之间建立起稳定血缘关系。为了方便应差，应同种差务之人又常聚居一处，如，三佐领所属之捕鱼丁便多人集合成一组，由网户长负责管理，为了采捕方便，同一网户所属捕鱼丁多集中居住于同一村屯，网户长有时便兼任捕鱼村领催⑦。有组织的共同应差与生活又使得应同种差务者之间联系紧密。

---

① 《康熙五年八月二十日总管内务府为粮庄孀妇是否不回娘家事咨盛京掌管防佐领辛达里等》，辽宁省档案馆编：《康熙朝黑图档》，北京：线装书局，2016 年，第 1 册，第 314 页。
② 《康熙九年九月总管内务府为盛京二十四庄补买牛条并为无妻庄丁补买女子事咨盛京佐领》，辽宁省档案馆编：《康熙朝黑图档》，北京：线装书局，2016 年，第 2 册，第 337 页。
③ 《康熙九年九月总管内务府为盛京二十四庄补买牛条并为无妻庄丁补买女子事咨盛京佐领》，辽宁省档案馆编：《康熙朝黑图档》，北京：线装书局，2016 年，第 2 册，第 336 页。
④ 《康熙九年二月初四盛京佐领辛达里为查报盛京籍没人丁编成三个大粮庄事咨总管内务府》，辽宁省档案馆编：《康熙朝黑图档》，北京：线装书局，2016 年，第 11 册，第 41—44 页；《康熙十五年四月十二盛京佐领福贵等为遵文造报分给恭亲王粮庄丁口花名册事呈总管内务府》，辽宁省档案馆编：《康熙朝黑图档》，北京：线装书局，2016 年，第 12 册，第 267—281 页。
⑤ 《雍正二年十月初八日盛京掌管防佐领为造送分给多罗果郡王等粮庄人丁地亩等细事事呈总管内务府》，辽宁省档案馆编：《雍正朝黑图档》，北京：线装书局，2016 年，第 3 册，第 223—231 页。
⑥ 《雍正十三年十一月二十日奉天将军衙门为抄送允禩家人李石等人人口房地细册事咨盛京掌管防佐领》，辽宁省档案馆编：《雍正朝黑图档》，北京：线装书局，2016 年，第 18 册，第 334—336 页。
⑦ 《康熙三十年七月二十八日都虞司为盛京镶黄旗网户长张士英等二人及正白旗网户长薛中举等二人应征银六十两应赶紧征收事咨盛京佐领》，辽宁省档案馆编：《康熙朝黑图档》，北京：线装书局，2016 年，第 6 册，第 140 页。

由此，在三佐领所属应同种差务者之间便出现以所应差务为纽带之群体认同。如康熙二十一年（1682 年），粮庄庄头陈兴龙控告棉庄庄头徐二不许孀妇回娘家一案内，粮庄出身之妇陈氏嫁与棉庄庄头徐二之子为妻，徐二之子病死后，陈氏无子女，其弟欲将其接回并嫁给另一粮庄庄头苏库依为妻，对此棉庄庄头徐二指出："棉庄妇人不得嫁给你等粮庄之人。"① 之后，又进一步解释道："身言棉庄妇人不得嫁与粮庄之理，并无依据。今若妇人情愿离开，另嫁他人，她心甘情愿罢了，身等又怎能加以阻止不许她离开呢。今该妇人要离开，还是留在庄里，由妇人自己定夺。"② 棉庄头言其所谓棉庄与粮庄不得通婚之说法未有法令依据，且此处妇人可依其自身意愿婚嫁，由此表明庄头对庄内寡妇再嫁一事之干预应为其个人认同所使，在维护棉庄内劳力充足的同时也是在强调庄内人等本为一体，不得缺少。但这种以职业为纽带的认同并不牢固，清初盛京包衣三佐领所属应差者，多为入关之时留驻盛京之贫穷无力之人而应差能力并不娴熟，由此对所从事之差务并不专擅，加之此时三佐领所属差丁人力不足，清廷常强令各项差丁间相互调配，如康熙三十八年（1699 年），差丁人等因差役繁重而向包衣三佐领请求减免差务时指出："身等三旗应差之丁，一千五百余人。康熙十四年，捕鱼丁、园丁、染貂皮丁等披甲。之后由披甲退出，有的重返原差，有的在身佐领下披甲。"③ 康熙十四年（1675 年），蒙古布尔尼叛乱威胁到盛京防务，清廷下令盛京包衣三佐领所属差丁皆行披甲。"盛京本处执事人、闲散匠役、庄园及打牲人等披甲，盛京三旗共六百人披甲。此内若不计执事人及闲散匠役，捕蜂、种棉靛、捕鱼、庄园等内二百余披甲。"④ 虽为特殊情况下清廷强令所属应差之人抽调入佐领下披甲，但事后便存在临时调入者未返原差的现象，由此实现了差务的转换。不断变换差务也使得差丁无暇熟练掌握技艺，而且三佐领所属差丁不足也使得现有差丁差务繁多但所得微薄，由此在频繁调配中使得差丁对差务产生厌恶之心，致使一些匠役学习技艺七年仍无法应差⑤。

① 《康熙二十一年二月二十二日盛京佐领福贵为遵文报送粮庄头陈兴龙呈报棉庄头徐二不准孀妇回娘家一案之口供事呈总管内务府》，辽宁省档案馆编：《康熙朝黑图档》，北京：线装书局，2016 年，第 14 册，第 25 页。
② 《康熙二十一年二月二十二日盛京佐领福贵为遵文报送粮庄头陈兴龙呈报棉庄头徐二不准孀妇回娘家一案之口供事呈总管内务府》，辽宁省档案馆编：《康熙朝黑图档》，北京：线装书局，2016 年，第 14 册，第 26 页。
③ 《康熙三十八年盛京佐领三官保为各丁因差役繁重请减免差事事呈总管内务府》，辽宁省档案馆编：《康熙朝黑图档》，北京：线装书局，2016 年，第 37 册，第 120 页。
④ 《康熙二十四年三月初四日盛京佐领三官保等为革退果园二十七名贫困披甲园丁事呈总管内务府》，辽宁省档案馆编：《康熙朝黑图档》，北京：线装书局，2016 年，第 15 册，第 124 页。
⑤ 《康熙十四年五月二十一日盛京佐领鄂博依等为关保学习木匠未成另择英图里管领下穆光先演习事呈总管内务府》，辽宁省档案馆编：《康熙朝黑图档》，北京：线装书局，2016 年，第 12 册，第 157 页。

二、身份认同

康熙五十五年（1716年），清廷依山海关外庄头报粮例，将盛京包衣三佐领所属庄头编等，由此减少应报之粮，将应交之猪折粮而征。雍正五年（1727年），三佐领所属庄头等又提出："锦州、大凌河庄头与职等所属庄头均搭界居住，一样报粮、喂马、当差，皆系皇上家仆，同为庄头，竟一方议免，一方不免，非谓公允。"①此后，清廷则令盛京各处粮庄差猪折征粮一概减免。而由庄头所言可见，三佐领所属人等"皇上家仆"之身份，成为其获准减免差赋之因。因而，三佐领所属人等之特殊身份备受青睐。但在地方实际管理中，盛京官并未因三佐领所属人等作为皇帝家仆之特殊身份而有意偏袒，民人也未顾忌其特殊身份，而敢于与其据理力争。如雍正十一年（1733年），盛京包衣三佐领所属庄头田贵与民人王朝卿争地一案②，民人王朝卿等讨垦荒地虽遭庄头田贵拦阻，但业已耕种，田贵复要霸占庄稼时，王朝卿组织民人敢于与之争抢，表明王朝卿等民人并未因田贵为皇帝家仆之身份而惧怕，而且争斗双方势均力敌。旗民官对该案件的处理，将查账与核对档册相结合，并未因田贵为包衣三佐领所属庄头而有所偏袒，结案之时并未因与庄头争抢而惩处民人。田贵不服再次上告，盛京户部派部员会同地方旗民官及包衣三佐领官员再次查账，对查账结果的预判指出："若是田贵名下红册六百九十六晌一亩地数外强行种割，即系田贵诬民人开垦子荒强种民地。若王朝卿等不曾拉去庄稼，即系田贵诬赖民人抢夺庄稼，相应照例治罪。若查账田贵红册四至段落地数，侵占庄头地亩是实，相应令民人交还地亩庄稼。"③预判之三种结果中，两种皆为庄头有错，且应按例治罪，若为民人之错，则交还地亩即可。似乎表明地方官在处理三佐领所属庄头与民人土地之争时，对民人有所偏袒。民地所得是朝廷获得税赋的重要来源，而保证地方税赋如数上缴国家是地方官员政绩体现。因而，在面对庄头与民人争地之时，地方官会对民人有所袒护。如此，民人也并未忌惮庄头之特殊身份而敢于与之争抢冲突。而且，此时包衣三佐领对其所属之人身份登记也不严格。如康熙三十三年（1694年）比丁之时，胡图佐领下苏拉华色之包衣哈西图三年前呈报身份为阿哈满洲，本次却

① 辽宁省档案馆编译：《盛京内务府粮庄档案汇编》，沈阳：辽沈书社，1993年版，第364页。
② 《雍正十一年十一月十二日盛京户部为将庄头田贵与民人王朝卿所争地亩交刘世杰耕种事咨盛京内务府》，辽宁省档案馆：《雍正朝黑图档》，北京：线装书局，2016年，第16册，第6—7页。
③ 《雍正十一年二月十二日盛京户部为请查账地亩查明民人王朝卿等是否霸占庄头田贵地亩事咨盛京内务府》，辽宁省档案馆编：《雍正朝黑图档》，北京：线装书局，2016年，第16册，第40页。

呈报为旧汉人①。即所在佐领对属下人之身份未有确切记录，仅据本人自述情况登记造册。如此，三佐领所属人等身份之认同便以实现自身权益最大化为目标，这样既能体现皇帝家仆之特殊身份也需考虑地方官民对其态度，由此使得三佐领所属人等身份选择灵活，进而包衣人等对其所申报之身份表现出并未存在严格心理认同之特征。定宜庄等学者对辽宁地区清代盛京包衣三佐领所属人等后裔进行了调查，被调查者多称祖上是清初由关内，特别是山东地区，迁往辽东而投入包衣三佐领的。由上文研究可知，清初入包衣三佐领之关内移民多以户下家奴身份被纳入旗下，又因差丁不足而家奴可类同额丁应差，但仍与正身旗人相区别，因而，调查所见之三佐领所属人等后裔皆谓之"随旗人"。被调查者对其身份之解释是："那时间满人很少，大部分汉人都随旗，也叫随军，随旗占优势。现在报汉族，随旗的都报汉族。——徐屯乡韩家沟村任屯王姓；占山户和庄头都随旗，不随旗的很少，纯粹是民人的不多。——徐屯乡塔子沟村史姓；我家是随旗的，不是真正的八旗。——团山乡石桥子村王姓；都是从山东来的，随旗，不是正旗。——白果乡东白果庄张姓；老高家随旗。随旗和在旗不一样，随旗就是投降。满人才是旗人。——太阳升乡科头寨村刘姓；咱们是在民的，后来随旗了。咱随旗随的白旗。——太阳升乡邵屯金姓。"②此类人等强调其并非真正旗人而称"随旗"，因其"山东来的""在民的""投降"，即以血缘来看属汉非满，因其被俘入旗而在旗内应贱役，为包衣而非汉军，而此身份以现今民族政策来看应为"汉族"。可见，被调查者更多强调其身份之非旗特征，说明其更为认同汉人身份，但同时也强调入旗是当时多数人的普遍行为。究其原因，被调查者又指出："我们都随旗。为什么随旗呢，随旗就占便宜，旗人打幺，民人不打幺，打幺就是吃香。都是从山东来的，随旗，不是正旗。那时旗人打幺，民人不行，民人受限制。我听老人说，旗民不交产，民人不能买旗人的地，有钱也不行，旗对旗，那时候就都随旗了。"③即相对民人身份来说，旗人身份获利更多，身份获利多少成为三佐领所属人等呈报身份的重要标准。而上述被调查者又强调与正身旗人之区别，可视当民人获利多于旗人之时还可转而呈报为民人，即反映出被调查者以获利多少为标准进行身份承报时所表现出的非严格心理认同。

盛京包衣三佐领所属人等，源自女真部落时期贵族家内供役使之家人及奴仆。

---

① 《康熙三十三年二月十七日会计司为查明胡图佐领下苏拉华色之包衣哈西图究系满洲亦或旧汉人事咨盛京内务府》，辽宁省档案馆编：《康熙朝黑图档》，北京：线装书局，2016年，第6册，第15页。

② 定宜庄等：《辽东移民中的旗人社会——历史文献、人口统计与田野调查》，上海：上海社会科学院出版社，2004年，第222页。

③ 定宜庄等：《辽东移民中的旗人社会——历史文献、人口统计与田野调查》，上海：上海社会科学院出版社，2004年，第216页。

家内地位影响其所应差务，是两类人等主要区别，而非族属。后金建立之初，将所属人等编旗管理。汗及诸贝勒家内原役使之家人及奴仆亦悉数编入旗内，与同样编入旗内之归附后金之女真贵族身份相当，是为依分工不同而隶属汗及诸贝勒之两类群体，由此，汗及诸贝勒之家人与奴仆成为专门服务于汗及诸贝勒之特殊组织。奴仆先于家人编设辛者库牛录管理，后随着被俘旧汉人内擅使火炮者充任汗及诸贝勒之家人，使得家人皆以包衣牛录编设。天聪年间，原食辛者库人内存在获得土地者与仍食辛者库者合编浑托和即包衣半个牛录管理。入关之时，贫穷无力迁徙之人留驻盛京。因家人较奴仆身份地位高，则包衣牛录所属人等较比浑托和以正身旗人身份留驻者少，而多为正身旗人之家人或奴仆。由此，使得盛京包衣三佐领于包衣参领外单独编设而盛京浑托和下人等则仍隶属京旗并于盛京设专管官员管理。包衣三佐领所属人等，初编之时多为入关前被俘定居辽东之汉人内应差能力低下者。康熙、雍正时期，因盛京包衣三佐领人少差繁，清廷不断采取措施补入丁口，其中通过扩充粮庄、流民涌入及王属包衣籍没等致使包衣三佐领人口增加最为明显，而三佐领所属人等身份构成则相比入关之时仅多增关内移民人等。盛京包衣三佐领所属人等多为被俘旧汉人及关内移民之身份，从血缘关系及身份构成来看，顺治、康熙时期包衣三佐领所属人等应表现为坚持以汉俗为特色之群体。因而，旗内地位未得确定，由盛京官依本处实际进行管理。康熙时期，包衣三佐领官员依此时盛京人少差繁且男多女少之现状，将所属女子限定于同种差务之内择偶出嫁，进而形成以职业为纽带之群体认同。至雍正时期，清廷通过家奴开除丁册及减免赋税等方式使得包衣三佐领作为皇帝家仆之特殊身份较为凸显，但盛京地方官因更为看重本处税赋收入而相比三佐领所属人等对民人略有偏袒，由此使得包衣三佐领所属人等形成以利益为纽带之较为灵活之身份认同。

金代女真世婚家族封爵问题研究

彭赞超

摘要：金代的封爵与他朝有着较为明显的区别，女真人不仅有中原传统的汉爵，还有女真特色的世爵。女真世婚家族是一个特殊的群体，女真世婚家族诸姓中受封爵位并不均衡，女真世婚家族受封爵位体现了其在金朝政治地位的变化。

关键词：金代；女真世婚家族；女真世爵

作者 彭赞超，黑龙江大学历史文化旅游学院讲师（哈尔滨　150001）

金朝的封爵分为两类：一是女真人特有的世爵，即猛安、谋克；二是汉官爵位，即王、公、侯、伯、子、男。在金朝的历史发展过程中，女真后族成员既有受封女真世爵，也有受封汉爵。现学界对金朝封爵问题研究成果较为丰富，如程妮娜、孙红梅等前辈学者，但研究多集中于对金代封爵问题的整体研究，未对女真后族群体进行专题研究，故本文以女真后族作为研究对象，对女真后族成员的封爵问题进行专门研究。

金朝国祚的 120 年中，女真世婚家族群体是不容忽视的政治力量。女真世婚家族是在金朝建国前与生女真酋邦内部完颜部大酋长世代通婚的家族的基础上形成的，世婚群体主要为生女真诸部"部长之家"①。金朝建国后，女真皇帝仍然保持本族旧俗，在女真世婚贵族中择后，出于政治统治的需要，女真后族在世婚家族基础上有所增加，最终形成九姓后族集团。有金一朝，除宣宗皇后王氏（后赐姓温敦氏）外，其他皇后均出自女真九姓后族。

①《金史》卷六十四《后妃传下》，北京：中华书局，2020 年，第 1 626 页。

一、金朝建国前女真世婚家族的形成

早期氏族部落时期，生女真人实行氏族外婚制。进入酋邦的发展阶段后，女真人多以部为姓，实行部族外婚制，禁止同一部族成员进行联姻，实行以在一定家族范围内选择配偶为特征的婚姻形式[①]。《金史·世纪》载："金之始祖讳函普，初从高丽来，年已六十余矣。……始祖至完颜部，居久之，其部人尝杀它族之人，由是两族交恶，哄斗不能解。完颜部人谓始祖曰：'若能为部人解此怨，使两族不相杀，部有贤女，有六十而未嫁，当以相配，仍为同部。'始祖曰：'诺。'乃自往谕之曰：'杀一人而斗不解，损伤益多。曷若止诛首乱者一人，部内以物纳偿汝，可以无斗而且获利焉。'怨家从之。乃为约曰：'凡有杀伤人者，征其家人口一、马十偶、牸牛十、黄金六两，与所杀伤之家，即两解，不得私斗。'曰：'谨如约。'女直之俗，杀人偿马牛三十自此始。既备偿如约，部众信服之，谢以青牛一，并许归六十之妇。始祖乃以青牛为聘礼而纳之，并得其资产。"[②] 按出水完颜部始祖函普起初并非按出虎水完颜部的成员，而是在帮助完颜部解决完部族间哄斗情况之后，按出虎水完颜部允许他娶本部女子为妻，函普才成为按出虎水完颜部的一员。函普以入赘的形式加入完颜部家族，这在当时应是一个特例。函普之后，其子乌鲁、孙跋海、重孙绥可，三代娶妻出自哪部？《金史》曰："德帝思皇后，不知何部人。天会十五年（1137 年）追谥。安帝节皇后，不知何部人。天会十五年追谥。献祖恭靖皇后，不知何部人。天会十五年追谥。"[③] 这段历史或由于过于久远，加之"女直既未有文字，亦未尝有记录，故祖宗事皆不载"，建国初年，"宗翰好访问女直老人，多得祖宗遗事"[④]。可能当时人对三位祖先的婚姻之事已记不清楚。但王可宾认为《金史·后妃传》这里所谓"不知何部人"，有可能是后世避其同姓为婚，讳而不书[⑤]。或许在完颜部实力较为弱小时期，其婚姻的对象并非生女真中诸部的显贵家族，金朝建国之后，在追述建国前的历史时，对其婚姻的对象隐而不提。但不论怎样，直到献祖绥可娶妻之时，完颜部还没有与后来成为世婚家族的家庭建立世代通婚的关系。

完颜阿骨打的五世祖昭祖石鲁时期，初建按出虎水完颜氏酋邦，"金昭祖娶徒

---

① 相关论述有：王可宾的《女真国俗》（长春：吉林大学出版社，1988 年）；王姝的《金代女真婚姻礼俗探源》（《东北史地》，2016 年第 4 期）；杨忠谦的《金代女真皇族谱牒文化述论》（《中州学刊》，2012 年第 2 期）。

② 《金史》卷一《世纪》，北京：中华书局，2020 年，第 2—3 页。

③ 《金史》卷六十三《后妃传上》，北京：中华书局，2020 年，第 1 593 页。

④ 《金史》卷六十六《完颜勖传》，北京：中华书局，2020 年，第 1 658 页。

⑤ 王可宾：《女真国俗》，长春：吉林大学出版社，1988 年，第 3 页。

单氏，后妃之族自此始见"①。这里面给我们透露出了两个信息：第一，印证了昭祖及其之前的完颜部历代祖先尚未娶后来成为世婚家族的女子为妻；第二，徒单氏是与完颜氏先祖通婚的第一个女真世婚家族，这也奠定了金建国后徒单氏家族在诸世婚家族中的显赫地位。这次联姻应该发生在献祖时期，女真人早期逐水草而居，并无固定住所，"黑水旧俗无室庐，负山水坎地，梁木其上，覆以土，夏则出随水草以居，冬则入处其中，迁徙不常"②。献祖时，"徙居海古水，耕垦树艺，始筑室，有栋宇之制，人呼其地为纳葛里。'纳葛里'者，汉语居室也。自此遂定居于安出虎水之侧矣"③。《三朝北盟会编》亦载："随阔（即绥可，献祖讳）……教人烧炭炼铁，刳木为器，制造舟车，种植五谷，建造屋宇。"④ 生女真诸部开始脱离了逐水草而居的游猎状态转变为定居生活。金始祖函普是以入赘的方式加入完颜部当中的，当时"舅权"的势力势必强大，阻碍着始祖支系的发展。献祖的这次迁徙，将权力收归到自己手中，加强了自己在部族中的话语权和统治权，摆脱了完颜部"舅权"对献祖发展的制约。所以说"献祖乃徙居海古水"，是完颜部部族发展的重要转折点。这次迁徙使得献祖完颜部有充分的空间和时间来发展本部的实力。献祖绥可为自己儿子昭祖择妻徒单氏，从完颜部的发展状况看，绥可能在徒单部选择儿媳，说明徒单部在生女真诸部当中是较为强盛的部落。献祖与徒单部建立通婚关系，为日后昭祖建立生女真酋邦找了一个有实力的政治帮手。

昭祖时，完颜部走上了对外扩张的道路，"昭祖稍以条教为治，部落浸强"⑤。昭祖通过对生女真诸部确立的"教条"，初步地团结了生女真诸部，"民颇听从"⑥。于是，昭祖"耀武至于青岭、白山，顺者抚之，不从者讨伐之，入于苏滨、耶懒之地是，所至克捷"⑦，通过兼并战争扩大了自己的势力范围。景祖时"稍役属诸部，自白山、耶悔、统门、耶懒、土骨论之属，以至五国之长，皆听命"⑧，进一步扩大完颜部的势力范围。"生女直旧无铁，邻国有以甲胄来鬻者，倾赀厚贾以与贸易，亦令昆弟族人皆售之。得铁既多，因之以修弓矢，备器械，兵势稍振。前后愿附者众"⑨，此时的生女真诸部已经开始接受景祖的统领，"众推景祖为诸部长，白山、耶

---

① 《金史》卷一百二十《世戚传》，北京：中华书局，2020 年，第 2 755 页。
② 《金史》卷一《世纪》，北京：中华书局，2020 年，第 3 页。
③ 《金史》卷一《世纪》，北京：中华书局，2020 年，第 3 页。
④ [宋]徐梦莘：《三朝北盟会编》卷十八《政宣上帙十八》，上海：上海古籍出版社，2019 年，第 127 页。
⑤ 《金史》卷一《世纪》，北京：中华书局，2020 年，第 4 页。
⑥ 《金史》卷一《世纪》，北京：中华书局，2020 年，第 4 页。
⑦ 《金史》卷一《世纪》，北京：中华书局，2020 年，第 4 页。
⑧ 《金史》卷一《世纪》，北京：中华书局，2020 年，第 5 页。
⑨ 《金史》卷一《世纪》，北京：中华书局，2020 年，第 6 页。

悔、统门、耶懒、土骨论、五国皆从服"①，完颜氏生女真酋邦初具规模，完颜部酋
长的地位高居生女真诸部之上。

随着完颜部自身实力的扩大，周围生女真诸部族相继开始主动归附，如"斡泯
水蒲察部、泰神忒保水完颜部、统门水温迪痕部、神隐水完颜部，皆相继来附"②。
在完颜部势力不断扩大的过程中，完颜部通过联姻的方式与势力较强大的部族联盟，
婚姻关系也就逐渐地被确定了下来。昭祖威顺皇后徒单氏"活刺浑水敌鲁乡徒单部
人"③、景祖昭肃皇后唐括氏"帅水隈鸦村唐括部人"④、太祖宣献皇后仆散氏"上京拔
卢古河人"⑤。上京即今天黑龙江省哈尔滨市阿城区。《黑龙江舆地图说》载："呼兰
河即《金史》活刺浑水。"⑥孙进己等认为"旧说以帅水为巴彦之硕罗河，今称'少
陵河'"⑦。以上诸帝皇后的籍贯皆在按出虎水附近。可见女真后族的籍贯大多都集中
在按出虎水附近，也印证了完颜氏酋邦的中心地区在按出虎水附近，这里以完颜部
为中心，分布着诸世婚部族和其他若干部族。

昭祖之后的历代完颜部酋长所娶正室皆为世婚家族女子。完颜部六代酋长景祖
乌古乃娶唐括部之女，"景祖昭肃皇后，唐括氏"⑧。七代酋长世祖劾里钵娶拿懒部之
女，"世祖翼简皇后，拿懒氏"⑨。八代酋长肃宗颇刺淑娶蒲察部之女，"肃宗靖宣皇
后，蒲察氏"⑩。九代酋长穆宗盈哥娶乌古论部之女，"穆宗贞惠皇后，乌古论氏"⑪。
十代酋长康宗乌雅束再娶唐括部之女，"康宗敬僖皇后，唐括氏"⑫。太祖阿骨打和太
宗吴乞买也是在金建国前娶妻。太祖正室娶自唐括部，"圣穆皇后，唐括氏"，又娶
四位侧室同样来自世婚家族："光懿皇后，裴满氏，天会十三年（1135 年）追谥"；
钦宪皇后纥石烈氏，"天会十三年，尊为太皇太后"；宣献皇后仆散氏，"天会十三
年，追册曰德妃。大定元年追谥"⑬；又有元妃乌古论氏⑭。太宗正室同样娶自唐括部，

① 《金史》卷六十七《石显传》，北京：中华书局，2020 年，第 1 673 页。
② 《金史》卷一《世纪》，北京：中华书局，2020 年，第 6 页。
③ 《金史》卷六十三《后妃传上》，北京：中华书局，2020 年，第 1 594 页。
④ 《金史》卷六十三《后妃传上》，北京：中华书局，2020 年，第 1 594 页。
⑤ 《金史》卷八十七《仆散忠义传》，北京：中华书局，2020 年，第 2 057 页。因仆散忠义是宣献
　 皇后侄，所以其家乡应该在同一个地区。
⑥ [清] 屠寄：《黑龙江舆图说》，《辽海丛书》，沈阳：辽沈书社，1985 年，第 1 050 页。
⑦ 孙进己、冯永谦：《东北历史地理》（下），哈尔滨：黑龙江人民出版社，2013 年，第 39 页。
⑧ 《金史》卷六十三《后妃传上》，北京：中华书局，2020 年，第 1 594 页。
⑨ 《金史》卷六十三《后妃传上》，北京：中华书局，2020 年，第 1 595 页。
⑩ 《金史》卷六十三《后妃传上》，北京：中华书局，2020 年，第 1 595 页。
⑪ 《金史》卷六十三《后妃传上》，北京：中华书局，2020 年，第 1 596 页。
⑫ 《金史》卷六十三《后妃传上》，北京：中华书局，2020 年，第 1 596 页。
⑬ 《金史》卷六十三《后妃传上》，北京：中华书局，2020 年，第 1 596—1 597 页。
⑭ 《大金集礼》卷七《妃》，北京：中华书局，2017 年，第 105 页。

"钦仁皇后,唐括氏"①。乌雅束、阿骨打、吴乞买为同母兄弟,兄弟三人的正室皆娶自唐括部,而他们的祖父景祖乌古乃的正室也是唐括部之女。昭祖石鲁建立完颜氏酋邦以来,完颜部酋长和子孙娶正室皆出自世婚家族(建国后称为女真后族),侧室中也有大量世婚家族女子。世婚制的习俗在当时已经被普遍地遵循。李秀莲认为"部落联盟的关键是建立联姻关系"②。这种紧密的姻亲关系强化了以完颜部为核心的生女真大酋邦。

自昭祖娶妻徒单氏后,完颜部的通婚对象逐渐形成了"恒族",也就是世婚家族,随着完颜部力量的不断扩大,完颜部征服或笼络的生女真部族日益增多,诸多女真部长之家是完颜部大酋长笼络的对象,世婚家族的范围也就随之增加,大约在完颜部完成了对女真诸部的统一之时,世婚家族的范围也大致确定了下来。世婚家族的范围从徒单部家族开始,逐渐发展成为与完颜部酋长世代通婚的八个家族,即徒单氏、唐括氏、拿懒氏、蒲察氏、乌古论氏、裴满氏、纥石烈氏和仆散氏八个家族。金朝建立后,除拿懒氏外的七个家族也世代与皇室通婚,尽管史籍中所记载的女真后妃中没有拿懒氏,但也不能完全否定女真皇帝和皇族没有与拿懒氏通婚,按照一般惯例,拿懒氏应是女真后族的一部分。

二、金朝建国后女真世婚家族向女真后族的演变

金朝共有九帝,太祖、太宗于建国前娶正妻,熙宗以后七帝于建国后娶妻,其中六帝娶妻封后或纳为嫔妃都是从上文论及的传统世婚家族转变成的女真后族中选的。熙宗悼平皇后裴满氏,"熙宗即位,封贵妃。天眷元年(1138年),立为皇后"③。熙宗晚年"又杀德妃乌古论氏,妃夹谷氏、张氏、裴满氏"④。其中乌古论氏和裴满氏是女真后族女子。海陵后徒单氏"天德二年(1150年)封为惠妃,九月,立为皇后"⑤。海陵昭妃阿里虎"以婚礼纳之。数月,特封贤妃,再封昭妃"。海陵贵妃定哥"姓唐括氏。……贞元元年(1153年),封为贵妃"。海陵丽妃石哥,"定哥之妹……贞元三年(1155年),进昭仪。正隆元年(1156年),进封柔妃。二年,进丽妃"⑥。世宗昭德皇后乌林答氏,"大定二年(1162年),追册为昭德皇后,立别庙。……章宗时,有司奏太祖谥有'昭德'字,改

① 《金史》卷六十三《后妃传上》,北京:中华书局,2020年,第1597页。
② 李秀莲:《金源女真的英雄时代》,北京:社会科学文献出版社,2018年,第58页。
③ 《金史》卷六十三《后妃传上》,北京:中华书局,2020年,第1598页。
④ 《金史》卷六十三《后妃传上》,北京:中华书局,2020年,第1599页。
⑤ 《金史》卷六十三《后妃传上》,北京:中华书局,2020年,第1603页。
⑥ 《金史》卷六十三《后妃传上》,北京:中华书局,2020年,第1604—1607页。

谥明德皇后"①。世宗元妃仆散氏，"（仆散忠义）元妃之兄也"②，仆散忠义妹嫁与世宗为妃。章宗钦怀皇后蒲察氏，"大定二十三年（1183 年），章宗为金源郡王，行纳采礼。……是年十一月，备礼亲迎。……后进封妃，崩。……帝（章宗）即位，遂加追册，仍诏告中外"③。卫绍王后徒单氏，"大安元年，立为皇后"④。宣宗柔妃裴满氏，"制旨所取两宫、柔妃裴满氏"⑤哀宗皇后徒单氏，"正大元年（1224 年），诏立为皇后"⑥。从上述诸帝的后妃姓氏看，金朝建国后诸帝选后纳妃主要集中于七姓之中，即徒单氏、蒲察氏、唐括氏、裴满氏、乌古论氏、乌林答氏和仆散氏。建国前与完颜部酋长通婚的纥石烈氏和拿懒氏家族，在建国后不再与女真皇帝通婚。以上七姓中，除乌林答氏未见建国前与完颜部酋长进行通婚的记载外，其余六姓都是建国前世婚家族。乌林答氏可能是在建国之后新晋升为女真后族的，如这个推测成立，建国之后的女真后族范围在世宗时才最终确立了下来。

金朝建国之后，由于各种原因和突发事件，皇位的继承多为非正常即位，作为皇子、皇孙直接即位的皇帝仅有三位，即熙宗、章宗和哀宗。熙宗是太祖嫡孙，"太祖孙，景宣皇帝子"⑦。章宗是世宗嫡长孙、"显宗嫡子也"⑧。哀宗是"宣宗第三子"⑨。其余诸帝都是非正常即位。皇统九年（1149 年）十二月丁巳，海陵"遂弑熙宗篡立"⑩。世宗也是借海陵南征之机在辽阳自立，正隆六年（1161 年）十月丙午，"（世宗）即皇帝位"⑪。章宗由于"子嗣不继……遂属意卫绍王"⑫，将皇位让与其叔父卫绍王，"章宗崩，匡等传遗诏，立卫王。卫王固让，乃承诏举哀，即皇帝位于柩前"⑬。至宁元年（1213 年）八月，纥石烈胡沙虎叛乱，"卫绍王被弑，……九月甲辰，（宣宗）即皇帝位于大安殿"⑭。除太祖、太宗、熙宗，章宗和哀宗外，其余四帝都属非正常即位，金朝皇位传承并不是以父死子继为主。金朝九帝中太祖与太宗同为翼简皇后拿懒氏之子。熙宗为太祖嫡长孙；熙宗、海陵和世宗同为太祖孙辈，且为从

① 《金史》卷六十四《后妃传下》，北京：中华书局，2020 年，第 1 619—1 620 页。
② 《金史》卷八十七《仆散忠义传》，北京：中华书局，2020 年，第 2 057 页。
③ 《金史》卷六十四《后妃传下》，北京：中华书局，2020 年，第 1 625 页。
④ 《金史》卷六十四《后妃传下》，北京：中华书局，2020 年，第 1 630 页。
⑤ 《金史》卷一百二十《徒单四喜传》，北京：中华书局，2020 年，第 2 771—2 772 页。
⑥ 《金史》卷六十四《后妃传下》，北京：中华书局，2020 年，第 1 633 页。
⑦ 《金史》卷四《熙宗本纪》，北京：中华书局，2020 年，第 77 页。
⑧ 《金史》卷九《章宗本纪一》，北京：中华书局，2020 年，第 227 页。
⑨ 《金史》卷十七《哀宗本纪上》，北京：中华书局，2020 年，第 405 页。
⑩ 《金史》卷一百二十九《萧裕传》，北京：中华书局，2020 年，第 2 944 页。
⑪ 《金史》卷六《世宗本纪》，北京：中华书局，2020 年，第 139 页。
⑫ 《金史》卷九十三《章宗诸子》，北京：中华书局，2020 年，第 2 186 页。
⑬ 《金史》卷十三《卫绍王本纪》，北京：中华书局，2020 年，第 316 页。
⑭ 《金史》卷十四《宣宗本纪上》，北京：中华书局，2020 年，第 327 页。

兄弟；章宗为世宗嫡长孙；卫绍王为世宗子，章宗叔父；宣宗为显宗庶长子，与章宗为同父亲兄弟。只有哀宗是父死子继。我们注意到，海陵、世宗、卫绍王三帝本身不具备即皇帝位的资格①，三帝在未称帝前，身份是宗室子，依旧从女真后族中择妻成婚。

金朝皇帝即位后便会对其父进行追尊，金朝共有四例追尊皇帝生父的情况。熙宗即位，"追上尊谥曰景宣皇帝，庙号徽宗，改葬兴陵"②，"母蒲察氏"③。世宗父宗尧"世宗即位，追上尊谥立德显仁启圣广运文武简肃皇帝，庙号睿宗"④，睿宗钦慈皇后"蒲察氏。睿宗元配"⑤。章宗父允恭，大定二十九年（1189 年）五月甲午，"追谥体道弘仁英文睿德光孝皇帝，庙号显宗"⑥，显宗"孝懿皇后，徒单氏"⑦。以上被追尊的四帝原本也不具备称帝的资格，在被尊为皇帝之前其身份为宗室子，亦在女真后族中选择妻子。

综上所述，金代女真后族（建国前称世婚家族）的形成经历了两个阶段：其一是建国前，主要是伴随着完颜部的崛起而逐渐形成的。在完颜部定居按出虎水后，开始不断地与周边女真部族进行联姻，加之完颜部对周边部族的征服以及控制范围逐渐增大，诸多生女真部族相继依附，也就使得女真后族的范围不断扩大，在这时期内形成了女真八姓世婚家族，即徒单氏、唐括氏、拿懒氏、蒲察氏、乌古论氏、裴满氏、纥石烈氏和仆散氏。其二是建国后，诸女真后族被封为皇后或皇太后，形成了七姓女真后族，即徒单氏、唐括氏、蒲察氏、裴满氏、乌林答氏、乌古论氏和仆散氏，金世宗时期女真后族范围最终确定。

三、女真世婚家族受封女真世爵

猛安谋克作为女真族最基本的社会组织，是由建国前生女真的围猎组织发展、演变而来的。女真族建国前夕，为适应国家统治的地方行政机构设置的需要，完颜阿骨打将过去单纯的军事组织改革为与村寨组织相结合的地方军政合一的组织——猛安谋克，建国后，又从地方官吏的猛安谋克的世官制，发展出了一种女真猛安谋克世爵制。程妮娜认为，"金朝建国前后，一些原本是女真氏族贵族，在建立、推

---

① 宣宗也不具备称帝的可能性，但是由于娶妻为王氏，非女真后族，所以不在本文讨论范围之内。
② 《金史》卷十九《世纪补》，北京：中华书局，2020 年，第 443 页。
③ 《金史》卷四《熙宗本纪》，北京：中华书局，2020 年，第 77 页。
④ 《金史》卷十九《世纪补》，北京：中华书局，2020 年，第 446 页。
⑤ 《金史》卷六十四《后妃传下》，北京：中华书局，2020 年，第 1 615 页。
⑥ 《金史》卷十九《世纪补》，北京：中华书局，2020 年，第 452 页。
⑦ 《金史》卷六十四《后妃传下》，北京：中华书局，2020 年，第 1 622 页。

行猛安谋克制度时由氏族部落长转授猛安谋克地方官职，其后又出任汉官职。亦有贵族子弟在袭父、祖猛安谋克地方官职后，又出任汉官职。原有的猛安谋克由家族内人代为掌管，他本人实际上不在本猛安谋克做地方长官，却有猛安谋克的世爵称号。"[1] 金朝在确立汉官制后，由猛安谋克地方世袭官制衍生出猛安谋克世爵制度[2]。猛安谋克世爵是一种不能轻易获得的国家的荣誉爵位[3]。猛安谋克世爵授予的主体是女真人，"世袭千户，金国深重其赏，非宗室勋臣之家不封"[4]。可见金朝女真世爵受封者主要是宗室、女真贵族和功臣。

金朝的女真世爵制设立于何时？《金史》以及相关典籍中虽并无明确记载，但是一定是在设立中原汉官制之后才演变而成的。由此来看，金朝的女真世爵制度应该是在熙宗"天眷改制"之后而逐渐形成的。女真世爵的体系中，分为猛安和谋克两类，猛安较谋克地位高，受封者因某些特殊的情况也可以由谋克升为猛安，只不过此类情况较少。现根据史料所载，将女真后族各家族被授予女真世爵的情况统计如下：

徒单氏家族共有7人被授予女真世爵，其中授猛安者4人、谋克者1人、2人封授不详。海陵篡立后，徒单贞因助海陵篡立有功，"改大兴尹，都点检如故。俄授临潢府路昏斯鲁猛安"[5]。天德二年（1150年）八月，徒单阿里出虎"改河间尹，世袭临潢府路斜剌阿猛安领亲管谋克"[6]。世宗朝，徒单绎"改同知广宁府事，以母鄂国公主忧，不赴。世宗特许以忧制中袭父封"[7]。可以看出徒单绎父也是被授予女真世爵，但是被封为猛安还是谋克无法确定。大定十七年（1177年），徒单克宁"复拜平章政事，授世袭不扎土河猛安兼亲管谋克"[8]。大定十九年（1179年），"上追念（徒单）思忠辅立功，赠骠骑卫上将军，仍授其子（徒单）铎武功将军、世袭中都路乌独浑谋克"[9]。大定末，徒单铭"充奉御。章宗即位，特敕袭中都路浑特山猛安。明昌五年，授尚酝署直长"[10]。

① 程妮娜：《金代政治制度研究》，长春：吉林大学出版社，1999年，第236页。
② 程妮娜、彭赞超：《金朝驸马都尉考论》，《社会科学战线》，2020年第3期。
③ [日] 三上次男：《金代女真研究》，金启孮译，哈尔滨：黑龙江人民出版社，1984年，第273页。
④ [宋]宇文懋昭撰，崔文印校证：《大金国志校证》卷三十五《除授》，北京：中华书局，1986年，第507页。
⑤《金史》卷一百三十二《徒单贞传》，北京：中华书局，2020年，第2984页。
⑥《金史》卷一百三十二《徒单阿里出虎传》，北京：中华书局，2020年，第2982页。
⑦《金史》卷一百二十《徒单绎传》，北京：中华书局，2020年，第2765页。
⑧《金史》卷九十二《徒单克宁传》，北京：中华书局，2020年，第2171页。
⑨《金史》卷一百二十《徒单思忠传》，北京：中华书局，2020年，第2764页。
⑩《金史》卷一百二十《徒单铭传》，北京：中华书局，2020年，第2770页。

蒲察氏家族共 5 人被授予女真世爵，授猛安者 1 人、授谋克者 4 人。熙宗朝，蒲察婆罗恬"劝农使，中都路混特浑猛安，米奚剌古河谋克"①。大定二年（1162 年）九月乙巳之后，蒲察通"授尚厩局副使。……以功授世袭谋克"②。大定十九年（1179 年）之前，蒲察鼎寿"改左宣徽，授中都路昏得浑山猛安，曷速木单世袭谋克"③。大定二十年（1180 年），蒲察胡沙"除武定军节度使，兼奉圣州管内观察使。二十三年（1183 年），授奚剌古河谋克"④。明昌二年（1191 年），蒲察高兴袭"信武将军，奚剌古河谋克"⑤。

乌古论氏家族共有 5 人，均被封授谋克。海陵朝，乌古论粘没曷"初为护卫，天德二年（1150 年）袭谋克。……世宗即位，军还，授侍卫亲军步军都指挥使，加驸马都尉"⑥。天德二年乌古论粘没曷承袭的谋克应该是指官职，在其被授予侍卫亲军步军都指挥使之后，世袭谋克则成为其女真世爵。乌古论粘没曷的谋克是世袭而来，说明其父乌古论欢睹也被授予女真世爵。正隆元年（1156 年）六月丙戌，"驸马都尉乌古论当海为枢密副使"⑦。乌古论当海子蒲鲁虎"转通进，袭父谋克，再迁临海军节度使"⑧。可见，乌古论当海应该是被授予了世袭谋克。大定十八年（1178 年），乌古论元忠"授公撒巴山谋克"⑨。

仆散氏家族共有 4 人被授予女真世爵，2 人为猛安、2 人为谋克。仆散背鲁"国初世袭谋克，婆速路统军使"⑩。仆散忠义"超宁远大将军，承其父世袭谋克。皇统

① 齐心：《北京出土的金代女真贵族蒲察胡沙墓志铭考释》，《北京史论文集》（第一辑），北京：北京史研究会，1980 年，第 102 页。

② 《金史》卷九十五《蒲察通传》，北京：中华书局，2020 年，第 2 234 页。载"窝斡反，命通佩金符，领诣军前督战。贼破，以攻授世袭谋克"。而大定二年（1162 年）九月乙巳，"以移剌窝斡平，诏中外"。可见蒲察通所受世袭谋克应该在大定二年九月乙巳之后。

③ 《金史》卷一百二十《蒲察鼎寿传》，北京：中华书局，2020 年，第 2 763 页。据《蒲察鼎寿传》载，蒲察鼎寿是在任左宣徽使之后才被授予的女真世爵，"改左宣徽，授中都路昏得浑山猛安，曷速木单世袭谋克"。而据《世宗本纪中》载，大定十九年（1179 年）九月戊午，"以左宣微使蒲察鼎寿等为贺宋生日使"。由此可见蒲察鼎寿在大定十九年就已经担任左宣徽使，所以蒲察鼎寿的世爵授予应该是在大定十九年之前。

④ 齐心：《北京出土的金代女真贵族蒲察胡沙墓志铭考释》，《北京史论文集》（第一辑），北京：北京史研究会，1980 年，第 102 页。

⑤ 齐心：《北京出土的金代女真贵族蒲察胡沙墓志铭考释》，《北京史论文集》（第一辑），北京：北京史研究会，1980 年，第 102 页。

⑥ 《金史》卷一百二十《乌古论粘没曷传》，北京：中华书局，2020 年，第 2 761 页。

⑦ 《金史》卷五《海陵本纪》，北京：中华书局，2020 年，第 119 页。

⑧ 《金史》卷一百二十《乌古论蒲鲁虎传》，北京：中华书局，2020 年，第 2 759 页。

⑨ 北京市文物工作队：《北京金墓发掘简报》，北京：《北京文物与考古》，北京历史考古丛书编辑组，1983 年，第 70 页。

⑩ 《金史》卷八十七《仆散忠义传》，北京：中华书局，2020 年，第 2 057 页。

四年（1144 年），除博州防御使”①。大定十五年（1175 年），仆散揆“尚韩国大长公主，擢器物局副使，特授临潢府路赫沙阿世袭猛安”②。明昌四年（1193）十二月之后，仆散安贞“复为奉御，尚邢国长公主，加驸马都尉，袭胡土爱割蛮猛安”③。

唐括氏家族共有 2 人被授予女真世爵，均被授予猛安。唐括德温是世宗潜邸之臣，世宗即位，“封道国公，为殿前都点检、驸马都尉。大定二年（1162 年），以父祖功授按出虎猛安亲管世袭谋克”。大定十八年（1178 年），“追录其父挞懒并德温前后功，授其长子驸马都尉（唐括）鼎世袭西北路没里山猛安，徙隶泰州”④。

乌林答氏有 2 人被授予女真世爵。乌林答石土黑“以功授世袭谋克，为东京留守”⑤。乌林答石土黑是世宗明德皇后之父，世宗即位“以后兄晖子天锡，为太尉石土黑后，授世袭猛安”⑥。

裴满氏家族有 1 人被授予女真世爵。天眷元年（1138 年），裴满达“授世袭猛安。明年，以皇后父拜太尉，封徐国公”⑦。

纥石烈氏有 1 人被授予女真世爵。纥石烈撒八“海陵时赐名怀忠，为泰州路颜河世袭谋克，转猛安，尝为东平尹、开远军节度使”⑧。

据史籍记载和上文考察，现将金代女真后族各家族受封女真世爵情况进行统计，如表 1 所示。

表 1 金代女真后族各家族受封女真世爵统计表

金代女真后族	徒单氏	蒲察氏	乌古论氏	仆散氏	唐括氏	乌林答氏	纥石烈氏	裴满氏
人数	7	5	5	4	2	2	1	1

据上表统计，金朝女真后族共有 27 人被授予女真世爵。从家族上看，除拿懒氏家族没有成员被授予女真世爵外，其他女真后族家族都有成员被授予女真世爵。被授予女真世爵的女真后族可以分为两类：第一类为徒单氏家族、蒲察氏家族、乌古论氏家族、仆散氏家族，此类家族受封者较多，在金朝女真世爵体系中地位较高；

① 《金史》卷八十七《仆散忠义传》，北京：中华书局，2020 年，第 2 057 页。
② 《金史》卷九十三《仆散揆传》，北京：中华书局，2020 年，第 2 193 页。
③ 《金史》卷一百零二《仆散安贞传》，北京：中华书局，2020 年，第 2 377 页。仆散安贞是在“永蹈之乱”后被授予女真世爵的。而永蹈之乱发生于明昌四年十二月戊戌，“定武军节度使郑王永蹈以谋反，伏诛。”由此可知，仆散安贞是在明昌四年十二月后才被授予女真世爵的。
④ 《金史》卷一百二十《唐括德温传》，北京：中华书局，2020 年，第 2 761 页。
⑤ 《金史》卷六十四《后妃传下》，北京：中华书局，2020 年，第 1 618 页。谋克也可以升为猛安，如乌林答石土黑，最初被封为谋克，但是世宗继位后，封石土黑女为昭德皇后，故而进封石土黑为“授世袭猛安”。
⑥ 《金史》卷六十四《后妃传下》，北京：中华书局，2020 年，第 1 619 页。
⑦ 《金史》卷一百二十《裴满达传》，北京：中华书局，2020 年，第 2 757 页。
⑧ 《金史》卷八十七《纥石烈志宁传》，北京：中华书局，2020 年，第 2 051 页。

第二类为唐括氏家族、乌林答氏家族、纥石烈氏家族和裴满氏家族，此类家族被授予的女真世爵人数较第一类家族少、势力弱。

据不完全统计，金代女真后族被授予女真世爵者主要集中在世宗朝，占金代女真后族被授予女真世爵者总人数的 50%，熙宗朝、海陵朝、章宗朝也有女真后族被授予女真世爵。金世宗是具有强烈民族意识的女真皇帝，是推行女真文化的先驱。金世宗通过授予女真后族女真世爵的方式，保持了女真后族在金朝较高的社会地位，既进一步加强了女真后族对金朝统治者的向心力，同时又能够保持女真民族的特色。正如程妮娜所说："（金世宗）对猛安谋克世爵的封授十分重视，绝不肯授以外族人，对本族人的封授标准也更加严格。"[①] 金朝末年，女真世爵只授予女真人的惯例被打破。三上次男在评价世袭猛安、谋克时认为，"世宗以后新授的世袭猛安、谋克似乎极少"[②]。宣宗时金朝的国事衰微，内有权臣当道，外有蒙古寇边。此时的女真世爵制度开始出现崩溃的端倪，有些世袭猛安谋克甚至拿不到薪俸，"世袭猛安谋克例罢其俸"[③]。金末，蒙古大军南下，局势混乱，女真世爵制度进一步解体。哀宗为了挽救统治危机，更是将女真世爵授予非女真人，如正大二年（1225 年）八月，"巩州元帅田瑞反，行省军围之，其母弟十哥杀瑞出降，赦其罪，以为泾州节度使，世袭猛安"[④]。三上次男认为，"不分女真、契丹、汉人都授予了世袭职。这是当时制度变化以后所采取的应急措施，当然不能说是世袭猛安、谋克的常轨"[⑤]。金末，女真世爵的滥封不仅打破了女真人独享的惯例，更是使得非女真人通过军功被授予猛安谋克的人数激增，这就使得猛安谋克世爵制度失去了原来的意义，变成了金末统治者拉拢人心、挽救统治的一种非常时期的特殊手段。

四、女真世婚家族受封汉爵

金朝的汉爵制度始建于熙宗朝[⑥]。熙宗天眷元年（1138 年）十月辛未，"定封国

① 程妮娜：《金代政治制度研究》，长春：吉林大学出版社，1999 年，第 239 页。
② [日] 三上次男：《金代女真研究》，金启孮译，哈尔滨：黑龙江人民出版社，1984 年，第 286 页。
③ 《金史》卷十四《宣宗本纪上》，北京：中华书局，2020 年，第 338 页。
④ 《金史》卷十七《哀宗本纪上》，北京：中华书局，2020 年，第 408 页。
⑤ [日] 三上次男：《金代女真研究》，金启孮译，哈尔滨：黑龙江人民出版社，1984 年，第 286 页。
⑥ 孙红梅：《金代汉制封爵研究》，吉林大学博士学位论文，2014 年，第 13—15 页。金太祖时期降金的辽朝官员有受封汉爵的情况，但是此时辽朝降官的爵位之封，是对辽制的直接沿用。太宗时期的汉爵较太祖时期有所增多，不仅有国公的封爵，还出现了王以及五等封爵中的公、侯、伯、子、男爵位。太宗时期拥有爵位者，有由辽降金的辽官、有渤海人、有汉人，并不见女真人封爵。这说明中原王朝传统的封爵制度在此时并未建立起来，此时的封爵只是对辽制度的简单学习和模仿。

制"。汉爵制度是"天眷官制"的重要组成部分之一。《金史·百官志》载："凡封王：大国号二十……次国三十……小国三十。"[①]金朝的王爵共分为三类，即大国号、次国号和小国号，其中有着一定的等级差异。海陵正隆二年（1157 年）二月癸卯，"改定亲王以下封爵等第"[②]，"正隆例，亲王止封一字王"[③]，在此之前女真后族成员受封的王爵皆被降封为公爵，史称"正隆夺爵"。此后女真后族成员所受多为公爵，也有因功而受封王爵的特殊情况。金朝女真后族受封汉爵的情况又分为三类：第一，推恩封爵，作为皇后的亲族，金朝按例推恩三代，对皇后、皇太后的父、祖和曾祖进行追封。第二，因功封爵，受封者其本身或其祖辈有功于朝廷而被封爵。第三，以姻亲的身份而被封爵。

（一）推恩封爵

金代的皇后、皇太后家族享有被封授汉爵的特权。皇后、皇太后的父、祖、曾祖皆可以凭借皇亲的身份受封汉爵。现将享有金代皇后、皇太后三代推恩封爵特权的女真后族情况进行整理，如表 2 所示。

表 2　金代女真后族皇后、皇太后三代推恩封爵统计表

身份	封赠爵位	受封时间	史料出处
太祖圣穆皇后唐括氏曾祖劾乃	温国公	天会十三年	《金史·后妃传上》
太祖圣穆皇后唐括氏祖迭胡本	英国公	天会十三年	《金史·后妃传上》
太祖圣穆皇后唐括氏父留速	荣国公	天会十三年	《金史·后妃传上》
太宗钦仁皇后唐括氏曾祖阿鲁琐	温国公	熙宗即位	《金史·后妃传上》
太宗钦仁皇后唐括氏祖实匹	英国公	熙宗即位	《金史·后妃传上》
太宗钦仁皇后唐括氏父阿鲁束	宋国公	熙宗即位	《金史·后妃传上》
熙宗慈明恭孝顺德皇后裴满氏父裴满达	徐国公	天眷二年	《金史·裴满达传》
海陵嫡母徒单氏父蒲带	王	天德二年	《金史·后妃传上》
海陵后徒单氏父徒单恭	王	天德初	《金史·后妃传上》
睿宗钦慈皇后蒲察氏曾祖赛补	韩国公	世宗即位	《金史·后妃传下》
睿宗钦慈皇后蒲察氏祖蒲剌	郑国公	世宗即位	《金史·后妃传下》
睿宗钦慈皇后蒲察氏父按补	曹国公	世宗即位	《金史·后妃传下》
世宗昭德皇后乌林答氏曾祖胜管	徐国公	大定二年	《金史·后妃传下》
世宗昭德皇后乌林答氏祖术思黑	代国公	大定二年	《金史·后妃传下》
世宗昭德皇后乌林答氏石土黑	沈国公	大定二年	《金史·后妃传下》
显宗贞懿皇后徒单氏曾祖抄	鲁国公	章宗即位	《金史·徒单贞传》
显宗孝懿皇后徒单氏祖婆卢火	齐国公	章宗即位	《金史·后妃传下》

---

① 《金史》卷五十五《百官志一》，北京：中华书局，2020 年，第 1 311—1 312 页。
② 《金史》卷五《海陵本纪》，北京：中华书局，2020 年，第 119 页。
③ 《金史》卷六十四《后妃传下》，北京：中华书局，2020 年，第 1 616 页。

（续表）

身份	封赠爵位	受封时间	史料出处
显宗孝懿皇后徒单氏父贞	梁国公	章宗即位	《金史·后妃传下》
章宗钦怀皇后蒲察氏曾祖太神	应国公	章宗即位	《金史·后妃传下》
章宗钦怀皇后蒲察氏祖阿胡迭	谯国公	章宗即位	《金史·后妃传下》
章宗钦怀皇后蒲察氏父鼎寿	越国公	章宗即位	《金史·后妃传下》

通过上表我们可以看出如下几点：首先，金朝女真后族皇后、皇太后的父亲、祖父、曾祖，除典籍记载不明之外，均有封赠，且封爵号多以国公为主。其中有2人被封王，皆在海陵朝，一是海陵嫡母徒单氏父被封为王，"天德二年（1150年），太后父蒲带与大氏父俱赠太尉，封王"①，封号不详。二是海陵皇后徒单氏的父亲徒单恭被封为王，"海陵篡立，海陵后徒单氏，斜也（徒单恭女真名）女，……封王"②，封号亦不详。以上两人受封王爵的封号不详，主要原因是世宗大定二十一年（1181年）正月丙辰"追贬海陵殇王亮为庶人，诏中外"③。世宗剥夺了海陵帝号，将其贬为平民，海陵的太后、皇后的家属封号估计同时被一并取消。除以上两例外，其余推恩皇后、皇太后的三代受封的汉爵皆为国公。

孙红梅据《金史》和《大金集礼》整理出《金代不同时期大、次、小三等封国之号表》④，现将表引用，如表3所示。

表3　金代不同时期大、次、小三等封国之号表

大国之号	天眷	辽燕梁宋秦晋汉齐魏赵越许楚鲁冀豫雍兖陈曹（皇统五年从上增唐殷商周）
	大定	辽梁宋秦晋汉齐赵越殷楚鲁冀豫唐兖吴蜀陈曹
	明昌	恒邵汴镐并益彭赵越谯郓鲁冀豫绛兖鄂夔宛曹
次国之号	天眷	蜀隋郑卫吴韩潞幽沈岐代虞徐滕薛纪原邢翼丰毕邓郓霍蔡瀛沂荣英温
	大定	隋郑卫韩潞幽沈鄂代虞徐滕薛纪原邢翼丰毕邓郓霍蔡瀛沂荆荣英寿温
	明昌	泾郑卫韩潞幽沈岐代泽徐滕薛纪升邢翼丰毕邓郓霍蔡瀛沂荆荣英寿温
小国之号	天眷	濮济道定景申崇宿息莒邶邰舒淄郲宗郖谭应向郇密胙任戴巩葛萧莘芮
	大定	濮济道定景申崇宿息莒邶邰舒淄郲宗郖谭杞向郇密胙任戴巩葛萧莘芮
	明昌	濮遂道定邹申崇宿息莒邶邰舒淄郲莱郖郊杞向郇密胙任戴巩蒋萧莘芮

对照此表可知，女真后族成员的汉爵封号中大国、次国、小国三等皆有，其中大国之号有：梁、晋、曹、鲁、齐、谯、越、宋；次国之号有：温、英、荣、徐、

---

① 《金史》卷六十三《后妃传上》，北京：中华书局，2020年，第1 600页。

② 《金史》卷一百二十《徒单恭传》，北京：中华书局，2020年，第2 758页。徒单恭后"再进太师，封梁、晋国王"。正隆二年（1157年），海陵夺爵，徒单恭"改封赵国公，在进齐国公"。"赵""齐"皆为大国之号。

③ 《金史》卷八《世宗本纪下》，北京：中华书局，2020年，第197页。

④ 孙红梅：《金代汉制封爵研究》，吉林大学博士学位论文，2014年，第48页。

韩、郑、代、沈；小国之号有：应。女真皇后、皇太后的三代封赠以大国和次国之号为主，小国之号较少。

太祖圣穆皇后三代均封为次国之号，分别为次国之号第 30 位的"温"、第 29 位的"英"、第 28 位的"荣"。太宗钦仁皇后曾祖、祖封为次国之号"温""英"，钦仁皇后父封为大国之号第 4 位的"宋"。金朝女真皇后、皇太后家族受封大国之号始见于太宗钦仁皇后父。睿宗钦慈皇后曾祖、祖被授予次国之号第 6 位的"韩"和第 3 位的"郑"，钦慈皇后父按补封号为大国之号的"曹"。世宗昭德皇后乌林答氏的三代均为次国之号，分别为第 11 位的"徐"、第 9 位的"代"、第 7 位的"沈"。显宗贞懿皇后的三代全被封为大国之号，分别为第 12 的"鲁"、第 7 位的"齐"和第 2 位的"梁"。章宗钦怀皇后的三代，曾祖被封为小国之号第 19 位的"应"，祖、父被封为大国之号，分别为第 10 位的"谯"和第 9 位的"越"。由此可见，金朝女真皇后、皇太后的推恩封爵，代际越近，受封汉爵的封号越高。

（二）因功封爵

女真后族成员因功封爵的情况分为两类：其一为因军功而被封爵；其二为因政绩突出被封爵。女真后族多是以武起家，通过军功而被授爵的情况较多。现根据史料整理出女真后族成员受封汉爵情况，分述如下。

熙宗朝 1 人因军功被封汉爵。天眷年间，蒲察石家奴"以都统定边部，熙宗赐书嘉奖之，封兰陵郡王"，去世后"加赠郓王"。蒲察石家奴应该是金朝建立汉爵制度后，第一批被授予汉爵的女真后族成员。正隆夺爵，"封鲁国公"[1]。蒲察石家奴先封小国之号的"勋"，后封大国之号的"鲁"。

海陵朝 2 人被封汉爵。徒单贞因助海陵篡立有功，海陵继位后，对徒单贞"封王"，然封号不详。正隆二年（1157 年）夺爵，"例封沈"[2]。这里应该指的是沈国公，"沈"为次国之号。徒单阿里出虎同样是助海陵篡立有功者，海陵继位，对其"封王"[3]，但是封号亦不详。

世宗朝 5 人被封汉爵。一是仆散忠义，世宗初年爆发契丹人叛乱，"移剌窝斡僭号，兵久不决"，此时负责征讨的完颜谋衍久战无功，仆散忠义遂临危受命"拜忠义平章政事，兼右副元帅，封荣国公"。契丹窝斡之乱平定后，"契丹平。忠义朝京师，拜尚书右丞相，改封沂国公，以玉带赐之"[4]。二是纥石烈志宁，他也是在平定窝斡

---

① 《金史》卷一百二十《石家奴传》，北京：中华书局，2020 年，第 2 756 页。
② 《金史》卷一百三十二《徒单贞传》，北京：中华书局，2020 年，第 2 984 页。
③ 《金史》卷一百三十二《徒单阿里出虎传》，北京：中华书局，2020 年，第 2 982 页。
④ 《金史》卷八十七《仆散忠义传》，北京：中华书局，2020 年，第 2 059 页。

之乱时被封王的。"志宁击贼有功，上以忠义代谋衍，志宁代福寿，封定国公。"[1] 三是徒单克宁，大定十一年（1171 年），徒单克宁"从丞相志宁北伐，师还。……明年，迁枢密副使，兼知大兴府事，改太子太保，枢密副使如故。拜平章政事，封密国公"，十九年（1179 年）"拜右丞相，徙封谭国公"，二十一年（1181 年）"克宁为左丞相，徙封定国公"[2]。四是乌古论元忠，他是世宗朝的股肱之臣。世宗曾问左丞相纥石烈良弼"孰可相者，良弼以元忠对，乃拜平章政事，封任国公，进尚书右丞相"[3]。五是蒲察通，他是世宗朝重臣之一，世宗曾经说："议事当如（蒲察）通之尽心也。"大定二十年，"进平章政事，封任国公"[4]。世宗朝除仆散忠义被授予次国之号外，其余女真后族成员皆被授予小国之号。

章宗朝 1 人被封汉爵。泰和四年（1204 年）仆散揆"寻出经略边事，还拜平章政事，封济国公"[5]。仆散揆受封"济"为小国之号。

卫绍王朝 1 人被封汉爵。大安初，徒单公弼"知大兴府事，谳武清盗，疑其有冤，已而果获真盗。岁余拜参知政事，进右丞，转左丞"。至宁初（1213 年），徒单公弼"封定国公"[6]。徒单公弼所受的"定"为小国之号。

据史籍记载与上述考察，现将金朝女真后族成员封汉爵情况进行统计，如表 4 所示。

表 4　金朝女真后族成员封汉爵统计表

时间	人物	总计
熙宗	蒲察石家奴	1
海陵	徒单贞、徒单阿里出虎	2
世宗	仆散忠义、纥石烈志宁、徒单克宁、乌古论元忠、蒲察通	5
章宗	仆散揆	1
卫绍王	徒单公弼	1

女真后族共有 10 名成员因功而被授予汉爵。从家族上看，徒单氏 4 人，仆散氏 2 人，蒲察氏 2 人，纥石烈氏和乌古论氏家族各 1 人。裴满氏、唐括氏、拿懒氏和乌林答氏家族，没有成员因功被授予汉爵的情况。徒单氏在诸女真后族群体中封爵人数最多，封爵持续时间最长。金朝女真后族以上 10 名成员除 1 人封号不详之外，其余 9 人所受爵号为次国之号 3 人、小国之号 6 人，没有大国之号的封授。可见女真后族成员虽能够获得汉爵，但是封号以小国之号为主，在封汉爵的体系中等级不高。

① 《金史》卷八十七《纥石烈志宁传》，北京：中华书局，2020 年，第 2 052 页。
② 《金史》卷九十二《徒单克宁传》，北京：中华书局，2020 年，第 2 172 页。
③ 《金史》卷一百二十《乌古论元忠传》，北京：中华书局，2020 年，第 2 766 页。
④ 《金史》卷九十五《蒲察通传》，北京：中华书局，2020 年，第 2 235 页。
⑤ 《金史》卷九十三《仆散揆传》，北京：中华书局，2020 年，第 2 194 页。
⑥ 《金史》卷一百二十《徒单公弼传》，北京：中华书局，2020 年，第 2 770 页。

从时间上看，世宗朝女真后族成员受封汉爵人数最多，卫绍王朝之后不再有女真后族因功而被封授。其中原因当与女真后族受封女真世爵情况一致。

（三）姻亲封爵

女真后族成员还可凭借着其与金朝统治者的特殊姻亲被封授爵位，共有4人属于这种情况。

熙宗天眷二年（1139年），裴满达"以皇后父拜太尉，封徐国公"。海陵篡立后，"欲邀众誉，扬熙宗过恶，以悼后死非罪，于是封忽挞（裴满达女真名）为王"①，封号不详。正隆夺爵裴满达应当降封为国公，但是典籍失载，封号亦不详。熙宗朝，徒单恭"封谭国公"，海陵篡立后，因徒单恭女为海陵后，所以推恩封王，但封号不详。后徒单恭被晋封为"梁晋国王"②。海陵夺爵后，"改封赵国公，再进封齐国公"。大定年间，"海陵降为庶人，徒单氏为庶人妻，斜也（徒单恭女真名）降特进巩国公"③。徒单恭因姻亲关系而被连累。徒单恭之前所受的封号"梁""晋""赵""齐"皆为大国之号，而"巩"为小国之号。这其中贬低的意味十分明显。

唐括德温"尚睿宗皇帝女楚国长公主"，睿宗为世宗父。世宗即位后，"封（唐括德温）道国公"④。蒲察阿虎迭"尚海陵姊辽国长公主迪钵，为驸马都尉"，海陵朝"封葛王"。薨逝后"海陵亲临葬，赠谭王。正隆例赠特进楚国公"⑤。此2人是因与皇帝有姻亲关系而被封爵位，所受爵位都是小国之号。

综上，女真后族受封爵位分为两种，其一是女真世爵，其二是中原式汉爵。女真世爵是金朝统治者为了维护女真人统治而确立的一种特殊爵位。女真后族成员所受的女真世爵以谋克为主，猛安较少。女真后族成员所受的女真世爵从人数上和爵

---

① 《金史》卷一百二十《裴满达传》，北京：中华书局，2020年，第2 757页。

② 孙红梅疑"梁、晋国王"标点有误，当为"梁晋国王"。大国号"梁"位次高于"晋"，先封"梁"再封"晋"有违金代封爵原则（孙红梅：《金代汉制封爵研究》，吉林大学博士学位论文，第52页）。

③ 《金史》卷一百二十《徒单恭传》，北京：中华书局，2020年，第2 758—2 759页。

④ 《金史》卷一百二十《唐括德温传》，北京：中华书局，2020年，第2 760页。

⑤ 《金史》卷一百二十《蒲察阿虎迭传》，北京：中华书局，2020年，第2 762页。孙红梅认为，皇统五年（1145年），蒲察阿虎迭封葛王（孙红梅：《金代汉制封爵研究》，吉林大学博士学位论文，2014年，第193页）。笔者对此表示怀疑。《蒲察阿虎迭传》载："（皇统）五年，使宋为贺正旦使，改左副点检，礼部、工部尚书，广宁、咸平、临潢尹，武定军节度使，封葛王。"可知，其一，皇统五年蒲察阿虎迭为贺宋正旦使，正旦之后才能回到金国，而此时应是皇统六年（1146年）。其二，传记中记载蒲察阿虎迭在经历了诸多官职之后才被封葛王，所以皇统五年蒲察阿虎迭被授予"葛王"应该有问题。笔者认为蒲察阿虎迭被授予"葛王"应是海陵篡立之后。海陵篡立后，需要拉拢一批可信之人，而蒲察阿虎迭作为海陵姐夫，正好符合了这一点，所以才会为其加官晋爵。

位的等级上看，都不及宗室成员，但是较其他女真人还是较多的，可以说女真后族是受封女真世爵群体中的第二大势力集团。从上面考察女真后族成员三种受封汉爵情况看，第一种推恩授爵中皇帝对皇后、皇太后的推恩封赠，代际越近，封号越高。女真皇后、皇太后的三代封赠以次国之号为主，大国之号次之，小国之号封授较少；第二种以功授爵中女真后族受封者中徒单氏家族人数最多，占据首位，受封汉爵的国号以次国之号和小国之号为主，没有大国之号的封授；第三种姻亲授爵属于一种特例，所封爵位以小国之号为主。受封爵位代表着统治者对一个家族的重视，也是金朝统治者拉拢女真后族的重要手段之一。

民族认同与国家认同并进：
论新疆开展中华民族共同体建设的历史实践
（1949—1956）

张　伟　陈瑞芳

摘要：中国是一个统一的多民族国家，特定的政治历史环境使中国的民族认同和国家认同具有同构性。新中国成立初期，新疆开展民族识别工作，发展民族文化教育事业，消除民族歧视，加强爱国主义教育，实行民族区域自治制度，强化了国家认同。几经努力，巩固了党的执政基础，建立了新型的民族关系，推动了中华民族共同体建设。以史为鉴，开展民族工作既要尊重文化多元，更要寻求政治一体。

关键词：中华民族共同体；民族认同；国家认同

作者 张伟，喀什大学讲师；陈瑞芳，喀什大学副教授（喀什 844000）

铸牢中华民族共同体意识，是新时代党的民族工作的主线，更是新时代党的民族工作的纲，是实现中华民族伟大复兴的必然要求。中华民族共同体意识是对中华民族共同体的能动性反映。在第三次中央新疆工作座谈会上，习近平总书记指出要加强中华民族共同体的历史研究[①]。2022 年 7 月 14 日，习近平总书记在新疆大学考察，再次强调要铸牢中华民族共同体意识，促进各民族交往交流交融。习近平总书记的系列讲话，为学界拓宽中华民族共同体的研究提供了方向。

尽管如此，学界对中华民族共同体意识的研究仍偏向于意识本身，反而对中华民族共同体的建设研究相对较弱。基于此，笔者结合史料进一步分析中国向社会主义社会过渡时期新疆铸牢中华民族共同体的实践，尝试为新疆加强中华民族共同体建设提供历史镜鉴。

[①]《习近平在第三次中央新疆工作座谈会上强调　坚持依法治疆团结稳疆文化润疆富民兴疆长期建疆　努力建设新时代中国特色社会主义新疆》，新华网，2020 年 9 月 26 日。

一、基本概念与问题的提出

英国政治学家安德鲁·海伍德认为，"概念是思考、批判、争论、解释和分析所必需的工具"[1]。中华民族共同体亦是基于民族概念之上的复合名词，其概念建构也经历了从学术概念到政治话语的转变。开篇之前，厘清民族、中华民族、中华民族共同体这几个基本概念，是探讨新疆开展中华民族共同体建设的理论前提。

（一）从辞源到政治话语的转变：民族与中华民族的概念生成

首先从民族的概念演进说起。"民族"一词，是近代西学东渐的产物。梁启超将民族详列为"泰西民族""东方民族"等[2]，其具体特征表现为"居于一地，具有同一的血统、支体形状、语言文字、宗教风俗和生计"[3]。孙中山提出"五族共和"观念，认为民族由"五种自然力构成"[4]。抗日战争时期史学家顾颉刚提出了"中华民族是一个"的命题[5]。中国共产党认为，民族是在一定历史发展阶段形成的稳定的共同体，是一个以经济、文化、语言、地域等因素把人们联结在一起的共同体。各民族"在历史渊源、生产方式、语言、文化、风俗习惯以及心理认同等方面具有共同特征"[6]。

中国共产党关于民族的权威概念进一步强调了民族的历史共性，突出了各民族对国家历史、政治、文化的认同。毋庸讳言，中国特色民族概念是政治、经济、文化意涵的有机结合，强调各民族在国家认同的前提下，在共有经济基础上共同繁荣发展，以期共建、共享中华文脉。

其次，中华民族的概念早已有之。梁启超提出，中华民族是一个整体的民族[7]。孙中山提出"五族共和"。《国民政府定都南京宣言》认为"中华民族都是炎黄子孙，五族就是中华民族，就是国族"。这些观点在一定程度上强调了中华民族的整体性，但仅仅将其定义为"五族"有很大的局限性。新中国成立后，为进一步贯彻民族平等的政策、保障各少数民族的合法平等权益，对中华民族做出了权威的界定。"中华

---

① 安德鲁·海伍德：《政治学核心概念》，天津：天津人民出版社，2008年，第2页。

② 梁启超：《饮冰室合集》，北京：中华书局，1989年，第2页。

③ 梁启超著，吴松等点校：《饮冰室文集点校》（第一集），昆明：云南教育出版社，2001年，第452页。

④ 中国社会科学院近代史研究所中华民国史研究室等编：《孙中山全集》（第二卷），北京：中华书局，1982年，第2页。

⑤ 顾颉刚：《"中国本部"一名亟应废弃》，《益世报》，1939年1月1日。

⑥ 国家民族事务委员会：《中央民族工作会议精神学习辅导读本》，北京：民族出版社，2015年，第29页。

⑦ 梁启超：《梁启超全集》（第二册），北京：北京出版社，2000年，第516页。

民族就是中国各民族的总称。"①西方关于民族的概念认定更偏向于人类社会学视角，强调血缘、语言、习俗、信仰、地域等因素，而新中国更强调民族国家的整体认同，这是对西方单一民族理论的超越。

新中国成立后，确定了每个中国人的民族成分和中华民族成员的双重身份。"中华民族就成了一个以国家主权为核心凝聚而成的政治共同体"②，从这个意义来讲，中华民族是一个自在的民族实体，也是一个自觉的政治实体。

（二）中华民族共同体的政治意涵

斐迪南·滕尼斯曾说："在社会科学理论中共同体表现为具有共同特征、共同精神属性或具有道德意义的、意识的有机共同体。"③即共同体一词具有一定的内聚性，重在表达事务的共同特性。齐格蒙特·鲍曼认为，社会中在种族、身份、地位、概念、任务等方面具有共同或相似特征的人群组成的组织中，民族共同体属于最高层次的共同体。而在历史发展过程中，中华民族也从"自在"转向"自觉"，逐步形成了一个命运与共的政治、经济、文化共同体。现代民族国家形成后，中华民族共同体也自然成为了国家形式的政治共同体④。

20 世纪 60 年代，考古学家夏鼐在《新中国的考古学》一文中较早地提出"中华民族共同体"一词并逐步使用。20 世纪 80 年代，费孝通提出了中华民族多元一体格局。在第二次中央新疆工作会议上，习近平强调，新疆各族群众牢固树立中华民族共同体意识。在第二次中央民族工作座谈会上，习近平强调，中华各民族在分布上交错杂居，文化上兼收并蓄，经济上互相依存，情感上相互亲近⑤。如上所言，中华民族就是建立在共有的历史条件、价值追求、物质基础、身份认同与精神家园基础上的命运共同体。

中华民族是在为实现民族独立、国家富强的历史实践中，逐步形成了强烈的民族国家观，这种观念是伴随民族精神、价值、文化、情感的积淀，逐步形成的。中华民族有着共同的历史记忆，各族群众彼此建立着繁荣的经济往来、密切的文化交流，有着共享的政治价值，是一个政治、经济、文化共同体。

---

① 中国大百科全书总编辑委员会编：《中国大百科全书》，北京：中国大百科全书出版社，2009 年，第 300 页。

② 孔亭、毛大龙：《论中华民族共同体的基本内涵》，《社会主义研究》，2019 年第 6 期。

③ 斐迪南·滕尼斯：《共同体与社会：纯粹社会学的基本概念共同体与社会》，北京：商务印书馆，2009 年，第 54 页。

④ 孔亭、毛大龙：《论中华民族共同体的基本内涵》，《社会主义研究》，2019 年第 6 期。

⑤ 《习近平在中央民族工作会议暨国务院第六次全国民族团结进步表彰大会上的讲话》，新华社，2014 年 9 月 29 日。

（三）问题的提出

习近平总书记关于中华民族共同体的论述进一步发展了费孝通关于中华民族多元一体的理论，为理论界的进一步研究提供了研究范式。自从习近平提出"中华民族共同体"这一表述后，"就引起了学界和理论界的广泛关注"[①]。学界和理论界的研究从基本内涵阐释逐步转向铸牢中华民族共同体意识的路径研究，期间成果丰硕。但这些文章大都是从马克思主义中国化和思想政治教育的学科视角论述的，缺乏交叉性的实证研究。

中华民族共同体既然作为一个政治、经济、文化共同体而存在，就自然受到民族政治学者的关注。周平认为，中华人民共和国的成立标志着中华民族的独立和解放，使中华民族成为现代国家重要的政治资源[②]。换言之，中华人民共和国的成立使得中华民族与国家相结合，屹立于世界民族之林，成为具有国家形式的民族实体。冯育林认为，中华民族在新民主主义革命时期摆脱内外压迫、获得独立自主地位的过程中，建立了对中国共产党的深刻认同，从而共铸了国家合法性，体现了中华民族作为政治实体的政治化功能[③]。民族政治学家探讨中华民族与国家的关系，为进一步探寻中华民族共同体建设的路径提供了理论依据。

国家构建的过程中也难以摆脱国与族的碰撞[④]，在政治共同体视域下如何建设中华民族共同体引起了学界讨论。许纪霖认为，国族认同与民族认同是两个不同层面的认同，一个在国家的国民身份层面，另一个在民族的文化身份层面，二者不冲突，民族认同与国家认同二元合一[⑤]。曹为认为，中华民族是广袤中华大地上具有语言、习俗、宗教、地域等差异的政治共同体，中华民族作为中国各民族的共同体和全体国民的共同体而存在[⑥]。由此可见，中华民族各族成员作为中华人民共和国的国民而存在，减少了中华民族内在结构的刚性，为进一步探讨中华民族共同体建设路径提供了思路。

但仅仅依靠民族政治学家的理论思辨，从国族与民族建设的角度来阐释中华民族共同体建设的路径，难免略显单薄。因此，笔者以中国向社会主义社会过渡时期新疆中华民族共同体建设的实践为案例，用实证研究的方法尝试探究中华民族共同

① 孔亭、毛大龙：《论中华民族共同体的基本内涵》，《社会主义研究》，2019 年第 6 期。
② 周平：《中华民族：中华现代国家的基石》，《政治学研究》，2015 年第 4 期。
③ 冯育林：《从"中华民族"到"中华民族共同体"的概念考察及其建设析论》，《西北民族大学学报（哲学社会科学版）》，2018 年第 6 期。
④ 王军、王阳：《争论中的国族与国族建构：内涵、路径与评价》，《中央社会主义学院学报》，2017 年第 5 期。
⑤ 许纪霖：《作为国族的中华民族何时形成》，《文史哲》，2013 年第 3 期。
⑥ 曹为：《共同体视域下的中华民族：基本内涵与建设逻辑》，《上海行政学院学报》，2020 年第 4 期。

体建设的历史实践，亦有一定的研究价值和空间。

二、新疆开展中华民族共同体建设的历史实践

民族认同与国家认同分属中华民族身份和中华人民共和国公民两个层级，前者注重对中华民族身份的认同，后者注重国家认同与政治认同，二者并不存在紧张与冲突，且始终共同付诸实践之中。中国是统一的多民族国家，这一事实决定了民族认同和国家认同在一定程度上是密不可分、相互统一的。所以，接下来笔者将从民族认同和国家认同两个方面，分析新疆开展中华民族共同体建设的历史实践。

（一）增进中华民族整体认同感，推动中华民族共同体建设

民族认同涉及民族情感、态度、认知、行为等多个维度[①]。民族认同不仅是民族身份的认同，更是民族归属的情感依赖。加强民族认同绝对不是增强任何一个单一民族的群体认同，而是在中华民族共同体视域下增强中华民族的整体认同，为实现中华民族的伟大复兴凝聚磅礴力量。

中华人民共和国成立后，为贯彻民族平等原则，新中国开展了民族识别工作、取消了具有民族歧视性的地名、发展民族文化教育事业，在实践中增强了中华民族的身份认同感与民族凝聚力，推进了新疆构建中华民族共同体的历史进程。

1. 开展民族识别是推进中华民族共同体建设的前提

民族识别是指对一个族体的民族成分和民族称谓的识别，这是新中国成立后一项重要、繁重的民族工作，也是中华民族共同体构建的重要路径。具体而言，这项工作分为两部分。首先，弄清楚有待识别的民族是少数民族还是汉族。其次，明确他们是否属于某一单一民族[②]。因为在中国境内各民族一律平等，所以，开展民族识别工作就成了解决民族身份认同问题的基础性工作，也是实现民族平等的认知前提。

1953 年起，新疆的民族识别工作被提上了日程。新疆分局政策研究室的谷苞、邓力群等人分赴南疆莎车、喀什、和田、阿克苏四个专区开展社会与民族现状调查研究工作，弄清了这四个专区的民族成分，明确了四个专区民族的族称。在新疆的民族识别调查工作中，带有侮蔑性的称呼被正名。新疆开展民族识别工作，确立了少数民族在国家建设中的社会、政治与法律地位，为进一步消除民族歧视提供了工作依据。

---

① 杨鹍飞：《中华民族共同体认同的理论与实践》，《新疆师范大学学报（哲学社会科学版）》，2016 年第 1 期。

② 宋蜀华、陈克进：《中国民族概论》，北京：中央民族大学出版社，2003 年，第 8 页。

2. 消除民族歧视是开展中华民族共同体建设的重要措施

增进中华民族整体认同必须要消除民族歧视，实现国内各民族一律平等。近百年来，"帝国主义为了侵略中国蓄意挑拨民族关系，制造民族纠纷，煽动民族分裂活动，导致各民族间的隔阂和不信任"[①]。为解决历史遗留下来的民族问题，人民解放军西征进程中就主动、自觉地贯彻党的民族宗教政策。进军新疆前，彭德怀在召开一兵团党委扩大会议上指示，"要坚决执行民族政策，尊重少数民族风俗习惯，使各族人民团结生活在中华人民共和国友爱团结的大家庭中"[②]。新疆和平解放后，"禁止民族间的歧视、压迫和分裂各民族的行为"[③]，有序地废除了原有的带有歧视性的地名和民族称谓。

1951 年 2 月 1 日，新疆省人民政府颁布了《更改因历史遗留的含有歧视或侮辱少数民族的地名的决定》，具体更改如表 1 所示。

表 1　1951 年新疆部分地名更改一览表

原地名	现地名
迪化市	乌鲁木齐市
迪化县	乌鲁木齐县
乾德县	米泉县
孚远县	吉木萨尔县
绥来县	玛纳斯县
景化县	呼图壁县
承化县	阿勒泰县
镇西县	巴里坤县
巩哈县	尼勒克县
阿山专区	阿勒泰专区

5 月 16 日中央人民政府又要求，"各少数民族的称谓、地名、碑碣、匾联，凡是有侮辱歧视少数民族的，应改用适当的称谓"[④]。废除歧视性的地名和民族称谓，使我国历史上长期深受民族歧视和压迫的各少数民族有了平等、准确的称呼，各族人民从中感受到党的民族平等政策，在一定程度上和一定范围内消除了历史上遗留下来的民族隔阂，为进一步发展文化教育事业提供了可能。

---

① 中共新疆维吾尔自治区委员会党史研究室：《中共新疆地方史》，北京：中共党史出版社，2011年，第 156 页。

②《民族政策文件汇编》（第一编），北京：人民出版社，1958 年，第 1 页。

③ 中共新疆维吾尔自治区委员会党史研究室：《中共新疆地方史》，北京：中共党史出版社，2011年，第 208 页。

④ 中共中央文献研究室、中共新疆维吾尔自治区委员会：《新疆工作文献选编（1949—2010）》，北京：中央文献出版社，2010 年，第 66 页。

3. 发展文教事业是推进中华民族共同体建设的关键

"新疆各民族文化和中原文化血脉相连、息息相通、历史交融，新疆各民族文化始终扎根中华文明沃土，是在中华各民族文化融合发展中形成的。"[①]《中国人民政治协商会议共同纲领》指出："各少数民族均有发展其语言文字的自由，政府应当帮助少数民族发展民族的、人民大众的经济、文化和教育事业。"[②] 这为进一步发展民族文化教育事业提供了依据。彭真进一步提出，"关于民族事务工作，应有重点地发展少数民族地区的卫生、贸易和文化教育工作"[③]。按照中央指示，新疆分局有计划地对各少数民族文字、文学艺术等文化遗产进行保护与发展。

第一，注重保护、发展民族文字。1950 年 10 月成立了新疆民族语言文字研究指导委员会，部分专区、县成立了相应的工作机构，自上而下地将民族语言文字工作纳入各级党政议事日程使之成为政府行为。1953 年制定《维吾尔文学语言简明正字法》，编写了《维吾尔语语法常识》；1955 年 2 月 23 日，克孜勒苏柯尔克孜自治州人民委员会第三次行政会议通过了经省文字研究委员会审查同意的 30 个字母组成的柯尔克孜族文字[④]，进一步规范了少数民族语言文字的使用。1950 年以来，新疆分局还专门培养了维吾尔族、哈萨克族、俄罗斯族、汉族四个民族的语言文字的翻译人员 1 010 名[⑤]。通过开展以上工作，一定程度上利于保护、传承和发展民族文化。

第二，发掘保护民族音乐、艺术文化产品。1953 年 4 月，全疆首届文化行政会议决定，将搜集与整理各民族传统文化艺术遗产、引导各民族文艺工作者继承与发展各民族传统艺术作为民主革命完成后新疆文化教育的重要方向与任务之一。例如，1951 年 8 月，新疆省人民政府组织力量搜集、挖掘与整理了《十二木卡姆》的相关资料，在万桐书等专家的辛勤工作下，于 1955 年完成对《十二木卡姆》的录音、记谱和歌词整理工作。1960 年，音乐出版社编辑出版了《十二木卡姆》。

第三，注重发展民族教育事业。新中国成立初期，新疆分局对民族教育进行了整顿改造。由政府接办了会立学校，取缔了经文学校。大力发展南疆和塔吉克、柯尔克孜、蒙古、哈萨克等族的文教事业。1950 年省文教委员会委托新疆人民出版社和各新华书店负责编译民族文字教材；1952 年编译印刷维吾尔文、哈萨克文、蒙古文等教材 26 部，1 194 100 册；1954 年编译完成少数民族中小学教学大纲；1955 年编

① 阿布来提·麦麦提：《新疆各民族文化是中华文化的组成部分》，光明日报，2018 年 10 月 15 日。
② 《民族政策文件汇编》（第一编），北京：人民出版社，1958 年，第 1 页。
③ 《民族政策文件汇编》（第一编），北京：人民出版社，1958 年，第 8 页。
④ 新疆维吾尔自治区地方志编纂委员会：《新疆通志·民族志》，乌鲁木齐：新疆人民出版社，2005 年，第 43 页。
⑤ 新疆维吾尔自治区地方志编纂委员会：《新疆通志·民族志》，乌鲁木齐：新疆人民出版社，2005 年，第 43 页。

译出版维吾尔文、哈萨克文中学课本两种，28 721 册，维吾尔文、哈萨克文、蒙古文、锡伯文小学课本 72 种，1 090 207 册；1956 年出版小学及业余学校维吾尔文、哈萨克文、锡伯文、蒙古文、柯尔克孜文课本 95 种，2 164 000 册，促进了中华民族文化的交流发展。新疆分局开展民族识别工作、发展民族文化教育事业，促进了少数民族文化繁荣发展，增强了中华民族身份认同，为新疆开展国家认同建设工作奠定了基础。

（二）以国家认同引领中华民族共同体建设

国家认同是指一个国家的公民对自己国家的归属性认知，包括对国家的政治、文化等要素的评价和情感性成分。中国是一个统一的多民族国家，中华人民共和国成立后，中华民族作为政治共同体而存在[①]。此时，加强中华民族共同体建设自然会以维护各少数民族人民的基本权利，使各少数民族人民翻身、当家作主为中心。

新中国成立初期，新疆为增强各少数民族群众的国家认同感，结合实际工作，加强爱国主义教育运动，且在各项条件成熟后实行了民族区域自治制度，进一步保障了少数民族的各项政治权利，维护了政治统一，增强了国家认同。

1. 开展爱国主义教育增强情感认同，促进中华民族共同体建设

"爱国，是人间最深层、最持久的情感。"[②] 新疆地处祖国西部边陲，与多国接壤，加强爱国主义教育十分必要。

抗美援朝期间以反美教育为契机加强爱国主义教育。1950 年，抗美援朝战争爆发，新疆根据中央的安排先后开展了反美帝国主义侵略朝鲜的一系列运动。新疆分局和各机关单位转发学习中央关于抗美援朝的重要文件以及抗美援朝战争形势。新疆分局还组织了各级干部群众学习、宣讲了《怎样认识美国宣传提纲》《为什么我们对美国侵略朝鲜不能置之不理》等系列文章。在新疆分局的组织下，迪化市新盟盟员及宗教界人士举行反美爱国大游行，掀起捐献运动，救济朝鲜受难人民。同时还请志愿军归国代表团来新疆宣传抗美援朝的英雄事迹，以此增强新疆人民的爱国反美情绪。

开展爱国主义教育，对进一步增强新疆各族群众的国民意识、加强对中国共产党的认同具有重要意义。爱国主义教育让少数民族深入了解了党的民族宗教政策，为实行民族区域自治提供了群众基础。

2. 实行民族区域自治制度，强化国家认同

民族国家通过调适民族与国家之间的关系，确立了民族对国家的认同。除了维

---

① 孔亭、毛大龙：《论中华民族共同体的基本内涵》，《社会主义研究》，2019 年第 6 期。
②《习近平在北京大学师生座谈会上的讲话》，新华网，2014 年 5 月 4 日。

护政治稳定、加强意识形态教育外，还要通过一系列制度建构来保障少数民族的政治权利。实行民族区域自治制度是保障各少数民族当家作主的权利、增强政治认同的重要举措。新疆民族区域自治经历了筹备、局部试点、全面展开三个阶段。

1952 年，新疆成立了民族区域自治筹备委员会，在中共新疆分局的领导下积极进行了筹建民族区域自治的各项工作。首先，筹备委员会协同有关部门在全疆范围内广泛地开展了民族政策和民族区域自治的宣传教育。先后编印了汉族、维吾尔族等多民族文字的学习参考资料，还通过各地报纸、广播通俗地讲解了民族区域自治制度。其次，筹备委员会还专门派遣了大批干部、工作人员奔赴基层农牧区广泛开展社会调查研究，了解新疆的社会、经济、政治现状，听取各族群众的心声，为开展民族区域自治提供决策参考。

1953 年，新疆分局向中央呈报了《新疆民族区域自治实施计划（草案）》，党中央对新疆上报的文件进行认真研究后，4 月 13 日就批准了《新疆民族区域自治实施计划（草案）》。中央要求实施民族区域自治，广泛开展爱国主义教育，始终坚持慎重稳进的方针。

新疆分局于 1953 年 6 月召开了扩大会议，会议初步确定了建立自治政府的步骤：先建立乡级自治区，再建立县级自治区、专署级自治区，然后建立行署级自治区，最后建立省级的以维吾尔族为主的自治区。

为进一步开展民族区域自治工作，新疆分局于 1953—1956 年在省干校举办了民族区域自治干部训练班，分局领导赛福鼎等分别向学员讲授了民族问题、中国的民族问题、民族区域自治等课程。1953 年秋天，新疆土地改革胜利结束，负责民族区域自治工作的干部也完成培训，此时具体实施民族区域自治计划的时机已经成熟。1953 年 10 月，除维吾尔族以外的少数民族聚居的地方开始了民族区域自治的试点。试点工作结束后，召开了民族区域自治试建工作会议，总结交流了试建工作经验。

1954 年，新疆建立了巴里坤哈萨克自治县等 6 个县级民族区域自治县、巴音郭楞蒙古自治州等 4 个专署级民族区域自治地方，为建立省级民族区域自治区创造了条件。1954 年年底，除维吾尔族以外的其他少数民族聚居区的民族区域自治工作已经完成。

1955 年 1 月 20 日，中共中央新疆分局发出《关于成立省级自治区的指示》。新疆分局下达指示后，组织了全省自治区筹备工作，召开了一系列会议。1955 年 2 月起，通过报刊、广播等多种形式在全疆范围内进行了广泛深入的宣传活动，为建立省级自治区打下了思想基础。1955 年 8 月 2 日，新疆省人民政府委员会举行第十八次扩大会议，决定新疆维吾尔自治区将在省第一届人民代表大会上宣布成立。9 月 13 日，全国人大常务委员会举行第二十一次会议，通过了成立新疆维吾尔自治区、撤销新疆省建制的决议。1955 年 10 月 1 日，新疆维吾尔自治区宣告成立。

"新疆维吾尔自治区的成立是党的民族区域自治政策的伟大胜利，是新疆维吾尔族人民和其他各民族人民政治生活中的一件大事。"[1] 它的实施，增强了新疆少数民族人民参政议政的积极性。毋庸置疑的是，民族区域自治制度进一步调适了民族和国家之间的关系，保障了新疆各民族的权利，促进了中华民族共同体建设，增强了新疆各族人民的政治认同与国家认同。

三、新疆开展中华民族共同体建设的历史成效

1949—1956 年，新疆分局在中共中央的领导下，通过增强民族认同和国家认同推进了中华民族共同体的建设。在实践中，新疆开展中华民族共同体建设取得了显著的历史成效。

（一）增强了新疆各民族对党的政治认同

新疆分局通过开展民族识别、贯彻党的民族宗教政策等一系列工作，进一步提高了共产党在新疆各民族心中的威望。"自从新疆解放以后，由于中国共产党、人民政府和各族人民领袖毛主席的民族政策与宗教信仰自由政策的正确执行以及党和人民政府对少数民族的特别关怀，我们每年都欢度了肉孜节和古尔邦节……今天我们不能不从心里深深地感受到共产党的伟大。我们自治区的全体穆斯林将继续发扬穆斯林群众的优良传统，热爱祖国，热爱和平，更加紧密地团结在中国共产党和人民政府的领导下，努力参加各项经济、文化建设事业。"[2]

少数民族群众认识到了中国共产党才是他们救星，于是他们自觉地将这种情感认同逐步转化为实际行动，积极响应党的号召开展爱国生产运动，驰援抗美援朝战争。据统计，全省捐献款物折合人民币约 560 多万元，超额完成了原定捐献 30 架飞机、6 门大炮的任务[3]。

（二）发展了新型的社会主义民族关系

"中国是一个以汉族为主体的多民族国家，各民族之间的关系在国民党反动统治

---

① 中共新疆维吾尔自治区委员会党史研究室：《中共新疆地方史》，北京：中共党史出版社，2011年，第 208 页。

② 《新疆政协委员在古尔邦节前的一段讲话》，《新疆日报》，1956 年 6 月 16 日。

③ 党育林、张玉玺主编：《当代新疆简史》，北京：当代中国出版社，2003 年，第 88 页。

下是恶劣的，中华人民共和国成立使这种关系便发生了根本的变化。"① 尤其是在实践中，新疆分局进一步消除民族隔阂、禁止民族歧视，并结合社会民主改革和社会主义改造，使新疆各民族中的剥削制度被消灭了，各民族走上了社会主义道路。至此，经济上，生产资料的全民所有和集体所有成为社会主义民族关系的物质基础；政治上，各民族的工人、农牧民和知识分子成为国家和自己民族命运的主人，成为民族关系的主角。这就使新型的社会主义民族关系在新疆的建立得到了根本的保证，并不断得到巩固和发展。

四、结语

新疆以国家认同建设引领中华民族共同体建设事业，并为之开展了一系列工作，增强了新疆各少数民族的政治认同感和国家认同感。"党的民族工作取得的最大成就，就是走出了一条中国特色解决民族问题的正确道路。"② 新时代，在中华民族共同体的视域下，开展民族建设和国家建设，二者并不存在任何冲突。既不能走"邪路"，也不能走"老路"。既要尊重文化多元，更要寻求政治一体、强化国家认同。但具体如何为之？这是一个理论关怀，更是一个实践命题，依然值得继续探索。

---

① 《民族政策文件汇编》（第一编），北京：人民出版社，1958 年，第 3 页。
② 《习近平出席中央民族工作会议并发表重要讲话》，新华网，2021 年 8 月 28 日。

元代色目人的辽宋金三朝观与历史文化认同

张宝珅

摘要：在元代色目人看来，辽宋金时代是中国历史上的分裂时期，宋朝虽更具备华夏性，但也不能完全代表"中国"。色目人颂扬元朝吞金灭宋的事迹，将之视为重新统一中国进而有效整合南北的历史功绩。对于辽宋金三朝人物，色目人重视德行，贯彻褒扬忠臣节士、贬斥昏君奸佞的评价准则。元代色目人的辽宋金三朝观深受中原文化影响，展现出其自身对中国历史文化的深度认同和责任意识，是古代多民族统一国家治下各民族交往交流交融的典范案例。

关键词：元代色目人；辽宋金三朝观；历史文化认同

作者 张宝珅，首都师范大学历史学院博士后（北京 100048）

有元一代是中国各民族密切交往交流交融的时代。其中，主要来自西域的色目人定居汉地，"以中原为家，……不复回首故国"[①]，历史文化认同感与日俱增。目前有关元代色目人历史文化认同的论著已相当丰富，陈垣的《元西域人华化考》可谓探究元代西域色目人认同中华文化、融入中华民族的开山之作[②]。萧启庆在元朝"多族士人圈"视域下考察包括色目人在内的"外来"族群的"汉化与士人化"现象[③]。尚衍斌、杨镰、查洪德等学者也从不同视角探寻元代色目人的历史认同、国家认同与文化认同现象[④]。近年来，李雪、邱江宁、刘嘉伟、胡蓉等学者注重从文学视角审

---

① [宋]周密：《癸辛杂识》续集卷上《回回沙碛》，北京：中华书局，1988年，第138页。

② 陈垣：《元西域人华化考》，北京：中华书局，2016年。

③ 萧启庆：《内北国而外中国：蒙元史研究》，北京：中华书局，2007年；《元代的族群文化与科举》，台北：联经出版公司，2008年。

④ 尚衍斌：《元代内迁畏兀儿人的分布及其对汉文化的吸收》，《民族研究》，1997年第1期；杨镰：《元西域诗人群体研究》，乌鲁木齐：新疆人民出版社，1998年；查洪德：《"华夷一体"：元代文坛特征》，《民族文学研究》，2017年第4期。

视元代色目人的士人化、华化与文化认同①。鉴于目前尚无从历史观念视角对此进行讨论之作，加之如何认识辽宋金三朝始终是有元一代政治、学术与文化论战的焦点，亦是探寻元人历史文化观念的重要视角，故本文以梳理元代色目人对辽宋金三朝的认知为核心内容，旨在展现其中蕴含的早期中华民族共同体意识。

一、何为中国：元代色目人对辽宋金时代的整体认知

自安史之乱直至元朝攻灭南宋，中国处于分裂状态几近五百余年。在这一期间，辽、宋与金均完成过局部统一，辽、金先后与两宋南北并峙的时代亦被后世学者视为中国历史上第二次"南北朝"。对此，元代色目人业已有所认知。

雍古人赵世延曾在论述南唐历史地位之际旁及宋、辽两朝。在赵世延看来，宋朝自"承五季周统"虽有道理，但将南唐完全视为"僭伪"可能在一定程度上有矫枉过正之嫌。赵氏认为，南唐"虽为国偏小"，然在文物建设、人才储备等诸多方面犹有"唐余风"，可取之处甚多。赵氏还认识到契丹辽国在五代十国之际具备不可忽视的"国际"地位，"唐末契丹雄盛，虎视中原，晋、汉之君以臣子事之惟谨"②。由此观之，赵世延虽大体认可"宋承五季周统"之说，但他也不否认南唐的历史地位以及契丹辽国的影响力。换言之，赵世延正视与宋朝并立的其他王朝，未将宋朝视为代表"中国"全部历史与文化的政权。另一位雍古人马祖常认可宋朝的华夏属性，曾言辽朝与金朝的崛起是对华夏的侵扰："契丹、女真扰中夏"③。但从文化建设视角来看，马祖常同样也承认辽、金的历史成就，认为辽、金两朝先后以"燕为都邑"，进而"用天子学制，选举升造，与南国角立，亦一时之盛也"④。由"南国"一语，足见马祖常已然将辽、金视为与宋朝地位相当的"北国"，三者均只是中国的一

① 李雪：《由碑志资料看元代色目人的士人化进程》，《河南师范大学学报（哲学社会科学版）》，2019 年第 2 期；《中华民族共同体建构的文学史实践——从元代色目人物传记看多族士人的文化认同》，《西北民族大学学报（哲学社会科学版）》，2022 年第 1 期；邱江宁：《浙东文化与元代西域人之华化——以迺贤的创作为讨论中心》，《浙江学刊》，2018 年第 5 期；《元代西域人的华化进程与作家群体发展阶段述论》，《西北师大学报（社会科学版）》，2019 年第 1 期；刘嘉伟：《高昌偰氏家族与儒学》，《武汉大学学报（哲学社会科学版）》，2022 年第 4 期；胡蓉：《元代东迁色目作家研究》，北京：中国社会科学出版社，2020 年。
② [元] 赵世延：《南唐书序》，[元] 苏天爵编：《元文类》卷三十三，合肥：安徽大学出版社，2020 年，第 639 页。
③ [元] 马祖常：《马祖常集》卷十二《致仕礼部尚书邢公神道碑铭》，长春：吉林文史出版社，2010 年，第 226 页。
④ [元] 马祖常：《马祖常集》卷十《大兴府学孔子庙碑》，长春：吉林文史出版社，2010 年，第 207 页。

部分。活跃于元朝后期的唐兀人余阙撰《送归彦温赴河西廉使序》记载了迁徙至合肥一地的西夏后裔的社会风俗，其中言及西夏与辽、宋的关系。余阙认为辽、宋并峙于"际时分裂"时期，当时西夏所占不过"弹丸黑子之地"，乃"小国也"，在地位上逊于辽、宋"二大国"[①]。由此可见，余阙意识到辽、宋以及西夏并立是"中国"的一种分裂状态，而辽、宋地位相当，同为中国分裂之际的主要政权。

一些久处中原的色目人甚至还将金、宋视为前朝。马祖常的高祖锡里吉思曾为金朝尽忠而死，故马氏对金朝有特殊感情。他曾在《监黄池税务王君墓碣铭》中慨叹金亡之惨烈："呜呼！天兴之变，国土瘝裂，焚剽剪薙，不百年而金之名家、善士之子孙，遗子不数户矣"[②]，字里行间充满悲痛。合鲁人迺贤也有诗缅怀金朝兴亡事迹：一方面，迺贤赞美女真人肇兴开国之伟业，认为金朝文治武功均建树不俗："十丈丰碑势倚空，风云犹忆下辽东。百年功业秦皇帝，一代文章太史公"；另一方面，迺贤叹息金朝倏然而亡："石断龙鳞秋雨后，苔封鳌背夕阳中。行人立马空惆怅，禾黍离离满故宫"[③]，亦满是遗民情怀。雍古部也里可温人雅琥则有怀念宋朝的言论，其诗《汴梁怀古》云："花石冈前麋鹿过，中原秋色动关河。欲询故国伤心事，忍听前朝皓齿歌。蔓草有风嘶石马，荆榛无月泣铜驼。人间富贵皆如梦，不独兴亡感慨多"[④]，可见雅琥已将宋朝视为前朝，并以遗民自居。

色目人虽感怀前朝之亡，但也对元朝先后攻灭金、宋等政权，并重建大一统的历史功绩给予高度评价。自诩金朝遗民的迺贤歌颂元朝统一华夏过程中的武功，至正五年（1345年），迺贤路过三峰山所在地阳翟县（今河南禹州），有感于当地父老对三峰山之战的描述，赋《三峰山歌》抒怀："落日惨澹黄云低，悬厓古树攒幽溪。三峰山头独长啸，立马四顾风凄凄。溪边老翁行伛偻，劝我停骖为君语。山前今日耕种场，谁识当年战争苦。金源昔在贞祐间，边尘四起民凋残。燕京既失汴京破，区区恃此为河山。大元太子神且武，万里长驱若风雨。麾兵大雪三将死，流血成河骨成堵。朱鸢应瑞黄河清（金将亡，新乡河清，鼓山凤出，应国朝开基之兆），圣人启运乾坤宁。当时流离别乡井，归来白发歌承平。旷野天寒霜簌簌，夜静愁闻山鬼哭。至今陇上牧羊儿，犹向草根寻断镞。论功卫霍名先收，黄金铸印身封侯。英雄

---

① [元] 余阙：《青阳先生文集》卷二《送归彦温赴河西廉使序》，芜湖：安徽师范大学出版社，2021年，第51页。

② [元] 马祖常：《马祖常集》卷十三《监黄池税务王君墓碣铭》，长春：吉林文史出版社，2010年，第241页。

③ [元] 迺贤：《金台集》卷二《读金太祖武元皇帝平辽碑》，景印文渊阁四库全书，台北：台湾商务印书馆，2008年，第1215册，第298页。

④ [元] 雅琥：《汴梁怀古》，李濂：《汴京遗迹志》卷二十三《艺文十》，北京：中华书局，1999年，第458页。

半死锋镝下，何人酹酒浇荒丘。"①

在此诗中，遁贤先是感叹金末"战争苦。……边尘四起民凋残"、金军"三将死，流血成河骨成堵"的往事，但笔锋一转，继而歌颂蒙古上应天命，以此战终结金朝国运，从此开启承平盛世的丰功伟绩。同时期的张翥评价此诗"扬厉无前之盛绩，良无愧也"②，可谓一语中的。遁贤另有诗言"世皇事开拓，揽策群雾清。完颜据中原，一鼓削蔡城。赵氏守南壤，再鼓宗祚倾。车书既混一，田野安农耕。向非圣人出，何能遂吾生"③，更是直白地表示元朝凭借武力灭金、灭宋是拨乱反正之举，为车书混一、民安国治奠定了基础。

与遁贤观念相通的色目人不在少数。早在至元十三年（1276 年），即元朝灭宋不久之际，康里人不忽木便同数位蒙古、色目人一起上疏，建议忽必烈效法历代先王兴学："古之王者，建国君民，教学为先。盖自尧、舜、禹、汤、文、武之世，莫不有学，故其治隆于上，俗美于下，而为后世所法。降至汉朝，亦建学校，……魏道武帝起自北方，既定中原，增置生员三千，儒学以兴。此历代皆有学校之证也。"在不忽木等人看来，广建学校可昭示南北重归一统，并以历史上的"平南之君"为例阐明己见："晋武帝尝平吴矣，始起国子学。隋文帝尝灭陈矣，俾国子寺不隶太常。唐高祖尝灭梁矣，诏诸州县及乡并令置学。"在此基础上，不忽木等人强调元朝统一的成就远在晋、隋、唐之上："晋之平吴得户五十二万而已，隋之灭陈得郡县五百而已，唐之灭梁得户六十余万而已，而其崇重学校已如此。况我堂堂大国，奄有江岭之地，计亡宋之户不下千万，此陛下神功，自古未有，而非晋、隋、唐之所敢比也。"因此元朝更需"遍立学校"以达成"人材众多，通习汉法"的目标④。可见，不忽木在颂扬元朝结束中国分裂、重建统一国家功绩的基础上，进一步认识到，元朝的历史任务已从取天下变成治天下，如何有效整合南北、延续中国文脉、开创太平盛世已成当务之急。

马祖常、贯云石与余阙等色目人也注重从文化层面审视元朝吞金灭宋的历史意义。马祖常作《饮酒》述说自己家族的发展历程："昔我七世上，养马洮河西。六世徙天山，日月闻鼓鼙。金室狩河表，我祖先群黎"，表达对祖辈先后融入金、元两朝的自豪；其后义言："诗书百年泽，濡翼岂梁鹈。尝观汉建国，再世有日磾。后来兴

---

① [元]遁贤：《金台集》卷一《三峰山歌》，景印文渊阁四库全书，台北：台湾商务印书馆，2008 年，第 1 215 册，第 265—266 页。

② [元]遁贤：《金台集》卷一《三峰山歌》，景印文渊阁四库全书，台北：台湾商务印书馆，2008 年，第 1 215 册，第 266 页。

③ [元]遁贤：《金台集》卷一《京城杂言六首》，景印文渊阁四库全书，台北：台湾商务印书馆，2008 年，第 1 215 册，第 279 页。

④ 《元史》卷一百三十《不忽木传》，北京：中华书局，1976 年，第 3 164—3 165 页。

唐臣，胤裔多羌氐。春秋圣人法，诸侯乱冠笄。谷邓不书名，毫发各有稽。吾生赖陶化，孔阶力攀跻。敷文佐时运，烂烂应璧奎。"① 在此，马祖常提及家族入元后弃武从文，逐渐成为书香门第的事迹，将统一后的元朝比附汉、唐，强调元朝对治下各民族的包容与教化。简言之，此诗表露的情感亦是对元朝统一后呈现出的华夷一体、车书混一景象的赞美。

畏兀儿人贯云石从华夏文化兴衰角度评价宋元易代，认为宋朝"有用儒者之讴，无用儒者之实。澶渊辱后，寇准南行，富弼直言不采，范希文西行边事，司马光在位不长，终陷为党，其大儒虽有小官，而弗行其用。至金马南牵，……尚由腐臭口颊叨叨下议，……耽耽撼于委靡呫嗫之文，百几年来，了不一悟。已而权臣用挟，学者不复出，势乃大丧，惟一文天祥是节而已矣。"显然，贯云石诟病宋朝所谓的"以儒立国"名不副实，具有真才实学的儒者在宋朝并未得到重用，以致南宋灭亡之际为国守节之人寥寥。贯云石继而盛赞元朝的名教成就："惟我圣祖，代天启运，一化中州，德归南土，日出月没，靡不臣妾，……"可见，贯云石同样认为元朝灭亡金、宋是华夏文化得以重振的关键，今日"人无不学，……学无不用"② 的成就一概源于元朝统一中华的事功。

表达过类似观点的还有余阙，余阙意识到西夏立国于分裂时代，因此着意于"用武"而"不能笃于所教，而区区遐方，教之亦未必合于先王之法"。直到元朝"受天命，一海内"，"收其兵甲而摩以仁柔，养之以学校而诱之以利禄"，方使包括西夏后裔在内的各民族得到涵养教化，终实现"弦诵之声，内自京师，达于海徼"③ 的文教成绩。

综上所述，一些元代色目人虽倾向于以宋朝作为华夏正朔，但他们认识到辽宋金时代是中国的分裂时期，因此并未将宋朝视为完整的"中国"。部分色目人不仅承认辽、金是具有影响力的中国王朝，甚至还赋予二者与宋朝基本相当的历史地位。一些人还将金、宋两朝视为前朝，展现出自身认同中国历史发展脉络的观念。也有色目人认识到长期分裂带来的南北差异性发展，因此他们肯定元朝吞金灭宋的功绩，将其视为中华文化得以统合的政治基础，这也反映出色目人具备传续中国文化的责任意识。

---

① [元] 马祖常：《马祖常集》卷一《饮酒》，长春：吉林文史出版社，2010 年，第 14 页。

② [元] 贯云石：《夏氏义塾记》，李修生主编：《全元文》卷一千一百四十四，南京：凤凰出版社，2004 年，第 36 册，第 193 页。

③ [元] 余阙：《青阳先生文集》卷二《送归彦温赴河西廉使序》，芜湖：安徽师范大学出版社，2021 年，第 51 页。

二、彰善瘅恶：元代色目人对宋、金人物的评价

在从宏观层面反思辽宋金时代之余，元代色目人对宋、金两朝的具体历史人物亦有品评。北宋名臣范仲淹所书《伯夷颂》是元人吟诗作文的主要题材。高昌回鹘人偰玉立在《敬题范文正公所书伯夷颂卷尾》中云："文正千年士，精忠凛不亡。勋名山岳重，翰墨日星光。乔木参天古，幽兰叠砌芳。我来拜祠下，端欲濯沧浪。高昌偰玉立再拜"①，对范仲淹的倾慕之情溢于言表。至元三年（1337年），伯牙吾台人泰不华同样借《题范文正公书伯夷颂卷后》一文赞誉范仲淹，认为范仲淹"在宋朝为名臣称首"，为宋人以范氏"为圣人，或方之以夔、卨"的观点张目："观魏国出处始终大节，一合乎道。其丰功盛德，焕乎简策，若日星之不可掩，山岳之不可齐，与天地相为悠久，其穷理尽性以至于命者与！"泰不华又言范仲淹书《伯夷颂》展现出范氏"切切于纲常世教，未尝一日而忘也"②的儒者情怀。概言之，泰不华于字里行间也充分表达出对范仲淹的敬重之情。

另一位备受元代色目人认可的宋人当属岳飞。贯云石赞扬岳飞"剑戟横空杀气高，金兵百万望风逃"的战功，慨叹岳飞冤死之时便已注定南宋"山河把不牢"③的结局。泰不华被岳飞"直取黄龙复汉京"的壮志感染，愤恨宋高宗与金言和乃是"独使英雄含恨血，中原何以望澄清"④的屈膝行径。迺贤道出"岳王烈烈真丈夫，材兼文武唐汉无。平生许国胆如斗，誓清九庙迎鸾舆。十万精兵多意气，赴难勤王尽忠义"之语，对"将军阃外图中兴，丞相江南请和议。东京百战方解围，班师诏促事还非。父老吞声仰天哭，儿郎含愤渡河归。感激英雄竟诛害，万里长城真自坏"的史事感到无奈、痛惜，认为宋将孟珙灭金后"凯还兵薄秦家陇。六军溜秽积如山，千古行人呼粪冢"⑤的侮辱秦桧之举实是公道行为。

得到元代色目人称赞的宋朝名臣还有韩琦、贾易、陈良翰等人。兀纳罕在论述中山府文教发展脉络时，特意强调北宋时曾任职中山一带的韩琦对当地"其民淳，

---

① [元] 偰玉立：《敬题范文正公所书伯夷颂卷尾》，《范仲淹全集》附录三，北京：中华书局，2020年，第887页。

② [元] 泰不华：《题范文正公书伯夷颂卷后》，《范仲淹全集》附录三，北京：中华书局，2020年，第874页。

③ [元] 贯云石：《题岳忠武王庙》，杨镰主编：《全元诗》，北京：中华书局，2020年，第33册，第310页。

④ [元] 泰不华：《题岳忠武王庙》，杨镰主编：《全元诗》，北京：中华书局，2020年，第45册，第176页。

⑤ [元] 迺贤：《金台集》卷二《岳坟行》，景印文渊阁四库全书，台北：台湾商务印书馆，2008年，第1215册，第300—301页。

其俗厚"①的深远影响。对于名载"元佑党籍"的贾易，不忽木之子回回以二首《贾公祠》感怀贾氏的气节德行："文肃有祠，谁所构兮。元祐为党，省无咎兮。何人不没，名则寿兮。邦有公思，食必祝兮。好是正直，神汝祐兮。继其时亨，宜有后兮""烈日当空存大节，严霜捲地揭孤忠。至今凛凛有生气，消得声光吐白虹。"②雍古人金哈剌则赋诗歌颂南宋谏官陈良翰："磊落陈金紫，前朝作谏员。霖威劳帝主，忠念格黄天。劲正传碑刻，勋庸入简编。谁能起公死，披露听便便。"③不难看出，元代色目人对两宋忠良均持褒扬态度。

元代色目人赞美的又一主要群体是金元易代以及宋元易代之际为故国尽忠之士。金朝灭亡之际，右丞完颜仲德"率将士六百人突围，遁至汝水，回顾城中，烟焰涨天，仲德下马谓将士曰：'国已亡，余居宗室，且备位宰相，义固当死，诸公宜早降。'诸将大噪曰：'相公能死，我辈独不能死耶？'六百人皆奋然赴水死。"对于此事，迺贤有诗《汝水》云："骑马涉秋水，冷冷战骨声。寒沙沈断戟，杀气暗残营。自欲全忠义，谁能顾死生。千年董狐笔，端不愧田横。"④诗中将完颜仲德比喻为古贤士田横，钦佩之情一览无余。

余阙推重忠臣节士，感叹"宋之亡，降者甚多，而死义者甚少"，因此借修三史之机颂扬坚守常州的陈炤等人："近书库中始得德祐日记数册，陈通判事始见。……谨以载入史中，不敢遗落。人祸天殃，岂不畏哉？昔欧阳公作《五代史》，不为韩通立传，人以为非第一等文字。要是宋人避忌太甚，……今幸我朝至仁，世祖皇帝为金死节人立碑，圣上诏修三史，凡死节者命一切无所忌讳。夫古之良史，杀三人而犹执笔以往，况今遭逢圣明，何苦而为不肖之行如陈寿辈哉？"⑤由此可见，余阙认同元世祖"为金死节人立碑"以及顺帝"诏修三史，凡死节者命一切无所忌讳"的举措，彰显出自身对前朝死节之士爱国精神的倾慕。

与褒扬忠臣节士相呼应，元代色目人对宋朝的昏君奸佞加以贬斥。《元史·嵬嵬传》记载：元顺帝"一日鉴宋徽宗画称善"，不忽木之子嵬嵬顺势进言："'徽宗多能，惟一事不能。'帝问何谓一事。对曰：'独不能为君尔。身辱国破，皆由不能为君所致。人君贵能为君，它非所尚也。'"⑥可见宋徽宗已经成为嵬嵬心目中君主的反

---

① [元]兀纳罕：《增修中山府庙学记》，《全元文》卷一千六百一十，南京：凤凰出版社，2004年，第52册，第401页。

② [元]回回：《贾公祠》，杨镰主编：《全元诗》，北京：中华书局，2020年，第36册，第217页。

③ [元]金元素：《宋陈献肃公劲正堂铭卷》，杨镰主编：《全元诗》，北京：中华书局，2020年，第42册，第394页。

④ 迺贤：《金台集》卷一《汝水》，景印文渊阁四库全书，第1215册，第283页。

⑤ 余阙：《复陈景忠修撰书》，《全元文》卷一千四百九十四，第49册，第117—118页。

⑥ 《元史》卷一百四十三《嵬嵬传》，北京：中华书局，1976年，第3414页。

面教材。贯云石斥责宋高宗软弱偏安、苟且偷生的行径："宋陵荒没，父兄沙漠，孤马南驻，不去臣字，心杀力将，喂奸细之口，苟安卯冰之位"，进而指斥宋末诸君也多是昏庸之辈，以致接连出现"权臣用挟"① 之事。马祖常也以诗讽刺宋徽宗与宋高宗："秋橙黄后洞庭霜，郭索横行自有匡。十里女真鸣铁骑，宫中长昼画无肠。"② "汉家自有云台像，谁取丹青昼度田。宋主欲兴江左业，却将书字送长年。"③ 寥寥数语尽显无奈又揶揄之意。南宋诸多权臣也遭元代色目人抨击。余阙《题宋顾主簿〈论朋党书〉后》对丁大全、贾似道先后弄政柄国、排抑慷慨之士的史事感到遗憾，对"秦桧柄国，方以威权铨制天下，士大夫罹其祸者甚众"④ 的历史也深表痛惜。顺帝至正四年（1344 年），萨都剌路过贾似道废宅之际，感慨贾氏无德无才，实乃"社稷无人物，湖山构祸胎"⑤ 一般的人物。

综上所述，元代色目人倾向于从德行出发评价宋、金人物。范仲淹、岳飞、完颜仲德等忠臣节士因此成为色目人心目中的道德楷模与人臣典范，而不辨忠奸、轻视社稷的宋徽宗、宋高宗以及挟私弄权、构陷忠良的秦桧、贾似道等人则被色目人视为不可效法的鉴戒。由此可见，元代色目人的历史人物评价标准符合儒家传统史学评价体系，内含彰善瘅恶、以史为鉴的道德与经世思维。

三、华夷一体：从三朝观看元代色目人的历史文化认同

元代色目人对辽宋金时代历史发展脉络的宏观认知以及对宋、金个别人物的具体评价，展现出其对中国历史文化的深刻理解与认同。一方面，元代色目人是以儒学价值标准以及士大夫身份审视三朝历史的。他们论三朝正统的同时虽未轻视事功，但在其看来，一个王朝最重要的事功便是名教成就。元朝重建大一统的功业是元代色目人盛赞的对象，突显出其赞同汉法、维系纲常、重塑承平的政治文化取向。而在品评历史人物方面，"性命""道德""忠义"则是贯穿其中的重要准绳。另一方面，元代色目人品评三朝历史时带有较为强烈的个人感情，或为宋朝、金朝的兴盛衰亡而欢喜悲伤，或为辽宋金从分裂走向统一而慨当以慷，或为忠臣无门、奸佞当道而扼腕叹息。这种情感波动无疑源自色目人对中国历史文化的亲切感与认同感。由此观之，元代色目人的辽宋金三朝观大概已与一些汉人士大夫一般无二。更为重

---

① 贯云石：《夏氏义塾记》，《全元文》卷一千一百四十四，第 36 册，第 193 页。

② 马祖常：《马祖常集》卷四《画蟹》，长春：吉林文史出版社，2010 年，第 120 页。

③ 马祖常：《马祖常集》卷四《宋高宗书光武度田图》，长春：吉林文史出版社，2010 年，第 109 页。

④ 余阙：《青阳先生文集》卷六《题宋顾主簿〈论朋党书〉后》，第 89—90 页。

⑤ [元] 萨都剌：《雁门集》卷十二《过贾似道废宅》，上海：上海古籍出版社，1982 年，第 329 页。

要的是，元代北方、南方士大夫在三朝认知方面呈现的龃龉之处在元代色目人身上也得到一定程度上的调和。

事实上，以上提到的色目人几乎在陈垣《元西域人华化考》中均有所涉及。重要者如不忽木、崾崾（不忽木子）、回回（不忽木子）、泰不华、伯颜、马祖常、瞻思、偰玉立等入《元西域人华化考》儒学篇；泰不华、迺贤、余阙、马祖常、雅琥、萨都剌、赵世延、贯云石、瞻思、不忽木、金元素等入《元西域人华化考》文学篇。由此观之，元代色目人的辽宋金三朝观无疑是有元一代"华夷一体"现象在历史观念层面的直接反映。

元代色目人三朝观的形成以及其中蕴含的历史文化认同也与其同汉人的不断交往交流紧密相连。如不忽木先后"师事太子赞善王恂""受学于国子祭酒许衡"，十六岁时便"书《贞观政要》数十事"进于忽必烈，忽必烈"知其寓规谏意，嘉叹久之"，对于许衡所"纂历代帝王名谥、统系、岁年"，不忽木"读数过即成诵，帝召试，不遗一字"①。由此可知，不忽木对中国历史的了解和阐释自有渊源。再如瞻思，其父斡直"始从儒先生问学，轻财重义"，瞻思本人"生九岁，日记古经传至千言。比弱冠，以所业就正于翰林学士承旨王思廉之门"，当是金元之际北方文坛泰斗元好问的再传弟子，"由是博极群籍，汪洋茂衍，见诸践履，皆笃实之学"②，瞻思著述颇丰，其中不乏对金末史事的专门著述。还如哈剌鲁人伯颜，"稍长，受业宋进士建安黄坦，……自弱冠，即以斯文为己任，其于大经大法，粲然有睹，而心所自得，每出于言意之表。乡之学者，来相质难，随问随辨，咸解其惑。于是中原之士，闻而从游者日益众"③。贯云石从学于姚燧，"北从承旨姚公学。姚公见其古文峭历有法，及歌行、古乐府慷慨激烈，大奇其才"④，时人言道："翰林承旨姚先生，于当世文章士，少许可，然每称贯公妙龄，才气英迈，宜居代言之选。"⑤ 由此可见，元代色目人与汉人士大夫相处甚欢，耳濡目染间自然对中国历史文化的认同感也与日俱增。

再将视角转移到辽宋金"三史"修撰方面，元代色目人对三朝的认知大概也被士林乃至官方熟识且认可，故许多色目人在元修三史过程中作出实际贡献。史载崾崾"一日进读司马光《资治通鉴》，因言国家当及斯时修辽、金、宋三史，岁久恐

---

① 《元史》卷一百三十《不忽木传》，北京：中华书局，1976年，第3 164页。
② 《元史》卷一百九十《儒学传二》，北京：中华书局，1976年，第4 351页。
③ 《元史》卷一百九十《儒学传二》，北京：中华书局，1976年，第4 350页。
④ [元] 欧阳玄：《欧阳玄全集》卷九《元故翰林侍读学士中奉大夫知制诰同修国史贯公神道碑》（至正八年），成都：四川大学出版社，2010年，第212页。
⑤ [元] 邓文原：《巴西集》卷上《翰林侍读学士贯公文集序》，景印文渊阁四库全书，第1 195册，第535页。

致阙逸。后置局纂修，实由巎巎发其端"①。亲身参与修撰三史的色目人更不在少数：如泰不华，"召入史馆，与修辽、宋、金三史"②；余阙，"以修辽、金、宋三史召，复入翰林，为修撰"③；廉惠山海牙，"预修辽、金、宋三史"④；伯颜，"以隐士征至京师，授翰林待制，预修《金史》"⑤；沙剌班，"修金史于著廷，尽得其为国之始终，使后世可以鉴其治乱也"⑥，等等。

综上所论，元代色目人进入中原后"以中原为家，……不复回首故国"⑦的论断绝非夸大其词。或许也可以说，元代色目人的家国情怀、故国意识已经随着其家族发展、个人发展而与中国历史文化融为一体，由其辽宋金三朝观便可看出他们已自觉将自身所在的族群史、家族史纳入中国历史发展谱系。元代色目人这种主动承担中国历史文化责任的精神堪为中国古代铸牢中华民族共同体意识的典范案例，现今仍具有借鉴意义。

---

① 《元史》卷一百四十三《巎巎传》，北京：中华书局，1976 年，第 3 415 页。

② 《元史》卷一百四十三《泰不华传》，北京：中华书局，1976 年，第 3 424 页。

③ 《元史》卷一百四十三《余阙传》，北京：中华书局，第 3 426 页。

④ 《元史》卷一百四十五《廉惠山海牙传》，北京：中华书局，第 3 448 页。

⑤ 《元史》卷一百九十《儒学传二》，北京：中华书局，第 4 350 页。

⑥ [元] 虞集：《虞集全集·江西监宪刘公去思碑铭》，天津：天津古籍出版社，2007 年，第 1 041 页。

⑦ [宋] 周密：《癸辛杂识》续集卷上《回回沙碛》，北京：中华书局，1988 年，第 138 页。

清末民初嫩江流域达斡尔族渔业经济繁盛探析

张　通　杨　光

摘要： 达斡尔族是我国东北地区以多元经济著称的民族。清末民初其渔业生产由自然经济发展为商品经济，成为经济形式的主要成分之一，繁盛一时。究其原因，达斡尔族南迁至嫩江流域后充分利用优良的生态环境开展渔业生产，特别是汉族等外来移民的大量迁入使得渔业技术提升、市场需求增大、交通环境改善，为其渔业繁荣创造了条件。清末民初嫩江流域达斡尔族渔业经济繁盛是东北地区各族民众交往交流交融的结果，是边疆地区铸牢中华民族共同体意识的历史基础。

关键词： 达斡尔族；渔业经济；嫩江流域；民族交流

作者　张通，东北大学秦皇岛分校民族学学院博士研究生（秦皇岛　066000）、巴基斯坦旁遮普大学人文艺术学院博士研究生（旁遮普拉合尔　54660）；杨光，哈尔滨商业大学商业经济研究院教授（哈尔滨　150028）

史家研究认为达斡尔族传统多元经济成分有农业、狩猎业、渔业等。目前，学术界关于达斡尔族渔业经济的研究成果多为历史叙事，如丁石庆著《达斡尔语渔业词汇与渔业文化历史变迁》，吴瑶、白晓清著《黑龙江达斡尔族文化》，内蒙古自治区编辑组编《达斡尔族社会历史调查》，张璇如等著《北方民族渔猎经济文化研究》等。但这些研究成果较少涉及清末民初这一历史时期[1]。本文在前人研究的基础上，根据文献和调查资料，认为清末民初是达斡尔族渔业经济繁盛时

---

① 关于此方面的研究，主要有如下专家学者的代表成果：丁石庆的《达斡尔语渔业词汇与渔业文化历史变迁》（《满语研究》，2002年第2期）一文是介绍达斡尔族渔业经济、历史和文明的专文，重点论述达斡尔族渔业经济的历史发展和达斡尔族渔业词汇丰富的原因，并分析达斡尔族渔业词汇和周边其他渔猎民族渔业词汇异同的原因；吴瑶、白晓清的《黑龙江达斡尔族文化》（哈尔滨：黑龙江教育出版社，2010年，第51页）；内蒙古自治区编辑组的《达斡尔族社会历史调查》（北京：民族出版社，2009年，第5页）；张璇如、陈伯霖、谷文双、白凤岐的《北方民族渔猎经济文化研究》（长春：吉林人民出版社，2010年，第230页）等著作和调研报告中的部分章节涉及达斡尔族渔业经济，如传统渔具、所捕鱼的种类，捕鱼的方法和捕鱼季节等。

期，渔业是当时达斡尔族商品经济的主体成分和主要收入的来源，其根本原因是清末民初东北地区各民族互相交往交流交融的结果。

据史家考证，17 世纪以前，达斡尔族主要生活在黑龙江中上游以北、外兴安岭以南的广大地区，从事包括渔业在内的各类经济活动。黑龙江水域渔业资源十分丰富，盛产多种冷水鱼类，为达斡尔族开展渔业活动提供了优越的自然条件，当时达斡尔族的渔业经济已初具规模。明末清初之际，沙俄对黑龙江流域进行侵略和劫掠，攻陷达斡尔人世代居住的城堡及村屯，并在尼布楚、雅克萨等地筑室盘踞。他们绑架达斡尔族首领以强行索取贡赋，残杀达斡尔民众以迫使其归顺沙皇的统治。达斡尔人不堪其扰，遂在清政府组织下陆续南迁，辗转迁移至嫩江流域。此后，达斡尔人逐渐适应了新的生活环境，充分利用当地的资源开展多元经济活动，成为嫩江流域的早期开拓者之一。

嫩江是松花江的支流，流域面积约 29.7 万平方千米，"有大支流 17 条、小支流 18 条，无名小河 160 条，总长 6 087 千米"[①]，具有开展渔业生产得天独厚的优势。嫩江流域的自然生态条件为开展渔业经济提供了保障，达斡尔族迁入伊始就在此从事渔业生产。此外，达斡尔族多沿江居住的习惯也为其开展捕鱼活动提供了便利。由于长期从事捕鱼活动，达斡尔族掌握一定的渔具制造技术，大多数渔具都能自己制作。同时，达斡尔族熟悉各种鱼类的生活习性，捕鱼方法较多且操作娴熟。"在夏冬两季达斡尔族依据不同水域和不同鱼类有多种多样的捕鱼方法。嫩江流域六、七月水涨，则大鱼入网。而凿冰围网捕鱼是冬季捕鱼的重头戏。"[②]根据季节的不同，达斡尔族采取相应的捕鱼工具进行捕鱼。以叉鱼的鱼叉为例，虽然达斡尔族冬夏均可使用，但冬夏两季鱼叉的构造却不尽相同。冬季使用的鱼叉需穿透一两指厚的冰层，因此，冬季鱼叉要比夏季鱼叉粗。由于嫩江流域丰富的渔业资源和达斡尔族擅长捕鱼的特点，有清一代，嫩江流域的名贵鱼类一直都是当地达斡尔族向清廷朝贡的贡品。时至清末民初，达斡尔族的渔业在原有的水平上继续发展，积极地吸取周边民族和移入民族的渔业生产技术，创造了渔业经济的繁荣。

一、清末民初嫩江流域达斡尔族渔业经济繁盛的表现

（一）挂网和快钩等新型捕鱼工具的引进及广泛使用

捕鱼是"猎取自然界现成的水生动物作为食物来源的古老的生产部门之一，属

---

① 《中国少数民族社会历史调查资料丛刊》修订编辑委员会编：《黑龙江省满族朝鲜族回族蒙古族柯尔克孜族社会历史调查报告》，北京：民族出版社，2009 年，第 81 页。
② 陈文龙：《朔漠达斡尔 求鱼凿冰穴》，发表于"大话哈尔滨"，https://www.163.com/dy/article/EHBC25DM052198BL.html，2019 年 6 月 1 日。

于攫取经济的范畴"①，掌握生产工具是攫取经济得以开展的保障。达斡尔族传统的捕鱼工具种类相对丰富，有鱼罩（"达如勒"）、鱼篓（"奥连库"）、鱼亮子（"哈迪"）、鱼叉（"司额热"）、渔网（"阿勒额"）、卡底、兜网、挂钩、桦皮船具等。

清末民初，随着各地移民向嫩江流域大量涌入，各民族的交往逐渐深入。移民为达斡尔族带来了更为先进的新式捕鱼工具。如 19 世纪末，达斡尔族渔民在汉族移民的带动下逐步运用挂网捕鱼；与此同时，在俄罗斯人的影响下，达斡尔族的捕鱼钩具中出现了高效率的快钩。在此之前，钝钩一直是达斡尔族主要的捕鱼的钩具之一。但钝钩捕鱼的操作比较繁琐，"用 2 厘米粗的硬铜弯成的，在下钩时拴在几十米长的铁丝上。铁丝的一头系在树根上，另一头绊在石头上。一般每盘铁丝上挂钝钩 30 把，其间距在 1.5—2 米左右。下钩时还要系上木棍，用作漂子"②。而新式的快钩构造比钝钩有优势，操作也相对容易。和钝钩相比，快钩的钩尖比较锐利，一盘能栓一二百把钩子，这是钝钩达不到的。

（二）达斡尔族渔业生产效率显著提高

新式捕鱼工具的应用也使达斡尔族的捕鱼量和捕鱼种类大增，大大超过传统捕鱼工具的效率和产值。以快钩为例，"使用快钩，能捕到数公斤重的小鱼，也能捕获到十几公斤乃至上百公斤的大鱼。用快钩捕鱼，不仅能钓到鲤鱼，还能捕获到鲟鱼、鳇鱼、鳜鱼、鲇鱼和白鱼"③。而使用传统的钝钩，即使一个人一天下四五盘左右，每天须遛钩三至四次，捕获的鲤鱼大约也只有数十公斤，而且钝钩基本上只能钓到鲤鱼。无论是渔获量还是捕到鱼的种类，钝钩都不具备快钩的优势。因此，快钩的运用，使达斡尔族的捕鱼量大大提高。挂网也能提高捕鱼效率，"通常条件下，一个人能下 15—20 个挂网，每天溜网三四次，能捕到数十公斤至数百公斤的鱼"④。此外，冰钻等冬捕技术在此时日趋进步，也使达斡尔族冬季捕鱼量非常可观，有时一网能打出一千多斤鱼来。

（三）达斡尔族渔业生产由自给自足式经营转变为商品生产

清朝前中期，达斡尔族还没有形成相对成熟的商品意识，捕获的鱼类主要是自食。甚至在渔获量产生剩余或饲料不足之时，鱼还被大量用作牛、马等牲畜的饲料。

---

① 张璇如、陈伯霖、谷文双、白凤岐：《北方民族渔猎经济文化研究》，长春：吉林人民出版社，2010 年，第 230 页。

② 吴瑶、白晓清：《黑龙江达斡尔族文化》，哈尔滨：黑龙江教育出版社，2010 年，第 51 页。

③ 吴瑶、白晓清：《黑龙江达斡尔族文化》，哈尔滨：黑龙江教育出版社，2010 年，第 51 页。

④ 吴瑶、白晓清：《黑龙江达斡尔族文化》，哈尔滨：黑龙江教育出版社，2010 年，第 49 页。

另外，清政府规定达斡尔族等黑龙江诸族履行朝贡义务。达斡尔族捕到的一些名贵的鱼类，有义务定额上交给清廷，极大地限制了渔产品大量向市场流入。同时，封禁政策导致当时嫩江流域的人口数量和市场交易都相对有限，当地渔业资源没有得到充分开发，使其渔产品的商品化程度始终较低。

尽管如此，达斡尔族迁入嫩江流域以后，商品经济逐步发展起来，所捕获的渔产品在其早期贸易中也占有一席之地。据记载，康熙五十年（1711 年）方登峄遣戍卜魁（今黑龙江齐齐哈尔），居十余年，其作品中记载了达斡尔族的捕鱼生活。其中有一首《斗鱼歌》吟出："冰圻网江心，冰结求鱼凿冰穴。卖冰鱼，冰满车，冰鳞刺手红衣裙。"

光绪末年，随着俄、日等国对东北地区的渗透和争夺，边疆危机日益加深。清政府废弛边禁，允许并鼓励内地民人垦荒实边，使得黑龙江地区人口激增，富饶的嫩江流域成为移民主要的迁入地区之一。民国以后，移民持续向嫩江流域迁入的趋势不减，带动了当地城镇的崛起和商品经济的繁荣。众多外来移民对渔产品等农副产品需求量的增加带动了本地渔产品的热销，加速了当地达斡尔族渔产品的商品化进程。同时，嫩江流域盛产各种名贵鱼类，味道鲜美，具有良好的口碑和消费市场。这使当地的达斡尔族意识到捕鱼可以为其带来不菲的商业价值，此时对于达斡尔族来说，鱼类的商业价值已经大大超过食用价值。

与此同时，达斡尔族自身生产力日渐提高，自然经济已不能满足其社会的正常发展，传统经济向近代化转型迫在眉睫。"因为鱼既可以解决日常生活中的食物问题，又可以用以交换以解决生产与生活中的各项支出。"[1] 因此，达斡尔族对渔业生产的热情高涨，渔业在其经济生活中的地位进一步强化。随着达斡尔族自身商业意识的增强，达斡尔族渔业活动和市场经济的联系愈加紧密，渔产品商品化的趋势进一步深入。特别是冬季渔产品的销售，使渔业收入成为当地达斡尔族家庭的主要收入之一。当时的达斡尔族官员孟定恭在《布特哈志略》中提到："穿作冰眼兮上冬网，持备钩锸兮捕鱼尾，兄弟舅姑兮赴市售货维生计"，不仅反映出清末嫩江流域达斡尔族在冬季热火朝天的捕鱼场景，也佐证了渔产品流入市场、成为达斡尔族家庭收入的组成部分这一历史事实。民国初期，寓居黑龙江地区的张超夫在其所著的《东荒民俗闻见琐录》中对此时达斡尔族渔产品的商品化也有记载，"土人捕鱼，半作食品，半以向华俄人易米粮杂物"[2]。由此可见，渔业生产在清末民初之际达斡尔族对外交换中起到重要的作用。是时，齐齐哈尔、博尔多、墨尔根等城一直是当时达斡尔族渔产品的主要销售地点，在嫩江流域许多地区出现了不少由达斡尔族主管

---

① 陈烨：《达斡尔族经济变迁略论》，《内蒙古社会科学》，1999 年第 2 期。
② 张超夫：《东荒民俗闻见琐录》，《达斡尔资料集》（第一集），北京：民族出版社，1996 年。

经营的渔场。

（四）达斡尔族渔业生产组织和分配方式的变革

随着渔产品商品化和产业化趋势的增强，渔产品在市场的畅销改变了当地渔猎民族单纯的物物交换的生产生活方式。商品经济的发展使黑龙江地区的渔猎民族逐渐意识到渔产品在经济活动中具有重要地位。因此，清末以来，当地一些渔猎民族在从事大规模渔猎生产活动时开始出现带着人力和生产工具按股入伙的现象，所捕获的渔猎产品和分得的利润也按照约定的股份进行分配。达斡尔族亦然，"各地区有一些专门的渔业生产户也都改变了传统捕鱼方式，劳力按工种计股，工具也同样计股分配"[1]。用大网捕鱼时，需要二三十人组织起来，推选富有打渔经验者当"阿维达"（头人）。"阿维达"是整个捕鱼过程中的指挥者，以屯为单位占有渔场以后，平时还兼管本屯的渔场。渔产品分配时，大网等捕鱼工具有固定的报酬，"阿维达"在分配中得的也多一些。具体分法是先把工具、劳力和有权参加分配的户（负担网税和祭祀费用者）定出股来，然后按股平均分配。另外，尽管个人捕鱼的现象依然存在，但大规模、有组织的集体捕鱼已成为主流。按劳力和工具计股，是达斡尔族经济发展和商业意识增强的表现。由于"阿维达"在分配中得到的报酬比其他的渔业生产户要高，长期以来按照渔获的多寡平均分配的方式发生改变。达斡尔族的私有观念渐渐形成，渔业生产中出现了一定的剥削现象。

二、清末民初嫩江流域达斡尔族渔业经济繁盛的原因

（一）渔业中心的转移为嫩江流域渔业的发展带来契机

清末民初，呼伦湖地区因气候日渐干旱和俄国经营者人为过度捕捞导致渔业资源衰竭，当地渔场相继关闭。然而，嫩江流域较好地保持了曾经的生态环境，人为开发的程度相对有限，渔业资源极为丰富。据史料记载，嫩江流域渔民用鱼叉随时都可叉到鱼；数量繁多的鱼类经常会把渔船填满或淹没。"嫩江及其支流盛产鱼类，有时捕鱼可一次性捕到千斤以上。如莫旗境内河流纵横，泡沼星布，有较丰富的发展渔业生产的资源。旗境水中生长的各种鱼种类有 47 种。"[2] 因而，黑龙江地区的渔业中心逐渐从呼伦湖地区转移至松花江和嫩江流域，进一步繁荣了当地渔产品的销售市场，有力地推进了当地达斡尔族渔业经济的发展和繁荣。

---

① 丁石庆：《达斡尔语渔业词汇与渔业文化历史变迁》，《满语研究》，2002 年第 2 期。
② 丁石庆：《达斡尔语渔业词汇与渔业文化历史变迁》，《满语研究》，2002 年第 2 期。

（二）大量移民涌入促进了当地达斡尔族渔产品商品化的发展

清末民初东北地区的招民垦荒政策，加快了以汉族为主的关内民众向嫩江流域达斡尔族聚居地区迁移的步伐，大量移民涌入嫩江流域。据文献记载，1914 年，达斡尔族聚居的龙江县由 21 000 人猛增到了 70 000 人（包括齐齐哈尔城），讷河县由 13 000 人增至 26 000 人，翻了一番多。同时，中东铁路的通车和沿线城市的开埠吸引了大量国内国际移民向包括嫩江流域在内的铁路沿线地区移民的进程。特别是十月革命以后，由于苏俄政治局势急剧变动，黑龙江地区呈现出前所未有的白俄贵族移民浪潮。"十几万俄罗斯人涌入中东铁路沿线城镇，中国政府鼓励内地移民边疆政策实施多年，人口的增加以及俄罗斯人的饮食习惯致使黑龙江地区的肉类和渔产品需求剧增。"[1] 大量外来移民为嫩江流域达斡尔族的渔产品拓展了消费市场，同时也带来了近代化捕鱼工具和高效的捕鱼设备、劳动力，加速了其渔产品商品化的发展进程。

（三）社会体制和制度的变革为嫩江流域达斡尔族渔业创造了发展机遇

20 世纪初，东北地区边疆危机打破了黑龙江地区民族传统的自然经济，中国社会体制和制度变革为当地达斡尔族渔业发展带来契机。面对庚子俄难后黑龙江地区百废待兴却财政紧张的颓势，当地地方官员意识到通过发展渔业等产业可以兴边利民。"查松黑两江产鱼之盛，实属出利大宗。"[2] 清政府对黑龙江地区渔业的重视和鼓励政策为当地民族渔业经济的繁荣创造了条件。如 1903 年，黑龙江将军程德全主政后，大力兴办渔盐业、鼓励垦荒，以八旗名义在嫩江流域经营官网捕鱼，促进了当地民族的渔业发展。

清帝逊位后，清政府对当地渔猎民族的朝贡制度终结。达斡尔族摆脱了朝贡渔猎产品的沉重枷锁，使其有更多的精力、热情和时间投入渔业等相关产业。八旗制度被废除，使其也无须再负担兵役，为达斡尔族从事各类经济产业提供了更多劳动力。

向黑龙江地区移民的政策在民国时期得到了有效继承，汉族等各族民众继续大规模涌向嫩江流域。民国初年，黑龙江地区的渔政也逐渐建立，当地渔猎民族开展渔业生产也有了相应的法律规范。通过发挥各自优势开发当地优质丰富的生态资源，各族民众在生产生活中接触、交流交融，创造了黑龙江地区经济开发的高潮。

---

① 陈文龙：《闻名于世的"世界第三渔场"：黑龙江省嫩江流域多耐站》，发表于"大话哈尔滨"，https://www.imharbin.com/post/40702，2017 年 12 月 20 日。

② 陈文龙：《闻名于世的"世界第三渔场"：黑龙江省嫩江流域多耐站》，发表于"大话哈尔滨"，https://www.imharbin.com/post/40702，2017 年 12 月 20 日。

（四）近代化交通工具的普及促进了嫩江流域达斡尔族渔业的进一步发展

中东铁路的修筑和通车不仅使人口的流动性空前提高，也加强了沿线城镇同外界的联系。交通环境的改善进一步扩展了当地渔产品的销售渠道，"新的城镇和村屯不断涌现，集市鱼贩兴盛。渔业经济有了大幅度发展，1914 年渔货物表总计数量4 349 064 斤，价值30 万元"①。由于中东铁路恰好经过达斡尔族聚居的嫩江流域，带来大量移民的同时，也为该流域的渔产品拉动了消费市场。因此，当地达斡尔族的渔业一度繁荣。

三、结语

清末民初嫩江流域达斡尔族渔业经济在原有的基础上得到进一步巩固和发展，呈现出一度繁荣的景象。究其原因，汉族等大量移民不断向嫩江地区迁入，促进了当地达斡尔族社会生产力的提高，使这里的渔业经济得到迅速发展。其具体表现为近代化高效率捕鱼工具的引用使当地达斡尔族渔获量提高、渔产品种类更丰富、渔产品商品化趋势增强。在此期间，达斡尔族渔业生产的组织形式和渔产品分配方式也发生了变革，渔业生产和分配开始出现剥削。随着当地达斡尔族商品意识的提高和思想观念的转变，其经济发展形式开始由原来的自然经济向近代化商品经济转型。同时，渔业中心由呼伦湖地区向松嫩流域转移，近代化交通工具的普及和社会制度的变革为当地达斡尔族渔业经济的繁荣带来契机和动力。渔业生产由自给自足的渔业发展为商品渔业，渔业生产收入成为达斡尔人的主要收入之一。这种历史情境是中华民族交往交流交融与民族认同和谐发展的结果，也是中华民族内在的向心力和凝聚力的具体体现，更是中华民族共同体意识形成的历史基础和保障。嫩江流域达斡尔族渔业经济的历史经验为边疆民族地区自然资源的合理运用和开发、东北地区经济的振兴和转型、乡村文化振兴和人才振兴等提供了有益借鉴。

---

① 陈文龙：《闻名于世的"世界第三渔场"：黑龙江省嫩江流域多耐站》，发表于"大话哈尔滨"，
　https://www.imharbin.com/post/40702，2017 年 12 月 20 日。

顺治时期满汉民族政策与中华民族共同体建设

唐晓卿

摘要： 清初顺治时期，满汉关系显得尤为突出，满汉关系密切相关，二者相互影响。要实现政权的稳固就必须在多民族的社会环境中积极主动地调整满族与汉族之间的关系，满汉民族政策从人口、官职调整、尽革投充这几个角度出发推进了"大一统"国家的建设；满汉民族政策在消除民族隔阂、加速族际间联姻等方面促进了中华民族文化交流与融合；满汉民族政策在对儒家文化的学习、民俗的相互交往等方面加强了各民族对中华文化的认同。对满汉民族政策的调节，加快了中华民族从"自在"共同体向"自觉"共同体建设的速度，是推进中华民族共同体建设的一种特别途径和行之有效的措施。

关键词： 满汉民族政策；中华民族共同体；顺治

作者 唐晓卿，东北大学秦皇岛分校民族学学院硕士研究生（秦皇岛 066000）

我国自古以来就是多民族国家，历朝历代如何处理民族问题、采取何种民族政策，都关系着国家的兴衰存亡。清朝满族以一个少数民族的身份入主中原，尽管是统治民族，但在人口、经济、文化等方面处于相对落后的状态，因此要实现政权的稳固就必须在多民族的社会环境中积极主动地调整与各民族之间的关系，妥善处理各类民族问题。王锺翰先生指出："满族作为继蒙元之后入主中土的第二个少数民族，它的统治者十分注意吸收借鉴历代封建王朝统治众少数民族的经验教训，制定自己的民族宗教政策。"[①]本文在认真查阅相关文献资料的基础上，系统研究顺治时期的民族政策，论述其演变的过程、内容、实质和影响。顺治时期对满汉民族政策的调节，正是在民族问题和民族政策上的继承与创新，维护了边疆和中央政权的稳

※ 基金项目：本文系 2023 年度国家社科基金项目"清代山海关内外民族交往交流交融满文文献翻译整理与研究"（23BZS085）阶段性成果。

① 王锺翰：《王锺翰学术论著自选集》，北京：中央民族大学出版社，1999 年，第 225 页。

定，为近代中国版图的形成奠定了基础，加快了中华民族从"自在"共同体向"自
觉"共同体建设的速度，是推进中华民族共同体建设的一种行之有效的措施。

一、满汉民族政策促进了"大一统"国家的发展

"大一统"与"大统一"注重地域界限的统一有所不同，它所指的除了边界的统
一外，更多地涉及国家的政治法律制度的统一性、经济体制与意识形态的整合。《春
秋公羊传》是"大一统"这一词汇的开始①，孔子时代以后，"大统一"成为一种政
治思想，历代中央王朝都以此为准则，其被认为是代表君王英明的"王冠"，并成为
中国历史发展的一条主线，是关系国家命运的一条生命线②。从先秦"普天之下，莫
非王土"③的国家民族观念，到后来儒家"四海一家"的"华夷一统"主导思想，各
国政体所追求的"正统"之路，就是实现民族"大一统"。这一点，可以从《大清一
统志》等清朝由中央编撰而成的书籍中看到。顺治帝在九年三月取缔人口交易，"自
今以后，将人贩子各色永行禁止。如有故违。后被发觉。定行治以重罪"④。清代是
从清军入关前的奴隶制过渡到早期的封建制的阶段，清军入关前，抢掠、贩卖人口
的风气十分盛行，城门外便是市场。随着清军的进入，这个贸易也被带入，北京人
市即位于顺承城内大街，与牛市、骡马市、羊市相毗邻⑤。因为"人贩贸易"被禁止，
那些通过贩卖人口牟取暴利的贵族也会受到一定的限制，许多汉人奴仆获得自由，
得到法律上的保护，提高了汉民的社会地位。顺治帝颁布诏书，对原来的官职体系
进行了彻底的整合，将原先的满族和汉人的等级进行了严格的调整。大学士及各部
尚书俱为正二品，侍郎俱为正三品，学士及郎中俱为正五品，员外郎俱为从五品，
主事俱为正六品⑥。第二年冬又向各衙门下达掌管印信不必分满汉的谕令，"受事在
先者，即著掌印"，改变"向来各衙门印务俱系满官掌管"⑦的局面，使汉官职位与
满官相平，有职有权。为了提升汉官的身份，借汉官的力量实行和巩固统治，遏制
满族官员势力膨胀，顺治十年（1653 年）六月，顺治帝令内三院各增加一名汉族大
学士，改变内三院满官之势⑧。官职体系的调整使各衙门满汉官员皆可以掌印，实现

---

① 《四书五经》第十卷，沈阳：辽海出版社，2015 年，第 150 页。
② 《中国儒学百科全书》，北京：中国大百科全书出版社，1997 年，第 163 页。
③ 程墨：《楚天空阔歌声长》，哈尔滨：哈尔滨出版社，2018 年，第 217 页。
④ 《清世祖实录》卷六十四，北京：中华书局，1986 年，第 14 页。
⑤ 李景屏：《顺治与清初满汉关系的调节》，《满族研究》，1991 年第 2 期。
⑥ 《清世祖实录》卷一百二十，北京：中华书局，1986 年，第 14 页。
⑦ 《清世祖实录》卷一百二十九，北京：中华书局，1986 年，第 14 页。
⑧ 《清世祖实录》卷七十六，北京：中华书局，1986 年，第 6 页。

了满汉官员权力的均衡，既扩大了统治基础，也缓和了满汉官员之间的矛盾，对大一统的发展具有促进作用。顺治帝坚持"满汉一体的政策"，在治理初期就颁布了法令，要求户部严惩骚扰百姓的投充者及庇护投充者的满洲贵族①。据《汤若望传》所记：有一次顺治帝去郊外行猎，遇见一位满面愁容的老者，顺治帝问起老人的境况，老人便诉说起土地、财产均被满洲官员霸占的遭遇。顺治帝遂带老人找那官员评理，竟遭到叱责谩骂，幸亏侍卫及时赶到才将那一官员绳之以法②。像这样受到严惩的毕竟是极少数，绝大多数满洲权贵依然恶习不改，逍遥法外。不少汉官强烈要求"尽革投充"，满洲大臣却尽力陈列"退出投充尤有不便之处"③，在顺治帝的支持下这一政策才得以更改。顺治四年（1647 年）四月，顺治帝于户兵二部下命令，"须记其姓名，控告该地方官，即行申部。该部究其情之轻重，严行定罪，不得丝毫偏袒。诞告天下各府州县乡村务令满汉人等一体遵行"④。凡在此令下达后再行投充者，查出退还，发回原州县与民一体当差。为提高汉族士大夫的地位，顺治帝实施了一系列的惠民政策，使广大汉族人民普遍受益，这无疑极大地减少了满汉矛盾，使满汉关系真正得以巩固，并进入了一个新的发展阶段。在处理满汉关系上，顺治帝坚持了"满汉一体"的原则，增强了各民族对清王朝的向心力，对统一的多民族国家的发展起到了促进作用。

二、满汉民族政策促进了中华文化交流与交融

（一）民族隔阂逐渐消减

清朝的君主统治者，以"大一统"的新理念为指引，促进了其"天下共主"地位的建立与巩固，使"华夷之辨"常常被"天下臣民"所取代，这在某种程度上减轻了民族间的隔阂。

为减轻汉族文人对建立新的封建统治所产生的各种抵触心理，顺治帝先表示对汉族几千年传统文化的认同，顺治八年（1651 年）四月亲临雍礼；第二年向太学所立的至圣祖师牌位拜九拜⑤；顺治十二年（1655 年）初进行《资政要览》的颁布和编撰⑥；顺治十三年（1656 年）初命满汉朝巴哈纳、冯铨等人编撰《通鉴全书》《考经

---

① 《清世祖实录》卷一百二十，北京：中华书局，1986 年，第 4 页。
② 李景屏：《顺治与清初满汉关系的调节》，《满族研究》，1991 年第 2 期。
③ 《清世祖实录》卷七十三，北京：中华书局，1986 年，第 9 页。
④ 《清世祖实录》卷三十一，北京：中华书局，1986 年，第 19 页。
⑤ 《清世祖实录》卷五十七，北京：中华书局，1986 年，第 23 页。
⑥ 《清世祖实录》卷八十八，北京：中华书局，1986 年，第 12 页。

衍义》①；顺治十四年（1657 年）八月首次举办经筵②。顺治帝刚刚开始亲政的时候，由于自身汉文化知识储备不足，看着群臣的奏章，不知所云。于是决定刻苦学习，甚至曾吐血③。最终他奠定了坚实的汉学根基，这也是他促进满汉思想交流、与汉族文人争取合作的关键举措。

提高满官的文化素质对于缩小满汉之间的差异尤为重要。汉族士大夫最重科举，但满洲贵族历来崇尚武力而不是文学，从其部落崛起，颇以马上得之、马上治之自诩，不识字者比比皆是。"文易招数，招数精妙，皆由募友代写，与吏役勾结。"④ 为扭转局势，顺治八年，又颁布了八旗乡试、会试⑤，让八旗子弟接受汉文化教育，八旗学习的内容多以汉文化为主，考试内容主要是汉族的四书五经等。同时，顺治帝还下达"不识文字，听信吏役害民，不堪为民牧者"⑥的谕令，使得满洲贵族逐步改变了对文化和教育的轻视传统。这些都是满族学习汉文化、缩小满汉差异的举措。顺治帝的目的是最大限度地证实清朝是中华的统治，消除民族壁垒，削弱抵触情绪，逐步实现满汉统治阶级的联合，积极推动满汉两族的民族团结，进一步加强了满汉之间的相互认同。

满族统治者深知，要想打破民族界限，就必须要与汉族地主阶级构建利益共同体。除了要依靠满族贵族的力量外，还要依靠汉族地主和知识分子的支持，才能不断增强统治力。清朝统治者在入关前，就积极争取汉族地主和知识分子的支持，但此时普通汉人还是无法做官。到了清军入关后的第二年，清朝开始实行科举取士制度，通过考试选拔官吏，为汉族知识分子做官开辟了道路，受到了大部分汉族知识分子的拥护。汉族地主可以通过科举、捐纳等途径做官，这使汉族地主阶级与知识分子恢复旧业，与清政府结成利益共同体。对于前明的宗室、官僚，"各衙门官员，俱照旧录用……其避贼回籍，隐居山林者，亦具其以闻，仍以原官录用"⑦。这些措施一定程度上缓解了汉族地主阶级和知识分子与清朝统治者之间的矛盾，笼络了汉族地主和知识分子，争取到了汉族的合作势力，扩大了清朝的统治基础。

（二）族际通婚更为常见

在构建中华民族共同体的进程中，族际通婚是实现民族交往与交融的一种重要

---

① 《清世祖实录》卷九十七，北京：中华书局，1986 年，第 31 页。

② 《清世祖实录》卷一百十一，北京：中华书局，1986 年，第 5 页。

③ 《清史编年》第一卷，北京：中国人民大学出版社，1988 年，第 411 页。

④ 《清世祖实录》卷五十四，北京：中华书局，1986 年，第 6 页。

⑤ 《清世祖实录》卷五十三，北京：中华书局，1986 年，第 12 页。

⑥ 《清世祖实录》卷五十四，北京：中华书局，1986 年，第 6 页。

⑦ 《清世祖实录》卷五，北京：中华书局，1986 年，第 58 页。

方式。在中华民族共同体的建设历程中，民族交往交流交融，是不同民族之间尊重差异性、寻求共同性的过程。顺治帝还曾经多次提议与其他汉臣进行联姻，以寄期望于可以有效改善清朝汉官境遇。联姻是中国统治阶级长期以来一直采取的一种特殊政治手段，由于清王朝系少数民族上层人物所建，对联姻一事尤为重视，从开创之初，婚嫁几乎都带有强烈的政治色彩。努尔哈赤在统一女真各部的过程中，始终把各部首领作为联姻目标，为了笼络势力强大的乌拉部，在八年的时间里曾把两个侄女、一个女儿先后嫁给该部贝勒布占泰，他本人也将布占泰之侄女聘为妃子。等到内部初定的时候，即把联姻目标移向蒙古各部。到了皇太极继立，联姻已成为清王室婚嫁的准则，他在世时，把自己的五名女儿嫁给了蒙古的王公子弟。清室入关后同汉族士大夫交往日益增多，满洲贵族能否尽快统一全国上下，很大程度上取决于汉族官僚地主阶级对这个异族政权的态度。尽管多尔衮多次下达允许满汉通婚的命令，但纵观他摄政的七年，清皇室依旧以满蒙联姻为主要基调[1]。

顺治十年（1653年）八月，顺治帝将他的御妹（皇太极第十四女）和硕纯格公主下嫁给平西王吴三桂长子吴应熊，将皇室女子许配给汉人[2]，这在有清代还是第一次。顺治十二年（1655年）六月，顺治帝将肃仁亲王豪格之长女下嫁给靖南王耿继茂长子耿精忠[3]。顺治十七年（1660年）六月，顺治帝又将另一侄女（承泽亲王硕塞之女）下嫁平南王尚可喜的长子尚之隆[4]。而且顺治帝本人也招了一些汉族宗室女子进宫为妃，如恪妃石氏、庶妃陈氏、庶妃唐氏、庶妃杨氏等。顺治帝把联姻的目标转向汉族官僚集团，充分反映出清王室在统一全国的过程中对汉官的倚重。民间百姓之间的满汉通婚，使满汉两个民族的关系更加密切。联姻政策的实施，加强了满汉之间的联系，缓和了满汉之间的矛盾，也使满汉文化在潜移默化中不断交融。这不仅仅是一个日益膨胀的民族婚姻圈子，也是族群认同、文化认同与利益共同体的形成过程。

三、满汉民族政策加强了民族对中华文化的认同

满汉民族政策调整为多民族国家的统一打下了基础，国家的统一建立在民族对中华文化的认同感之上。不同民族对中华文化的认同感，让不同民族的文化相互交

---

① 多尔衮摄政时期，先后将皇太极第七女、第八女、第九女、第十一女、第十三女嫁蒙古王公子弟。
② 《清世祖实录》卷七十八，北京：中华书局，1986年，第6页。
③ 《清世祖实录》卷九十三，北京：中华书局，1986年，第15页。
④ 《清世祖实录》卷一百三十八，北京：中华书局，1986年，第21页。

融，以儒家文化为中心，不断丰富与充实，也让中华各民族团结得更近了。

清军入关之前，在努尔哈赤和皇太极统治时期，已重视向汉族先进文化学习，缩小与汉文化的差异，并取得了一定的成果。入关后，清王朝由偏居一隅到统治全国，统治的范围更宽广，统治的汉族及其他少数民族人口更广泛，面临的问题也更复杂、更严峻，统治者不得不借鉴前人的经验教训，在新形势下制定更加合理有效的民族政策，吸纳汉文化，缩小与汉民族的差距，同时将满族文化融入汉民族意识中，消除反清意识和独立意识，稳定人心，加强统治。

儒家学说经过上千年的丰富和发展，已成为中华民族的主流文化，对儒家思想的认同，就是对汉族文化的认同。皇太极统治时期就已经认同儒家思想，推行儒家礼仪治国[1]。入关后，摄政王多尔衮继承了这一传统，尊重儒家学说，保护各地的"圣贤祠庙"[2]，遣官员祭拜孔子，并正式封孔子第65代孙孔允植为"衍圣公"兼太子太傅[3]。多尔衮对孔子的后人给予优待，明确向汉人表明清王朝没有民族偏见，表现出对汉文化的尊重和承认，并把儒家思想置于指导地位，表示清王朝与自汉代以来的政权没有区别，充分证明清王朝在改朝换代中的合理性。孔允植对清王朝的认可也为汉族众多的知识分子起到了表率作用[4]，这些知识分子不仅仅是中华文化的传播者，而且是多民族交流交融的推动者。

明末清初，满汉之间的不断冲突和战争造成了两族人口的不断流动与迁移。满族是一个人口只有二百万、兵力只有十几万的少数民族政权。胜利入关后，旗军分兵把守辽阔的中国疆土，满族人也逐渐开始与汉族人共同居住、生活，形成大分散、小聚集的局面，满族在与汉族杂居中逐渐吸收和顺应了汉民族的文化习俗，汉族也同样受到满族的影响。满族人开始喜欢上了汉族的门神，汉族人也开始喜欢上了满族传统的满族窗；满族妇女不裹脚，于是，汉族也逐渐取消了裹脚的传统陋习；满族人受益于李时珍的《本草纲目》，汉族人也从满族那里学会了外科接骨术；满族旗袍因能显示妇女的曼妙身材而被汉族接受，它现已成为中华民族女性服装的代表且被世界所接受。满汉杂居影响和改变了满汉风俗习惯。满族人在与汉族杂居的过程中，不仅学习了汉族的生产生活习惯，也开始了解汉族的语言文字和历史文化，汉语被大量用于文学作品、文化传播，满语则成为了清朝时期的"国语"。满汉两种语言的共同存在和相互渗透，不仅促进了两个民族的交流，也增强了两者之间的了解，二者成为一个密不可分的整体。汉族悠久的文明、深厚的文化内涵一直吸引着满族

---

① 《清太宗文皇帝实录》卷三十，北京：中华书局，1986年，第27页。
② 《清世祖实录》卷五，北京：中华书局，1986年，第23页。
③ 《清世祖实录》卷九，北京：中华书局，1986年，第5页。
④ 李治亭：《清康乾盛世》，南京：江苏教育出版社，2005年，第74页。

人以及其先人，中华文化也因多民族的加入而流光溢彩。

　　顺治帝积极践行满汉民族政策，坚持了皇太极提出的"满汉一体"的口号，改正了投充等弊政，提高了汉族士大夫的地位，推进了"大一统"国家的建设；满汉民族政策在缓和满汉矛盾、消除民族隔阂、加速族际间联姻等方面促进了中华民族文化交流与交融；满汉民族政策从对汉文化、儒家文化的学习，民俗的交往交融等方面加强了各民族对中华文化的认同。这三个因素共同推动了中华民族共同体的建设。经顺治时期的满汉民族政策调节后，中华民族由"自在"的共同体逐步演变为"自觉"的共同体。

城堡社会的通婚圈及其变迁

——以甘肃省永泰古城为例

赵彬浩　潘问问

摘要：通婚圈一直是民族学中有关婚姻家庭研究的重要组成部分。本文以永泰古城为田野点，借助非正式访谈和数理统计的研究方法对当地进行了解，探究城堡型社会的通婚圈变迁和变迁的原因。古城的地理通婚圈范围在改革开放后呈现逐渐扩大趋势，在 21 世纪进入加速扩大时期，通过分析田野调查资料得出，古城通婚圈的变化受到务工、地域、交通、教育水平、认知方式等因素的影响。本文填补了婚姻家庭研究中有关城堡型社会的通婚圈部分的空缺，对研究边疆地区城堡社会的人口变迁具有一定参考价值。

关键词：城堡型社会；通婚圈；永泰古城；变迁

作者　赵彬浩，东北大学秦皇岛分校民族学学院硕士研究生（秦皇岛　066000）；潘问问，中央民族大学民族学与社会学学院硕士研究生（北京　100081）

永泰古城修建于明万历三十六年（1608 年），距今已有 400 多年的历史，位于河西走廊的东端——甘肃省白银市景泰县寺滩乡的戈壁滩上，远离当地的村落和城镇，因古城外形俯瞰像一只乌龟，又名"永泰龟城"。古城作为一座城堡，具有以下功能：军事功能，古城最初是为了防御北方少数民族的入侵而修建的，房屋分布错落有致，古城内部"丁"字形道路纵横交错，不熟悉内部构造的敌人在城内很容易被抓获；社会功能，最初居住在此的是明代军户，兼有防守北方少数民族入侵的责任，后来是军户的后裔在此安居乐业；经济功能，古城曾经八街九陌，内部既有餐馆、茶馆，又设酒行、商行，人们交易往来，如今，古城有几个农家乐和商店，为外来客提供歇息的场地；文化功能，古城的村民几百年间形成了自己的婚丧、节日习俗，又修建有关帝庙、城隍庙、老君阁等各类庙宇，呈现出浓厚的历史底蕴和传统氛围。但在 20 世纪后半期，随着树木被砍伐殆尽，庙宇不断被拆，生态环境被严重破坏，古城黄沙四起、连年干旱，当地村民生活质量下降，为谋生计，不断有人搬离古城。1990 年年底，全县共 19 万余人，其中，寺滩乡人口约 2.2 万人，永泰古城在 20 世纪还有 1 000 多人，至 2021 年，古城人口不到 100 人，且留下的都是些即将步入或已是古稀之年的人[①]。永泰古城距离官草村约 4 千米，距离九支村、十支村约 12 千米，距离景泰县约 25 千米。

通婚圈，又名"婚姻圈"，不同的学者对通婚圈有着不同的理解，通婚圈可以从地理距离（通婚半径）、行政距离（通婚跨越的行政区域范围）、社会距离（通婚的阶层或民族等社会属性范围）和心理距离（是否有亲戚或熟人网络等）四个方面进行考察[②]。总的来说，通婚圈的形成都离不开两性的接触和婚姻关系的成立。结构人类学代表人物列维－斯特劳斯（Levi-Strauss）对通婚圈的概念进行了界定，认为在一个区域内总是存在几个通婚集团，一个集团总是会向另一个集团提供婚配对象，而其他集团又会向该集团提供婚配对象[③]；美国人类学家施坚雅（Strainer）通过对中国四川的乡村集市圈进行研究，提出了著名的市场体系理论，指出中国的市场圈与通婚圈往往相互重合，人们往往从初级市场圈寻找对象，初级市场所在地就是通婚圈的中心[④]；美国另一位学者杜赞奇（Duzench）根据调查资料进行分析，认为施坚雅的"市场圈"理论只能解释部分通婚圈现象，通婚圈有自己独立的中心，未必和市场圈重合，通婚圈和市场圈一样，都是文化网络的组成部分，通婚圈内的姻亲纽带将不同类型的组织联结起来从而为文化网络提供耦合作用[⑤]。国内学者唐利平将通婚圈定义为伴随着两性婚姻关系的缔结而形成的一个社会圈子，通婚圈形成的社会基础源于婚姻是超个人和超家庭的事情[⑥]；王铭铭通过对福建晋江市塘东村和安溪县美法村的调查，发现该地区婚入与婚出的地域范围完全对称，通婚圈与祭祀圈、市场圈等有一致性或者有重合的地方[⑦]；霍宏伟通过对华北地区一个农庄的通婚圈进行研

① 景泰县志编纂委员会编：《景泰县志》，兰州：兰州大学出版社，1996 年，第 611 页。
② 梁海艳、蒋梅英：《中国流动人口通婚圈研究——基于流动人口动态监测数据的实证分析》，《西北人口》，2014 年第 5 期。
③ [法] 列维－斯特劳斯：《结构人类学》，陆晓禾、黄锡光等译，北京：文化艺术出版社，1989 年，第 65 页。
④ [美] 施坚雅：《中国农村的市场和社会结构》，史建云、徐秀丽译，北京：中国社会科学出版社，1998 年，第 46 页。
⑤ [美] 杜赞奇：《文化、权力与国家：1900—1942 年的华北农村》，王福明译，南京：江苏人民出版社，2003 年，第 14 页。
⑥ 唐利平：《人类学和社会学视野下的通婚圈研究》，《开放时代》，2005 年第 2 期。
⑦ 王铭铭：《社区的历程：溪村汉人家族的个案研究》，《读书》，2021 年第 9 期。

究，证实华北一些村庄的婚姻圈呈现缩小的趋势①。

综上所述，不同时期的人类学学者对不同地区的通婚圈从亲属、市场、大小等不同维度进行研究，为笔者对永泰古城的通婚圈研究提供了基本思路。但目前学术界对城堡型社会的通婚圈的研究较少。本文基于对永泰古城通婚圈进行田野调查的资料，通过分析当地村民的婚配情况，探讨城堡型社会通婚圈的变迁情况和原因，对研究边疆的城堡社会具有一定参考价值。

一、永泰古城的婚俗变迁

永泰古城在 20 世纪是典型的农耕社会，当地村民自给自足，与外界无过多交往交流需求，同时作为城堡型社会，具有封闭性和保守性的特点，几百年间形成了当地的婚俗文化。永泰古城婚俗流程繁多，男方打听附近适龄女子，遇到生辰八字合的便请媒人多次到女方家说媒，假如女方对男方家条件满意，同意与男方家见面，媒人会安排之后的事宜。男方每次拜访女方家都要带礼品，一般来说，女方家不会直接答应一门亲事，而是再三了解男方的家庭、人品、身体健康等各方面的情况，之后观望是否有更合适的结亲对象，等女方家认为双方合适之后，男方家送礼到女方家订婚，订婚前，女方有权利拒绝男方家，古城村民不将男方家经济能力看作第一条件。婚礼时间确定后，开始筹备结婚需要的用具、装饰、车马等，然后举办婚礼、招待女方家客人，结婚后做洞月（回娘家住几日）。在古城不存在女方家庭主动找媒人为自家的女儿说媒的情况，而男方在说媒过程中需付出更多财物。随着婚俗发展，男方所需要提供的彩礼数量与价值也在不断增加。

新中国成立以来，永泰古城汉人的婚俗由繁至简，逐渐接近现代婚礼形式。究其原因，很大程度上和古城逐渐与外界产生频繁接触有关。随着经济发展和思想观念的变化，年轻人也不再遵从"父母之命，媒妁之言"，自由恋爱和自主婚姻成为主流，媒人的作用不断被弱化，年轻男女对配偶的选择有了更多的自主权，在与外界的交往过程中如果遇到自己的另一半，结婚方式也可以采用外界所流行的西式婚礼方式。

二、永泰古城通婚圈的变迁情况

永泰古城具有以下特点：是一个仅有汉人居住的社区；不存在族际通婚的现象；具有封闭性，村民与外界的社会关系不明显。因此，本文主要讨论的是地理通婚圈。

---

① 霍宏伟：《我国北方一个农庄的婚姻圈研究——对山东省济阳县江店乡贾寨村的个案分析》，《社会》，2002 年第 12 期。

个案一：当地余大爷经过媒人介绍，在1978年结婚时花了300块钱彩礼，就把余大妈娶回了家，余大妈也是古城里的人。"以前我们都忙着在生产队干活呢，哪有时间谈恋爱啊！都是媒人找上门来，介绍古城里的人，也有介绍其他地方的人的，一般都不是很远，两三千米以外的人最多，这一来二去觉得合适了，法定结婚年龄也到了，就结婚了。"

在改革开放之前，永泰古城作为城堡型社会的封闭性和内敛性特征突出，当地村民与外界交往频率小，交往范围也十分有限，这种内敛性婚姻的结果就是村民们多多少少都带点血缘关系。受"男大当婚、女大当嫁"的传统思想观念的影响，古城村民一般在十五六岁时被父母安排说媒、定亲等事宜，但不结婚，等定亲的男女双方到了国家规定的法定年龄，再登记结婚，举行结婚仪式。

改革开放后特别是进入21世纪以来，受到自然因素和社会因素的双重推动作用，当地人的婚配情况发生了巨大的变化，通婚圈范围不断扩大。笔者对当地村民的婚配时间、距离等数据统计情况进行分析，探讨古城通婚圈变迁的原因。笔者共随机抽样调查了100位村民的相关信息，统计数据如表1所示。

表1 永泰古城人口婚配情况统计

婚配时间段	人数（人）	婚配距离（千米）范围内参与嫁娶的人数			
		0—10千米	11—20千米	21—30千米	31千米以上
1980年及以前	19	10	7	2	0
1981—1990年	15	7	5	2	1
1991—2000年	17	8	8	1	0
2001—2010年	21	4	6	7	4
2011—2020年	28	2	6	8	12
合计	100	31	32	20	17

根据表1中对随机抽样人群的统计结果，我们可得出结论，那就是婚配距离在20千米以内的人群占据了样本一半以上的比例。如果从历时和共时两个角度进行解读，我们将发现其中潜在的趋势：在21世纪之前，婚配范围集中在20千米以内，也就是寺滩乡及其周边的村镇，少有人乔迁到县城甚至更远的地区；而21世纪之后，情况发生变化，婚配距离超过20千米的人数开始超越20千米以内的人数，甚至在2011年以后，前者对后者在人数上呈现碾压之势。

根据下面的图1可以得出结论，自20世纪80年代到20世纪末，永泰古城的通婚圈范围集中于同乡的村镇，景泰县城近乎是通婚的边界；21世纪以来，通婚圈范围已经明显扩大，不少古城的年轻人甚至跳出曾经作为通婚圈边界的景泰县城，在西安、兰州乃至深圳等地觅得佳偶。城堡社会曾经无形的边界日渐模糊，古城的村民与城外社会的交往互动频率日益频繁，婚姻交际范围逐渐延伸，通婚距离日渐增大，通婚圈也得以扩展。

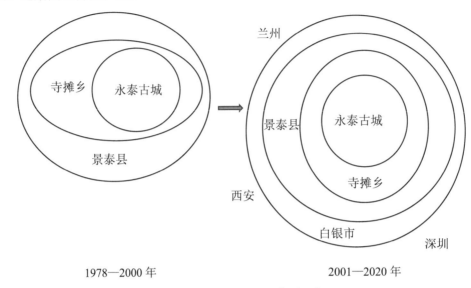

1978—2000 年　　　　2001—2020 年

图 1　永泰古城的婚姻圈变迁示意图

个案二：仁大爷的两个儿子的结婚对象都是零几年在景泰县开车拉客的时候认识的，他的大孙子都已经十六岁了。

个案三：当地一位姓马的大爷在放羊休息的时候和我们说，他有一对儿女，儿子和女儿都考上了西安的大学，并且在大学里找到了自己的另一半，决定在西安安居落户了，但是马大爷在古城生活太久了，不愿意离开自己土生土长的地方，在儿女跑去西安生活后，自己留了下来。儿女在逢年过节的时候才会回到古城探望马大爷。

通过对上面个案的分析发现，当地年轻人，不论男女，与古城外人群婚配的主要形式是去到外地工作生活，在外地谈了另一半后结婚，并且在外地定居。永泰古城的地理通婚范围因此得到了扩大。

三、永泰古城通婚圈的变迁原因

有学者认为，通婚圈的扩大并不单纯表现为地理范围的向外延伸，同时还存在着教育水平、经济利益和社会环境等其他方面的影响[1]。永泰古城的通婚圈范围在短短几十年间发生了翻天覆地的变化，这离不开改革开放政策的助推。从大环境来说，在改革开放后，中国华北、华南许多地区很快表现出了通婚圈扩大现象，然而，永泰古城通婚圈产生明显变化比这些地方迟了 20 年，这不仅与永泰古城的城堡特征有

---

① 韩静茹：《典型汉族村落的婚姻圈变动及成因分析——以甘肃省何柳庄为例》，《四川民族学院学报》，2016 年第 3 期。

关，同时也受到其他因素的影响。

（一）务工因素

随着改革开放和全国统一的劳动力市场的形成，中国已经进入了一个大迁移、大流动的时代。从计划经济社会进入市场经济社会，原来相对封闭的婚姻市场变得越来越开放和多元化，农村青年男女的婚姻市场和婚姻半径不断扩大，异地婚姻越来越多，成为农村婚姻家庭的新现象[①]。然而，由于古城地处距县城较远的戈壁滩上，且当地城堡型社会有着特殊性，古城村民对改革开放政策的敏感度不如其他地方，而社会交往范围往往和通婚圈的范围是呈正相关关系的，因此，他们的社会交往范围依旧保持着改革开放前的大小，变化幅度不大，通婚圈范围也依旧较小。之后，出于个别外出务工的人在外地挣到了更多的钱的影响，越来越多的年轻人也想走出古城，出去搏一搏。尽管外出的人多了，但是在一开始的时候，大多数人们的打工地点仍旧选择在附近的乡镇、景泰县城。一来是距离永泰古城近，还能够照顾暂时没有搬迁的年迈父母，二来是景泰县村民的风俗习惯与古城差距不会特别大。离开景泰县、去更远的地方务工依旧是少数人的选择。

在21世纪，城中年轻人的外出是通婚圈扩大的主要原因。永泰古城再也无法忽视改革开放浪潮给身边人生活带来的巨大变化，在外地打工、上学的人越来越多，从而影响了古城里选择外地择偶的人的比例。年轻人的外出务工与异地居住也会对城中的其他人产生影响，老年人随着子女不断向外搬迁，而这些年轻人所生的子女也不会再回到古城，而是跟随着父母在居住地接受更好的教育。永泰古城婚姻圈表现为地理空间上的变化，对社会关系也有着影响，去到更远距离的地方的人群是婚姻圈扩大的主要原因，而这些人群又建立了新的社会关系，影响着婚姻圈的发展。

（二）生态因素

生态环境是影响一个地区的人生存与发展的必要条件，当生态资源无法满足群体的需求时，人们就必须做出改变。永泰古城背靠寿鹿山，地处荒凉的戈壁滩，城外有一条已经干涸的护城河，城南边的用汲海是提供给牲畜饮水的地方。

个案四：村口一位六十岁老人说："几十年前，古城的降雨量非常丰富的，虽然没有到雨量使得绿树成荫的程度，但也足够养活当时几千人，当时用汲海深到足以淹死人的地步。"

在20世纪，古城生态环境好，城中外出的人并不多，古城中的村民在城内有

[①] 易文彬：《婚姻半径与家庭关系：异地婚姻的形成及其影响——基于一个农民家庭三代婚姻的历史考察》，《中国青年研究》，2021年第7期。

专门的地方种菜，在古城南边几千米的山脚下也有村民经常过去打理自家的玉米地、土豆地等。古城中也有专门圈羊和圈猪的地方，羊饲料就是几千米外戈壁上的各种草料。在能供当地人正常生活的生态环境中，人们可以选择在一个地方长期居住，当地地处偏远、社交面窄、无外出必要，村民一般都遵循着就近婚配的原则。但 20 世纪植被的破坏导致永泰古城出现了风沙天气，用汲海的水也因为干旱不断减少，当地生态环境再也无法满足大量粮食作物与经济作物的种植需要，原先这片土地的粮食作物大幅度减产，无法维持基本生计，生态遭到破坏是古城村民搬迁的直接原因。古城内许多姓氏的人在 20 世纪 90 年代末、21 世纪初都迁出去了，当地的年轻人也娶了外地的人或者嫁了外地人，然后在外地工作、定居。在笔者进行田野调查的时候，只有几十位中老年人还在城中居住，他们已经习惯了从小到大生活的古城，不愿意跟着子女搬走，在城市生活会让他们手足无措，他们希望能够在古城养老。

（三）交通方式

交通方式对当地通婚圈变迁产生着重要影响。由于当地经济落后，地域闭塞，在新中国成立后的很长一段时间里，当地的交通工具都是牛车和驴车，出行效率低。古城村民在当时结婚所使用的交通工具是驴车，用红布条对驴车进行装饰后便是简易的婚车。改革开放前期，部分人在结婚的时候使用的接新娘的交通工具已经变成了拖拉机，这时候古城村民择偶的范围还停留在十里八乡，通婚圈的范围依旧在景泰县内。后来越来越多外出打工的人们挣到了钱，买了私家车，出行距离扩大，择偶范围也更大了，在逢年过节时去配偶的父母家也更省时省力。如今还在古城居住的几十位中老年人因为交通限制，一般不会离开古城。笔者每日在古城内看到的汽车大部分都是游客开进来的，或是老人们的子女偶尔驾车回城看望老人，小住几日。

（四）教育水平

教育水平是导致婚姻圈扩大的主要原因。受教育程度越高，婚姻圈的范围也越大[①]，升学能够产生社会流动，"学而优则仕"，乡民子弟通过自己的努力学习进入上层社会，入住城市或异地[②]。人们渴望摆脱"面朝黄土背朝天"的生活，渴望遇到与

---

① 潘乐乐：《关中地区婚姻圈变化及其影响因素分析——以咸阳市张洪镇为例》，《怀化学院学报》，2015 年第 8 期。

② 何生海、王晓磊：《论西部农村婚姻圈的广延性与内卷化——基于西部 G 村为考察对象》，《内蒙古民族大学学报（社会科学版）》，2013 年第 3 期。

自己的三观更加一致的人，从小受到的教育是长大后要做有出息的人。表 2 是永泰
古城常住村民和他们子女的受教育程度。

表 2　永泰古城人口受教育程度统计

受教育程度	人数（人）	平均嫁娶距离（千米）
小学及以下	59	2.3
初中	53	15
高中或中专	24	21
大专、本科及以上	21	202

注：被调查者中，学历为小学及以下的多为"50 后""60 后"，学历为初中的
多为"70 后"，学历为高中、中专的多为"80 后"，学历为大专、本科及以上的多
为"90 后"。

从表 2 的信息中可以发现，由于年轻一代受教育水平提高，嫁娶距离也发生了
明显的增长。高中或中专及以上学历的人在他们那个年代属于较高学历人才，无论
是就业还是择偶均有较大的选择余地，他们不必再受传统婚俗的约束，而是可以跳
出乡土的边界，进入城市社会寻找属于自己的人生。

永泰古城只有一所小学，因为在 2014 年以后招不来老师，已经关闭。古城里的
人想要上初中就只能去其他村镇，大部分初中学历的人在在外求学过程中更容易接
触新鲜事物、获取外界信息，毕业后普遍不会留在古城。而考上大学的年轻人择校
去到更远的地方，择偶方面更加不受家里人约束，与同教育水平的人更容易有共同
话题，对自己的经济收入也有了较强的支配能力，不再是像以前一样绝大部分都要
上交给家中的长辈，这为他们远距离婚配提供了底气，为建立婚姻关系提供了物质
基础，他们能够更大程度上脱离长辈的控制，因此平均婚嫁距离也更远了。

（五）认知方式

在改革开放之前，古城中青年男女的婚姻均是由父母做主的，是"父母之命，
媒妁之言"，毫无例外，从"请媒人"到"说媒"，再到"娶亲"等结婚环节，均由
父母操办。随着时间流逝，外界的新思想观念逐渐进入古城，影响着人们的认知方
式，自由恋爱更常见，此时的青年男女的父母已经无太大的权力干涉子女的婚姻，
在自己可以接受的范围内，均由着自己的子女去选择结婚对象，只要儿女幸福，自
己也就幸福了。

古城中的人们从小便是在城内长大的，即使选择外出务工，通常也不愿意去太
远的地方，选择的地点是可以经常回到古城探望自己年迈的父母，也能够挣到足够
的钱养活自己的孩子、孝敬自己的父母的地方，"恋家"的情节仍然存在。

各种各样的原因导致了古城的人口不断外迁，从小在古城长大的老人会表现出对古城的不舍，但同时又向往更好的生活，更希望自己在老年的时候能够儿孙环绕在膝旁，因此，有老人会选择搬离古城，这也是大多数老人的选择。同时，也会有部分老人对古城恋恋不忘，便留了下来，也就是如今依旧在古城生活的这批老人。而年轻人虽然在古城长大，但生活的时间与老人相比，并不算太长，再加上他们更加愿意接受新鲜事物和现代科技，对古城的留恋就没有老人浓厚，他们也是促使通婚圈扩大的主力军。

四、结语

综上所述，永泰古城汉人的通婚圈是不断扩大的，这种扩大在 21 世纪以后表现得最为明显，这反映了当地村民自身的发展和对外界社会的适应。

在改革开放后的前二十年里，通婚圈的变化幅度不大，由于传统社会的活动范围受城堡型社会结构的影响，社会关系也比较封闭，婚姻流动和通婚圈距离也比较有限。虽然永泰古城因为其特殊的社会结构所造成的封闭性和保守性使其在最初并未受到太大影响，但随着改革开放的浪潮一波接着一波地涌来、一波比一波来得更猛烈，古城的村民最终还是无法坚持这种内敛型通婚结构。同时受到永泰古城生态环境逐渐恶劣的影响，人们的生存资源变得有限，生活幸福值下降。21 世纪后，隔绝这波浪潮的堤坝猛然崩塌，古城的村民再也无法忽视它，通婚圈发生了天翻地覆的变化。生态因素是通婚圈变化的直接原因，经济因素是影响通婚圈变化的主要原因，除了许多搬出古城寻找更宜居环境的村民之外，还有许多希望改善经济条件的年轻人在外婚配、向外搬迁。

古城破败，而外界资金、人群认知、教育水平和环境的优势对古城的年轻人有着足够的吸引力，结婚后的年轻人出于生计、交通和孩子升学等原因，便不再会回到古城，留下不愿搬走的老人在古城居住，这是古城人口不断减少的一个原因。另一个原因是古城村民为了追求更好的生活环境，年轻一代的人将全家人都搬出古城。人口的不断减少所导致的后果是永泰古城内的房屋在破败后无法得到修复，古城即将变成一座空城。如果空无一人和举家搬迁将会是城堡社会的最终结局，那我们该如何对上百年的城堡进行保护呢？原本存在于古城中的优秀传统文化，又该如何传承下去？

乡村振兴战略下对中国农民的历史性溯源认识

——读《中国农村的过密化与现代化：规范认识危机及出路》

刘一橦

摘要： 乡村振兴的重点与核心是人的振兴，为解决农民主体性问题，应使用历史溯源等方式理论性圈定职业农民的范畴。本文通过阅读黄宗智的《中国农村的过密化与现代化：规范认识危机及出路》，从"小农"一词的性质辨析、人口与小农经济的关系、农业商品化与社会分化的关系、经济人类学研究方法四点入手，浅谈对中国农民的一点历史性溯源认识，最后对黄宗智教授的治学思想做出反思，对乡村振兴总战略下农民研究的范式提出些许建议。

关键词： 乡村振兴；历史性溯源；中国农民

作者 刘一橦，东北大学秦皇岛分校民族学学院硕士研究生（秦皇岛 066000）

经过长期努力，中国特色社会主义进入新时代，我国社会主要矛盾已转化为人民日益增长的美好生活需求和不平衡不充分发展的矛盾。城乡发展不平衡、农村发展不充分已成为社会主义新型社会矛盾的主要表现形式。基于此背景，习近平总书记提出要通过实施乡村振兴等战略来健全城乡融合发展体制机制以及政策体系，加快农业农村发展步伐[1]。这一战略是全国、全党发展至社会主义新时代农村工作的必然需求，是城镇化发展到一定阶段的必然产物。乡村振兴总战略的开展，其重点与核心必定是"人"，农民作为乡村振兴总战略执行的主力军，是农业农村现代化的受益人、建设者，农民主体性问题应是首先重视并被解决的问题[2]。实施乡村振兴战略，重点在于调动全国农民积极、主动、创造地参与农业生产，投身农村建设。习

---

[1] 《中共中央国务院关于实施乡村振兴战略的意见》，《人民日报》，2018年2月5日第1版。

[2] 梁莹：《现代化进程中农民主体性问题的历史考察及其现实思考——以新时代乡村振兴战略实施为视角》，《法制与社会》，2019年第22期。

近平总书记指出，应在先进教育理念的引领下培养出一批"懂农业，爱农村，亲农民"的新兴职业农民协调推进农业农村现代化[①]。在此背景下，理论化圈定职业农民的认识范畴需要历史溯源等学术方式。笔者阅读黄宗智教授植根于其《华北的小农经济与社会变迁》与《长江三角洲小农家庭与乡村发展》两部名作所总结整理而成的《中国农村的过密化与现代化：规范认识危机及出路》，试论对中国农民的一点历史性溯源认识。

1985 年，加利福尼亚大学洛杉矶分校教授黄宗智出版了《华北的小农经济与社会变迁》（下文称《华北》）一书，当年即获美国历史学会费正清奖，受到美国学术界高度赞赏。后黄宗智教授又将研究目光转移到中国南部，于 1990 年出版《长江三角洲小农家庭与乡村发展》（下文称《长江》），获美国亚洲会列文森奖。《中国农村的过密化与现代化：规范认识危机及出路》出版于 1992 年，收录论文七篇，是黄氏对自己《华北》与《长江》两书的总结，也是对国内外中国农业经济史研究的阶段性总结。从选题、资料运用、研究方法乃至结论探讨，此书独具一格，具有较高学术价值与创新性，确立了黄氏在经济史研究中的学术地位。

一、"小农"性质辨析

研究农民经济行为，在经济学中曾形成两种不同看法与路径。一是以西奥多·W.舒尔茨为代表的"形式经济学"认为的逐利型理性小农[②]。二是以恰亚诺夫、波拉尼为代表的"实体经济学"认为的生存性小农[③]。而马克思主义认为小农是被剥削的阶级，"自耕农的小块土地所有制"[④]，其被不断榨取剩余价值而供给维持统治阶级与国家机器的生存。黄氏在《华北》《长江》中皆对此进行论述，他认为，在华北平原与长江三角洲的小农不单纯是为追逐利益最大化的理性人，也不是以糊口为主要目的的生计维持者，也不是阶级小农。"中国的小农是一个集合体、统一体，即其既是一个追求利益者，又是一个维持生计的生产者，同时也是被剥削的耕作者。"[⑤]而黄氏处于研究者的视角，认为小农的三种性质在不同阶层下的表现更为明显，第

---

① 梁成艾、黄旭东：《习近平职业农民培育思想的历史溯源与内涵解读》，《青海社会科学》，2018年第 4 期。
② [美] 西奥多·W.舒尔茨：《改造传统农业》，梁小民译，北京：商务印书馆，1987 年。
③ [俄] 恰亚诺夫：《农民经济组织》，萧正洪译，北京：中央编译出版社，1996 年。
④ [德] 马克思、恩格斯：《马克思恩格斯选集》（第 1 卷），中共中央马克思恩格斯列宁斯大林著作编译局编译，北京：人民出版社，1995 年，第 312 页。
⑤ 黄宗智：《中国农村的过密化与现代化：规范认识危机及出路》，上海：上海社会科学院出版社，1992 年，第 6 页。

一种性质表现在经营性农场中，其商品化水平较高，生产的主要动机和目的是利润最大化，其次才是家庭供给和纳税以供政权使用。第二种性质表现在家庭式农场以及小农家庭生产单位中，以满足生存需要作为生产目的。其不同需求和商业化水平与人口压力大小关联更大。黄氏认为，以家庭为单位的生产组织无法辞退过剩劳动力，只能将其投入过密的生产单位，而过剩人口成为小农家庭的主要负担。

黄氏在书中以 16 世纪华北棉农举例：商品化程度最高、产业规模化最大的农场，其耕地的相对小部分用于供自家消费生产，而相对较大的耕地部分则用来纳税，供政权使用。贫穷的小农则更不会重视利润，他们将生存放在生产的首要目标。又因人口增长压力，多数贫农在 18 世纪后无法以自种口粮满足家庭单位的生存需求，这时他们多数选择大规模种植棉花，原因有二：一是植棉可解决剩余劳动力问题；二是棉花收益较高，将有可能通过大量植棉满足其家庭的生计需要。而此种情况对于佃户来说并无选择权利。一旦种植棉花的收益增高，地租则会随之增长，以租种土地为谋生方式的佃农则失去了选择口粮种植的权利。此时若市场行情发生较大变动，他们则会调整作物比例，这点与较为富裕的家庭农场并无二致。综上所述，小农对种植棉花的态度，同时受三种不同因素影响。在较为富裕的农场，利益的选择比重较大，而贫困的农民家庭则会优先考虑生计与生产关系。

在改革开放 40 余年后的今天，农民阶层分化加剧，农业的家庭生产格局也发生较大变化。研究表明，当今中国农村家庭生产出现了"一家两制"现象。就食品生产而言，其一为供应家庭消费，出于生存目的，而不考虑经济利益因素；其二为供应市场，出于生计目的，通过出售农产品获得一定经济利益[①]。在第一种生产模式中，农户贯彻生态化耕作方式，少用或不用现代农药、化肥等，满足其自身的生存安全要素，供其家庭本身生存消费，并小众而分工化地供给一部分城市消费者。而在第二种生产模式中，农户贯彻化学现代农业的耕作方式，大量施用农药、化肥等化学或生物制剂，以获取高额经济效益，来维持其再生产与家庭生计。这种行为即是差别化生产与差别化消费，被称作"一家两制"模式。在这种模式下，农户和城市消费者建立起了差序化的、集体而无意识的联合，但这种联合被称作"无合作的联合"，即组织松散且独立。农户和城市消费者并未建立起较为可靠的信任关系。

提出此模式概念的理论基础则来自"形式经济学"与"实体经济学"中对小农是"理性的"还是"生存的"的讨论。黄氏在书中对小农生产目的的论述也可作为理解"一家两制"模式的指导："中国农民介于两者之间"。而其对农民的不同面貌特征的论述，也对理解当今农民的组织化发展方式有一定理论意义。小农户面临的

---

① 徐立成、周立、潘素梅：《"一家两制"：食品安全威胁下的社会自我保护》，《中国农村经济》，2013 年第 5 期。

大市场、大资本的交易是双方权力极端不对等的交易，中国家庭农场不止需要横向的、规模化的发展与扩张，还需要"产＋消"一体的纵向服务，这样农民才会自愿加入综合性农协、农民合作社等经济组织，其农业全产业链利润才会更多地分配给家庭农场这一微观但完备的经济单位。

二、人口对小农经济的深远影响

对于人口与小农经济的密切联系，黄氏并未在其著作的章节中单独论证，而是把它融入其他问题中结合分析。在《华北》《长江》二作中，黄氏详细运用材料，张弛有度，有关于人口与耕地面积方面的资料详实可靠，人口与耕地面积二者的发展趋势是：人均耕地面积愈发缩小，人口对土地的压力愈发增加。人口压力促进了农业商品化发展，其过剩劳动力催生了商品性农业，而单位土地上不断增加的劳动力投入促使农业陷入"内卷化"。在18世纪至20世纪30年代，"内卷"现象尤为严重。受经济分化和人口压力的双重影响，以家庭为单位的小农在单位面积上投入过多劳动力，导致劳动力边际报酬下降，甚至此数值达到零或为负，也就是美国经济学家刘易斯所说的"劳动力无限供给"[①]，这种"内卷化"现象可以用一般微观经济学理论、企业行为和消费者选择理论来分析，而"内卷化"的根本原因在于小农家庭是一个生产和消费合一的单位[②]。

为研究这一问题，黄氏大量利用清代刑科档案与"满铁"实地调查材料，对经营型农场与家庭型农场做细致的比较研究。面对人口压力的不断增大，二者的应对办法不相同：经营型农场可根据人口压力大小来随时调控其需要的劳动力数量，主要方法是解雇。而家庭型农场对于这一问题则不可以如此应对，一个农民家庭不可能解雇自家的多余劳动力。这使得人口压力多施加在家庭型农场。在糊口的原则下，其只能不断将过密劳动力投入一定单位的土地中，使得边际报酬不断递减甚至趋于归零，维持糊口的工资线水平被不断冲击。对此，华北平原的农民的应对措施是：多余劳动力有两条路来选，一是外出佣工，二是作为发展家庭工商业的基础。贫穷农户的外出佣工与"内卷化"造成的经济分化使得大量的游民成为剩余廉价劳动力，他们"抑制了经营式农场为节省劳力而作出资本（指耕畜、农具、肥料、水利等设施）投资的兴趣"。另外，因人口增长而造成的家庭分裂也抑制了其对经营型家庭农场发展路径的选择。费孝通认为，因婚姻关系导致的分家现象，其根本上是在人口

---

① [英]阿瑟·刘易斯：《劳动力无限供给条件下的经济发展》，载中译本《二元经济论》，北京：北京经济学院出版社，1983年，第40—41页。

② 刘世定、邱泽奇：《"内卷化"概念辨析》，《社会学研究》，2004年第5期。

压力增大的背景下，家庭对其固有而少量的财产继承的一种路径，土地便是其中的代表性财产类型，也是小农家庭最重要的生产资料[1]。而黄氏在书中认为，土地的分割使得已形成的经营型农场被迫退回到家庭型农场，人口压力强化了小农经济的稳定性，阻碍了小农经济的演变速度。

黄氏还对农村人口的趋势做出了预测：他认为经济阶层的分化会抑制贫农阶级人口的增长，因为其生计问题岌岌可危，结婚率异常低下而死亡率偏高。这一推测是符合史实的。至 20 世纪二三十年代，中国农村的贫富分化已然极其严重，贫农阶级已无法勉强满足生计需求，使得阶级矛盾突出。毛泽东认为，此时农民运动的核心"只是一个贫农问题"，"乡村中一向苦战奋斗的主要力量是贫农"，"这个贫农大群众，合共占乡村人口百分之七十，乃是农民协会的中坚，打倒封建势力的先锋，成就那多年未曾成就的革命大业的元勋"[2]。可见人口对小农经济的影响，奠定了当时社会革命的经济基础。

三、商品化导致的社会分化

前面已提到因生计问题而导致的农业商品化现象，黄氏也就此与社会分化的关系展开论述。他认为，经济作物的种植利润大、投资大，所承受的风险也随之增大。"小自耕农中有少数人可借收益增加而沿着社会经济的阶梯向上爬，进行富农和经营式农作，其他人或下滑而沦为佃农、半雇农和长工。"他认为两种阶级，即经营型农场主与贫农、雇农的分化增长，正是由于商品化作物广泛种植的重要作用。它使农村摆脱了实体经济学中论述的"道义小农"模式，即小农的生产为了"规避风险""安全第一""互利互惠"[3]，"使生产关系从一种在相识的人之间面对面的长期性关系，改变为脱离人身的短期性的市场关系"。

温铁军认为，传统乡土社会因传统义仓、乡绅良治等因素的影响，形成了千年来稳定的社会体制以抵御自然灾害或社会动乱，其危机承载力较强，而工商业的快速发展使得农村生产关系发生变化，农村中的富人首先转型，地主收益由从农业获得转变为从城市工商业获得，地主转化为工商业地主、"在外地主"，其资本转移至城市发展如店铺、作坊等初级工商业生产形式，进一步发展资本主义经济。此前，"灾年减租、大灾免租"等"下打租、实物租、分成租"的具有谈判性质的交易方式平

---

[1] 费孝通：《江村经济》，上海：上海人民出版社，2006 年，第 71—72 页。

[2] 毛泽东：《毛泽东选集》（第一卷），北京：人民出版社，1991 年，第 21 页。

[3] [美] 詹姆斯·斯科特：《农民的道义经济学：东南亚的反叛与生存》，程立显、刘建等译，南京：译林出版社，2001 年。

滑，不发生地主与佃农之间的对抗性关系。贫农、佃户对中富农、地主存在生产依附关系，这种存在千年的依附关系维系着农村的社会治理。而由于资本主义工商业的高速发展，"在外地主"阶级在乡土社会的提取机制发生变化，其为了维持在城市的工商业运转，形成了不合理的、对农民阶级压迫极大的租赁法则，更加深了小农生计的困难[①]。

与温铁军的看法不同，黄氏认为农业商品化与手工业商品化相互扶持增长，"旧式家庭农场经济吸取了商品性的手工业，使它成为自己的附加支柱。旧式的商业资本利用了只具低廉机会成本的家庭农场劳力，来和新式近代纺织厂竞争。在这个过程中，商人耗去了一部分可能投入工业的资本，也占去了一大部分可以支撑近代工业的市场"[②]。农业商品化并没有成为发展资本主义工商业的跳板，而过密化背景下的家庭商品化成为了发展资本主义的阻碍。小农经济内部再一步分化，使得越来越多的小农家庭半无产化。而因此导致的如高利贷形式的"资本下乡"对小农家庭进行进一步的盘剥，使得阶级矛盾严重程度越来越大，而这种变化"并没有引起小农经济基本性质的变化，只是使它沿着已经存在的、自生的道路而加速内卷化和商品化"[③]。

四、研究方法反思

黄氏采取经济人类学的方法进行研究，主要运用清代刑科史料与日本近代人类学家做出的中国农村考察报告，来理解历史中的小农经济演变与特征。黄氏对资料的熟悉程度高，能详细分析资料，并理性说明与批判其使用价值。此种研究方法不同于计量、统计等量化的经济学方法，也不完全等同于民族学的参与式观察方法，在文献研究中独树一格。对于文本的细致分析，黄氏解释为"建模于实际"，即史料—理论—史料的研究路径，在最基本的历史中寻找概念与范畴，又将形成的理论带入曾出现的事实中验证。这种研究路径体现了"归纳—演绎"的科学研究指导精神，值得当代质性研究者借鉴。而在研究内容中，多体现了黄氏所经常强调的"结合多种理论传统中的洞见的方法"，"整个过程中的关键是不墨守任何一种理论，而是针对实际而'活学活用'现有理论资源，并且随时按需要而建构新的概念——只

---

① 温铁军：《中国农村基本经济制度研究"三农"问题的世纪反思》，北京：中国经济出版社，2000 年，第 153 页。
② 黄宗智：《华北的小农经济与社会变迁》，北京：中华书局，2000 年，第 203 页。
③ 黄宗智：《华北的小农经济与社会变迁》，北京：中华书局，2000 年，第 124 页。

要其有助于理解自己所看到的经验实际"①。

在当下的"三农"问题研究中，不光要秉持经济学研究范式，在具体问题中，我们更应重视其异化的个性因素，如历史影响。做到具体问题具体分析，而不是套用现有的非本土研究。在全面实施乡村振兴战略的当下，土地家庭联产承包责任制与农民自由择业成为了目前农民研究的大前提，农民正扮演着生产要素供给者、消费者和社会社区动态成员等多种角色，理解当代农民的职业身份圈定、经济组织行为等研究将涉及诸多概念，将会涉及经济学、人口学、民族学、历史学等广泛的知识领域，表达为不同的话语形式②。中国农民在历史上一直扮演重要地位，在农民研究领域，将本土化现象梳理进准确的学科话语当中，需要通过历史性溯源来找到正确的研究经验，重视知识传统，做出因地制宜的合规研究。

正如黄宗智教授本人所言："对现存理论要带有一定的自省和批判……最好是借助与其对话来创建自己新的概念，更高的境界则是从多种理论传统的交锋点来形成自己研究的问题意识。这才是建立真正具有中国主体性的学术和理论的途径。当然，这不是一个人或几个人，甚或一代人所能做得到的。但我坚信，这是个正确的方向。"③

---

① 黄宗智：《问题意识与学术研究：五十年的回顾》，《开放时代》，2015 年第 6 期。
② 罗必良：《构建"三农"研究的经济学话语体系》，《中国农村经济》，2020 年第 7 期。
③ 黄宗智：《我们要做什么样的学术？——国内十年教学回顾》，《开放时代》，2012 年第 1 期。

侗族传统农事生产节律与寨际空间互动关系

——以黄岗侗寨为例

龙许玉

摘要： 侗族的日常生产活动受到自然生态时间和个人生理规律的约束。村民通过物候变化以及农事活动等来把握时间规律。随着汉族农历的传入，侗民将侗历计时法与农历相结合，实现了对气候节律更为精准的把握。但由于侗民对糯米与酸鱼的钟爱，当地人大部分的生产活动和休闲饮食无不受到物产种与收的时空规约，也使得节日习俗始终围绕着糯稻和酸鱼不断地展开。在侗族聚落社会中也因农闲时节的社交活动拓展了人际关系，强化了寨际交流。而此类具有传统文化气息的生活方式受到现代化的冲击，侗民的空间流动性更大，内心对村落的地方感逐渐被弱化，常有的一种感觉是"那个地方"而非"我的地方"。

关键词： 黄岗侗寨；空间互动；人际交流

作者 龙许玉，吉首大学人文学院硕士研究生（吉首 416000）

时间与空间概念是相互交织在一起的。人类在空间活动中的范围和距离，可以通过时间来加以衡量和测定。同样，时间概念的抽象含义也是在空间范围之上得以清晰体现的。一般而言，人类学家和民族学家通过一个社会文化中的人的日常行为活动和社会实践来阐释特定社区当中时间与空间的内在逻辑和计算规律。人们对时间的理解主要从以下两个方面展开：一是有关自然界的更替与循环体现在昼夜交替、四季变换以及自然生命生与死之间；二是人类社会在对自然现象时空转换和跨越之间，建构出了为同一群体所共同认可和遵循的计时方法和规律，也为一个群体当中的个体进行的日常生产活动提供了一套时间的计量方式，并赋予了时间丰富的文化意义。附加于自然时间之上的社会时间是人们对自然规律和自然现象的把握，并通过人类智慧对时间这一抽象化概念加以具体化，使其更具实践性和在地性。

　　埃文斯 - 普理查德有关努尔人的研究，就将时间分为两类，一类是生态方面的时间估算（ecologicaltime-reckoning），例如月份、日、夜的某些部分。这些活动本身的重要意义使得这类计时系统规约着人们的各种行为活动①。另一类则是社会时间（socialtime），这类时间具有结构性意义，它们是对个人行为活动的概念化表达，因为这类时间概念不再是人们对于自然界多种关系的依赖，而是表现在社会群体之间的相互关系上。由此，时间概念也就不再由生态学因素所决定，而是受到了结构关系的约束②。同时，普理查德指出，结构时间是对结构距离的一种反映，并且这种结构距离受到生态条件的约束。从结构上来看，距离是指在一种社会制度中群体之间的距离，它是以价值观来表达的。土地的自然条件决定着村落空间的分布，由此也决定着人群之间的空间距离③。

　　布迪厄认为，有关人们在生物学意义上的活动，比如吃饭、睡觉、生育，均应被逐出外部世界，而被划入住宅之中最隐秘、最私人的地方。由此，他又将女人的住宅与男人的聚会屋、私人生活与公共生活区分开来，认为二者是相互对立的。在相互对立的事物之中，又将其自身内部的对立加以划分，并清晰地表露出来。"住宅是一个按照组织宇宙的同一些对立组织的微观世界，它同宇宙的其余部分保持着一种对立关系。"④也就是说，住宅可以看作是有两个空间，每一个空间都可以看作是被二次定性了的，第一次是被定义为女性属性，第二次是被定义为男性或者女性属性。因为在不同季节，男性和女性有关房屋空间的活动时长和活动范围是具有较大差异的。在夏季，男子向外活动较为频繁，女性则以家庭日常活动为主。到了冬季，不论是牲畜还是个人，都缩短了空间范围的活动，同时也减少了外出的时长，房屋成了高度集中的活动空间。除此之外，村落、坪塘等场地与空荡荡的空间处所被看作是对立的结构，这暗含着"满"与"空"的对立，表达了空间结构当中所蕴含的个人与集体的信仰体系。

　　在格尔茨对巴厘人的时间概念描述中，提到巴厘人的历书观念。巴厘人的历书把时间划分为有界单位，主要是为了记述和描写他们的特征，为了公式化地表述他们不同的社会实践逻辑。巴厘人有两种历书，一种是阴阳历，另一种是"置换式"

① ［英］埃文斯－普理查德：《努尔人——对尼罗河派一个人群的生活方式和政治制度的描述》，褚建芳，阎书昌、赵旭东译，北京：华夏出版社，2001 年，第 143—144 页。

② ［英］埃文斯－普理查德：《努尔人——对尼罗河派一个人群的生活方式和政治制度的描述》，褚建芳，阎书昌、赵旭东译，北京：华夏出版社，2001 年，第 146 页。

③ ［英］埃文斯－普理查德：《努尔人——对尼罗河派一个人群的生活方式和政治制度的描述》，褚建芳，阎书昌、赵旭东译，北京：华夏出版社，2001 年，第 149—151 页。

④ ［法］皮埃尔·布迪厄：《实践感》，蒋梓骅译，南京：译林出版社，2003 年，第 433—439 页。

（permutational）的、围绕独立天名循环之间的互动产生的历书①。这种置换历书的使用延伸到巴厘人生活的方方面面，比如巴厘人的庙会、建房、开业、乔迁、媾和、收割等都渗透着这种时间计算方法。格尔茨从巴厘人的日常生活礼仪中呈现出了巴厘人超越时间限制的社会经验，强调巴厘人的一种社会再生产和人际交互关系的时空观。

由此，本文将从侗族的日常生活时间当中讨论侗族村民的时间和空间意义，以及隐藏在其表征背后的文化实践逻辑。侗族村民的日常生活节律与当地的自然生态时间有着特定的关联性。那么，在这种关联性的背后，侗族村民是如何有条不紊地进行着劳作与休闲并开展一系列社会活动和节庆礼仪的？侗族村民的生物时间是如何通过个人生命周期的演进以及自然界事物的生长与成熟得以体现，进而将个人与社会相互连接起来的？汉族的农历计法引入与侗族村民传统的个人有规律的生理作息时间和自然物候节律如何得以匹配与调和？这种相互协调之下，又为侗族村民的日常生活劳作以及年节庆典带来了何种转变？

一、侗族的传统生活实践

侗族自称为 Kam，在语言学上以 Kam 代表侗语。对于侗族族源，众说纷纭。多数学者一致认为侗族是从"百越"民族演化而来的，其传统文化也经过多次的改变。但有关侗族是从"百越"民族的"蛮左""诸左"还是"夷蜑"演化而来，就各有各家之言说②。"侗"字也有多种写法，比如"峒"和"洞"等，例如在唐代和宋代其为"峒民"或者"洞人"，明清时期则称之为"峒人""峒蛮"或"峒苗"，甚至将其认为是苗族的一支。又因其服饰属于黑色，故被称为"黑苗"③，而到民国之后才被称作侗族。

侗族居民主要分布在湘黔桂三省，分布在贵州的侗族居民主要居住在黔东南苗族侗族自治州的黎平、榕江、从江、镇远、锦屏、三穗、天柱及剑河一带，地理位置上属于云贵高原的东南端，位于都柳江中游和上游地区。其东与湖南省怀化地区毗邻，南与广西壮族自治区柳州、河池地区接壤，西连黔南布依族苗族自治州，北抵遵义、铜仁两市区。由于黔东南地势为西高东低，古有"九山半水半分田"之说。该地位于冷暖气流交汇处，属于亚热带季风湿润气候，冬无严寒，夏无酷暑，年均

---

① [美] 克里福德·格尔茨：《文化的解释》，韩莉译，南京：译林出版社，1999 年，第 444 页。
② 谢景连、罗康隆、杨庭硕：《生态适应的个案研究：从"百越"到"侗族"的文化转型》，2009 年第 5 期。
③ 黄应贵主编：《时间、历史与记忆》，台北："中央研究院民族学研究所"，1999 年，第 234 页。

气温在 14—19℃之间，雨季明显，降水较多，整个黔东南自治州降水在 1 200 毫米左右。黔东南一年分为四季，降水主要集中在春季和夏季，干季集中在秋季和冬季。其山地纵横、峰峦连绵、沟壑遍布，地形地貌奇异复杂，不仅山高谷深，而且连绵不绝。侗族人们主要居住在亚热带季风区的低山丘陵与河谷坝子相间的地带，海拔最低约 100 米，最高不超过 1 000 米[①]。由于侗族居于河谷地区，排水畅通，稻田为带状梯田，为了适应自然环境的海拔高度的差异，侗族稻作的品种也呈现出多样化的特点。

位于贵州省黎平县双江镇的黄岗村主要盛产糯稻，糯稻品种多达 24 种，比如列株糯、矮茎朝糯、高茎朝糯、老牛毛糯等[②]。水稻田自插秧后就注满水，并将鲤鱼苗、草鱼苗等放入田中，当鱼苗长到 5 厘米左右、秧苗也已定根之后，就可以将小麻鸭放入稻田。待到稻谷收割之后，稻田中就不允许再放入小麻鸭，并且将稻田中的水排干，以便下田捉鱼。等到稻谷和鱼都收获之后，再将小麻鸭放入稻田中，可谓一举三得。侗族村民也会在山坡上种植旱地作物，比如玉米、花生、甘薯、红薯、大豆、棉花、小麦等。生活在黄岗村的侗族村民，其日常生活与糯米和酸鱼息息相关，人们每逢过年过节、仪式庆典、婚丧嫁娶等场合，都会以糯米和酸鱼作为他们的主要食物，用其招待贵客及作为礼品赠送给他人。

由于黄岗侗族村民的日常饮食与糯稻和酸鱼密不可分，由此使得侗族人的生产生活也被规约进了这一体系之中，并以此建构出属于黄岗侗族村民独有的行为活动规律。生活在黄岗村寨的侗族村民和苗族、布依族、水族、毛南族、瑶族等其他少数民族一样，在过去是没有"物理时钟"来计算时辰的，他们遵循着日出而作、日落而息这一亘古不变的规律，以植物的生长变化、动物的鸣叫以及长期生活在黄岗侗族地区人们的生理时钟为依据来粗略计算时辰[③]。一般而言，黄岗村侗民以早中晚三餐饭食作为一天内日常行为活动的重要分界点。侗民早晨吃饭一般是在八点半到九点半之间，吃中饭在下午一点到两点之间，吃晚饭则要视季节而定。在夏季，晚饭一般是在八点半到九点半之间，冬季晚饭时间则要早一些，一般在六点到七点之间。当然，如果遇到农忙时节，尤其是在插秧和稻谷收割时期，早中晚饭的时间间隔会拉得长一些。早饭早一点，在八点到九点之间，午饭的时间大致不变，晚饭可能会推迟到九点到十点之间。但由于夏季昼长夜短，劳动强度大，不得不在一天中的下午再加上一顿饭食，一般都是就着现成的糯米饭配上酸菜酸鱼食用即可。

---

① 黄应贵主编：《时间、历史与记忆》，台北："中央研究院民族学研究所"，1999 年，240 页。
② 罗康隆、吴寒婵：《侗族生计的生态人类学研究》，北京：中国社会科学出版社，2017 年，第 53—57 页。
③ 黄应贵主编：《时间、历史与记忆》，台北："中央研究院民族学研究所"，1999 年，第 240 页。

黄岗侗民每天在鸡叫时起床，公鸡的啼叫是当地人起床的"闹铃"。在洗漱之后，随便吃一餐"囵囵饭"（即填饱肚子的饭食）就会到山上放牛，并砍些柴火回家，尤其是会留意扯一把引火茅草回家生火。待将牛放到山坡上，并把牵牛的牛绳拴在一棵大树上之后，侗民会背着有柴火的背篓回家。之后，便给家里的鸡、鸭、鹅、猪喂食。在将家禽家畜喂饱后，还会挑着簸箕筐，割一点鱼草给鱼喂食。待到差不多十二点的时候，妇女就开始准备中饭。中饭一般做得比较多，因此时间花费长一些，有些许酸鱼儿、酸蕌头、油豆腐、青菜、猪肉炒野芹菜、水煮黄蒿粑等，再配上糯米饭或籼米饭就可以食用了。午饭食毕，一般会在家中稍作休息，休整一小会儿，再去田间地头干农活。到了种南瓜、大豆、长豆角、黄瓜等季节时，妇女们就会背着背篓，扛着锄头，带着柴刀以及一瓶饮用水到菜地种菜。还没上学的小孩或是处于放假期间的小学生也会不时来到山坡、田里帮家人撒种子或施肥料，一来可以与专门从事农业生产的长辈沟通感情，二来也使妇女能在劳作中有个说话的伴儿，不会感到太过枯燥乏味。如果是在农闲时期，妇人做好饭菜后，一家人吃了午饭，女人就在家里与邻居做针线活，纳纳鞋底、织织毛衣、缝缝鞋垫。在笔者小时候，笔者的母亲每逢农闲时期或下雨天气，就会与隔壁的周阿姨边聊天边做鞋袜，抑或待在家里剁猪草。而男人们则去村中的石凳旁唠嗑，或去田间地头看庄稼，男人一般很少待在家中。笔者小时候总会跟父亲去串门，看村中的匠工师傅打制家具，听长辈们"讲古"。太阳下山后，妇女就停下手头的活，开始生火做晚饭，男人们也回到家中帮着去溪边挑水，以备煮饭做菜之用。

侗民的孩子一到成家的年纪便娶妻生子，也就会与家中长辈分开居住，自己找活路。那么，在饭桌前的规矩也就不会像汉族那样复杂。如果家中人口较少，尤其是只有一对夫妇、一双儿女的话，家中男性较喜欢端着饭碗去邻居家串门。各家在吃饭时，通常是在家里的小坪塘进餐，不会一直环坐在餐桌旁，而是坐在门槛上或门外面的石头上，只在需要夹菜的时候才进堂屋或厨房夹菜。当然，他们也会喊来访者去自家饭桌上夹菜。有的时候，串门者在吃完晚饭后，就把碗筷忘在了邻居家中，当然，邻家妇女也会顺带帮忙把碗筷一起洗刷干净并放在碗柜里，等到忘记碗筷的主人再次来串门时，叮嘱他把碗筷带走。再有一种情况便是，邻家人会在坪塘喊那家的人来家里取回落下的碗筷。可见，在这样一个熟人社会中，此类事情屡见不鲜，也更加拉近了彼此的关系，将人与人捆绑在一起，构成了网状式的熟人聚落结构。当侗民吃饱晚饭，把鸡、鸭、鹅、猪也都喂饱并关进牲畜栏后，女人便在家中擦澡，小孩及男人们则下到小溪中冲凉。之后，侗民就开始了夜间的社交活动。已结婚的妇女坐在屋前或坪塘处乘凉，待深夜屋中凉快之后才回家入睡。未婚男女青年则会与一帮伙伴聚在一起，有的相互对歌，有的相互吹打乐器，玩到半夜，甚至待到天亮才回家休息。

二、侗族生产生活中的时间节律

黄岗侗民的自然节律与生产生活周期也在与汉族的交往交流中发生着较大的变化，并将汉族的计时方法纳入侗民的日常生活中。对于黄岗侗民先祖在何时开始引入汉族的农历历法并将其融合到侗族历法当中，由于史料的残缺，难以获得较为确切的证据。而这种有关汉族农历的计时方法一般是在重大的节庆仪式上才被使用，侗民日常的生产活动中较少使用汉族农历。因此，在侗族村寨中，村民较多依赖自然的节律与个人的生理时钟来规约一天的生活作息。

侗族计时只是讲求一个大概意思，并非精确到具体哪一个时间点。在侗族的每日计时表述中，也呈现出了当地村民的特色。比如，丑时（1—3 时）相当于侗族计时当中鸡啼的时候；寅时（3—5 时）相当于侗族天刚蒙蒙亮的时候；卯时（5—7 时）则相当于日出之时；辰时（7—9 时）相当于吃早饭之时；巳时（9—11 时）即为吃过早饭之时；午时（11—13 时）则是太阳当头之时；未时（13—15 时）相当于吃午饭之时；申时（15—17 时）相当于太阳偏西之时；酉时（17—19 时）证明已到了吃晚饭的时间；戌时（19—21 时）则表示吃完晚饭之时；亥时（21—23 时）说明天已经全黑了，村民也准备休息的时间；子时（23—1 时）表示村民都已入睡[1]。

黄岗侗族将汉族的农历引入生产生活中，也改变了之前完全依赖于自然节律以及个人生理时钟的经验性基础，将日常活动转化为可以精确计算并容易掌握的时间表，延续至今。这也可以在黄岗侗寨中探究得出，当地的节日分为完全按照汉族农历推算的节日以及与现行汉族农历不相同的传统节日。在明代，贵州少数民族主要以甲子计年计月计日，这在汉文献中有较详细的记载。明人田汝成在《炎徼纪闻》一书中写道，贵州少数民族虽不知朔望，却能以甲子推算年月日时，并能精确地计算出来，这类少数民族的计日法统称为"苗甲子"[2]。由此可见，少数民族有自己特殊的历法，并且他们的历法不苛求在月相圆缺上定日子。根据侗族的口头文学可知，侗民对五大行星运行规律尚未掌握，只将太阳的运动轨迹作为自己的时辰计法，例如，在萨坛建筑上就隐含了二分二至和二十四节气的象征意义[3]。在萨坛上有一个

---

[1] 黄应贵主编：《时间、历史与记忆》，台北："中央研究院民族学研究所"，1999 年，第 241—242 页。

[2] 罗康隆，吴寒婵：《侗族生计的生态人类学研究》，北京：中国社会科学出版社，2017 年，第 127 页。

[3] 罗康隆，吴寒婵：《侗族生计的生态人类学研究》，北京：中国社会科学出版社，2017 年，第 128 页。

"十"字交叉的木材。十字形指向北的一端，代表夏季，指向南的一端，代表冬季，而指向东西的两端则分别代表春季和秋季。在萨坛的周围还有二十四个石堆围成的圆圈，石堆与"十"字形木材相对应。由此表明，整个萨坛是当地侗族村民对太阳运动轨迹进行观察的工具，以便计算时辰。另外，再匹配上侗族鼓楼作为一个日影测杆，鼓楼的影子在正午时落在萨坛上，因此只需观察鼓楼日影终点在萨坛的位置就能知道是什么时候。

侗族的四季概念是通过自然景物的变化并配合侗族村民的生产活动加以判断的，侗族人描述春月为自然和大地回暖，蛇出洞，山中长出嫩草，山坡上开出桃花，同时，也是插秧育苗的季节。夏月雨水较多，蝉和鸟儿也开始在山中鸣叫，稻秧长高，开始抽穗并扬花。秋月收获稻谷，树叶泛黄，天气渐渐凉爽起来。冬月则是万物沉寂，人们的劳动强度日渐降低，活动空间进一步缩小。对于黄岗侗民而言，季节主要是由当地村民从事生产活动而产生的。因此，当地的节日绝大部分是与人们的生产密不可分的，比如插秧节、新米节等。

三、侗族生产生活中的空间性交流

在侗族地区最能代表当地日常生产生活的便是糯稻的种植。在黄岗侗寨，糯谷是一年种一季，村民在三月下旬至四月初这段时间开始插秧，四月至九月为稻田薅草、施肥，到十月份就开始收获糯稻。由此，侗族的节庆活动都会放在十月到次年二月农闲这段时间，侗民相互之间的沟通与交流也较为频繁。侗族的传统节庆与糯稻种植和收获不可分割。

（一）开秧门

侗族的插秧节，又被称作开秧门，是水稻种植过程中一个重要的仪式活动，一般在农历的小满节之后和芒种节前几天进行[1]。在开秧门之前，要进行起活路头的仪式，起活路头之后便是泡种、撒种，等秧苗长到足够高时，就可以将其从秧田中移到已经翻犁过的水田中。而开秧门便是这一移栽过程的重要环节，也被认为是当地的一个重要节日[2]。当地人认为，要想五谷丰登，就得将秧门开好、秧神祭好，在秋收季节才会有好收成。开秧门的田一般选择在公田或活路头家的田。祭祀的时候，需要在田头摆上米酒和菜肴，如鸡、鸭、鱼、糯米饭等食品，将带来的香纸放在田埂边点燃，以此来祭拜秧神和祖先，祈求神灵保佑。这时，活路头要领唱《十二月

---

① 杨秀云：《催人奋进的侗家农俗》，《民俗研究》，1993 年第 2 期。
② 龙保利：《西江千户苗寨稻作文化研究》，贵州民族大学硕士学位论文，2017 年，第 45 页。

种田歌》，众人也跟着活路头一起唱。唱完之后，活路头先下田扯出第一把稻秧，众人其呼："开秧门咯！"接着，其他人也下田扯秧苗①。开完秧门后，各家根据自己的实际情况开始进行秧苗的移栽劳作。

一般而言，如果哪家抢在活路头之前插秧，则会使得那户人家的秧苗涝死、谷子烂掉、结穗很小。在开秧门节，各家都会蒸好糯米饭或乌米饭，也会相互庆祝。因为插秧具有时间限制，也是劳作强度较大的时间段，这时候，就需要亲戚朋友之间相互帮忙，尽可能在几天之内完成插秧工作。虽然这期间劳作时间较长，人们也处于高度紧绷的状态，但在相互帮忙之中增进了彼此的感情，人人都感到愉快和满足。开秧门在侗民的生产活动中具有重要的文化意义，规约着侗族的生活节律和其他行为活动，也规范了侗民一年中生产生活的内在秩序。

（二）吃新节

吃新节是侗族古老的传统节日，也叫作新米节、尝新节。在侗族地区流传着一个传说："很早以前，侗族的祖先原住在广西梧州、浔江一带。那里'田在高，水在低'，自然环境恶劣，加之人多田地少，生活十分艰苦。为了生存，侗族祖先就开始迁徙。他们沿着都柳江逆水而上，翻山越岭，来到了一个三岔河口，不知道该往哪边走，就向自己的祖先祷告，然后向天空甩出自己的拐棍，拐棍落地后，拐棍尖指着中间那条道路。于是，他们就朝那边前进，来到了湘桂黔三省交界之地，开荒造田。"②在吃新节这一天，家家户户到稻田里摘取几粒谷穗带回家，象征着在这一年新收获的谷子能够籽大且饱满。吃新节没有统一的日期，各地侗族村寨根据自己的情况灵活处理，一般会选择在卯、辛、酉日③。

在这一天，侗民会在水田中饲养鲤鱼和草鱼。侗民在插秧后就会往田中放水，将鱼苗放入水田中饲养。传统上，吃新节这一天主要是食用酸性食物，比如吃腌鱼。一般在吃新节这一天全家必须吃酸，清晨天微亮，全家洗漱完毕后，就聚在一起吃稀饭，每碗稀饭里面都会混有刚从稻田里抽来的新糯米粒，以表示今年是个好的丰收年，也寓意着今年吉祥如意、风调雨顺、万事顺心。到了吃新节的次日，家家户户都会准备鸡鸭鱼肉，也被当地人称为吃"甜"。笔者认为，当地人一吃"酸"，二吃"甜"，象征着侗民从上一个生产节气过渡到下一个生产节气。笔者了解到，黄岗侗民在九月下旬收割稻谷时，就会将水田中的鱼捕捉回家或是放入鱼塘继续饲养。全寨的人也忙活起来，男人在田里捉鱼，女人将捉来的鱼腌成酸鱼，抑或将鱼烹煮

---

① 杨筑慧：《糯：一个研究中国南方民族历史与文化的视角》，《广西民族研究》，2013 年第 1 期。
② 《中华民族传统节日之吃新节（侗族）》，《小学德育》，2008 年第 10 期。
③ 杨再辉：《南部侗族的节日》，《当代贵州》，2000 年第 3 期。

成鲜汤鱼以招待前来帮忙的亲朋好友，而对于手指般大小的田鱼，男人们就会将它们捞起来放入鱼塘饲养，等到来年长大后再进行捕捞。

（三）过侗年

侗年仅次于春节，各地时间不一，多在十月底十一月初或在十一月底十二月初进行。在这一天，各家各户都会杀猪宰羊过年。侗族有句俗话："路不走不平，客不走不亲。"因此，当地的侗民将侗年分在不同时期来过，以便相互走访做客。在秋季丰收之后，人们会邀上自己的亲朋好友，相互叙旧，互相畅谈，请客吃酒①。如果侗年都是在同一天进行，侗民之间就难以走亲串寨，难以达到与自己的亲戚朋友联络感情的目的。通常在过侗年这一天，都会有唱琵琶歌、吹芦笙、踩歌堂、斗牛、斗鸟、表演侗戏等活动。这些活动开展的时间长短各不相同，一般是三到五天，有时也会持续一周左右。住得较远的客人会在过年的头一天提前住到主人家中，家离得近的客人会赶早儿来到主人家吃早饭，大家一起聚集在举行侗年活动的这个村寨当中，相互闲谈、相互娱乐，不仅联络了感情，更提升了村寨之间的亲密度。过侗年的村寨，在这一天主要食用猪肉、鸡肉、鸭肉、酸鱼、新鲜鱼汤、糯米饭、油炸豆腐、煮烂菜等。在吃饭之前，侗族家中的长者会带上香纸、头碗掺着酸鱼并盛有糯米饭的小碗以及一小瓶糯米酒走到自家大门前，一边点香烧纸，一边还念着吉利词。之后，就要去敬神龛。再然后，就开始在空地上放鞭炮，寓意着迎接美好的新年，同时也将晦气和霉运祛除。当然，在过侗年前后也会有一些寨子里的人家定亲或结婚办酒席。选在这段时期开展婚礼活动，主要是乡邻们都处于农闲时期，大家的交流十分频繁，也有较多的精力和时间来进行娱乐活动。并且，这时候"赶场子"（买年货）也相对便利，"场子"上面的物品十分繁多，能够满足当地人节庆的需求。另外，一些婚礼仪式选在过年前后，更寓意着喜上加喜，日子越过越红火，家庭越来越兴旺。

由此可见，当地侗民的开秧门和吃新节是伴随着糯稻文化延伸出来的节日习俗，与糯稻的种植和收获密不可分，也暗含着当地人的岁时计法。开秧门表示在新的一年里，农忙的时节到来，侗民也调整好个人的作息规律，并投身到田地间的劳作之中，减少了与其他寨子的频繁往来，这时候的人际互动频率降低，如果侗民之间有所接触和往来的话，也主要局限于本寨子中的人，抑或在插秧时期，大家互相帮忙，以便在较短时间内完成插秧劳作。吃新节蕴含着当地人在播种与收获之间进行着转换，从一个时间范围慢慢地过渡到另外一个时间范围当中。同时，也寓意着稻谷和

---

① 吴国春：《侗族"萨玛节"与过侗年》，《理论与当代》，2011年第2期。

其他作物能够长得籽大饱满，秋收季节可以收获满满。这两个节日中，都包含着侗民对劳作活动时间周期的恰当把握，侗民以生产活动的开始与收获作为时间的计算方式，并赋予其特殊的意义。

与此同时，过侗年则是侗民十分盛大、十分重要的节日，也是各寨子的人们走乡串寨的时期。侗民手中的活计减少了，有了较多的时间来进行交流与互动，也使得人们的婚礼仪式大部分在这段时期进行。由此可见，过侗年虽是在侗民的农闲时节，亦是在侗民为来年的生产活动做准备的时期，更是在一种再生产的时节，象征着人们空间活动的转化。

侗民的生产和再生产随着时间循环、交替与演进，在自然的节律与生产活动的进行中配合着，将人、社会与自然三者连接起来[①]。侗民在彼此之间的交流互动中，通过赠礼与答谢等活动来达到寨内与寨际联结的目的。这种互动交往模式也与侗族社会的糯稻生产和种植以及稻鱼的饲养和捕捞密切相关。在侗民进行互动的过程中，总会以糯米和酸鱼来招待客人，来访者也会带着糯米和酸鱼作为礼物赠给主人家，既彰显出自家物品的充实，也表示了对主人家的敬意。所使用的这些食品都是配合着当地侗民日常生产和节日进行流动的。由此，有利于寨民之间的相互认同、情感融洽，亦有利于寨际互动空间的拓展。

侗民的生产生活时间是建构在自然节律与农作物的栽培和种植上的，侗民将自己的历法计时与汉族的农历相结合，并在此期间演化出多种多样的节日，同时也使计时更加精确，使生产活动更加有章可循。具体而言，黄岗侗族在不同季节中各月份所从事的活动各不相同。这里的雨季包括三月、四月、五月、六月、七月。清明和谷雨期间，村民开始抛秧，在坡地上种花生、玉米、高粱和小米。为了在四月进行插秧活动，此前就需要举行开秧门。待到立夏时节就可以在旱地里种植棉花，并将鱼苗放入稻田中。立秋时节就可以收获籼稻，而糯稻也开始抽穗，因此就可以举行新米节。另外，种在旱地的花生和高粱也可以采收回来。这里的干季包括八月、九月、十月、十一月、十二月、一月和二月。在干季的霜降时节主要是收获田鱼和糯稻，并将收获的大鱼腌制成酸鱼，放在坛子中密封一段时间，待到贵客到访或是节庆的时候再拿出来食用。之后的十一月和十二月，不同侗寨根据自己寨子的实际情况陆续准备过年要用的东西，比如纺纱织布、杀猪宰鸭、打粑粑、打制桌椅等。侗民的节庆习俗不仅与自然事物的更替循环不可分割，也与村民的生命周期和生产与再生产活动密不可分。侗民就是在这样一个时间的不断往复和空间的不断变化之间，调节着自己的生理节律，也调整着人与人之间的互动关系。

---

① 黄应贵主编：《时间、历史与记忆》，台北："中央研究院民族学研究所"，1999年，第241—247页。

四、现代化冲击下侗族村落的时空变迁

我们都处在发展之中，无论是被动地、被拖拉式地进行着发展，还是主动地、卖力地想跟上发展的脚步，都离不开现代化发展的趋势。社会学家吉登斯把现代性看作是"后传统的秩序"。而后现代人类学家哈贝马斯把现代性看作是一种新的社会知识和时代，用新的模式和标准来取代原有的模式和标准。在法国社会学家福柯看来，现代性主要指的是一种与现实相联系的思想态度与行为方式，一种时代的意识和精神。由此看来，现代性与传统是不同的，有可能是对传统的超越，也有可能是与传统的对立。现代性的背后是发展的快速蔓延，发展的实质是一种话语和权力的构建。

在黄岗侗寨，侗民因受到外界的影响，在将外界的"生人"转化成"熟人"的这一过程中，将外界事物带到本村寨中，比如从外界获得的知识、习得的行为方式以及购得的现代家具。逐渐地，每个家庭中都有了电视机、电冰箱、各式花色的碗碟、沙发、弹簧床等。这些现代性的物品无不诱惑着、吸引着侗民，将一代代的侗族青年带到了城市的边缘，使他们成了城市的外来者。侗民的木屋中再难见到男女行歌坐夜、欢腾一片的场景，或许能看到的只是一副佝偻的身躯在火塘边吧嗒着烟嘴，嘴里不停地吐出缕缕白烟。"吃相思"活动的"拦路歌"似乎再也难以拥有往昔那种强烈的竞争和刺激感。在传统的男女对歌、串寨请客中，最难得的芦笙队伍似乎也因为现代化的冲击被打乱了阵脚，没有了往日那种整齐的队伍，也难以组成一支长久持续的芦笙队。在侗寨一村落的侗族老人说："唉，现在这些后生都出去打工找钱咯，留下几个老头子在家，这芦笙技艺的传承也成了个大难题。"他的言语中无不流露出对传统技艺失传的忧虑和不安。

从这里可以看出，目前大多数侗族青年将自己的脚步迈向了外面的世界，为了改善自己的境遇，不停地追逐着所谓的富裕。似乎侗民也被套入了现代社会的发展话语体系之下，将自身的文化看作是"落后的""肤浅的"，将外面世界的文化看作是"科学的""先进的"。但仔细反思一下，或许不难发现，文化本无先进落后之分。

爱德华·雷尔夫在其著作《地方与无地方》中谈及，我们在一个地方生活，在另一个地方工作，在其他地方踢足球，我们会回忆我们曾经所在的那个"地方"，却难以真正地将自己置身于回忆中的那个"地方"。如果把侗民世代生活的侗寨看成是一个具有意义和人烟气息的动态空间，老一辈人会选择在侗寨的大空间和侗寨"家户"中的小空间填充上富有本民族特色、符合侗民情调的、从山间林中能够获得的原材料来充实空荡的房屋。那么，这样的空间便不再是一般意义上的场所，而成了村民依恋的处所，具有了让人想要"扎根"的念头，更使得当

地的自然与侗民创造的文化达成了一种稳定的结合。当侗民将自己打制的家具、编制的草鞋、用棕树叶制作的蓑衣搬进房屋中时，这样一种"地方感"也就逐渐被人们所感知。

由此可见，"地方"是人类的一种构造，没有"地方"的未来是根本无法想象的。"地方"是在每日的基础上建构和重建的，"地方"为实践提供了模板，"地方"也是认同的创造性生产的原材料。经过数代人的努力，侗民建构了侗族的集体记忆和地方感，进而区隔着"里面"的人和"外面"的人。当外面的力量过于强大，并将侗族青年吸引到城市中挣钱买车买房时，这样一种"地方"就有可能成为记忆中的"地方"，失去了现实感。阿图罗·埃斯科瓦尔曾谈及："地方以特殊的构造聚集了事物、思想和记忆。"传统社会当中的侗民所建构的"地方"正是符合他们共同记忆的事物，他们会将用竹子制作的芦笙放在固定的地点，将火塘安放在厨房的一侧，并将储存酸菜的坛子规整地摆放在地窖中，将用自家糯米酿制的米酒小心地存放在储物间。而家中的另一空间则被用来充当平常的起居场所，也成了村民在夜间睡意来临之时，躯体想要归属之地。

这一切仿佛理所当然地在侗族社会当中发生着，却在现代化来临以及发展入侵时，强行将年轻一代拉扯进了城市的边缘。在新一代的侗族青年中再难有一种家乡的"地方感"，留存在他们心中的或许是没有了生命意义和情感气息的乡村"空间感"，致使外出的侗民与侗族村落之间形成了一条难以弥补的鸿沟。如何将这一鸿沟弥合上，如何使侗族村落的后辈与侗族文化实现可持续地连结，让他们找回真正的"地方感"，需要做的仍然还有很多。

五、结语

综上所述，侗族的日常生产活动受到自然生态时间和个人生理规律的约束。将汉族的农历引入侗族社会当中，不仅丰富了当地的节日习俗等各项活动，更有利于侗民在日常生产劳作活动中对时间的精确性表达。侗民十分重视糯稻与酸鱼，这两种食物也无时无刻不与侗族的节庆仪式紧密相连，不仅规约着人们的生产劳作，更规划着村民们的节日庆典，从一年的初次生产时间的"开秧门"过渡到中间时间段的"吃新节"，再到一年的尾声"过侗年"，彰显出了侗族人们对时间序列的准确把握。侗民在劳作之中与农闲之时或多或少地进行着邻里间与寨际间的沟通与交流，实现了一种空间范围内的流动。侗民的日常生活实践也在这种生产时间和空间格局之内被赋予了特殊意义，聚落社会在这样一个过程中进行着不断地交替和演变。

在演变的过程中，现代化的冲击、"地方感"的不在也让人担忧。身处城市边

缘、外出务工的侗民们会面对人头攒动的百货公司和超级市场，会经过车水马龙的
公路和机场……这样的公共空间不可能成为侗民的"地方"，只有他们土生土长的侗
族聚落才能给予他们情感的抚慰和精神的支持。如何让这种精神食粮真正补给侗民
的心灵，是侗民自身、相关学者以及社会共同需要思考并努力的方向。

第三部分

铸牢中华民族共同体意识
视域下的民族地区乡村振兴

城市民族互嵌式社会结构和社区建设的
行动逻辑与耦合机制研究

张利国

摘要： 推进城市民族互嵌式社会结构与社区建设是新时代民族工作的重要内容，也是推进中华民族共同体建设的重要路径。民族互嵌式社会结构与社区建设是多元主体行为选择、综合作用的过程和结果，受主体自身利益偏好、认知惯性以及周遭环境变化等影响，民族互嵌内含的政府逻辑、市场逻辑以及个体行动逻辑对民族互嵌式社会的建设水平和成效具有重要的影响和作用。民族互嵌式社会结构与社区建设要对异质主体的内在行动逻辑进行充分的分析考察，并以共同体建设为轴心，建立有效的社会共生、情感联结、利益保障及协作共治的"耦合"机制。

关键词： 民族；互嵌式社会结构；行动逻辑；中华民族共同体

作者　张利国，大连民族大学中华民族共同体研究院教授（大连　116000）

构建民族互嵌式社会结构和社区环境是新时代促进各民族交往交流交融、推进中华民族共同体建设的重要路径。其旨在通过宏观层面的"社会结构建设"与微观层面的"社区环境建设"，打破族际、群际间的心理、身份等边界意识，实现各民族广泛交往交流交融。随着我国进入资源、信息快速流动，社会结构加速变迁的"液态社会"，更多的少数民族人口离开聚居地流向都市。城市作为人口、资源、信息的高度集聚地，成为吸纳各族群众、承载当代中国由乡土社会向都市社会转型的"大容器"，置身其中的少数民族流动人口面临着社会适应、文化敏感、社会融入等生存空间、文化图式的错位、切换等问题。2021年中央民族工作会议提出要"逐步实现

※　本文发表于《云南民族大学学报（哲学社会科学版）》，2022年第2期；本文为国家社科基金一般项目"人学视域下学校中华民族共同体意识教育研究"（21BMZ058）的阶段性成果。

各民族在空间、文化、经济、社会、心理等方面的全方位嵌入"[①]，进一步拓展了互嵌式社会结构和社区建设的行动空间，升华了其建设内涵与要求。如何建立有效的耦合机制，推进新时代城市民族互嵌式社会结构和社区建设向纵深发展，不仅是实现"全方位嵌入"的内在要求，也是深入推进中华民族共同体建设、巩固和发展平等团结互助和谐社会主义民族关系的重要基础。

一、整体描摹与问题提出

交往交流交融贯穿于我国统一多民族国家形成发展的整个历史，各民族在长期交融汇聚、融合共生的过程中形成了文化上兼收并蓄、经济上相互依存、情感上相互亲近等紧密的联结纽带，成为中华民族生生不息、中华文化绵延不绝的内在动力。在中国社会快速变迁、社会结构深刻调整变化的时代背景下以及以民族交往交流交融作为铸牢中华民族共同体意识的必经途径的整个过程中，各民族相互嵌入的社会结构和社区环境是不可替代的重要环节[②]。作为各民族交往交流交融的重要形态和实现方式，城市民族互嵌式社会结构和社区建设成为学界关注的重点议题之一。

学术界对民族互嵌式社会结构与社区建设的研究整体呈现平行式样态。一方面集中于概念内涵的界定。典型的观点认为它是一种新型的多民族社会结构建构模式，最终目标是实现"多种嵌入维度，形成一个结构相融、利益相连、情感相通的多民族共同体"[③]。另一方面是借助田野调查，基于地方经验从居住空间、族际关系、文化浸润和心理认同等实践维度的嵌入来阐释互嵌机理。有学者运用结构功能主义，以珠三角地区为研究案例，将民族互嵌社区划分为居住型、生产型、商贸型、宗教型四种理想类型，指出城市政府要破除狭隘的地方主义观念。或从心理学和行为发生学的角度将互嵌作为一种民族关系，其理论的架构需要深入民族社区去认知族群的图像、语言、服装、名称等互嵌符号，在与异文化群体的交流与互动中延续生命力[④]。在社区治理角度，学者为民族互嵌式社区设计了政府、社会和居民的立体逻辑

---

① 《习近平在中央民族工作会议上强调：以铸牢中华民族共同体意识为主线，推动新时代党的民族工作高质量发展》，《中国民族》，2021 年第 8 期。

② 冯雪红、张欣：《民族互嵌研究现状与未来走向》，《西南民族大学学报（人文社会科学版）》，2021 年第 5 期。

③ 郝亚明：《民族互嵌式社会结构：现实背景、理论内涵及实践路径分析》，《西南民族大学学报（人文社会科学版）》，2015 年第 3 期。

④ 张晗：《民族互嵌与文化共生——对芒旦傣族村"与汉为邻"的文化透视》，《西北民族大学学报（哲学社会科学版）》，2016 年第 5 期。

框架①，涵盖人口资源转移、新型城镇化建设、民族特色产业培育、民族文化共同体
建设、区域公共资源整合开发等方面的政策举措②，从从业结构、社区混居、文化建
设等方面进行解读以提高社会空间的整体治理效能③。

这些研究提供了广阔的理论视角和丰富的实践经验，但很多倾向于个案的经验
性研究，描述性、报告式的研究范式较为常见。学理性阐释主要围绕交往交流交融、
社会治理等理论展开。民族互嵌式社会结构与社区建设是多民族国家共同体建设的
一项重要的制度设计，也是多元主体行为选择和新型关系的"重构"过程，不仅体
现政府主导的建构性，根本上也离不开其行动主体——利益相关者的自主性推动。
因为除国家既定的行动逻辑设定外，来自市场、社会与个体的行动逻辑也是影响和
制约民族互嵌式社会结构及社区建设水平与成效的关键因素。现有研究存在着对行
动主体内在行为逻辑触及不深、学理阐释不够的问题，对策建议亦因缺乏对行动逻
辑的深度阐释而陷入浅表化、格式化的窠臼。笔者尝试从城市互嵌式社会结构与社
区建设的主要利害关系主体出发，着重对其内在行动逻辑及耦合机制展开研究，试
图克服各利益主体的行动阻力，为促进各民族互嵌交融提供一定的思考进路。

二、城市民族互嵌式社会结构与社区建设的行动逻辑

"行动"作为主体有意识的活动，是在一定目标指向下"需要经过认知、权衡、
选择与取舍过程，是正在进行中的动态行为，具有生成性，面向多元的主体和生活
世界"④。民族互嵌式社会结构与社区建设是多元主体调适磨合、综合作用的过程与
结果，异质主体基于自身利益偏好、认知惯性、文化习俗以及周遭环境变化等因素
影响，其行动结果很多时候呈现出实然状态与应然制度设计在某种程度上不平衡、
不匹配甚至不一致的地方，这为构建有效的耦合机制、弥合主体间内在的行动张力
与冲突、促进应然目标的达成提供了必要前提。

（一）应然与实然的差异：政府行动逻辑

互嵌式社会结构与社区兼具历时性和共时性。如成都土桥回族社区、武昌城外

---

① 李伟、李资源：《社会治理共同体视域下民族互嵌式社区的内在机理与实现路径》，《西北民族
大学学报（哲学社会科学版）》，2021 年第 2 期。
② 陈纪：《京津冀地区民族互嵌式社区建设与公共资源支持保障研究》，《中国行政管理》，2018
年第 10 期。
③ 沈桂萍：《构建城市民族工作的"嵌入式治理"模式》，《湖南省社会主义学院学报》，2015
年第 1 期。
④ 哈贝马斯：《交往与社会进化》，重庆：重庆出版社，1989 年，第 294 页。

的十字街等依然活跃在今天城市中的很多世居民族聚居区都是经由历史形成并延续至今的。除自然的历史集聚过程外，政府也通过政策引导与资源配置等建构性策略，不断适应社会结构变迁和共同体建设需要，积极推进相互嵌入式社会结构与社区环境建设。改革开放以来，随着城市化快速推进，各民族进入大流动、大融居的活跃期。据第七次全国人口普查数据统计，2020年流动人口规模近3.8亿人，相较于2010年增加了约1.5亿人，其中少数民族人口在社会空间的位移中也表现出趋强的流动性。社会空间日益呈现出液态化、有机化与折叠化等新态势、新特征①。在跨区域、跨行业大流动的活跃期，各民族交往交流交融日益频繁深入，共同性因素不断增多，中华民族共同体内在有机性不断增强，为推动互嵌式社会结构与社区建设创设了良好的基础与前提。全球化、信息化以及现代性加速了吉登斯所说的各种"脱域"现象，跨区域流动、多重身份认同、多元社会思潮渗入对民族国家主流意识形态的控制力、国民集体意识的凝聚力以及多元社会的整合力带来挑战，城市民族领域也成为西方实施各种渗透破坏活动的重要场域。

2014年，中共中央政治局研究进一步推进新疆社会稳定和长治久安工作的会议上明确提出："推动建立各民族相互嵌入的社会结构和社区环境，促进各民族交往交流交融。"②同一年，习近平总书记又在第二次中央新疆工作座谈会上指出，要"推动建立各民族相互嵌入式的社会结构和社区环境……促进各族群众在共同生产生活和工作学习中加深了解、增进感情"③。由此，正式将构建互嵌式社会结构与社区建设放在国家治理策略的层面并赋予了维护社会稳定与长治久安的政治意义。此后，在多次重要会议和场合，推动建立相互嵌入式的社会结构和社区环境被频繁提及。2021年中央民族工作会议通过"全方位嵌入"的话语表达进一步明确了互嵌式社会结构和社区建设的建设目标和实践方向。因此，从国家的顶层设计及其背后的行动逻辑看，推进互嵌式社会结构与社区建设不仅被赋予了通过结构"互嵌"和关系"融入"促进各民族交往交流交融的实践意义，也构成了铸牢中华民族共同体意识、形成维护国家统一和民族团结的牢固思想基础的国家立场。

一些地方政府也将推动互嵌式社会结构和社区建设作为民族工作的重要抓手。民族八省区除广西壮族自治区以外，均发布了《民族团结进步条例》（以下简称《进步条例》），其中2021年出台的内蒙古自治区《进步条例》、2020年出台的宁夏回族

---

① 严庆、于欣蕾：《铸牢中华民族共同体意识的社会空间整合视角》，《西北民族研究》，2021第3期。
② 《中共中央政治局召开会议研究进一步推进新疆社会稳定和长治久安工作》，《人民日报》，2014年5月27日。
③ 《第二次中央新疆工作座谈会召开》，《新华月报》，2014年第12期。

自治区《进步条例》均有建立相互嵌入式的社会结构与社区环境的政策描述，很多地方也对如何推进互嵌式社会结构和社区建设做出了积极探索。

然而，在具体实践中，某些地方政府和基层组织在推动互嵌式社会结构和社区建设过程中还存在着与国家应然的行动逻辑不匹配、不一致甚至相违背的地方。比如，一些地方在处理包括少数民族流动人口在内的民族事务时，习惯以"汉族—少数民族""中心—边缘""主导—依附"作为认识框架，将城市治理的重点和中心更多放在计生、维稳综治、消防安检等具有"一票否决"的"硬指标"上，把民族宗教事务视为"软指标"，在人力、财力和各种资源分配上严重不足。调研中，我们发现一些地方由于机构改革，较多县（市、区）一级民族工作领导小组尚未建立，民委委员机制运行不畅，难以实现民族工作横向衔接和纵向贯通。一些地方民族工作部门力量薄弱，人员配备和工作保障严重不足。有的干部对待民族工作还存在一定的错误认识和模糊认识，存在着把少数民族当外人、把少数民族工作当作包袱和"麻烦"的思想，要么采取放任自流的态度，要么采取关门主义的态度。有的地方在推进互嵌式管理的过程中，随意打破原有居住格局，采用行政强制等手段盲目推进互嵌居住。有的在企业中强制性地规定各民族嵌入的比例、规模，对民族关系造成了一定的伤害，影响了互嵌工作的实施效果。

（二）交易性与对抗性的张力：市场行动逻辑

"嵌入性"最初是由学者波兰尼提出的，用于探讨经济活动如何嵌入社会关系网络之中，他认为经济活动能够通过不同的模式嵌入特定的社会关系和结构中[①]。因此，通过经济手段和经济活动积极介入并有机嵌入少数民族和民族地区经济社会发展过程成为理解和把握党的民族工作史以及民族关系史的一把钥匙。从西部大开发、兴边富民、对口支援、东西部协作等宏观战略与政策的顶层设计，到市场化条件下基于利益互惠、资源共享、协作共生等理念衍生的各种经济互惠型社会结构形式不断涌现，传统族际间的组织结构和联系纽带被打破，经济嵌入成为影响和形塑当代民族关系的关键因素。

围绕玉石贸易形成的新疆籍少数民族流动群体聚集性社区是基于市场经济嵌入的典型代表。河南省南阳市因盛产名玉形成了庞大的玉石加工产业群，并演变成全国性的玉石加工、批发综合性市场。随着和田玉市场升温，该地吸引了包括维吾尔族在内的大量玉商投入销售、加工和开采行业并逐渐形成了系统的产业链。在玉石销售市场中，维吾尔族玉商依托地缘资源优势的原石采购交易嵌入当地市场与当地

---

① Polanyi, K., *The Great Transformation: the Political and Economic Origins of our Time*, Boston : Beacon Press, 2001.

玉商进行贸易往来与协作，与其建立了相互依托、默契协作的相互嵌入性的生计关系①。此外，浙江义乌基于小商品市场形成的"围市而居"的互嵌式社区等也是围绕某一产业链或经济业态在各地形成的多样态的民族聚集性互嵌式社区。因此，现代商品经济条件下，通过市场机制作用，不仅促进了生产要素流动、人口自然聚集和资源优化配置，也塑造了新的就业结构、关系结构和社会结构。市场成为推动城市民族互嵌式社会结构和社区环境的主导力量，发挥了以规模和效率为主要导向的行动逻辑作用。

然而，市场关系不单纯是一种经济关系，还反映一定的社会关系，即马克思强调的"资本不是一种物，而是一种以物为媒介的人与人之间的社会关系"②。市场关系除具备交易性或交换性的典型特征外，还体现出一定的对抗性。即市场关系在形式上虽体现出一定的平等性和自由性，但由于市场主体在资源禀赋、文化程度等方面的差异导致它们在很多情况下处于实质上不平等、不自由的"异化"状态，实质上经常表现为权力关系以及被结构化了的经济关系系统③。具体表现为，进城的一些少数民族由于自身劳动技能、家庭状况、语言文化、教育程度以及所拥有的社会资本匮乏等因素影响，导致他们在市场中的自主选择能力、向上流动能力、话语权能力较弱，在劳动市场中体现为典型的"空间劳差"④。笔者在对东北某省少数民族流动人口的调研中发现，进城的少数民族多数以经营餐饮、手工艺品以及加工民族特色用品为主，还有一部分从事服务、建筑行业和重体力劳动。进城的少数民族（除当地就学的大学生）文化水平普遍较低，文盲和小学以下文化程度的约占70%，语言交流有障碍，一般是只能听不能说，这给他们从事其他行业带来诸多困难。整体上，他们的就业层次低、收入较少且不稳定，生存和发展空间窄，社会支持系统较弱。

因此，在社会快速变迁、人口加速流动背景下，如果缺乏有效的利益保障机制、矛盾缓冲机制、社会整合机制，单纯依靠以效率和"公平"为立场、以竞争淘汰机制为主的市场行动逻辑，很可能进一步加剧社会阶层关系分化失序，弱化社会认同和群际信任，导致社会有机团结纽带脆弱，虽有"互嵌"而难以做到全面交流和深度交融，给民族团结、社会稳定以及社会主义新型民族关系带来挑战。

---

① 孙嫱：《维吾尔族和汉族互嵌社区建设：南阳民族交往交流交融的个案研究》，《民族研究》，2020 年第 2 期。
② 《资本论》（第 1 卷），北京：人民出版社，2004 年，第 237 页。
③ 张翼：《当代社会结构变迁与社会治理》，北京：经济管理出版社，2016 年，第 54 页。
④ 空间劳差是指不同空间中的人们在劳动方面形成的社会差异。不同空间中劳动的社会差异大致包括劳动就业差异、劳动方式差异、劳动风险差异、劳动报酬差异、劳动保障差异等。

（三）交往与认同的距离：个体行动逻辑

从社会学意义理解，互嵌式社会结构与社区环境建设是一个"空间转向"（spatial turn）问题，而空间问题的最终归属和有效解决依赖于空间中主体——人的行动。因为"人与人之间的关系，实际上是空间与空间的关系"[①]。空间不仅是一种物质性存在，还是一种文化、政治、心理的多义现象[②]。其不仅包括物理学意义上的居住空间，还包括社会关系意义上的交往空间和情感意义上的心理空间[③]。社会心理学理论认为，由物理空间导致的"距离感"往往对族群关系、族裔关系以及阶级身份、情感、心理认同等方面构成影响。而社会和空间邻近性相互作用会增加群体接触的机会，进而可能促进族际关系优化[④]。因此，物理空间或居住格局互嵌成为推进互嵌式社会结构和社区建设的重要选项。即通过将不同民族集合到一个共同生活场域并进行分散式、交叉式分布的地理空间"整合"或"重置"，有利于增加群际接触的机会，进而为改善族际关系、实现各民族深层次交流交融提供必要的社会空间。在现实实践中，各个地方采取跨区域、跨民族的混居和混寝等形式实现居住空间互嵌。然而，居住空间互嵌并不等于实现了应然的"互嵌"，更不能把"互嵌"简单理解为物理空间的互嵌。对于互嵌式社会结构的实现功能来说，居住空间、交往空间、心理空间分别指向不同阶段和层次的目标设定。互嵌式不仅需要通过居住空间和交往空间的拓展与深化增加群际接触的"量"，减少和消除群际、族际交往的边界，更重要的是通过心理空间的涵化与交融，实现交往主体在情感和心理上的认同"质变"。

依循"居住—交往—心理"这样的演进逻辑，交往成为联结和推动主体间由"物态"空间向"心态"空间转化的关键。然而，由于历史、现实、文化与心理等因素影响，异质性群体在交往方面表现出不同的认知心理和行动逻辑，制约和影响着族际间的情感与认同，使得居住的长度、交往的频度与认同的效度呈现出不同步性、不均衡性甚至相悖的实际效果。一是工具性的交往逻辑。比如，某些由于统一大市场或商业因素形成的民族互嵌式社区，除以家庭、本民族、本地域为中心的交往（我们称之为原生型交往）关系较为紧密外，很多的次生型交往更多表现为单纯的商品贸易或生意往来，尽管交往的频度较高，但由于更多基于利益导向，情感卷

① 郑震：《空间：一个社会学的概念》，《社会学研究》，2010 年第 5 期。
② 苏尚锋：《空间理论的三次论争与"空间转向"》，《人文杂志》，2008 年第 4 期。
③ 刘莹、杨恒：《从"嵌入"到"融入"：空间视域中的民族互嵌式社区治理》，《湖北民族大学学报（哲学社会科学版）》，2021 年第 4 期。
④ 严庆、于欣蕾：《铸牢中华民族共同体意识的社会空间整合视角》，《西北民族研究》，2021 年第 3 期。

入较少，认同度偏低；二是防御性的交往逻辑。由于民族间宗教信仰、语言文化、生活习惯等方面的差异，特别是受社会上对不同民族的"标签化"和刻板印象影响，如认为少数民族遇事不冷静、处理问题简单粗暴，汉族群众心眼多、做人不厚道等。民族间的交往有时出现基于防御性的思考逻辑，表现为非必要不接触、非必须不交流，族际情感卷入程度低、认同感差；三是情感性的交往逻辑。按照马斯洛的需要层次论，爱与归属等情感性需要是人的基本需要之一。很多进城的少数民族群众，脱离原来熟悉的主要基于血缘、地缘联系的机械团结纽带进入城市，如果新的环境与社会整合机制没有建立起可充分满足他们的利益诉求、提供集体安全的保障机制，则他们更倾向于选择同一家族、民族或地方的群体寻求庇护，并形成封闭的文化聚集区或交际网（城市亚文化），即某个民族的"文化圈"[1]。此种情形下，主体的情感卷入和认同度都高，但由于交往空间相对封闭，导致族群边界固化、社会认同内卷化，有悖于互嵌式社会结构与社区建设的设计初衷。

三、民族互嵌式社会结构与社区建设的耦合机制

从实践面向看，民族互嵌的内在机理非常复杂，异质性主体基于不同的认知和行动逻辑带来的民族文化敏感、他者认同困境、异域融入危机、社会法治困境等问题，影响和阻滞了各民族之间的互嵌与交融。作为铸牢中华民族共同体意识的重要路径，城市民族互嵌式社会结构与社区建设从根本上需要从不同群体间利益、情感、心理等多方面的诉求出发，以共同体建设为轴心，建立有效的社会共识、情感联结、利益保障及协作共生的"耦合"机制，打通其"背井离乡"的心理与身份边界意识，从而为实现各民族广泛交往交流交融和全方位、深层次的嵌入创造有利的条件和行动空间。

（一）以共同性为方向，构建民族互嵌交融的社会共生机制

少数民族特别是边疆地区少数民族由"熟人社会"向"陌生人社会"的流动很大程度意味着由传统向现代、由封闭向开放的转变。现代社会的"脱域机制"逐步地将人们"从它们所处的特殊的地域'情境'中提取了出来"[2]，作为个体的少数民族在"离家出走"的同时，面临着生活方式、周遭环境以及身份认同等一系列新的角色调适和心理适应。社会上对某些少数民族的认识偏见和刻板印象增加了互嵌交融的难度和阻力。因此，消除客观环境和主观认知上的"不一样"导致的互斥性和

---

① 方堃：《城市民族事务治理社会化问题研究》，北京：人民出版社，2016年，第210页。
② [英]安东尼·吉登斯：《现代性的后果》，田禾译，江苏：译林出版社，2000年，第18—26页。

疏离感，积极培育"我们都一样"的共同性和公共性是实现民族互嵌交融的内在机理和重要选择。

首先，加强公共服务和公共政策有效供给，推动空间重组。要以有利于实现各民族互嵌交融为理念，科学规划城市空间布局，精准配置各项公共服务和公共资源，以物理空间的优化消解单一民族社会结构带来的区隔，重组族际交往的居住方式、生活方式和关系结构。如在公共教育领域，减少民汉分立的办学模式，推进各民族混合编班、混合寝居，创设各民族学生共同居住、生活、学习的教育场域。在职业分布上，要"打破特定民族在特定行业、特定职业或特定产业园区过度聚集的现象，尤其要扭转部分少数民族劳动者过度集中于低层次、低收入行业、职业的状况"[1]。

其次，优化共同体的社会分类，推动关系重构。按照社会心理学的相关理论，个体与他人、与社会等内群体和外群体关系的亲密程度与社会距离有关。而社会距离往往与血缘、亲缘、地缘等社会分类因素有关，有意或无意的社会分类不仅是个体获得情感支持的重要动力，也是导致社会偏见形成的基本心理过程[2]。因此，社会心理学家主张，除增加群际接触外，还要通过去分类化（decategorization）、相互差异化（mutual differentiation）和重新分类（recategorization）等社会分类策略[3]打破群际交往的边界，减少群际间的矛盾与冲突。因此，要突破少数民族间主要基于血缘、地缘形成的"链式"和"网络式"的"内卷型"关系结构，有意识地创设更加开放、多元的社会分类标准，如基于共同的志趣爱好、职业经历和社会活动等，以此通过持续的交往互动，强化族际间共同性和共通性的联结纽带。如某民族院校积极创设居住生活、学习交往、文化交流、心理互动等多维一体的互嵌式育人模式，让各族学生在共居共学、共建共享、共事共乐中增进了解，促进交往交流交融[4]。

再次，开展中华民族共同体意识教育，推动话语重塑。一直以来，我们在历史叙事、话语传播和制度设计方面某种程度上存在着过度强化民族的差异性和特殊性、对中华民族的共同性和民族间的共生性关注不足的问题。这不利于族际间的平等交往和深度交融。在市场化、法治化的通约性社会，推进民族交往互嵌要及时更新和重塑话语传播方式，以增进共同性为原则，寻找和打造各民族守望相助、手足情深的"中华民族一家亲"好故事、先进事迹和典型案例，挖掘整理各地、各民族关于

---

[1] 李俊清：《族群和谐与公共治理》，北京：生活·读书·新知三联书店，2019年，第35页。

[2] Crisp, R. J., & Hewstone, M., Multiple Social Categorization, *Advance in Experimental Social Psychology*, 2007.

[3] Gaertner, S. L., & Dovidio, J. F., *CommonIngroup Identity Model*, Oxford：Blackwell Publishing Ltd, 2011.

[4] 张利国、陈明华：《全力推进民族院校各族学生交往交流交融》，《中国民族报》，2015年11月13日。

民族交融汇聚史的地方性知识①，做好常态化舆论宣传教育。深化民族团结进步教育内涵建设，既要讲团结，更要讲进步；既要讲权利，又要讲义务；既要讲尊重差异、包容多样，更要强调共性、增进一体；既要讲关心关爱少数民族，又不能忽略法治公平的原则和维护国家统一、安全和反分裂的责任宣传。

（二）以"家"文化为隐喻，构建民族互嵌交融的情感联结机制

按照帕森斯的结构功能理论，维护社会系统的稳定和可持续离不开系统的整合功能，而文化和情感作为系统整合的主要工具具有积极的凝结作用。面对高度异质性的现代社会，西方国家试图用国籍、归化法、语言法、兵役制度甚至种族、民族、宗教、语言群体的清洗政策等，通过"同一化"来消除国民成分的"异质性"②，也试图运用契约精神和宗教传统来实现团结目的。然而，建在自由主义和个人主义基础上的整合策略由于缺乏情感、文化等稳定持久的支撑，难以缓和族际间、民族与国家间的内在张力，反而进一步激化了民族矛盾，带来了社会动荡和危机。

梁漱溟在《中国文化要义》中提出："中国古代并没有国家，其基本的政治秩序的建构是以家为起点，再推而及于宗党，进而至于师徒、东夥、君臣等关系。"③"家国同构""家国一体"的"家"文化在中华民族共同体形成发展中发挥着独特的功能价值。面对快速的社会变迁所带来的"离家出走"的失落感和孤独感，重拾"家"文化中的合理因素，借助"中华民族大家庭"来凝合生成异质群体的集体意识和共同体理念是有效消解族际间异域认同困境、社会融入阻滞及"他者"认同危机的明智之举。

"中华民族大家庭"这一政治隐喻蕴含中国人"天下一家、贵和尚中"的价值观，"天人共存、人我共存"的和谐观以及"家和万事兴""家是最小国，国是千万家"等朴素的集体主义精神，高度契合中国人的文化心理和情感认知特点。特别是关于族际关系的解释，突破了西方原子式、割裂式的族际关系结构，在中华民族大家庭的统合下将族际关系具化为大家庭里不同成员的关系，并且通过"一家人都要过上好日子"、全面小康、脱贫、现代化"一个民族不能少"等政治隐喻赋予其多民族国家治理和人心凝聚的国家意义。在结构变迁、关系重置的流动社会里，兼具伦理性和政治性的"中华民族大家庭"模式具有强烈的吸纳力和包容性，对促进民族互嵌交融具有重要的价值论与方法论指引。

---

① 杨须爱：《各民族交融汇聚史知识再生产的价值与路径——以铸牢中华民族共同体意识为视角》，《民族研究》，2021 年第 1 期。
② 郝时远：《中国特色解决民族问题之路》，北京：中国社会科学出版社，2015 年，第 237 页。
③ 梁漱溟：《中国文化要义》，上海：上海人民出版社，2011 年，第 6 页。

要发挥"家文化"的情感整合功能。在日常学习、工作、生活、交往的丰富实践中积极营造各民族相互尊重、相互欣赏、相互学习、相互帮助、相互认同的"大家庭"氛围。通过互嵌式生活、互助性活动、对话式协商、互动式交流等形式，增加族际间"共生性"关系的理解、"共情式"的情感体验，进而增强"共识性"行动意向及其对"中华民族大家庭"的理性认知和情感归属。近年来，一些民族社区通过开展"社区文化节""社区邻居节""邻里汇""饺子节""百家宴""结对子"等系列群众活动，通过服务性、交往性、情感性[①]等柔性方式，拉近了彼此间的心理距离，在空间的"濡化"中构筑各民族紧密的社会关系。广西的"三月三"、云南的"泼水节"早已成为全民的狂欢节。

要强化"家文化"的国家意义指向。"大家庭"之"大"，不限于规模、空间之"大"，而在于其作为总体性和"根基性的隐喻"（root metaphor）[②]所蕴含的中国人"家国一体"的意识观、"修齐治平"的价值观、"家国同构"的治理观以及在实现民族复兴伟业中应然具有的休戚与共、荣辱与共、生死与共、命运与共的"共同体观"。要通过社会主义核心价值观教育、中华民族共同体意识教育、公民教育等形式，克服家户、宗族以及狭隘民族主义等"小家"思维，树立国家意识、公民意识、法治意识和中华民族共同体意识。

（三）以利益调适为关键，完善民族互嵌交融的利益保障机制

"人的需要即他们的本性"[③]是人类历史的第一个前提。而利益作为需要在社会关系中的现实形态是人发展的内在动力。"人们奋斗所争取的一切，都同他们的利益有关。"[④]在现代化理性引导与趋利选择的市场化背景下，民族互嵌式社会结构更趋近于"经济驱动型"的结果。随着少数民族流动人口被城市生活卷入程度的不断加深，其利益需求更趋多元化和多层次性，对城市美好生活的向往与不平衡不充分发展之间的矛盾日益突出。特别是少数民族流动人口较多来自西部与边疆地区，受教育程度、经济收入、社会保障水平等因素掣制，普遍存在"就业能力不足""子女入学难""居住保障覆盖率低""社保能力滞后"等现实困难。

市场经济除了有制造一体化经济、通约性规则的强大动能外，也有分化社会、孕育矛盾的负面作用。劳动力市场的发展、竞争原则的引入导致民族关系中的利益

---

① 朱浩：《社区嵌入式养老服务的社会化运作机制及其实践逻辑》，《云南民族大学学报（哲学社会科学版）》，2020 年第 5 期。

② 肖瑛：《"家"作为方法：中国社会理论的一种尝试》，《中国社会科学》，2020 年第 11 期。

③《马克思恩格斯全集》（第 3 卷），北京：人民出版社，1972 年，第 514 页。

④《马克思恩格斯全集》（第 1 卷），北京：人民出版社，1956 年，第 82 页。

因素日益个体化，不可避免地带来一系列新的问题[①]。西方国家以个体权利为导向，以法律上的平等保护为手段，将少数群体、边缘群体、弱势群体与主流群体一道置于市场和社会的"自然场域"中，任其自由竞争，这样做的结果是少数群体、边缘群体及弱势群体因为资源禀赋、社会资本和自身能力的先天"势差"日益被边缘化和贫困化，加剧了与国家及其他群体的疏离感。因此，克服市场经济中交易性与对抗性的内在张力，需要以利益调适为关键，不断完善民族互嵌交融的利益保障机制。

一方面，重视提高城市少数民族流动人口的人力资本和社会资本，提高其发展能力和交往能力。持续加强、精准开展少数民族流动人口职业技能培训、国家通用语言文字培训，完善创业帮扶、就业指导、税收减免、融资贷款等方面的优惠政策，提高其市场竞争力和就业质量。创新各民族共居共学、共建共享、共事共乐的载体和方式，完善有助于各民族互助合作、朋辈交往、文化交流、互相帮扶、共同富裕的体制与机制，扩大族际交往的范围和层次。

另一方面，加强城市少数民族流动人口服务管理，提高公共服务和社会保障的能力和水平。加强子女就学、养老、就医、就业等基本权益保障。落实好《居住证暂行条例》，稳妥有序地推动少数民族流动人口市民化。设立随迁子女义务教育专项基金，积极引导公益性民办中小学发展，解决好少数民族流动人口子女教育问题。完善流入地政府反歧视法律体系、就业与劳动者权益保障制度以及心理援助与法律援助体系，为推动互嵌式社会结构和社区建设创造良好的社会氛围。实践中，一些地方也进行了有益的探索。比如，大连市将城市少数民族公共服务体系建设与"大连民意网""365市民大楼服务中心""帮万家服务体系""益互联"等社会治理创新体系深度融合，搭建了有关部门之间信息共享与民族事务管理的常态化协作机制。

（四）以体制机制为重点，完善民族互嵌交融的协作共治机制

诚如前文所述，国家逻辑与地方行动逻辑的内在张力既有组织机构、资源保障不足等方面的原因，也有观念障碍、机制缺位等原因。2021年中央民族工作会议将促进各民族交往交流交融作为推动中华民族共同体建设的重要途径。要以铸牢中华民族共同体意识作为新时代党的民族工作的"纲"，研究制定民族工作纳入党的建设和意识形态工作责任制，纳入政治考察、巡视巡察、政绩考核的制度机制。支持民族工作部门加强自身建设，完善民族工作基层部门机构设置调整，落实人员配备和工作保障，为推动城市民族互嵌式社会结构和社区建设提供有力的组织保障和制度保障。

[①] 王希恩：《社会主义市场经济和中国的民族意识》，《民族研究》，1998年第3期。

在国家治理话语体系下，民族互嵌的治理理念更趋理性化、生活化和公共性，治理方式更趋复合式和协同式。要加强基层党组织建设，发挥党建引领作用。畅通市场主体、社会组织、各族群众共建共治共享的通道，在服务各族居民"最后一公里"上凝聚共识与力量，形成推动城市民族互嵌式社会结构和社区治理的合力机制。系统推进城市民族互嵌式社会结构和社区建设的制度机制建设，科学设定组织机构、建设目标、任务管理等内容，并将其纳入民族团结进步教育与铸牢中华民族共同体意识常态化机制建设范围，一体推进考核评价机制、监督保障机制等建设，构建党委统一领导、政府依法管理、统战部门牵头协调、民族工作部门履职尽责、各部门通力合作、全社会共同参与、资源有效整合的工作格局。

西藏红色文化的传承路径探析

马 宁 丁 苗

摘要： 西藏红色文化伴随着西藏和平解放产生，"老西藏精神"和"'两路'精神"构成了西藏红色文化的基石，解放西藏和对印自卫反击战的胜利铸造了西藏红色文化的灵魂，留下了大量红色文化遗存，蕴含着丰富的革命精神、爱国主义精神和民族团结精神，成为中华文化的有机组成部分，为西藏铸牢中华民族共同体意识提供了强大动力。应该建立西藏红色文化的完整脉络体系、多途径推广宣传、与旅游业和学校教育相结合，从而更好地促进西藏红色文化的赓续。

关键词： 西藏红色文化；老西藏精神；铸牢中华民族共同体意识

作者 马宁，西藏民族大学民族研究院教授；丁苗，西藏民族大学民族研究院硕士研究生（咸阳 712082）

众所周知，中国共产党自建党之日起，就将为中国人民谋幸福、为中华民族谋复兴当作自己的历史使命，无数革命先烈不畏强权、前赴后继，用自己的鲜血染红了党旗。经过 28 年的艰苦奋斗，中国共产党人带领全国人民取得了革命的胜利，建立了中华人民共和国。从此，红色就成为中国共产党的象征，红色文化也顺理成章地成为中华文化的重要有机组成部分。习近平总书记高度重视红色文化，多次发表涉及红色文化的重要讲话，早在 2014 年 12 月 14 日，习近平在视察南京军区机关时就强调"要把红色资源利用好、把红色传统发扬好、把红色基因传承好"[1]。2016 年 4 月 24 日，习近平在安徽省六安市金寨县调研时指出："一寸山河一寸血，一抔热土一抔魂。回想过去的烽火岁月，金寨人民以大无畏的牺牲精神，为中国革命事业建立了彪炳史册的功勋，我们要沿着革命前辈的足迹继续前行，把红色江山世世代

※ 本文发表于《西藏研究》，2022 年第 3 期。

[1] 习近平：《贯彻全军政治工作会议精神 扎实推进依法治军从严治军》，《人民日报》，2014 年 12 月 16 日。

传下去。革命传统教育要从娃娃抓起，既注重知识灌输，又加强情感培育，使红色基因渗进血液、浸入心扉，引导广大青少年树立正确的世界观、人生观、价值观。"[①] 2021 年 6 月 25 日，在庆祝中国共产党成立 100 周年之际，中共中央政治局就用好红色资源、赓续红色血脉进行第三十一次集体学习，习近平指出："红色是中国共产党、中华人民共和国最鲜亮的底色，在我国 960 多万平方公里的广袤大地上红色资源星罗棋布，在我们党团结带领中国人民进行百年奋斗的伟大历程中红色血脉代代相传。每一个历史事件、每一位革命英雄、每一种革命精神、每一件革命文物，都代表着我们党走过的光辉历程、取得的重大成就，展现了我们党的梦想和追求、情怀和担当、牺牲和奉献，汇聚成我们党的红色血脉。红色资源是我们党艰辛而辉煌奋斗历程的见证，是最宝贵的精神财富。红色血脉是中国共产党政治本色的集中体现，是新时代中国共产党人的精神力量源泉。要用心用情用力保护好、管理好、运用好红色资源。"[②] 习近平总书记的系列重要讲话将红色文化明确定义为中国共产党的颜色和中华人民共和国的底色，明确指出了学习、保护、传承和利用好红色文化的重要意义，为我们保护和传承红色文化提供了根本遵循。

我国学术界对"红色文化"的研究成果较多，学者们大都认为红色文化是伴随中国共产党的创立应运而生的，但尚未就红色文化的概念和内涵达成一致。目前学术界涉及西藏红色文化的成果仅有十多篇论文，其中几篇与教育有关，分别从西藏红色文化创新西藏高校育人途径[③]、加强内地西藏学生的红色文化教育[④]、运用西藏红色文化资源开展民族团结进步教育[⑤]、内地西藏班的红色文化教育实践[⑥] 等方面进行阐述；此外，还有学者讨论了西藏红色文化资源在《中国近代史纲要》教学中的运用[⑦]、互联网时代下西藏红色文化的创新路径[⑧]、山南地区红色文化的开发和利用[⑨] 等

① 习近平：《全面落实"十三五"规划纲要　加强改革创新开创发展新局面》，《人民日报》，2016
　年 4 月 28 日。
② 习近平：《习近平在中共中央政治局第三十一次集体学习时强调　用好红色资源赓续红色血
　脉　努力创造无愧于历史和人民的新业绩》，《人民日报》，2021 年 6 月 27 日。
③ 胡敏、王钰：《西藏红色文化资源的利用与西藏高校立德树人途径创新》，《智库时代》，2017
　年第 12 期。
④ 李侃：《新时代内地西藏学生红色文化教育探索》，《湖北开放职业学院学报》，2020 年第 3 期。
⑤ 牛燕军：《运用西藏红色文化资源，开展民族团结进步教育》，《西藏民族大学学报（哲学社会
　科学版）》，2020 年第 3 期。
⑥ 杜成露：《传承红色基因，培育时代新人——内地西藏班红色文化教育实践探析》，《中国民族
　教育》，2021 年第 9 期。
⑦ 刘毅、刘志林：《浅析西藏红色文化资源在〈中国近代史纲要〉教学中的运用》，《西藏教育》，
　2018 年第 7 期。
⑧ 蔡昕：《互联网＋背景下西藏红色文化教育途径创新》，《西藏教育》，2019 年第 1 期。
⑨ 扎丹：《浅析西藏山南红色文化开发利用对策》，《文化产业》，2020 年第 32 期。

内容。还有几篇论文涉及西藏红色旅游，丁翠翠、图登克珠[①②]、余正军、杨昆[③④]在对西藏红色旅游现状进行分析的基础上提出了对策建议，邢永民[⑤]探究了西藏红色旅游发展的特征。客观地说，西藏红色文化的研究还处在比较零散的探索阶段，尚未形成比较明确的研究方向。因此，笔者撰写此文，尝试从铸牢中华民族共同体意识的视角对西藏红色文化进行研究，希望能够起到抛砖引玉的作用。

一、西藏红色文化的形成和发展

中国共产党历来重视西藏工作，以毛泽东、邓小平、江泽民、胡锦涛和习近平为核心的党的五代领导集体都非常关心西藏，在党的领导下，西藏实现了从封建农奴制社会到社会主义社会的伟大跨越，解决了不同历史时期西藏发展中遇到的重大问题，保证了西藏的长治久安和快速发展。在 70 年的时间里，中国共产党人带领各族群众创造出了"老西藏精神""'两路'精神""援藏精神"等革命精神，形成了具有西藏特点的红色文化，丰富了我国红色文化的内涵。正如习近平总书记所说："历史是最好的教科书，也是最好的清醒剂。"[⑥]只有不断回顾历史，才能厘清西藏红色文化的发展脉络，为西藏的发展提供源源不断的精神动力。

（一）西藏红色文化的起源

西藏红色文化肇始于 20 世纪 50 年代，为早日解放西藏，1949 年 12 月，毛主席发出指示："进军西藏宜早不宜迟。"[⑦]1950 年 1 月，在苏联访问的毛泽东又进一步指出："进军及经营西藏是我党光荣而艰苦的任务。"[⑧]党中央做出了四路进军解放西藏的战略决策，由此催生出了西藏红色文化。

---

① 丁翠翠、图登克珠：《西藏红色旅游资源分布与开发对策研究》，《西藏大学学报（社会科学版）》，2020 年第 4 期。

② 丁翠翠、图登克珠：《西藏红色旅游 SWOT 分析与发展对策研究》，《西藏研究》，2021 年第 1 期。

③ 余正军、杨昆：《西藏红色旅游开发对策研究》，《旅游纵览（下半月）》，2019 年第 14 期。

④ 杨昆、高依晴、余正军：《资源视角下的西藏红色旅游开发策略探析》，《西藏民族大学学报（哲学社会科学版）》，2021 年第 1 期。

⑤ 邢永民：《西藏红色旅游的发展进程、现状及其特征分析》，《西藏民族大学学报（哲学社会科学版）》，2021 年第 3 期。

⑥ 习近平：《习近平在纪念全民族抗战爆发七十七周年仪式上的讲话》，《人民日报》，2014 年 7 月 8 日。

⑦ 热地：《伟大的历史变革　壮丽的时代巨变——纪念西藏民族改革 60 年》，《人民日报》，2019 年 3 月 29 日。

⑧ 中共中央文献研究室、中共西藏自治区委员会、中国藏学研究中心编：《毛泽东西藏工作文选》，北京：中国藏学出版社，2008 年，第 7 页。

1. "老西藏精神"和"'两路'精神"构成了西藏红色文化的基石

新中国成立后，西藏尚未解放，仍然处于政教合一的农奴制社会，社会发展缓慢，生产力极其低下。毛泽东充分考虑西藏的经济条件，向进藏部队提出了"进军西藏，不吃地方"的要求。1950 年，由汉、藏、蒙、回、维吾尔等 7 个民族 136 名战士组成的先遣连部队从新疆于阗县出发，前往西藏阿里，面对恶劣的自然环境，战士们遭受着严寒、雪盲、肺炎、饥饿的折磨，减员严重。李狄三连长在大会上说："先遣连即便剩下一个人，也要像钢针一样扎在阿里的大地上！只要还有一个人，就要把红旗插在噶达克！"[①] 正是依靠这种不怕牺牲的革命精神，战士们解放了占据西藏三分之一土地的阿里高原。由张国华将军和谭冠三政委带领的十八军从四川向西藏出发，途中同样面临重重困难，为了解决粮食供给问题，进藏部队要进军、筑路、生产三头抓，在空气稀薄的高原地区"每一个干部身上都要背 70 多斤的物资，翻越西藏的雪山河流，一路上为西藏老百姓看病送药"[②]，从而赢得了民心。据不完全统计，"上万名藏族同胞出动了 30 多万头牦牛，运送物资 60 多万驮、3 600 多万斤"[③]，为进藏部队提供了后勤保障。部队到达拉萨后，为了实现自给自足，张国华和谭冠三带领战士们参加劳动，"经过进藏部队 2 100 多人的奋战，仅用 17 天，成功开荒2 300 亩，创下当时西藏蔬菜产量的历史最高水平"[④]。成立了青藏高原上第一个军垦农场——八一农场，这也成为日后西藏粮食蔬菜供给的重要基地。

为了解放西藏，进藏部队一边进军、一边修路，毛泽东为康藏公路[⑤]开工写下了"为了帮助各兄弟民族，不怕困难，努力筑路！"[⑥] 的题词。在慕生忠、穰明德、陈明义等人带领的 11 万筑路大军的共同努力下，1954 年川藏公路和青藏公路顺利通车，结束了西藏没有公路的历史。这是中国共产党领导各族人民完成的壮举，许多藏族同胞也参与修建，他们大多是被剥削的奴隶，生活在社会底层，人民解放军充分尊重藏族同胞的习俗与信仰，正常结算劳动费用，关心爱护各族人民，让藏族同胞第一次感受到平等相待，真心实意地加入筑路大军中来，谱写出一首民族团结的赞歌。可以说，面对"陌生"的西藏，中国人民解放军战士不怕牺牲，不断突破身体极限，

---

① 李子祥、曾自修、陈金荣：《阿里丰碑：〈进藏英雄先遣连〉》，《党史文汇》，2012 年第 11 期。

② 《"老西藏精神"引领雪域高原巨变！追寻西藏的发展"密码"》，人民网，http://xz.people.com.cn/n2/2021/1123/c138901—35017970.html，2021 年 11 月 23 日。

③ 石洪生：《继承和发扬老西藏精神》，《西藏发展论坛》，2001 年第 2 期。

④ 《一部奋斗史一首进行曲——拉萨八一农场建厂 60 年巡礼》，国务院新闻办公室网站，http://www.scio.gov.cn/zhzc/8/1/Document/1195134/1195134.htm，2012 年 7 月 30 日。

⑤ 后改名为川藏公路。

⑥ 中共中央文献研究室、中共西藏自治区委员会、中国藏学研究中心编：《毛泽东西藏工作文选》，北京：中国藏学出版社，2008 年，第 88 页。

在进军西藏、筑路和生产过程中，用鲜血和生命孕育出了"老西藏精神"和"'两路'精神"，筑牢了西藏红色文化的基石。

2. 解放西藏和对印自卫反击战的胜利铸造了西藏红色文化的灵魂

在解放西藏的过程中，以英美为首的帝国主义明目张胆地支持西藏地方分裂势力拒绝和谈，并以武力抗拒解放军。为了彻底粉碎帝国主义和西藏地方分裂势力妄图分裂西藏的阴谋，1950 年 8 月 23 日，毛泽东电令西南局、西北局，指出："如我军能于 10 月占领昌都，有可能促使西藏代表团来京谈判，求得和平解决。"[1] 根据毛泽东的指示，1950 年 10 月，进藏部队发起昌都战役，消灭藏军 5 700 余人，约占藏军总数的三分之二，一举解放了藏东政治、经济中心[2]，打开了和平谈判的大门。在作战过程中，为了解决物资运输的困难，党中央动员西康省区周围藏族同胞进行支援工作，"得到以夏格刀登、降央白姆等人为代表的，金沙江东岸的石渠、邓柯、德格、白玉、巴塘等县的支持。邓柯县的一个藏民供应站，在 20 天中就供应 51 万斤柴、草、马料；石渠县的藏胞，在 9 月中旬集中了装运粮食的皮口袋 2 500 个，用以支援前线；德格县竹庆区的藏胞，在 20 天就集中了支前马草 7 万多斤、干柴 10 万多斤……"[3]还有很多藏民冒着枪林弹雨助解放军渡江，用实际行动支援进藏部队，充分说明了解放西藏的正义性。

西藏和平解放不久，毛泽东充分考虑西藏的特殊性，提出"六年不改"的方针，西藏地方一度趋于安好。1959 年，西藏地方上层反动集团公然撕毁《十七条协议》，发动叛乱。西藏各族群众认清了西藏地方上层反动集团的真面目后，"各地群众纷纷组织自卫队、联防队、保畜队等自卫性组织，参加支前运输、修路，为解放军军队送信、当向导、站岗放哨。在运输中民工们宁肯自己被淋受冻，也要脱下衣服遮盖、保护物资不受损失；还有民工不顾危险同解放军共同战斗。在整个平叛过程中，西藏各族人民随军民工达 1.58 万人次，出动民畜 10.44 万余头次"[4]，以实际行动拥护中国共产党的领导，配合解放军的平叛战斗。1961 年，西藏平叛斗争胜利结束，共击毙、击伤和俘虏叛乱武装分子 93 000 余人，同时，人民解放军也阵亡官兵 1 551 人，其中军官 168 人，受伤 1 987 人[5]。战士们用自己的生命捍卫了国家主权和领土完整，维护了西藏各族群众的切身利益，使西藏红色文化更加深入人心。

1947 年，独立之后的印度继承了英帝国主义的侵略野心，不断侵占和蚕食我国

① 中共中央文献研究室、中共西藏自治区委员会、中国藏学研究中心编：《毛泽东西藏工作文选》，北京：中国藏学出版社，2008 年，第 23 页。
② 杨力源：《昌都战役的历史背景、起止时间及重要意义》，《中国藏学》，2020 年第 4 期。
③ 王贵：《藏族人民支援解放军进藏》，《西藏研究》，1991 年第 2 期。
④ 丹增、张向明主编：《当代中国的西藏（上）》，北京：当代中国出版社，1991 年，第 267 页。
⑤ 吉柚权：《西藏平叛纪实》，拉萨：西藏人民出版社，1993 年，第 276 页。

领土。 1962 年 10 月，中国西藏边防部队被迫发起对印自卫反击战，共歼灭入侵印军 8 800 余人，其中击毙印军第 62 旅旅长霍希尔·辛格准将以下 4 885 余人，俘印军第 7 旅旅长季·普·达尔维准将以下 3 968 余人；缴获了大量军事物资，包括各种火炮 300 余门、飞机 5 架、坦克 9 辆、汽车 400 余辆、轻重机枪 600 余挺、长短枪 5 700 余支、各种弹药 400 万余发及其他军用物资一部 [①]。反击战打击了印度的嚣张气焰，打出了国威和军威。战争的胜利离不开西藏各族群众的大力支援，藏族、珞巴族和门巴族群众都主动参加到自卫反击战中，"全西藏共出动支前民工 32 237 人，民畜 10 575 头（匹）；汽车 876 辆，支援糌粑 112 万公斤、酥油 3 万公斤、牛羊肉 16 万公斤、柴禾（火）150 万公斤、马料 48 万公斤、蔬菜 15 万公斤等" [②]，给前线战士提供了强有力的后勤保障。

这些战斗的胜利奠定了西藏稳定发展的基础，不但实现了西藏由封建农奴制社会向社会主义社会的巨大转变，而且稳定了边疆局势，为西藏的和平发展创造了有利条件。这离不开西藏各族群众的支持，表明了西藏群众对中国共产党和中国人民解放军的认可和拥护，凝聚成了军民团结一心的强大合力。1990 年 7 月，江泽民在西藏考察时，提出了"特别能吃苦、特别能战斗、特别能忍耐、特别能团结、特别能奉献"的"老西藏"精神，并给驻藏部队题词"发扬老西藏精神，戍边卫国建新功"。从此"老西藏精神"就成为西藏红色文化的代名词，并延续至今。

（二）西藏红色文化的发展

改革开放后，为了促进西藏的发展，从 1980 年开始，中央专门召开西藏工作座谈会，在 1994 年中央第三次西藏工作座谈会上，党中央正式提出了"中央关心西藏，全国支援西藏"的方针，形成"分片负责、对口支援、定期轮换"的援藏模式，完成一整套配套的援藏体系，自此对口支援西藏成为定制。期间涌现出了像孔繁森这样的优秀援藏干部，他先后两次入藏，写下了"青山处处埋忠骨，一腔热血洒高原"的豪言壮语，将生命留在了阿里，成为援藏干部的时代标杆，体现了共产党员的初心，成就了"孔繁森精神"，丰富了"老西藏精神"的文化内涵。从 20 世纪 90 年代起，一批批来自全国各地、各行业的援藏干部前赴后继，和西藏本地干部一起，传承和丰富了"老西藏精神"，谱写出催人奋进的援藏精神赞歌。

党的十八大以来，习近平总书记提出了很多涉及西藏的革命精神，2014 年，在川藏公路和青藏公路建成通车 60 周年之际，习近平总书记提出了"一不怕苦、二不

---

① 王中兴：《60 年代中印边境冲突与中国边防部队的自卫反击作战》，《当代中国史研究》，1997 年第 5 期。

② 丹增、张向明主编：《当代中国的西藏（上）》，北京：当代中国出版社，1991 年，第 333 页。

怕死，顽强拼搏、甘当路石，军民一家、民族团结"的"'两路'精神"①。在中央第七次西藏工作座谈会上提出："广大干部特别是西藏干部要发扬'老西藏精神'，缺氧不缺精神、艰苦不怕吃苦、海拔高境界更高，在工作中不断增强责任感、使命感，增强能力、锤炼作风。"② 2017 年习近平总书记在给玉麦乡卓嘎、央宗姐妹的回信中提出了爱国守边的"玉麦精神"。2021 年 7 月，习近平总书记在西藏考察时又提出了"援藏精神"，指出："缺氧不缺精神，这个精神就是革命理想高于天。"在习近平总书记的关心下，"老西藏精神""'两路'精神""孔繁森精神""玉麦精神""援藏精神"相互交织，融会贯通，最终汇集成为西藏的红色文化，为西藏铸牢中华民族共同体意识提供了强大的精神动力。

二、西藏红色文化的各类遗存

西藏红色文化是一代代革命先辈用鲜血和生命在西藏高原上铸造的革命文化，是"老西藏人"留给子孙后代的宝贵精神财富。今天，西藏地区分布着很多红色文化的历史遗存，为我们提供了直观感受红色文化、缅怀革命英烈的物质条件。

（一）解放西藏过程中形成的战斗遗址

1.昌都战役的战斗遗址

昌都市作为中国人民解放军进藏部队最先解放的地区，留下了大量和昌都战役相关的战斗遗址。最有名的当数被称为"西藏解放第一村"的岗托村，这是西藏第一个升起五星红旗的地方，遗留有渡江口、碉堡、炮楼等遗迹，昌都市政府在这里建有红色遗迹公园。"岗托十八军军营旧址"位于西藏自治区江达县岗托镇红旗广场，是修建川藏公路的十八军战士的营房，建有医务部、军营和展览馆，已成为"全国爱国主义教育示范基地"。此外，还有中国人民解放军进藏部队 54 师 154 团、骑兵支队和师属骑兵侦查连发动恩达战役时留下的恩达木桥、藏军碉堡。2012 年 12 月，重庆市第六批援藏干部在恩达村村口建立的恩达战役遗址纪念碑，是昌都战役的重要纪念物。2016 年 8 月，占地面积约 11 000 平方米的昌都市革命历史博物馆对外开放，将昌都地区人民解放委员会办公旧址、小礼堂等建筑整体原样搬迁，与将军楼相邻，形成紧密的红色文化宣传区，全面展示了昌都市的红色文化。

---

① 习近平：《习近平就川藏青藏公路建成通车 60 周年作出重要批示》，《人民日报》，2014 年 8 月 7 日。
② 习近平：《习近平在中央第七次西藏工作座谈会上强调　全面贯彻新时代党的治藏方略　建设团结富裕文明和谐美丽的社会主义现代化新西藏》，《人民日报》，2020 年 8 月 30 日。

2. 先遣连战斗遗址和阿里分工委旧址

1950 年，在先遣连从新疆挥师进藏的过程中，63 名战士付出了生命。在阿里地区改则县扎麻芒堡修建有先遣连烈士纪念碑，碑身刻有 63 名战士的名字。此外，普兰县还保留着先遣连营地的旧址。为了纪念第一支进藏部队，传承革命精神，2019 年 9 月 27 日，政府部门在改则县先遣乡修建了进藏先遣连纪念馆，纪念馆外有一块刻着"进藏先遣连纪念馆" 8 个金色大字的红色文化石，文化石背后有 7 处"山峰"，代表组成先遣连部队的汉、回、藏、维吾尔、蒙古、锡伯和哈萨克 7 个民族；文化石与纪念馆之间为方形广场，广场红色地砖组成"中"，又与门外文化石共同构成"忠"字，表达了先遣连部队的英雄精神。广场中央为国旗升起的地方，旗杆为 13.6 米，纪念先遣连部队的 136 名革命战士；纪念馆的主体建筑为一个伫立在高原上的战斗堡垒①。

1952 年 9 月，阿里分工委成立，安志明兼任分工委书记，在昆莎乡噶尔新村驻扎，1958 年建成了礼堂、办公室、住房等各种土木结构的房屋 158 间，1959 年又修建了长 2 500 米、高 2.5 米的昆莎城墙和护城河。2021 年，阿里分工委旧址纪念馆正式开馆，还原了分工委旧址的礼堂、办公室等房屋以及城墙碉楼等，基本保持了旧址原貌，生动再现了分工委在解放初期艰苦奋斗的生活。此外，1981 年，西藏自治区政府在布达拉宫广场修建的西藏和平解放纪念碑，是拉萨市的代表性地标之一。

（二）西藏平叛过程中形成的战斗遗址

在 1959 年的平叛过程中，西藏发生了很多战斗，遗留下了大量战斗遗址。位于波密县的扎木中心县委红楼始建于 1953 年，最初是为康藏公路管理局四工区住宿建筑，有三幢楼。之后成为原中共扎木中心县委和昌都人民解放委员会波密第二办事处办公楼，1959 年为了抵御武装叛乱分子对扎木的袭击，红楼成为扎木保卫战的指挥所，中共扎木中心县委和昌都人民解放委员会第二办事处全体成员在敌众我寡的劣势下，奋战十日十夜，直至增援部队抵达，取得了扎木保卫战的胜利。现在，红楼只剩下了一幢，2013 年被列为第七批全国重点文物保护单位。

（三）对印自卫反击战指挥部旧址

在西藏错那县贡日乡的夏里沟的一处悬崖下有一个大约 10 平方米的山洞，这就是张国华将军在对印自卫反击战中的指挥所旧址。2011 年，当地政府在"贡日吉曲"

---

① 张宇、李有军等：《进藏先遣连纪念馆：回望英雄的足迹》，中国西藏网，http://tibet.cn/cn/culture/wx/202109/t20210903_7056344.html，2021 年 9 月 3 日。

上修了一座桥，命名为"将军桥"，在山崖上竖行镌刻着"对印边境自卫反击战前线指挥所旧址"一行大字，用红漆描红，在山洞中修建了一座简易土房，里面摆放着桌椅、电话机等设施，悬挂着一幅毛泽东画像。在小路左右两边摆放着 6 顶铁质的绿色行军帐篷。当地政府还在不远处修建了一座对印边境自卫反击战指挥所旧址陈列馆，重建了桥梁，在桥头修建了一座复古式大门，上面横排写着"对印边境自卫反击战前线指挥所旧址"。位于勒布沟中勒乡的择绕桥北是 1962 年打响对印自卫反击战第一枪的地方，发生克节朗战役的克节朗河谷也有一部分在我国军队控制下，与印军隔河相望，这座桥也成为最前沿的红色纪念物。

（四）建设西藏时期留下的工作遗址

主要是一些革命前辈的办公场所遗址。位于拉萨市的十八军军部旧址，张经武、张国华、谭冠三等人都曾下榻于此。波密县易贡乡的将军楼也是缅怀张国华将军的另一处重要遗迹。张经武作为中央委派的唯一一任驻藏代表，为和平解放西藏作出了重大贡献，他于 1951 年 8 月 8 日到达拉萨后，先后居住在西藏地方政府安排的房间和一个叫桑都仓的商人的宅院里，1965 年中央人民政府驻藏代表办公处建成后，张经武就搬到了这里居住。2013 年 5 月，中央人民政府驻藏代表办公处旧址被列为第七批全国重点文物保护单位。

为了纪念在修建、维修和养护青藏公路和川藏公路过程中牺牲的军民，1984 年，在拉萨市布达拉广场建立了青藏川藏公路纪念碑，其成为"'两路'精神"的体现物。还有 1952 年 8 月 1 日成立的西藏军区八一农场、始建于 1966 年的林周农场，在八一农场建有谭冠三纪念碑、谭冠三纪念园，展示谭冠三政委的生平事迹，供后人悼念。1984 年西藏军区司令员张贵荣前来视察"三隆"公路建设时，因过度劳累、心脏病突发，殉职于隆子县斗玉乡，在其牺牲地点立有纪念碑，供后人祭奠。此外，318 国道通麦大桥附近有一座纪念碑，上面刻有"无限忠于毛主席川藏线上十英雄纪念碑"，是为了纪念在通麦迫龙山特大山崩中壮烈牺牲的李显文等 10 位战士而立的。

（五）西藏革命烈士陵园

据统计，西藏现有 49 处烈士陵园（表 1），在西藏自治区 7 地（市）均有分布，其中，国家级纪念设施 3 处，省级纪念设施 7 处，市级、县级等纪念设施 39 处。安葬着解放西藏、平定叛乱、对印自卫反击战以及西藏改革建设各个时期牺牲的烈士。

表1　西藏自治区各地（市）烈士陵园统计表

		烈士陵园名称
国家级纪念设施		拉萨烈士陵园、山南烈士陵园、昌都烈士陵园
省级纪念设施		阿里地区狮泉河烈士陵园、尼木县革命烈士陵园、洛扎县烈士陵园、林芝市烈士陵园、丁青县烈士陵园、昌都市贡觉县烈士陵园、察隅县英雄坡纪念园
其他	拉萨	当雄县烈士陵园
	昌都	边坝县烈士陵园、江达县烈士陵园、左贡县烈士陵园、芒康县烈士陵园、如美镇烈士陵园、盐井烈士陵园、察雅县烈士陵园、八宿县烈士陵园、洛隆县烈士陵园
	林芝	米林县烈士陵园、工布江达县烈士陵园、松宗镇烈士陵园、波密县扎木烈士陵园、朗县烈士陵园、察隅县台地烈士陵园、察隅县吉公烈士陵园、察隅县红卫烈士陵园、察隅县沙玛烈士陵园、墨脱县背崩乡烈士陵园、林芝市巴宜区烈士陵园
	日喀则	日喀则市烈士陵园、萨迦县烈士陵园、仲巴县烈士陵园、江孜县烈士陵园、亚东县烈士陵园、定日县烈士陵园、萨嘎县加加镇烈士陵园、聂拉木县樟木烈士陵园
	那曲	那曲烈士陵园、班戈县烈士陵园、比如县烈士陵园、巴青县烈士陵园、嘉黎县烈士陵园、索县烈士陵园、安多县烈士陵园
	阿里	普兰县烈士陵园、札达县烈士陵园、革吉县烈士陵园

这些西藏红色文化遗存作为西藏红色文化的物质体现，既是弘扬革命精神的重要依托，也是进行爱国主义教育的重要基地，是中华文化的宝贵财富，为我们缅怀革命先烈、发扬革命先辈的革命精神提供了丰富的物质条件。

三、西藏红色文化的内涵分析

西藏红色文化是中国红色文化向边疆少数民族地区的延伸，使西藏这个和平解放前没有地下党组织的地区在短时间内受到了红色文化的洗礼，迅速融入祖国大家庭中，并为中国红色文化的发展提供了充足的养分，使西藏和祖国在精神层面产生了认同，为构筑中华民族共有精神家园作出了贡献。

（一）西藏红色文化中蕴含着丰富的革命精神

解放西藏是中华民族解放事业的重要组成部分，是中国共产党人带领各族人民推翻西藏封建农奴主的统治、解放百万农奴的革命斗争，属于中国新民主主义革命的一部分。正如毛泽东所言："胜利的信念是打出来的，是斗争中间得出来的。"[1] 从1950年发起昌都战役到1961年西藏平叛斗争胜利结束的十多年间，在中国共产党的领导下，经过中国人民解放军坚持不懈的斗争，西藏终于实现了社会制度的改变，

---

[1] 毛泽东：《毛泽东文集》（第八卷），北京：人民出版社，1999年，第426页。

从新民主主义革命阶段进入社会主义革命阶段，这也使西藏的革命阶段与祖国内地实现了同步发展。这一阶段也是西藏红色文化的重要形成期，各民族革命先辈为完成西藏的解放事业付出了青春、鲜血甚至生命，为西藏的红色文化注入了不怕牺牲的强大革命精神，获得了广大群众的拥护。1965年西藏自治区成立后，西藏在完成社会主义改造的基础上，进入了社会主义建设的新阶段。在解放西藏过程中形成的红色文化成为鼓励和引领西藏各族人民努力奋斗的精神动力。从此，西藏的红色文化就理所当然地成为中国红色文化的延伸，自然而然地烙上了中国特色的革命精神印记。

（二）西藏红色文化的根源是强烈的爱国主义精神

解放西藏是新中国成立后的头等大事，西藏的和平解放完成了中国大陆的统一。进军西藏的广大解放军指战员坚决执行党的决定，抱着强烈的爱国主义精神加入解放西藏的队伍中去，踏上这片陌生的土地，与严寒、疾病、危险和敌人展开了顽强的斗争，不但取得了最终的胜利，还以自己的实际行动为榜样，将爱国主义精神传播到了西藏的各个角落。广大解放军指战员身上展现出的新中国特有的新气象也影响着西藏上层统治集团中的进步人士，激发出他们心向祖国的爱国精神，生活在水深火热中的广大农奴更是被进藏部队的所作所为感化，他们共同组成了解放西藏和建设西藏的坚定后盾。虽然一些进步人士遭到了反动势力的迫害而牺牲，但也使西藏红色文化显得更加厚重，具有独特的地方色彩。改革开放后，一批批援藏干部前赴后继支援西藏、扎根边疆，为建设西藏奉献了宝贵的生命，促进了西藏社会事业的快速发展。这都得益于中华民族爱国主义精神的强大凝聚力，是西藏红色文化发展的根源。

（三）西藏红色文化承载着鲜明的民族团结精神

1953年10月18日，毛泽东在接见西藏国庆观礼团、参观团的讲话中指出："我们要和各民族讲团结，不论大的民族、小的民族都要团结……帮助各少数民族，让各少数民族得到发展和进步，是整个国家的利益……我们的方针是团结进步，更加发展。"[1] 按照毛泽东的指示，无论是军队还是地方干部，都要将民族团结视为西藏的重要工作来抓，也收到了良好的效果。军队和政府部门都努力帮助中印边境的门巴族、珞巴族和僜人等少数民族，为其修房盖屋、治病救人、传授先进的生产技术，极大地改善了这些少数民族群众的生产生活水平，提高了他们的社会地位。很多少

---

[1] 毛泽东：《毛泽东文集》（第六卷），北京：人民出版社，1999年，第311页。

数民族群众主动报名参军，成为社会主义新西藏的保卫者和民族团结的实践者。藏族战士也主动帮助门巴族、珞巴族群众，还打破禁锢，与被妖魔化的门巴族妇女结婚①，谱写了民族团结的赞歌，用实际行动加强了民族间的交往交流交融。

如前所述，无论是进军西藏还是平叛战斗，西藏各族群众都大力支持。正如毛泽东所说："收缴了枪的地方，群众非常高兴。老百姓怕他们三个东西：第一是怕他那个印，就是怕那个图章；第二是怕他那个枪；第三，还有一条法鞭，老百姓很怕。把这三者一收，群众皆大欢喜，非常高兴，帮助我们搬枪支弹药。"②这种效果充分说明了党的民族团结工作的正确性。在对印自卫反击战中，西藏各族群众大力支援前线，流血牺牲也在所不惜，很好地维护了祖国主权和领土完整，使西藏红色文化承载着鲜明的民族团结精神。

四、弘扬西藏红色文化，铸牢中华民族共同体意识的途径

西藏红色文化蕴藏着 70 多年来中国共产党带领全国各族人民为争取西藏的解放、稳定和发展而共同拼搏、不断斗争的伟大革命精神，是中华民族共有精神家园的重要组成部分，已经成为新时代西藏铸牢中华民族共同体意识的动力源泉。目前，中国正处在中华民族伟大复兴的重要时期，赓续红色血脉、传承好红色文化就成为推动西藏铸牢中华民族共同体意识、维护西藏稳定和发展的必然要求。

（一）建立起西藏红色文化的完整脉络体系，为铸牢中华民族共同体意识提供丰富的历史资料

如前所述，西藏红色文化在解放西藏的过程中萌芽，经过 70 多年不断的积淀才最终成型。在目前国家强调铸牢中华民族共同体意识的大背景下，西藏红色文化仍然呈现出比较分散的状态，还没有以整体性的形态展现出来，这种各自为阵的情况非常不利于西藏红色文化的传承和发展。我们应该站在"五个认同"的战略高度，对西藏红色文化及其历史遗存进行调查、整理，并汇编成册，使西藏红色文化实现全方位动态集成。首先，我们应该打破地域限制，以史实为依据，对西藏所有有形、无形的红色文化进行串联，用文字叙述清楚西藏红色文化及其遗存形成的背景、过程、状态和作用。其次，应该寻找西藏红色文化产生和形成过程中的重要见证者及其子女，对他们进行访谈，以口述史的形式记录西藏红色文化的发展历史，重点搜集体现军民一心、民族团结、不怕牺牲、奋勇作战的人物事迹，用生动活泼的个案

---

① 于乃昌等：《西藏民间故事》（第五辑），拉萨：西藏人民出版社，1989 年，第 293 页。
② 毛泽东：《毛泽东文集》（第八卷），北京：人民出版社，1999 年，第 43 页。

体现红色文化的印记，反映西藏红色文化的真实性和历史性。最后，用纪录片、短视频、微电影等方式，复原西藏红色文化形成发展的历史场景，实现以时间为轴线，全方位、整体性呈现西藏红色文化的目的。这样一来，这些经过搜集和整理的西藏红色文化资料就能够实现活态性传承，为铸牢中华民族共同体意识提供丰富多彩的历史资料，推动这项工作扎实有效地进行。

（二）拓展西藏红色文化的宣传途径，为铸牢中华民族共同体意识营造良好的社会氛围

随着西藏立体式交通网络的建立，西藏各族群众与内地群众间的交往交流越来越频繁，国人对西藏的印象也在逐渐发生改变。但不可否认，与西藏壮美的自然风光和丰富多彩的民俗文化相比，西藏红色文化在国人中的影响力仍然不大，亟待进行大范围推广。这需要政府、社会和公民的共同努力。首先应该在全区开展红色文化宣传教育月活动，使政府机关、企事业单位、各类学校参与其中，让全区人民都成为西藏红色文化的推广者。其次，依托建党节、建军节、国庆节、百万农奴解放纪念日、清明节等重要节日，开展红色文化纪念活动，将具体的红色文化内容凝练成朗朗上口、易于理解的文化标语，展现在城市、村落的各个角落，让红色文化深入人心。再次，在西藏红色文化遗存所在地的交通要道上增加红色文化遗存的显著标识，为人们参观这些红色文化遗存、缅怀革命英烈提供方便，最大限度地发挥西藏红色文化的社会作用。最后，顺应社会发展潮流，发挥互联网的优势，通过短视频的方式让全国人民了解西藏红色文化。此外，政府网站也应该成为宣传西藏红色文化的重要阵地。通过这些举措，使西藏乃至全国人民对以红色文化为代表的中华文化产生认同，营造出铸牢中华民族共同体意识的良好社会氛围。

（三）开展红色文化旅游，为西藏铸牢中华民族共同体意识提供丰富的人力资源

自从 1984 年中央第二次西藏工作座谈会提出大力发展旅游业以来，经过长期的发展，旅游业已经成为西藏的重要经济支柱。"十三五"期间，西藏累计接待国内外旅游者 15 763.26 万人次、完成旅游收入 2 125.96 亿元，是"十二五"同期的 2.3 倍和 2.4 倍，旅游经济收入在全区国民经济总收入中占比达 33.3%[①]。这也为西藏红色文化旅游的发展提供了契机。2021 年 4 月，为迎接建党一百周年和西藏和平解放 70 周年，西藏推出了 7 条红色旅游文化路线，分别是辉煌跨越看拉萨（一日游），日喀则风光无限好（二日游），勒布杜鹃分外红（三日游），体验美丽乡村、助力乡村振

---

① 《西藏发布 7 条红色旅游路线》，《西藏日报》，2021 年 4 月 26 日。

兴（四日游），重温红色历史、传承奋斗精神（五日游），体验天堑通途、传承"两路"精神（六日游），寻觅孔繁森、天湖托水塔（七日游）①。7月，西藏自治区又推出21个红色旅游景区，将西藏百万农奴解放纪念馆、江达县岗托十八军军营旧址、全国援藏展览馆、"家是玉麦，国是中国"戍边乡村、拉萨"青藏川藏公路纪念碑"、错那勒布张国华前线指挥部旧址等包括在内②。2022年2月，西藏自治区旅游发展厅推出以"西藏人游西藏"为主题的3日红色旅游线路③。我们认为，这是西藏自治区第一次大规模推出红色旅游的创新性做法，颠覆了以往主打自然风光旅游的传统做法。因此，首先应该打造出西藏红色文化的全域性旅游路线，将每个地市内的红色景点串联起来，打破时空界线，利用实景、图片、音效、科学技术等载体，让游客以某一个景点为参照，能够简要了解同一主题的旅游景点，达到了解整个红色文化旅游路线的目的。其次，利用3D和AR等多种形式在西藏的旅游景区中展示红色文化故事，用多元化的投射方式让游客身临其境地感受到西藏的红色文化氛围，产生共鸣，形成良好的传播效果。最后，完善景点的基础设施，发展红色文化主题民宿、饭馆以及文创纪念物，提升游客的体验感，使更多的游客感受到西藏的红色文化，在不知不觉中转变为宣传西藏红色文化的信使，扩大西藏红色文化的影响力，为铸牢中华民族共同体意识提供充足的人力资源。

（四）将西藏红色文化与学校教育相结合，使铸牢中华民族共同体意识世代相传

习近平总书记强调："要重视加强学校思想政治教育，把爱国主义精神贯穿各级各类学校教育全过程，把爱我中华的种子埋入每个青少年的心灵深处。"④ 西藏爱国主义教育与西藏红色文化是一脉相承的关系，应该将西藏红色文化渗透到教育教学之中，让广大青少年清楚地认识到现在的美好生活是各民族革命先烈用生命换来的，激发起青少年铸牢中华民族共同体意识的决心。首先，学校通过校内教学和校外研学的方式，使学生们实地感受红色文化历史遗存的温度。在开展西藏红色文化教育的同时，定期组织学生外出至红色旅游景点进行探讨学习，将枯燥的单向教学活动变成实地双向互动，让学生对红色文化所蕴含的革命主义精神、爱国主义精神和民族团结精神感同身受，起到铸牢中华民族共同体意识的作用。其次，增加学生学习

---

① 《西藏发布7条红色旅游路线》，《西藏日报》，2021年4月26日。

② 《快来打卡！西藏推出21个红色旅游景区（点）》，《西藏日报》，2021年7月22日。

③ 西藏自治区旅游发展厅推出以"西藏人游西藏"为主题的红色旅游线路，将红色美景与山川历史相结合。第一天：拉萨—勒布沟—张国华将军前线指挥部旧址—麻麻乡；第二天：森木扎景区—泽当；第三天：泽当—西藏民主改革第一村（克松村）—拉萨。

④ 习近平：《习近平在中央第七次西藏工作座谈会上强调　全面贯彻新时代党的治藏方略　建设团结富裕文明和谐美丽的社会主义现代化新西藏》，《人民日报》，2020年8月30日。

红色文化的主动性。通过收集红色文化故事、小组讨论、主题班会等多种方式，让学生主动学习红色文化。最后，通过老师的适时引导，将西藏红色文化融入爱国主义教育中，培养学生的爱国主义精神，增强学生的中华民族共同体意识，使其成为西藏红色文化的传播者，实现红色文化代代传的目的。

五、结语

西藏红色文化是革命先辈们留给后人的宝贵精神财富，为铸牢中华民族共同体意识提供了历史基础、精神依托和文化认同。我们要发挥西藏红色文化中蕴含的革命精神、爱国主义精神和民族团结精神，使西藏广大群众做到人人能够讲述红色故事、喜欢参观红色文化遗存、认同红色文化、产生红色信仰，进一步推动各民族交往交流交融，构筑中华民族共有精神家园。

多民族村落乡村振兴与民族互嵌的
耦合机制与实践路径

王 兰

摘要：为加快实现民族地区的现代化，铸牢中华民族共同体意识，需要全面推进乡村振兴和建立全方位民族互嵌式格局。因多民族聚居村落受自然地理环境、历史文化条件和经济原因等影响，其在乡村振兴及民族互嵌构建中存在诸多障碍，为此需要使乡村振兴和民族互嵌构建融通起来，形成互促机制。通过分析多民族村落的乡村振兴和民族互嵌的内在逻辑一致性，提出可以从培育新型村落主体、增强内生发展能力的角度构建主体共融机制；可通过打造基于农民技能和当地资源禀赋的全方位村落发展格局，建立内容互促机制；可通过打破地域局限，加强城乡融合的外源帮扶，构建体制共通机制。研究认为，通过三位一体的耦合机制的打造，可促进民族村落乡村振兴和民族互嵌的深度融合，进而铸牢中华民族共同体意识，最终实现民族共同繁荣和共同富裕的目标。

关键词：多民族村落；乡村振兴；民族互嵌；耦合

作者 王兰，吉林师范大学历史文化学院副教授（四平 136000）

随着脱贫攻坚、全面建成小康社会历史任务的完成，党的第一个百年奋斗目标顺利实现。"从现在起，中国共产党的中心任务就是团结带领全国各族人民全面建成社会主义现代化强国、实现第二个百年奋斗目标，以中国式现代化全面推进中华民族伟大复兴。"[①] 在建设社会主义现代化国家时，最艰巨、最繁重的任务在农村。而民族地区囿于地理环境、文化、历史、资源禀赋等因素的独特性，长期以来成为我

※ 本文发表于《大连民族大学学报》，2023 年第 2 期。

[①] 习近平：《高举中国特色社会主义伟大旗帜 为全面建设社主义现代化国家而团结奋斗——在中国共产党第二十次全国代表大会上的报告》，《人民日报》，2022 年 10 月 26 日第 1 版。

国农村社会发展相对滞后的地区。因此，要实现第二个百年奋斗目标，就需要重视民族地区乡村的治理现代化和乡村全面振兴。

目前在一些多民族聚居村落存在着文化区隔、文化误解、刻板印象和单一民族文化强势等民族脱嵌现象，究其原因不仅与民族主义倾向、文化交流停留在浅层、文化主体缺失且理解能力弱、村落认同感不强、民族心理隔阂等内因有关，还和地方政策实施不当、村落公共文化空间缺失、公共产品供给不足等外因有密切关系。为了凝聚人心、汇聚力量，让各族人民投入乡村振兴事业中，需要加强民族交往交流交融，建设互嵌式社区。良好的民族互嵌关系能够促进各民族在乡村振兴中齐心协力、共同奋斗，决胜乡村全面振兴，实现共同富裕和中华民族伟大复兴。

基于此，本文试图构建多民族村落的乡村振兴与民族互嵌耦合机制，一方面借助乡村振兴的实施，助推民族互嵌的实现，为铸牢中华民族共同体意识奠定和谐的民族基础；另一方面充分发挥民族互嵌在乡村振兴中的积极作用，使各民族团结友爱、守望相助，共同实现乡村全面振兴。

一、乡村振兴与民族互嵌的耦合基础

耦合源于物理学，用于描述不同事物之间相互影响、相互作用，并最终联合起来的现象。在多民族村落，乡村振兴与民族互嵌之间存在着诸多耦合基础，二者相互影响、相互促进，共同作用于村落的发展。

（一）拥有共同的主体

在多民族村落，民族互嵌与乡村振兴的主体都是各族村民。乡村振兴中人是核心，广大农牧民既是美丽乡村的主体，也是乡村振兴的直接受益者。他们在乡村的政治、经济、文化、社会等方面的建设和发展中，拥有主导权、参与权、表达权、受益权和消费权等。而民族互嵌式村落的打造更需要有各族村民的积极参与，他们对村落的认同感和归属感决定了各民族能否形成共同的村落文化和彼此间的认同。如果没有各族群众的积极参与，民族互嵌式村落的建设和治理将成为无源之水、无本之木，毫无意义。因此，民族地区的乡村振兴与民族互嵌之间存在着共同的发展主体，即各族村民。只有广大村民积极参与到乡村振兴和民族互嵌式社区治理中，才能发展乡村，将民族文化传下去。

（二）具有一致的目标

我国乡村振兴战略的总目标是实现农业农村现代化，这也是我国实现第二个百年奋斗目标的必然要求，关系到各族群众的根本利益和共同富裕的中国梦的实现。民族互嵌格局的整体目标是各民族共同团结奋斗，共同繁荣发展[①]。该格局的构建可以推动中华民族共同体的建设，凝聚人心。因此，多民族村落的民族互嵌和乡村振兴的最终目的都是发展乡村，最终实现民族地区的共同发展，实现共同富裕的目标。

（三）具备互促的内容

乡村是一个功能众多的地域综合体。实施乡村振兴需要做到产业、生态、文化、组织和人才等的全面振兴。构建各民族互嵌式社区也同样需要各族群众在空间、文化、经济、社会、心理等方面的全方位嵌入。它们有着相互影响的内容要求，以产业兴旺、生态宜居、乡风文明、治理有效、生活富裕为目标的乡村振兴，可以促进各民族在经济上交往、空间上互嵌、文化上交流、社会上共通、心理上共融，实现各民族更深层次的全方位的互嵌。而从空间到心理、从文化到社会等各方面紧密联系的民族互嵌，能够拉近各族群众的物理距离和心理距离，形成巨大合力，共同建设乡村。因此，多民族村落中乡村振兴的五大内容能够和民族互嵌的全方位嵌入互促互利，共同作用于乡村，实现乡村的全面发展。

基于多民族村落的乡村振兴与民族互嵌之间存在着诸多耦合基础，故为了实现农业农村现代化以及铸牢中华民族共同体意识，需要从主体、内容和机制方面构建一体的耦合机制。

二、乡村振兴与民族互嵌耦合的主体共融机制

（一）主体共融机制的内涵

由于人口流动，不同民族逐渐定居到一个村落，经过长期的交往交流交融逐渐形成了居住空间互嵌、文化共融共享、认知同步、情感共鸣、行动互助的村落共同体。这个共同体是乡村振兴的重要力量。拥有着共同记忆、共同文化的各民族，是乡村振兴的主体，是产业建设的重要力量，是美好环境的保护者，是丰富文化的持有者，是优秀人才的供给者，是党组织的拥护者。如果乡村振兴的主体不是各民族的村民，民族地区的乡村振兴就成了政绩工程，无法真正解决"三农"问题，更谈不上振兴[②]。因此，民族互嵌格局下的各族群众是乡村振兴的建设者和受益者，应从整体上让各族群众认识到自己在乡村振兴中的主体地位。

---

① 刘成：《民族互嵌理论新思考》，《广西民族研究》，2015 年第 6 期。
② 王建民：《民族地区的乡村振兴》，《社会发展研究》，2018 年第 1 期。

同样，在乡村振兴过程中全体村民发挥自己的主动性和积极性，建立起产业兴旺、生态宜居、乡风文明、治理有效、生活富裕的新局面，也进一步促进了村落各族群体经济的交往、空间的交错、社会的交际、文化的交流和情感的交融。因此，乡村振兴下的全体村民是民族互嵌格局建立的主导者和参与者，应从根本上让所有村民意识到自己在民族互嵌格局中的主导地位。

总的看来，在多民族村落中，乡村振兴和民族互嵌的耦合应形成主体共融机制。要认识到乡村振兴的主体和民族互嵌的主体都是各族村民，他们拥有共同的文化基因，并不断生产着文化符号，是一个活态文化符号的象征，不仅携带着文化基因，而且不断生产文化意义[1]，是在实践中能够表现出能力、作用、地位，并能进行自主选择和创造的人[2]。为了促进主体共融机制的建立，需要充分发挥农牧民的主体作用，提升其参与建设的能力。

（二）发挥各族农牧民的主体作用

1. 培育新型职业农牧民

2014 年中央农村工作会议上，习近平总书记提出发展各类新型农业经营主体的要求。2017 年，习近平总书记在"两会期间"参加四川代表团审议时，明确提出要"培养更多爱农业、懂技术、善经营的新型职业农民"[3]。2022 年党的二十大报告中再次提出发展新型农民集体经济、发展新型农业经营主体的要求。总之，乡村要振兴，农牧民是关键也是主体，是智力保障和中坚力量。乡村中的人才不仅需要乡村自身的储备和培育，还需要充分利用村落民族文化、乡愁情愫、制度保障、激励措施等，吸引那些对农村有感情的人返乡，如大学生、退伍军人、外出务工人员、社会各界人士等，形成新乡贤队伍，更好地建设乡村。"可以通过深挖本土文化、创新人文教育内容以提升农村新乡贤的政治建设能力，通过加强技能教育培训以夯实农村新乡贤的经济建设能力。"[4]

2. 参与式发展

乡村留住人后，还需提升农牧民和新乡贤等主体在乡村振兴和民族互嵌中的参与能力，进行赋权和参与式发展。Zimmerman M. 认为赋权理论包括赋权的过程和赋权的结果，"赋权过程是指试图获得控制权并获得所需资源，并批判性地了解一个人

---

① 李军明、向轼：《论乡村振兴中的文化重构》，《广西民族研究》，2018 年第 5 期。

② 姜佳将：《流动的主体性——乡村振兴中的妇女意识与实践》，《浙江学刊》，2018 年第 6 期。

③ 《就地培养更多新型职业农民——四论学习贯彻习近平总书记在四川代表团重要讲话精神》，《农民日报》，2017 年 3 月 14 日第 1 版。

④ 韦幼玲、刘海仁、史兵方：《乡村振兴战略背景下民族地区农村新乡贤培育对策研究——基于广西百都乡农村新乡贤的调查》，《广西民族研究》，2018 年第 6 期。

的社会环境的过程。如果这个过程能帮助人们发展技能，使他们能够成为独立的问题解决者和决策者，那么这个过程就是赋权"①。赋权在更大程度上是要确保村民在政治、经济、文化、社会等方面的主导权、参与权、表达权、收益权和消费权，激发和培育原来积蓄于村民自身的发展能力。可以完善乡村土地承包制度、规范土地流转制度等；重视乡村科技教育培训，培养各族群众发展农业生产的能力、务工经商的技能、传承和利用传统文化发展经济的技能等；注重政治素养的培养，政治参与、政治表达的能力的提升。在乡村发展过程中，还应将广大村民积极引入乡村发展的决策、建设、管理、监督中。"通过民办公助、筹资筹劳、以奖代补、以工代赈等形式，引导和支持村集体和农民自主组织实施或参与直接受益的村庄基础设施建设和农村人居环境整治。加强筹资筹劳使用监管，防止增加农民负担。出台村庄建设项目简易审批办法，规范和缩小招投标适用范围，让农民更多参与并从中获益。"②

总之，要在充分尊重各族群众的意愿基础上，深入挖掘各族优秀传统文化，探寻共有共享的文化以及乡村价值，发挥农牧民的主体作用，激发村落发展的内生动力，构建主体共融机制，促进民族互嵌和乡村振兴的耦合。

三、乡村振兴与民族互嵌耦合的内容互促机制

（一）内容互促机制的内涵

多民族村落中的乡村振兴与民族互嵌耦合中最关键的一环是内容的互促。两者不仅在整体上互相促进，而且在主要内容方面一一对应，共同形成了严密而全面的耦合互嵌网。内容互促机制就是要构建集经济共同体、生态共同体、文化共同体、政治共同体和人才共同体等五位一体的村落发展共同体，促进乡村的全面振兴和铸牢中华民族共同体意识的推进。

加快多民族村落经济共同体的构建，提升乡村三产融合，加强各族群众经济上的密切交往合作、互惠互利，可以为经济互嵌提供条件，也能为产业兴旺提供动力；将各民族传统生态观和伦理观进行借鉴吸收，构建人与自然和谐的生命共同体，可以为空间互嵌提供良好的居住和生活环境，也能为生态振兴提供更多智慧；加快发展乡村文化，形成各民族多元文化和谐共存、相互交融的文化共同体，可以为文化

---

① Zimmerman M., Empowerment Theory：Psychological, Organizational and Community Levels of Analysis, J. Rappaport，E. Seidman：*Handbook of Community Psychology*, New York：Kluwer Academic and Plenum Publishers, 2000, pp.42-63.

② 《中共中央国务院关于坚持农业农村优先发展做好"三农"工作的若干意见》，新华社，http://www.xinhuanet.com/politics/2019-02/19/c_1210063174.htm，2019 年 2 月 19 日。

振兴提供内容支撑，也能为文化互嵌提供发展机遇；加快构建政治共同体，培养有担当、有作为的基层党组织，不仅能为社会互嵌提供指导和组织保障，也能为组织振兴提供支持和社会保障；通过激励优秀人才扎根基层，发展乡村经济，传承乡村文化，形成强大吸引力的人才共同体，可以为心理互嵌提供心理基础，也能为人才振兴提供人力保障。

总之，在多民族村落中要加快构建集经济共同体、生态共同体、文化共同体、政治共同体和人才共同体的五位一体内容互促机制，形成全方位的民族互嵌式格局和强有力的村落共同体，使乡村各族群众劲往一处使，找准共同富裕的切入点和发力点，促进乡村现代化建设，实现共同富裕目标。

（二）打造五位一体的村落发展共同体

1. 加强乡村产业改革和建设，构建村落经济共同体

多民族村落的产业振兴，需要做到可持续发展、尽可能普惠，防止产生"断崖"效应。还要充分发挥资源和区位优势，建立基于农民技能的产业，不能以"去农化"为发展的目标。在坚决守住耕地红线、将饭碗牢牢端在自己手中的同时，综合考虑高收入的新业态的适应性，打造基于农民技能和当地资源禀赋的产业，开发具有当地特色的小型产业，将新业态产业当成辅业，这样才能既有利于经济的发展，又不会丢弃中华文明的根基，还可提高各族群众的经济收入，实现经济振兴。

2. 重视生态环境的保护，构建村落生态共同体

生态问题不仅是人口与环境的问题，也是一个经济问题。应将生态文明建设贯穿到其经济、政治等各方面建设中，真正践行"绿水青山就是金山银山"的理念。我国各民族在漫长的生产生活中逐渐形成了朴素的生态伦理观，它们规训着人的行为，使各族群众坚守对环境的保护。实现民族地区的可持续发展，就需要坚持绿色发展理念，充分挖掘地方生态思想，实现生态文化的现代转型和发展。这样不仅有利于构建生态宜居的乡村环境，而且能够促进各民族的文化认同，促进彼此交往互嵌。

3. 推动优秀传统文化创新性发展，构建村落文化共同体

为了保护和发展民族文化，需要进行非物质文化遗产的创造性保护和创新性发展，以特色文化活动惠及民众、引导民众，营造良好的文化氛围；将民族文化与旅游相结合，创造丰富的文化旅游产品；充分利用乡村生态环境优势，推广康养产业与文旅产业的融合，打造一批沉浸式文化体验项目；还要加强民族特色文化人才培育，激发乡村人才活力；不断提升乡村公共文化服务水平，补齐乡村短板。总之，要深入挖掘少数民族和村落的传统文化资源，创新文化发展理念，构建村落文化共同体，推动民族全方位互嵌和乡村的振兴。

4. 补齐基层党组织治理短板，构建村落政治共同体

基层党组织建设是乡村振兴的重要保障。加强和改进多民族村落基层党建，对巩固党在民族地区的执政基础、团结各族群众进行现代化建设有重要意义。组织建设对乡村的安定团结和良好的社会互嵌的形成有重要价值。需要加强基层党组织在民族地区乡村振兴中的领导作用，将各族村民凝聚起来，创新乡村治理模式，实现乡村的善治。基层党组织还可以利用乡村振兴的契机，深入开展民族团结教育活动，构建村落政治共同体，为民族村落振兴提供强大的组织保障。

5. 推动人才振兴和优化配置，构建村落人才共同体

人才是民族之本、发展之源，是实现乡村振兴和中华民族伟大复兴的重要战略资源。在继续推动各类人才到民族基层服务的同时，还要提高村落各族群众的素质和技能，加强培训，提高本地民众素质；要积极引进各行各业优秀人才下乡，进行艺术乡建设等；要通过民族文化、乡愁等，引导外出务工、外出求学、当兵退伍等人才返乡；还要培育懂农民、懂农业、懂农村、懂市场、懂技术、懂法律的现代化人才。

四、乡村振兴与民族互嵌耦合的体制共通机制

（一）体制共通机制的内涵

多民族村落乡村振兴和民族互嵌都需要在一定体制范围内展开，因此要实现二者的耦合，需要建立体制共通机制。乡村振兴的开展需要在城乡融合基础上，实现乡村多元共治，既要发挥村民的主体性，同时还要在基层党组织的领导下，由村民、企业、各社会组织、社区等多元主体共同参与，"以德治为支撑、以法治为保障、以自治为核心，构建乡村政治、经济、文化、生态文明、社会和党建等方面治理体系和治理能力齐头并进的良好局面"[1]。以激发村民内生发展动力为基础，充分利用外部力量发展经济的这种城乡融合、多元共治的制度是保证乡村振兴顺利进行并完成的重要机制。

多民族村落民族互嵌也需要在城乡一体的基础上，实现各方参与、共促互嵌。要在基层党组织的推动下，充分发挥各族群众主力军的作用，进行全方位民族互嵌。没有各族群众的参与，民族互嵌是不存在的。但也不可忽视外部力量的积极作用，政府和各社会组织可以对乡村进行空间互嵌建设、经济投入、文化推动、社会支持。在多元力量共同作用下，民族互嵌有利于形成统一的村落共同体，进而推动乡村振

---

[1] 袁金辉、乔彦斌：《自治到共治：中国乡村治理改革 40 年回顾与展望》，《行政论坛》，2018 年第 6 期。

兴的步伐。

因此，耦合的体制共通机制应该是建立在城乡融合的基础上，充分实现城乡之间各要素的流动，将内生、外生动力相结合的机制。

（二）加强城乡融合的外部帮扶

1. 城乡融合的体制构建

"城乡融合是社会基本矛盾运动规律所决定的，是新时代中国特色社会主义发展的必然选择。"[①] 为了更好地推进城乡融合发展，国家需要作出顶层设计，提出城乡融合发展办法，促进城乡要素自由地流动，建立健全有利于城乡普惠共享的体制机制。除此之外，城市中还需要建立完善的社会支持体系，改善住房条件，构建城市民族互嵌式社区，扩大少数民族社交范围，加强少数民族与其他民族群众的交往互动，使其更好地融入城市；进行职业技能和国家通用语言文字的培训，让少数民族获得能够进入城市生活的技能；通过规划引领、项目驱动等形式补齐城乡基础设施短板，改善各族群众生活条件，以乡村建设和城乡融合推进民族互嵌社区营造，铸牢中华民族共同体意识。

2. 充分利用外源帮扶

乡村振兴和民族互嵌，不仅需要各族村民的共同努力，还需要外部力量的支持。政府部门要在把握各族群众的特点和乡村地方特色的基础上，确立不同类型的乡村振兴思路和民族互嵌机制。政府要"积极发掘民族村寨不同的生态资源、文化遗产、地域特色，培育个性之美，体现多元化和差异性的乡村之美，实现'一村一品''一村一景'的美丽乡村建设大格局"[②]，还要积极推进民族文化的保护和传承，教育和改善人们的民族观念，促进民族间的文化认同。除此之外，以城市为主的市场经济也是从外部推动民族互嵌和乡村振兴的重要力量，市场的力量可以促进乡村产业的集聚，形成一定区域的规模效应，能够加强该地区各民族经济上的互嵌，同时也有利于乡村产业振兴。只有坚持共建、共治、共享的社会治理理念，乡村振兴和民族互嵌才能真正得以实现。

五、结语

在多民族聚居的村落，乡村振兴是民族互嵌实现的有效途径，民族互嵌是实现

---

① 钱正武：《论新时代乡村振兴战略的四维导向》，《内蒙古社会科学》（汉文版），2018 年第 5 期。
② 梁爱文：《乡村振兴视域下西部民族地区美丽乡村建设新探》，《黑龙江民族丛刊》，2018 年第 5 期。

乡村振兴的重要保障。两者之间有着诸多耦合基础，有着共同的主体、一致的目标和互促的内容。为了更好地促进乡村振兴与民族互嵌耦合，需要建立集主体共融机制、内容互促机制和体制共通机制三位一体的耦合机制。主体共融机制是耦合机制的前提，也是耦合机制得以实现的主导性因素；内容互促机制是耦合机制的主体，是主体共融机制和体制共通机制的作用主体；体制共通机制是耦合机制的保障，决定了主体共融机制和内容互促机制最终能否形成。总之，要在党组织的领导下，充分发挥各族村民的主体性，增强内生发展能力，以城乡融合为总抓手，不断打造村落发展共同体，推进乡村振兴和民族互嵌的耦合，进而铸牢中华民族共同体意识，实现乡村的全面振兴和中华民族伟大复兴的中国梦。

酉水右岸三座寺庙遗址的人类学考察

田　华　龚志祥

摘要：本文以武陵山区酉水流域的三座寺庙遗址为研究对象，通过田野调查、文献考证，分析三座寺庙形成的历史过程和社会意义。文章考察了三座寺庙的地理位置、建造历史以及现状，进而分析三座寺庙的功能变迁。

关键词：宗教研究；遗址调查；武陵山区

作者　田华，东北大学秦皇岛分校教务处教师、工程师；龚志祥，东北大学民族学学院教授（秦皇岛　066000）

本文探讨的三座寺庙地处武陵山腹地恩施土家族苗族自治州来凤县。来凤县属于多民族共居，共有 26 个民族，以土家族、苗族为主，土家族、苗族人口占六成。本文以酉水岸边的三座寺庙为观察对象，从田野和文献两个方面考察寺庙遗址及其形成的历史过程，进而了解寺庙功能的变化，以及在促进各族人民交往交流交融中的作用。

一、三座寺庙的地理位置

酉水是洞庭湖水系沅江的最大支流，酉水及其支流贯穿鄂西南、湘西、贵州铜仁和渝东南，来凤县位于酉水上游，酉水至北而南流经来凤全境。本文探讨的三座寺庙分别是仙佛寺、黑神庙、川主庙，这三座寺庙坐落于酉水右岸，三座寺庙均地处来凤县城以北，距离最远的仙佛寺距县城约 5 千米，顺酉水而下依次是黑神庙、川主庙。

清乾隆版《来凤县志》载："县东十里，下临河石，崖上凿有佛像，故名佛塘崖。佛塘河在佛塘崖下，发源宣恩县忠峒，诸水合近凤寨渡河，出卯峒达辰州。"①
清乾隆年间的地名叫佛塘，但清同治年间已经称佛潭，佛潭崖下的酉水河也叫佛潭
河。仙佛寺位于摩崖石刻佛像的正下方。顺酉水河而下，隔一条小溪沟，距离仙佛
寺约 1 千米处就是黑神庙址，与仙佛寺对望。川主庙与黑神庙隔一小山丘，相距约
1 千米，坐落在酉水岸边的悬崖上方。三座寺庙均等分布，黑神庙居中，一衣带水。

二、三座寺庙的建造历史及现状

（一）仙佛寺

仙佛寺是来凤县最著名的物质文化遗产，包括寺庙和寺庙上方酉水右岸红色悬
崖绝壁上的摩崖石刻。据清同治版《来凤县志》载："县东十五里。水深不测，下有
神鱼，祷雨立应。上即佛潭岩也。"《游佛潭》诗云："城东古寺压山腹，牟尼隐现
珠光圆，飞楼涌殿夺天巧，直自林麓穷其巅。"② 著名法师昌明方丈曾题诗句于山门：
"山高益壮志，石窟藏灵根。"

仙佛寺建于何时是一个有待史料进一步发掘和考古进一步发现的事情，但建于
咸康元年是没有争议的事实。历史上有两个咸康元年，一个是东晋咸康元年（335
年），另一个是五代十国时期前蜀后主王衍的咸康元年（925 年）。但无论是哪一个咸
康元年所建，仙佛寺都有上千年的历史，正说明了仙佛寺的古老。岁月沧桑，斗转
星移，仙佛寺摩崖佛像依然淡定立于酉水右岸石壁，俯视天下苍生，静观酉水南流。
中国石窟艺术约始于 3 世纪，5—8 世纪为盛，关于石窟遗迹的记载多见于明清地方
志和游记中，密集分布于中国北方的广大地域，佛潭摩崖石刻地处石窟分布的南沿，
尤为珍贵。中国考古材料证实四川境内有东汉佛迹存在，此乃佛教从云南传入的路
径之一，到达来凤县境亦有可能，因此，人们习惯于认定仙佛寺始建于东晋咸康元
年（335 年），距今已有约 1 600 年历史，以彰显仙佛寺开凿年代早于敦煌莫高窟（前
秦建元二年，366 年）、云冈石窟（北魏兴安二年，453 年）和龙门石窟（北魏孝文
帝迁都洛阳，494 年）。有专家通过解读仙佛寺摩崖佛像的色彩和技法，认为是唐雕，
以此判定是五代十国时期的咸康元年（925 年）所建，距今也有约 1 000 年历史。不
过佛像色彩和造像外形变化也可能是后世礼佛所为，无法判定就是五代十国时期所
建。从摩崖佛像有史记载是两尊须眉如画的古佛，到如今是"仙佛寺摩岩造像工艺
精湛，红石壁上雕有弥勒、燃灯、牟尼 3 尊大佛，每尊高两丈有余，大佛两旁雕有

---

① 来凤县地方志编纂委员会刊印：《来凤县志》（乾隆丙子年纂），北京：中国文史出版社，2017 年。
② 来凤县地方志编纂委员会刊印：《来凤县志》（同治丙寅年纂），北京：中国文史出版社，2017 年。

小菩，计 25 尊，雕刻精细，衣纹似装，神态各异，生动雄伟。石像下为中下层，有木质雕神像 10 尊，共 3 层木楼，直径为 1.5 米，还有 12 面小鼓，1 口大钟，4 口小钟。每当敬拜者立位，钟鼓齐鸣，其声音回旋山谷，响彻数里之外"[①]，说明仙佛寺是历经了一个长时段的修建和不断完善的。

因此，仙佛寺的确切建立时间仍然是一个谜，待考。清同治版《来凤县志·地舆志》"古迹"词条记载："咸康佛，在佛潭岩上，……左镌有记，仅余'咸康元年五月'六字，……乃岩石风化之故。"据说仙佛寺存有一块"咸康碑"，在"文革"中被抛入佛潭水中，了无踪迹。"咸康碑"踪迹难寻，无法从书法角度猜测年代，留下无尽憾事。确信无疑的是，仙佛寺是中国开凿年代最古远的石窟寺之一，是湖北省唯一的石窟寺，也是武陵山区著名的佛教圣地之一，其 30 余尊摩崖佛像无论是平面尺度格局还是立体神态展现，都较少有。

清同治版《来凤县志》载，仙佛寺位于元皋里佛潭岩，并详细记载了摩崖佛像。"咸康佛，在佛潭岩上。峭壁千寻，上刻古佛二尊，须眉如画。居人倚石壁建阁三层，槛外古柏一株，绿阴如幕，数百年物也。檐际泉飞，四时疑雨，洞壑幽峭，夏亦生寒。从此泛舟，可通官渡。端午竞渡，两岸士女如云。隔溪龙山诸山，若隐若现。樵夫耕者，出入画图，亦奥如亦旷如也。"清同治县志说明仙佛寺的称谓在同治丙寅年（1866 年）前就已出现，并对寺庙的空间格局和人文自然生态有生动描写，当时的参天古柏已有数百年，寺庙也是古寺。此次田野调查，仙佛寺村的年长村民回忆，新中国成立前，寺庙前曾有八人合围的银杏树，中空，里面可以放下一张桌子，供人们茶歇。

新中国成立后，对文物古迹保护十分重视，仙佛寺的保护迎来了春天。1956 年，湖北省将仙佛古寺纳入第一批省级重点文物保护单位。非常不幸的是，千年古寺的殿舍、楼亭和佛像均毁于"文革"期间，具吊脚楼特征的仙佛寺实乃建筑上品之作，竟毁于一旦。佛寺就是佛像"窟檐"，一旦失去就会加速剥蚀佛像。万幸的是，崖壁上的 3 尊大佛摩崖造像主体因高悬于空，受损较小，造像保存基本完整。但"人民公社"时期，公社社员在摩崖佛像背后开凿隧洞引水灌田，导致佛像常年受水浸蚀，部分佛像斑驳风化，损失无法挽回，十分可惜。"文革"后期，神职人员陆续重返寺庙，昔日香火缭绕景象缓慢恢复，香客游人始有往来。

"文革"结束后，仙佛古寺重具青春气息，游人如梭，每年农历二月十九日、六月十九日、九月十九日三次庙会，数十万人云集，叩拜观音，礼佛朝圣，仙佛古寺成为来凤县远近闻名的佛教圣地和旅游胜地。来凤县委县政府十分重视文物保护，

[①] 见《来凤仙佛古寺修复记》，杨吉富口述，来凤县政协文史委整理。

通过努力争取，仙佛古寺于 2006 年成为国家级重点文物保护单位 [①]。

20 世纪，仙佛寺经历过三次维修。1936 年，群众个人集资对佛像、观音堂等进行维修；1956 年，县政府新建一栋走马转角楼，与堂楼相接；1994 年，县政府决定对仙佛寺进行修复。21 世纪，恩施州委政府先后提出建设文化大州、文化兴州、旅游兴州战略，为此，来凤县委县政府把仙佛寺文物保护、寺庙修复、景区开发建设纳入重要议事日程，将仙佛寺修复工程作为重点文化旅游项目，全力打造这一著名宗教文化旅游精品。2012 年，来凤县委县政府着手修复扩建仙佛寺，投入资金 3 亿元，进行了三年的修缮。这次重建后的仙佛寺，在建筑风格、规划设计上传承了历史原貌，较好满足了各族人民的休闲需求，成为湘鄂渝黔的历史文化旅游胜地。游客酉水老弯赞此美景，有《游仙佛寺》一首：

> 酉水漫韵仙佛月，
>
> 佛潭印心善无界。
>
> 东出洞庭西武陵，
>
> 一蓑烟雨一世情。

仙佛寺的古韵还体现在文学上。古人旧作描写仙佛寺的不少，多以诗文见长，清同治版《来凤县志·艺文志》有部分记载。文以龙山拔贡饶建寅的《游佛潭记》、张鉴的《夏日游石佛潭》、邑举人何盛矩的《游佛潭》扬名，诗以邑庠生熊梦祥的《佛潭》、张鼎的《佛潭映月》、侯选训导张钧的《古佛潭》、文童张宗达的《佛潭映月》、贡生覃化南的《佛潭映月》闻世。

据《来凤县志（1866—1985）》载："古人曾修三层佛寺，……古寺上倚绝壁，下临深潭，古木参天，绿荫蔽日，檐际泉水四时溅落，左右洞壑幽深，成为本县避暑消夏胜地，亦以'佛潭映月'的美景而为文人称道。" [②] 最具代表性的是咸池昙真人流传千古的回文诗，这首诗语言清新，意境悠远，顺念倒读皆成句，拼拆组合皆成诗，还可删减字数，组成数百首好诗。此首回文诗对佛潭映月的美景描写意境悠远，但成诗年代不可考。诗的全文如下：

> 花开菊白桂争妍，
>
> 好景留人宜晚天。
>
> 霞落潭中波漾影，
>
> 纱笼树色月笼烟。

① 张良皋：《武陵土家》，北京：生活·读书·新知三联书店，2001 年。
② 湖北省来凤县县志编纂委员会编纂：《来凤县志（1866—1985）》，武汉：湖北人民出版社，1990 年。

（二）黑神庙

黑神庙广泛存在于湘鄂渝黔的武陵地区。来凤县城关、漫水乡均有遗址，其中来凤县城关的黑神庙位于仙佛寺村后坪。据清同治版《来凤县志》载："黑神庙，在元皁里后坪。祀唐睢阳殉难将军霁云。"关于南霁云生前的忠勇和殉节的壮烈，韩愈在《张中丞传后叙》中有详细记载，由此观之，黑神庙乃祭祀南霁云的民间宗教庙宇，是忠烈宫或忠烈庙的俗称。民间称黑神庙缘于两种传说，一为南霁云生来面黑，二为南霁云为炮轰而死，全身被炮火烧黑，故称其为黑神。睢阳之战成就了英雄，但英雄被神化是需要时间的，其被人们赋予超现实神力和想象，成为人们精神寄托的殿堂，最终走向神坛，也是天下苍生对忠义的崇敬和向往。在恩施地区存在大量黑神庙，南霁云被神化为"黑龙菩萨""黑龙王"，庇佑着一方百姓，这可能与其子南承嗣曾在这一带为官、广施仁政善政有关。据《大明一统志》载，"南承嗣：魏州顿邱人，霁云之子，历施、涪二州刺史"。神化为"黑龙菩萨""黑龙王"也印证此村的一个传说，村民告诉作者，李吉沟的青冈脚有一口塘，塘里藏有一条龙，后来龙游走了，水也干了。

仙佛寺村后坪的黑神庙始建于何时已无法考证，但早于清同治丙寅年（1866 年）是肯定的。询问村中百姓，大多知道黑神庙的位置，但庙的来龙去脉已无人说得清楚，人们不知道是祭祀南霁云将军的，只知道是一座庙，此庙在村民心中的神圣性与仙佛寺等同，都是用来供奉菩萨的，由此看来，随着文化的变迁和宗教的传播，黑神庙演变成了一座多神合祀的庙宇。据现年 87 岁的马老太回忆，她家的老屋场与黑神庙为邻，黑神庙占地较宽，气势恢宏，山门对着佛潭，与佛潭的庙差不多大，有钟楼，庙旁有一个天主堂，还有古井一口。天主堂的存在说明，清末民初天主教开始在来凤县传播。马老太回忆，庙里当时有两个和尚，王和尚和他的徒弟余三娃。1949 年后，两位和尚圆寂，庙堂无人管理。"文革"前，庙宇建筑被彻底拆毁，地基成为良田美土，众菩萨被请至仙佛寺。也有村民说黑神庙比佛潭的庙大，另有村民说比佛潭的庙小。笔者现场考查，黑神庙的遗迹已消失殆尽，只有农田的边缘还可见当年的墙基和路基，存在这样台基的农田约 2 500 平方米，可见当年香火之旺。庙大庙小的争议已不重要，黑神庙成了村民的模糊记忆，淡出了人们的生活，重要的是仙佛寺村的村民传承了南将军的忠勇义胆并深入骨髓[①]。

（三）川主庙

仙佛寺和黑神庙位于仙佛寺村，川主庙位于仙佛寺村的邻村小河坪村。小河坪

---

① 《来凤仙佛古寺修复记》，《鄂西文史资料》，2018 年第 2 期。

村位于县城以东，209国道穿村而过，酉水河傍村而下，距县城约3千米。川主庙就位于村中酉水河畔，关于庙址，清同治版《来凤县志》载，"在元皋里旧屋基"。川主庙祀秦蜀郡太守李冰，因其治水有功，功德在民。故兴庙于此，应与治理酉水河水患有关，也可能与明清移民有关。川主庙建于何时，无资料可考，毁于何时亦无记载，重建于20世纪90年代，系村中一谭姓人家还愿，倡议并率先捐资修建的，现已初具规模，有5栋房子，大殿、客堂等一应俱全，庙内和尚一名，法名释延塱。因庙宇沿酉水河而建，受地形制约，殿内诸菩萨并没有严格按照佛教礼序供奉，但香火依旧，常有善男信女顶礼膜拜。从客堂处到酉水河边共5级台阶，共463步，步步皆风景，观酉水深流，听佛音心静。

三、三座寺庙的功能考查

仙佛寺、黑神庙、川主庙所在地在历史上统称关口，清朝曾在此设立关口寨塘，驻有兵丁把守。据清乾隆版《来凤县志·疆域志》载："东北二十里，至关口塘，与宣恩县滥泥坝交界。"以此推断，仙佛寺村有史可考的最早地名叫关口塘。又据清同治版《来凤县志》载："元皋里，东至佛潭河，交龙山县界，距城十五里，又东至关口，交宣恩县界，距城十五里。"随着时间推移，地名从关口塘演变成关口，说明此地过去曾是战略要冲，是进入来凤县的北大门，用于拱卫来凤县城，因为越过此村到县城就是一马平川，无险可守。清嘉庆元年（1796年），白莲教起义军与清军曾在此激战就是明证。

此地是兵家必争的战略要冲，要守住此地需武力征伐，但是要稳住此地，让百姓安居乐业，仅仅靠武力是无法办到的，需要依靠信仰和文化来达成。仙佛寺、黑神庙、川主庙的设立应是当时社会所需。

根据本次田野调查资料，结合历史文献分析，早期三座寺庙是有分工的，且互相关联。仙佛寺建在东晋摩崖石刻下方，是武陵山区一处重要的佛教遗址。此地地处水陆交通要道，除了酉水河道连接洞庭湖平原以外，此地还是南北向的酉阳州到施州的大道和东西向四川到湖南永顺府大道的交汇点，此地是人员交往频繁、货物集散之地，同时也埋伏着各种危机和纷乱，难免有无明我执、贪求私欲、憎恨嗔怒、愚昧无知、互相争斗的情况发生。南来北往的人们背井离乡，其谋生的艰辛、旅途的寂寞和思乡的情绪都需要心灵的慰藉，佛教的慈悲情怀正是这些游子们需要的。仙佛寺修建于此有其必然性，它维护了驿道的秩序，使人们净化精神有了高地。繁忙的驿道是官道也是商道，农业文明需要诚信和忠勇。黑神庙的建立正是人们的心理期盼和精神需要。酉水河流域来凤县境内段，包括两条比较大的支流老峡河、新峡河在内，均只能部分通航，水患严重。人们渴求水患消失、期盼航运安全，由此催生神灵护佑需求，川主庙的建立满足了人们生产生活上的精神需求，水神李冰父子给人们一种莫大的安全感，增强了人们治理水患、战胜水灾的决心和毅力。

通过调查发现，三座寺庙在建立之初有科学的分工，分别满足人们生产生活中的不同精神需要，有利于人们和谐相处、仁爱相依，人与自然共存，促进社会良性发展。仙佛寺主慈悲仁爱，黑神庙主忠勇义气，川主庙主山川秀美、山河归顺。随着社会发展，儒教、佛教和道教传入武陵山区，科技进步，人们治水能力增强等方面的影响，三座寺庙的功能区分消失，边界模糊。

随着水患减少，李冰父子的神化形象淡出了人们的视线。年代已久，普通百姓已不知道川主庙的主神是谁。通过本次调查发现，本村的人们都不知道水神一说，庙里的和尚也只有模糊记忆，现在庙里供奉的是如来佛、观音菩萨等。黑神庙只有墙基存在，庙宇荡然无存，现已经是耕地，庙拆毁了40多年。表达忠勇义气的黑神已淡出人们的视线，现在村民已经不知道黑神是何方神圣。说到忠勇义气，村民几乎都知道桃园三结义的刘备、关羽和张飞，正因为如此，现仙佛寺里供奉有关羽神像。可以这样说，黑神庙的功能合并到仙佛寺了，目前的仙佛寺综合了过去仙佛寺和黑神庙的功能和地位，慈悲仁爱、忠勇义气成为一家。仙佛寺促进了各族人民的交往交流交融，现已建设成为文旅融合的4A级景区。

藏族纳木依人的中华民族共同体意识表达

滕传婉

摘要： 藏彝走廊是我国多民族交往交流交融的地理区域，也是中华民族文化多元共生的文化区域。纳木依人是生活在藏彝走廊安宁河及雅砻江地区的藏族支系，与彝汉杂居形成和谐共生关系。通过梳理与观察纳木依与族内群体以及其他民族的历史关系与现实互动，从微观层面探讨新时代杂居共生地带的各民族如何在交往交流互动实践中铸牢中华民族共同体意识。调查发现，纳木依人在传承"互动互融"历史民族关系的同时，积极进行"和而不同"的现实互动，使民族差异日渐缩小、民族认同不断增强，牢固树立了中华民族共同体意识。

关键词： 纳木依人；互动互融；中华民族共同体意识

作者 滕传婉，四川大学历史文化学院博士研究生（成都 610000）

藏彝走廊是在我国多民族接触、互动的历史关系中形成的特定廊道区域，也是多民族文化交融带。历史上，建立经济文化的联系的地方就在不同民族的交错地带。久而久之，形成具有地区特色的文化区域，人们在这个区域中你来我往、互惠互利，形成一个多元文化共生的格局[①]。走廊视角下的民族关系可视为中华民族多元一体格局形成的集中展现。长期在一个地区生活，在不同程度上已形成了一个你中有我、我中有你，你我之间既有区别又难分解的多民族共同体。走廊地带的多民族关系中更存在这样的"多民族共同体"，而据史籍记载和本民族传说、习俗等综合判断，纳木依为多源形成，故通过实地调查纳木依与其他民族的互动关系，来探讨中华民族共同体意识建构在微观层面的实例。

纳木依是藏族在藏彝走廊东部边缘的大渡河、安宁河、雅砻江三江流域的一个支系，主要生活在雅砻江和安宁河流域的冕宁县、木里县、西昌市、盐源县及甘孜

[①] 费孝通：《创建一个和而不同的全球社会——在国际人类学与民族学联合会中期会议上的主旨发言》，《思想战线》，2001年第6期。

藏族自治州的九龙县、石棉县。现居住在冕宁、西昌、盐源的自称"纳木依"，居住在木里和九龙的自称"纳木兹"。新中国成立前，汉族称其为"西番"，彝族则称其"俄祝"，并且认为他们就是古时的"西夷"，是西昌境内早期土著民族之一。1954年后西昌的西番、纳木依、多须等人群，统一称"藏族"。1981年8月25日至10月27日，四川民委"西番"识别工作组在石棉、西昌等九个县进行调查论证后，认定"西番"中的"纳木依"为藏族。经初步调查统计，纳木依藏族目前约有一万人[①]。

一、互动互融的历史民族关系

纳木依是只有语言没有文字的，故不能完全按照其族称或族谱文献来分析其历史上的民族互动关系，而只能将其居住地先民历史情况和纳木依的历史记忆结合起来进行梳理分析。

（一）文献记载中的多元一体关系

先秦时期自河湟南下羌人的一支入今川西南，称"牦牛种，越嶲羌"，东汉史书记为笮都夷，晋史书记摩沙夷等，南下的古羌人与当地的僰、邛人等融合。西汉武帝元鼎六年（前111年）设台登县（今冕宁县南泸沽镇），设笮秦县（今冕宁县大桥镇，含现今石棉县和九龙县的部分地区）[②]。据史料记载，纳木依居住地先民从一开始就具有多源的特点。而当地先民在汉武帝时期就受中央王朝统辖，可推断出当时存在来自不同地域族群之间的交往互动。唐肃宗至德二年（757年），吐蕃占领以台登为中心的北部地区，改保塞城为北谷城。唐德宗贞元五年（789年），西川节度使韦皋恢复台登城。唐文宗大和五年（831年），南诏占嶲州城（今西昌），六年徙嶲州治台登[③]。据《旧唐书》记载，7世纪，吐蕃王朝占据登州，大量蕃人迁入定居，在嶲州（今西昌地区）形成东蛮（勿邓、两林、丰琶）和西蛮（摩沙）两大族群。这一记述得到了1976年在冕宁县城东台地伍宿村出土的吐蕃石刻的佐证。北宋开宝二年（969年）大渡河至台登之间的两林部落向北宋朝廷进贡，至天禧二年（1018年）先后进贡14次。1253年，忽必烈率军绕道藏区南下，得到萨迦派及藏区诸多地方派别支持，一些藏族将士随军参战。战争结束后，一些随军藏族士兵成为盐源、木里、西昌（罗罗斯）

---

① 此数据由纳木依人分布地点各乡镇村相关基层人员提供的数据综合得出。因近代自主搬迁及人员流动，纳木依人居住地较分散，故其总人口难以统计精准到具体个位数。
② 四川省冕宁县地方志编纂委员会编：《冕宁县志》，成都：四川人民出版社，1994年，第23页。
③ 此内容简引自四川省冕宁县地方志编纂委员会编的《冕宁县志》（成都：四川人民出版社，1994年）第23页的部分内容。

的新移民，有的还获得一定职位。著名民族史学者何耀华先生也曾评述：无论是吐蕃大军胜与负，都有大量士兵留下来[1]。又据藏文史籍记，在佛本斗争中，本教失败后大量本教徒向藏区边缘发展，冕宁藏族信奉本教，建众多本教寺院，存大量本教经书与之印证。即东蛮诸部落因族属关系，融入土蕃士兵及本教徒后接受吐蕃文化融入藏族中。综上所述，纳木依与藏族有着千丝万缕的血缘、亲缘关系，并与彝族、蒙古族、汉族等其他多个族群有着紧密的地缘关系和长期的交往互动关系。

1326 年，"八月辛丑，西番土官撒加布来献方物。"[2] 这个撒加布活动的芦古驿，即今冕宁县泸沽。可知元代称冕宁泸沽一带人群曰"西番"。《圣朝混一方舆胜览》载："西临吐蕃"[3]，"吐蕃、罗罗杂居"[4]，此处吐蕃显指"西番"而言。且《宁番卫》条曰："宁番卫，元时立于邛都之野，曰苏州。洪武间，土官怕兀它从月鲁帖木儿为乱，废州置卫。环而居者，皆西番种，故曰宁番。"[5] "宁番卫"地在今冕宁。此记载表明，纳木依主要居住地冕宁，在明代以"西番"为主体人群，当时与其同生活在当地的还有"罗罗"，即今彝族先民。但到了清代，"西番"是一个泛称而非专指，《皇清职贡图》卷六云："冕宁县虚朗、白露土司多西番种，亦有猓猡。"此处"猓猡"显然是由"罗罗"演变而来的俗称。再有咸丰《冕宁县志》卷九《风俗志·夷俗》记冕宁当时的人群除汉人外，尚有"西番""猓猡""獏猣"三种人群[6]。"猓猡"即今彝族，"獏猣"则有观点认为是纳木依，可见"西番"在咸丰《冕宁县志》中是指冕宁与"猓猡""獏猣"有别的人群，显然并非泛称而系专指。清代在冕宁境内共有"西番"土司十四员，最大的是酥州土千户姜氏，但仅管辖村落四处，其余十三员土百户并不归其统辖。记载中的千户姜氏或许与调查访谈中了解到的"姜氏分支传说"（相传现今纳木依姜氏的祖先曾是纳木依藏族支系在战争后的唯一幸存者）存在关联[7]。而这十四员土司管辖的地方延续至今仍为冕宁县和喜德县的"西番"分布区。

---

[1] 何耀华：《雅砻江下游的纳木依人、拍木衣人和多须人》，《中国西南历史民族学论集》，昆明：云南人民出版社，1988 年版，第 89 页。

[2] 《元史》，北京：中华书局，1976 年，第 3 183 页。

[3] 元刻本《圣朝混一方舆胜览》（中卷），《北京图书馆古籍珍本丛刊·史部·地理类》，北京：书目文献出版社，2006 年，第 80—81 页。

[4] 杜玉亭：《元代罗罗斯史料辑考》，成都：四川民族出版社，1979 年，第 64 页。

[5] 《明史》，北京：中华书局，1974 年，第 1 080 页。

[6] 四川省冕宁县地方志编纂委员会编：《冕宁县志》，成都：四川人民出版社，1996 年，第 57 页。

[7] 此内容源自访谈对象姜福明的讲述内容：很小的时候，我爸听他的父亲，就是我的爷爷说纳木依现在各家最开始是从姜家分出来的，以前打仗把我们藏族杀了，就剩我家祖先一个人为了找水喝躲过了屠杀，然后他一个人翻过牦牛山后，才生存下来。后面就跟九龙那边的藏族安家了，子女们到处搬迁后，才各取各的姓。也就是今天的姜（江）姓、李姓、穆姓、王姓、黄姓、董姓、兰姓等。访谈时间：2021 年 7 月 12 日下午，访谈地点：姜福明长子家中。

上述史料均显示，纳木依居住地的先民们在历史上都存在着主动与被动的民族迁徙互动，这些互动客观上促进了纳木依和各族群先民在风俗习惯、文化心理上的吸收与融合，形成了复杂的血缘、亲缘、地缘关系。这种你中有我、我中有你的发展特质存续于纳木依和当地各民族的发展历程中，成为各族之间互动互融、铸牢中华民族共同体意识的历史源动力。

（二）历史记忆中的"兄弟"关系

有关纳木依藏族的历史记忆和传说，对深入理解纳木依藏族与藏彝走廊其他族群的历史关系及其变迁，是极为重要的。因为家族记忆和神话传说是由各族群众所创作的，经由口耳相传、集体锤炼，是我们蠡探各族人民的民族心理、思想观念等内容的重要材料。

首先，纳木依的身份认同是藏族。纳木依声称祖先来自西藏的"尼玛拉萨觉"，还说是从印度经尼泊尔翻越喜马拉雅山进入藏区的。纳木依先祖和藏王成为好朋友，后来成为藏王的军师，奉藏王之命带上部族东征，所以纳木依全部是跟随藏军打仗来到的川西南的东蛮地区[①]。这一历史记忆与前面史料记载的 7 世纪的吐蕃王朝东征占据冕宁西昌等地的情况相一致。其次，藏族称自己是本地最早居民，至少是早于现居住地的其他民族的。理由一是冕宁里庄区联合乡的纳木依巫师汉牛马章提供的纳木依谱系有 51 代，若以每代 30 年计，就有上千年的时间；理由二是提及纳木依藏族最早始于何处，现今 96 岁高龄的纳木依藏族老人穆文富讲道："我从小听到的是，原来这些地方全是我们藏族，上齐山顶，下至河脚，都是我们藏族的。像冕宁过去到处有寺庙，多得很！包括现在西昌这些地方都是藏族，后来打开'三渡水'了，其他外来民族就进来了，汉族是战争期间随张献忠从两广地区来的，彝族是云南来的。彝族喊我们纳木依藏族都是喊'哦祝'，意为'山主'，就是彝族包我们的山去种，汉族就租河边的地种。后来时间长了，加上有些蛮子偷杀抢之类，加上我们藏族内部不和……于是我们人口越来越少。"[②]再者，纳木依百姓中一直流传着"藏彝汉是三兄弟"的传说。据说盘古开天地时，人间发大洪水，人全被淹死了，剩下两兄妹躲在一个葫芦里活了下来。为了繁衍后代，哥哥提出与妹妹成为夫妻，但妹妹不同意。在哥哥再三请求下，妹妹提出各自从高山顶上丢下石磨的两半，若这两半合则同意，不合就不行，结果他俩丢下去的石磨真的合上了。但妹妹担心是哥哥

---

① 此内容引自笔者对访谈对象老鸦沟老李村长的谈话记录。访谈时间：2021 年 7 月 10 日上午，访谈地点：老李村长家里。

② 此内容引自笔者对访谈对象穆老爷的谈话记录。访谈时间：2020 年 8 月 10 日上午，访谈地点：穆老爷家院里。

使诈，就提出一人拿针、一人拿线站在"两山"头，如果线穿进针去，就同意做夫妻，结果哥哥又把线穿进去了。最终妹妹同意了，并与哥哥生下三个儿子，但这三个儿子都是不会说话的哑巴。然后他俩就跑去天上问王母娘娘咋回事，王母让他们把房屋后面一颗大竹子下的三个竹笋砍来烧了即可。于是他们就砍了那三个竹笋在火塘里面烧，第一根烧爆时会说话的是老大藏族，他就去火塘的上八位坐着；第二根烧爆时会说话的是老二彝族，他就在当地坐；第三根烧爆时开口说话的是老三汉族。这一兄弟传说，不仅与藏、彝、汉三大民族居住分布的自然地理环境相符，还反映了藏族与彝族、汉族之间关系较近，且这种关系持续时间久远。

从上述纳木依的族群记忆及传说可以看出，纳木依不仅有很强的藏族身份认同感，而且拥有深刻的"兄弟民族"认同感。这样的历史记忆不是空中楼阁，而是一代又一代纳木依人在不同时空场域中，根据自己的认知、经历及记忆不断传承总结下来的民族意识。由此，纳木依能很好地共享民族记忆、符号和文化价值系统，深刻理解我国的多元一体格局，构建中华民族共同体意识。

二、和而不同的现实民族互动

历史与现实是连续的整体。纳木依藏族与其他藏族支系及彝汉等其他民族共生格局形成于民族历史交往关系中，成为促进现实民族间交往互动的历史源动力，发挥着重要的潜在影响，形塑了多元一体的民族格局、民族意识和文化结构。新时代社会背景下的民族互动，在各民族寻求利益最大化和功能最优化的进程中，在政治、经济、文化层面相互勾连缠绕，在彼此的开放与相依中逐渐凝为一体。

（一）平等和谐的政治互动

我国宪法规定："中华人民共和国各民族一律平等。国家保障各少数民族的合法的权利和利益，维护和发展各民族的平等、团结、互助关系。禁止对任何民族的歧视和压迫，禁止破坏民族团结和制造民族分裂的行为。"民族平等是民族间政治互动的基础。民族平等作为一种公正性原则，它的实现可使各民族得到应有的权利和价值信念，并在一定程度上增强各民族的国家认同感。同时，民族平等也是一种树立"多元"文化的过程，它可让各民族发扬民族自身的传统和特征，让民族的独立自主意识达到最大限度。一位纳木依退休老校长坚定地认为，民族平等能促使一个单位、一个地方的各民族凝聚为一体，只要我们尊重各民族的文化习俗和社会地位，努力让各民族权利平等，加上国家认同和民族团结教育的加持，我们就可以创造平等和谐的政治关系。纳木依在与不同民族的社会生活和交往联系中，始终秉承同等地位、同样的权利和义务的态度，积极创造团结和谐的政治互动关系。调查中，年长一点的前辈经常讲道，"拥护党的领导，是我们进行民族政治关系的前提""同样是中国人，没有哪个民族有特权，也没有哪个民族低人一等……"这些朴实的话语反映了当下各族群众追求平等政治关系，及反对一切形式的民族压迫、民族歧视和民族特权的诉求。

我国中国特色的民族理论政策突出了传统文化中"和"的思想。"和"就是团结，把促进民族团结作为民族政策的主线，民族团结也就成为党和国家制定民族政策、处理民族关系的最基本的价值观。只有平等、团结的民族政策才能促进和谐的民族关系发展。

（二）互助互利的经济互动

经济互动是民族生存的第一需要，是最重要的民族交往。民族经济发展程度越高，民族交往需求就越多。发展经济是民族发展中最基本的内容，对于纳木依来说，族际间的经济互动也是最重要的民族关系之一。调查中，绝大多数的纳木依都认为自己能与任意民族在经济上进行来往，同时彝族、汉族及其他藏族支系都相信不分你我、消除族群边界的互动关系能更好地推动各自经济的发展。

随着市场经济的发展与国家各项经济扶持政策的落实，纳木依及周边民族都已形成以青壮年打工做生意为主、老弱妇女种地养殖为辅的经济生活方式。各民族的经济作物和农作物大多相似，以花椒、核桃、松子、野食菌类等为经济作物，以水稻、小麦、玉米、大豆、洋芋（马铃薯）为主要农作物。因此，纳木依与其他民族经济往来的内容无太大差别，主要以百姓间的日常买卖交往和生意人之间互利互惠的合作关系为主。

在生意合作方面，因属于影响较大的经济互动，纳木依在大多数情况下会首先考虑有亲属关系的藏族进行互动，此外就不会对其他民族有亲疏远近之分，而是完全从生意客观情况和合作者信誉出发进行选择性互动。例如：2017 年，姜哥（36 岁，男，纳木依藏族，冕宁沙坝镇居民）与友人到德昌一位汉族朋友家去玩，因品尝了汉族主人自家酿造的豆腐乳，感觉味道很好很独特，于是在 1 个月后联合身边 3 个同事（其中一个为彝族、一个为多续藏族、一个为回族）跑去当地对其制作手艺进行考察，几个月后谈好合作建了生产作坊，鼓励当地彝族、汉族村民加入，建立起了 30 多人的小作坊运作模式。一年后，他们又发掘出了当地独特的自然环境中孕育出的彝族民间传统酿酒技术，于是积极给当地彝族百姓引入投资者及现代先进工艺，成就了当地汉族、彝族的增收致富之路，促进了不同民族经济共同发展，同时也形成了不分你我、互助互利的民族经济关系。

（三）求同存异的文化互动

民族是在文化的发展中不断进步和发展的，民族间的文化互动是民族文化发展的重要部分。历史经验告诉我们，民族文化的真正发展，历来都是在保持本民族文化特点的基础上，吸收其他民族文化的优秀部分，从而在相互的交往和借鉴中实现发展的。在当今我国构建社会主义和谐社会的时代背景下，互借互用、"各美其美"的文化互动对推动民族关系的发展极为重要。纳木依与各民族因长期的交错杂居而关系密切，社会交往频繁，文化相互影响、交融，从而使各自的民族文化产生"求同存异"的普遍现象。无论在语言相互学习和借鉴方面，还是在民族风俗习惯方面都有明显的互借互用情况。

语言是一个民族文化的载体，使用不同语言的民族之间的相互接触和交流，必然会对彼此的观念和文化产生影响。而语言之间的借用情况，能够反映不同民族在各方面的交流态势和融合程度。由于长期与彝族、汉族及其他藏族支系之间杂居交往，1980 年以前出生的纳木依人基本都会纳木依话、彝语、汉语等三种以上语言；而 1990 年以后出生的纳木依青少年则基本以使用汉语为主，但会听一部分纳木依方言和彝语地脚话；仅有极少数年龄较长的纳木依老人妇女因交往的局限，只会讲纳木依话和彝语，而不会流利地说汉语。

民族风俗习惯是一个民族在衣、食、住、行、生产劳动、节庆、礼仪等方面的风尚习俗。在长期的文化交流互动中，纳木依的风俗习惯很多受到汉族与彝族文化的影响，发生了很多变化。

饮食方面，改革开放前，纳木依以洋芋（马铃薯）和苞谷面（玉米）为主食，菜是以牛羊肉为主并有自己的做法和规矩，而今均以大米为主食并开始搭配各种蔬菜，如今嫁娶、丧葬酒席中的菜品基本与汉族宴席菜品一致。

住房方面，纳木依的住房原是土木结构的一正一厢或一正二厢，堂屋上方左侧挖一火塘，为做饭、取暖、照明、待客的场所，如今大多住上了砖混或砖木结构的两、三层式"小洋楼"，屋里摆放的是现代家具和电器，仅有部分还保留了"神龛"的设计。彝族的住房也类似汉族人家的房屋，仅在堂屋的内部设计上还大多按照本民族习惯摆放物件。

服饰方面，纳木依传统服饰受彝族服饰影响较多，且藏族各支系间传统服饰差别很小，仅在特殊日子如婚丧嫁娶及节庆时才会着本族服装。而纳木依现在的日常衣着则深受汉族影响，几乎都穿现代便装服饰，就算是定亲等场合也是着现代便装。

在宗教信仰方面，纳木依人大部分还是相信鬼神的存在、有一定的封建迷信思想的，主要保持着对祖先、山神的民族信仰和本教信仰，但在实际生活中也认可喇嘛教、佛教及彝族的毕摩信仰。当然也有部分纳木依秉持无神论。

在节日方面，纳木依将其文化包容性展现得淋漓尽致，涵盖了彝族和汉族的所有主要节日。"火把节""春节""彝族年"成为纳木依人与各民族大联欢的节庆，反而"藏历年"基本没有什么仪式了。

民族文化的借鉴交流，加深了民族之间的文化了解与尊重，不仅促进了民族之间文化互动的广度和深度，更加强了民族文化心理的认同和民族之间的融合。纳木依人也在传承当地传统文化和发展自身文化的过程中，建立了"尊重差异，包容多样"的相互交融的文化体系，形成了互助互荣的和谐民族关系，铸牢了中华民族共同体意识。

三、结语

综上可见，纳木依在相对独立又兼具相邻的地理居住单元、共生共荣互相补益的"多民族"经济圈、"中国共产党的统一领导下"的政治理念的基础上，形成了兼容并蓄、多元共生的文化心理结构，构建了"我们都是一家人"的中华民族共同体意识。从历史客观角度上看，纳木依与各民族之间的历史交往与演进趋势，以及现实的政治、经济、文化关系走向，具有一定的必然性。但是从现代主观角度看，纳木依在传承本民族文化历史的同时，积极深刻地认识到了长期形成的民族之间的历史文化联系及一体性演进路径。诚如石硕教授所言，在民族走廊地区，我们要认识的不是民族之间的区隔与界线，而是各民族之间的联系，是各民族之间的经济文化交流。整体观之，纳木依在民族互动实践过程中展现了铸牢中华民族共同体意识的历史必然性和主观选择性。

乡村振兴战略视角下
民族文化传承困境与优化研究
——以内蒙古一个生态移民社区为例

张俊妍

摘要： 文化振兴是乡村振兴的灵魂，而民族文化的传承和发展是实施乡村振兴战略的主要载体。乡村振兴战略为民族文化传承和发展的优化路径提供了时代机遇，但是民族文化传承也面临着传承场域的变迁、主体间的传播困境和话语权的不对等等挑战。对此，作者进一步提出，通过构建多元的民族文化传承模式、调适民族文化传承的多元主体的关系、培育多元的民族文化传承和保护主体、丰富民族文化资本和再造民族文化传承场等优化路径来走出具有民族特色的乡村振兴之路。

关键词： 乡村振兴；民族文化传承场；民族文化传承

作者 张俊妍，中央民族大学民族学与社会学学院博士研究生（北京 100080）

2017 年 10 月，以习近平总书记为核心的党中央聚焦统领"三农工作"，首次在十九大报告中提出乡村振兴战略[①]。2018 年 1 月，中共中央、国务院印发《关于实施乡村振兴战略的意见》，提出繁荣兴盛农村文化，传承与发展农村优秀传统文化，在此基础上进行创新性的发展，丰富传统文化的表现形式，并支持少数民族文化和民间文化的传承和发展[②]。同年 3 月，习近平总书记在全国两会参加山东代表团审议时，提出了乡村振兴战略的"五个振兴"，即推动乡村产业振兴、乡村文化振兴、乡村人才振兴、乡村生态振兴和乡村组织振兴。同年 9 月，中共中央、国务院颁布《乡村

---

① 习近平：《决胜全面建设小康社会 夺取新时代中国特色社会主义伟大胜利——在中国共产党第十九次全国代表大会上的报告》，新华社，2017 年 10 月 27 日。
② 中共中央、国务院：《关于实施乡村振兴战略的意见》，新华社，2018 年 1 月 2 日。

振兴战略规划（2018—2022 年）》，其中第七篇对繁荣发展乡村文化做出具体指示：坚持以社会主义核心价值观为引领，以传承发展中华优秀传统文化为核心，保护利用乡村传统文化，支持少数民族文化、民间文化等传承发展。深入挖掘乡村特色文化符号，盘活地方和民族特色的文化资源，将民族文化元素融入乡村建设，形成具有民族特色的传统工艺产品，挖掘培养本土人才[①]。2021 年 3 月，中共中央、国务院发布了《关于实现巩固拓展脱贫攻坚成果同乡村振兴有效衔接的实施意见》，提出加快推进贫困地区的乡村文化振兴，完善东西部协作的结对关系，强化在文化行业的对口支援[②]。同年 8 月，习近平总书记在中央民族工作会议上强调："各民族优秀传统文化都是中华民族的组成部分，中华文化是主干，各民族文化是枝叶，根深干壮才能枝繁叶茂。"[③]乡村文化振兴离不开对民族文化资本的挖掘、传承和保护，也离不开传承主体的协作，更离不开民族文化传承场域的作用。民族文化传承场是文化主体彼此传递和交换文化信息的关系场域[④]，是保证民族文化得以传承的条件。

关于民族文化传承的研究，学者主要聚焦在两个方面：一是单独探讨文化传承的场域，分为家庭、学校、社区等具体场域[⑤]和节日庆典[⑥]、宗教仪式[⑦]、小说歌[⑧]等场域，探讨其对民族文化传承的意义，从而缔造多元的文化传承场域；二是在学理上探讨文化传承机制[⑨]、民族文化传承主体[⑩]、文化传承方式[⑪]等。乡村振兴战略为民族文化的传承和发展提供了契机，但现代化和城镇化的发展对民族文化产生冲击，使得民族文化传承面临着困境和挑战。因此探讨民族文化传承的优化路径尤其重要。

① 中共中央、国务院：《乡村振兴战略规划（2018—2022 年）》，新华社，2018 年 9 月 26 日。
② 中共中央、国务院：《关于实现巩固拓展脱贫攻坚成果同乡村振兴有效衔接的实施意见》，《人民日报》，2021 年 3 月 23 日第 1 版。
③ 习近平：《以铸牢中华民族共同体意识为主线　推动新时代党的民族工作高质量发展》，《人民日报》，2021 年 8 月 29 日第 1 版。
④ 倪梦：《少数民族文化场域的消解与建构》，《湖北民族学院学报（哲学社会科学版）》，2013 年第 3 期。
⑤ 晏鲤波：《少数民族文化传承综论》，《思想战线》，2007 年第 3 期。
⑥ 孙亚娟：《少数民族文化传承场域的变迁与重构》，《教育文化论坛》，2012 年第 2 期。
⑦ 晏鲤波：《少数民族文化传承综论》，《思想战线》，2007 年第 3 期。
⑧ 李益长：《乡村振兴语境下民族文化传承场域的续构与生成——以畲族小说歌为例》，《湖北民族学院学报（哲学社会科学版）》，2019 年第 5 期。
⑨ 姚艳：《文化传承的困境——阿细跳月的个案研究》，《贵州民族学院学报（哲学社会科学版）》，2006 年第 1 期。
⑩ 安学斌：《民族文化传承人的历史价值与当代生境》，《云南民族大学学报（哲学社会科学版）》，2007 年第 6 期。
⑪ 索晓霞：《贵州少数民族文化传承方式初探》，《贵州社会科学》，1998 年第 2 期。

一、乡村振兴与民族文化的互动逻辑

（一）乡村振兴有利于丰富民族文化资本

文化资本是由布迪厄提出的重要概念，他并未对文化资本进行边界清晰的定义，而是对文化资本的储存方式进行分类，将其分为具身化的文化资本、物质化的文化资本和制度化的文化资本[①]。应该将对于文化资本理论的理解置于布迪厄的实践领域中进行探讨，实践中的文化资本必然会受到特定场域和实践主体惯习的影响。

民族文化是乡村振兴的内驱动力，而乡村振兴战略为民族文化发展提供了时代机遇。首先，民族文化具有多样性的特点，其具有独到的社会价值和经济价值。乡村振兴战略为民族地区投入大量的人力、财力、物力和政策支持，有利于推动民族地区一、二、三产业的融合发展，也可以改善人们的物质生活和精神生活。其次，中国的现代化目标是构建一个新的文明秩序。它不只是拥抱，也应该是批判西方启蒙的价值。同时它不只是中国旧的传统文明秩序的解构，也应该是重构[②]。因此民族文化是一个民族的根基，其中有许多优秀的成分需加以重视。以蒙古族文化为例，其蒙医蒙药和民族工艺文化、信仰文化等都是乡村文化振兴内生的本土资源。乡村振兴战略注重少数民族人才的培养和少数语言的发展等，有利于积累具身化文化资本；乡村振兴战略有利于物质化文化资本数量和形式的多样性，如乡村振兴战略在承继的基础上深挖和开发民族文化，将少数民族文化资源与产业联结，并结合时代要求进行创造性发展；乡村振兴通过正式的法律法规等制度化文化资本给予少数民族政策上的鼓励和支持。

（二）乡村振兴有利于联结民族文化传承的主体

乡村人才振兴是乡村振兴中的重要组成部分，调动一切力量，聚天下英才而用之。乡村振兴中对于人才的保障政策，优化了民族地区的环境，为防止人才流失、留住人才提供了基础，也为经济、政治、生态、文化和社会的发展创造了有利条件，更为民族文化传承和发展提供了保障。民族文化和民族共同体的延续和维持离不开少数民族群体，要利用学校、家庭和社会等场域和传统节日、习俗、仪式和宗教信仰等神圣空间，使少数民族逐渐适应本民族文化，使更深层的传统文化流入继承者的心田，从而增强少数民族对本民族文化的自豪感和认同感，彰显一种强烈的民族

---

① 薛晓源、曹荣湘：《全球化与文化资本》，北京：社会科学文献出版社，2005 年。
② 金耀基：《论中国的"现代化"与"现代性"——中国现代的文明秩序的建构》，《北京大学学报（哲学社会科学版）》，1996 年第 1 期。

文化自信心。同时，还有利于实现民族文化的延续和个体的文化化与社会化。因此，乡村振兴战略有利于维护和再造民族文化传承场，充分利用民族文化传承场的优势培养内生性人才，让牧民、企业、政府、社区等利益相关者看到民族文化的潜力，联结多元的传承主体共同来推进乡村的全面振兴。

（三）乡村振兴有利于传承和发展民族文化

我国作为一个典型的多民族国家，各个民族都有其独特的生活和生产的场域，形成了"多元一体"的民族文化。"多元"是指中华民族命运共同体内的文化多元，包括动植物、气候地貌、地方性知识、生产生活和宗教习俗的多元化。而"一体"是指各个民族所共同构成的文化共同体。乡村振兴战略在理论上重视民族文化的振兴，在实践上通过推动东部地区对西部地区在文化产业上的对口支援、保护少数民族语言等具体策略支持少数民族文化的传承和发展。唯有深刻地认识到民族文化的重要性，才能由衷地对优秀的民族文化加以保护，使其成为产业振兴的重要资源要素，进而推动民族文化的发展。

总之，乡村振兴为民族文化的传承和发展提供了时代机遇，而民族文化是乡村振兴的内在驱动力，二者是一种良性的互动逻辑。在乡村振兴战略的视角下，民族文化具有重要的作用，但是运用民族文化推动乡村振兴是一个复杂且艰巨的过程，这就需要对民族文化和其所依托的传承场所面临的困境进行客观的审视。

二、民族文化传承面临的困境

随着现代化和城镇化进程的加快，以游牧文化为传统的牧区面临着生计、生态环境保护、文化传承等多重困境。民族传统文化在主观和客观的作用力下逐渐式微，其赖以生存的文化环境的变化会影响到民族文化的传承和发展。"场域"是布迪厄从事社会学研究的一个非常重要的分析单位，对场域的思考就是从关系角度进行思考，场域是在各种位置之间存在的客观关系的网络[1]，不单单指物理环境，还包括他人行为及与之相连的诸多因素。场域是以各种社会关系联结起来的表现形式多样的社会领域，在场域中有多元主体、机构、制度和规则等因素的存在[2]，场域的本质是这些构成要素之间的关系。因此，民族文化传承所面临的困境，不仅仅包括民族文化所依托的传承场域在空间上的变迁，还包括主体间的传播困境和话语权的不对等等。

---

① [法]皮埃尔·布迪厄、[美]华康德：《实践与反思——反思社会学导引》，李猛、李康译，北京：中央编译出版社，1998年。
② 刘少杰：《后现代西方社会学理论》（第二版），北京：北京大学出版社，2014年。

（一）民族文化传承所依托场域的变迁

1. 从牧区到奶牛村：生存空间的变迁

Y 嘎查建立于 1953 年，原址位于内蒙古锡林郭勒盟 [①] 南部的 Z 旗内。世界文化遗址元上都坐落于 Z 旗，这里是蒙元文化的发祥地，被称作"查干伊德文化之乡"。由于生态环境脆弱加之人口活动等原因，草场破坏严重。2003 年，内蒙古自治区开始实施生态移民和异地扶贫试点工程，Y 嘎查被列入其中，同年 11 月底实施整体搬迁，现址迁至距旗政府所在地北约 4 千米处，建立了新的移民村，为牧民建造了住房、棚圈、配种站、奶站等生产生活的基础设施，使其可以集中从事奶牛养殖业。

传统文化是特定社会和自然条件的产物，特定环境是传统文化生成和保持的土壤 [②]。生态移民工程实施以来，Y 嘎查的生存空间发生了较大变化。旧址距离旗政府和城镇较远，大约 40 千米，而现址距离市区的位置缩短至 4 千米左右。虽然便利了牧民的生活，但民族文化却面临着传承和发展的困境。在产业空心化的 Y 嘎查，人们更倾向于去经济相对发达、具有更多就业就会、提供更好教育资源的旗里去发展，Y 嘎查出现人口空心化的状况，只有牧区老年人留守在 Y 嘎查中，导致文化受众群体空白，出现文化空心化，严重影响到了民族文化的延续。

2. 生计方式变迁导致民族文化淡化

自古以来，蒙古族根据季节、水草、地形及其牲畜种类等不同因素，灵活地调整经营方式。20 世纪 50—60 年代，蒙古族有四季牧场，分为春、夏、秋、冬四个营盘，根据季节和草场生长的情况进行游牧，这样一年四季有规律的移动可以保证草原的生态不被破坏，同时也维系了他们自己的生存。Y 嘎查于 1983 年开始实施草畜双承包制，将牲畜划分为牧民所有。1985 年对草场进行粗略地划分，将草场划分至浩特，然后在浩特中划分各家大概的方位和面积，牧民的牲畜开始只能在自家的草场上进行觅食。Y 嘎查开始从原来的季节移动、"逐水草而居"的游牧方式变为定居放牧。直到 2000 年实行了精准划分，人均约 230 亩的草场被划分到牧民手里，从此牧民开始在各自的草场拉起网围栏，从不被限制的游牧生活转变为网围栏内的定居放牧。

与此同时，全国牧区开始面向市场，畜产品开始通过市场进行交换，不再是被国家征购。在牧业经营的个体化和市场观念不断强化的内力、外力双重的推拉效应下，自给自足的牧业被卷入市场中。传统的生计方式是利用和保护并存，根据草场来调整畜群的结构，而在自负盈亏、独担风险的家庭经营中，牧民开始倾向于根据

---

① 盟，是中国行政区划之一，行政地位与地级市相同。
② 王希恩：《论中国少数民族传统文化现状及其走向》，《民族研究》，2000 年第 6 期。

市场而不是草场来调整畜群结构。牧民通过扩大畜群规模，以达到短期内增加家庭收入的目的，与之相随的就是草场开始沙化。

生态移民后，牧民开始从事奶牛养殖业，现代技术也开始嵌入传统的牧业生产中，牧民不得不关注现代技术，如打草机、搂草机、自动吸奶机等。受到牧民养殖技术和市场的不稳定等因素的影响，Y 嘎查的奶产品销售陷入卖奶难的困境。直到2008 年后，牧民开始陆续卖出奶牛，选择多样化的生计方式。

游牧文化是以游牧作为载体的，没有流动的游牧，也就失去了游牧文化存在的根基，其消亡是不可避免的[①]。在生态移民前，在草原这个特定的自然环境中，世世代代逐水草而居的人们共同创造的文化是草原生态环境与人们相互作用的结果[②]。其既具有地域文化的特点，同时又蕴含着牧民特定的生产生活方式、宗教信仰、风俗习惯等文化事项。然而因场域、生产生活方式等的改变，草原上世世代代传承的游牧文化逐渐淡化。

（二）民族文化传承中主体间的传播困境

民族文化传承场不是仅包括场地、空间，而是通过精神文化、特定的时间和空间与传承主体形成的三位一体的中介实体[③]。传承民族文化的家庭、社区和学校场域受到多重因素的影响而出现了民族文化传承的困境，主要体现在以下几个方面：一方面是传受主体的代际断层，民族文化传承是以人为中心进行文化传播的，而口承叙事的传播方式是基于年龄和辈分之间信息交流的过程，传承的主体既是文化记忆的继承者又是传播者，只有传承主体持续存在，传播信息的完整性才能够得到保证，传播过程的链条才不会中断。然而随着传承主体年龄层次的变化，年纪越小、距离游牧文化所处时代越远，对文化记忆越淡化，导致民族文化的代际传承出现断层。另一方面是利益相关者传播意愿的限制。民族文化传承的过程中涉及很多利益相关者[④]，即对儿童传承民族文化产生影响的人。家长为了让孩子获得更好的教育而将孩子带入城镇学校就读，致使儿童离开民族文化的传承环境，民族文化传承的家庭场域逐渐弱化。而学校由于教学安排过于紧密，传承民族文化的内容较少与课程进行整合。家长、学校、社会以升学率和教学任务等内容衡量老师的能力，而且蒙古族的传统游戏具有运动性强的特点，许多学校考虑到学生的健康、安全等因素，很难

① 葛根高娃：《关于内蒙古牧区生态移民政策的探讨——以锡林郭勒盟苏尼特右旗生态移民为例》，《学习与探索》，2006 年第 3 期。
② 吴团英：《草原文化与游牧文化》，《内蒙古社会科学（汉文版）》，2006 年第 5 期。
③ 和晓蓉、和继全、顾霞：《民族非物质文化传承场及其维护与再造》，《思想战线》，2009 年第 1 期。
④ [美] 弗里曼等：《利益相关者理论现状与展望》，盛亚、李靖华译，北京：知识产权出版社，2013 年。

去开展有关民族文化的教育和文娱的活动。

（三）民族文化传承中话语权的不对等

民族文化传承场是为了传承和发展民族文化，更是为了推动文化多样性的发展而构建的传承空间。长期以来，由于各民族之间、城乡之间存在文化资本不平衡的现象，导致民族文化话语权不对等。首先，少数民族内部对优秀的民族文化的价值认识不清楚，尚未完全认识到少数民族文化的经济、社会和文化价值。抑或乡村盲目追求经济、文化、社会的发展，追求短期的经济效益，努力适应现代化社会的要求，进而过度开发少数民族文化，导致生态环境的破坏，致使少数民族文化逐渐式微。其次，民族文化的表达总是以学院派的方式存在，讲求程序化、规范化，而忽视少数民族传统文化的复杂性、原始性和多样性。民族文化被主流话语、外来者表达出来，缺少民族文化内部的记忆和风韵。如民族舞蹈在一定程度上可以体现少数民族独特的生产生活环境和方式等，非本民族的舞蹈工作者可以迅速掌握民族舞蹈的动作、技巧和程序，但是本民族成员更能表达出该民族舞蹈的风格、特质和内涵，没有那些规范化的动作和技巧，而是像平时在传承场里那样未经修饰地歌唱和舞蹈。最后，在现代化和城镇化的发展过程中，城乡二元化的现象一直存在，城乡资源配置不均衡，导致民族地区的人才流失，进一步拉大了城乡之间的差距。

三、民族文化传承的优化路径

（一）构建多元的民族文化传承模式

乡村振兴战略视角下，原有的以家庭和学校为主的教育模式已经不能够满足现代化民族文化传承的现实需要，需要构建多元化的民族文化传承模式。首先，需注重保护和利用民族的传统文化元素。少数民族具有独特的自然环境、生产生活方式、风俗习惯、村落格局等民族文化资源，应该对其文化内涵、历史变迁等内容加以认识，注重其在推动乡村全面振兴中的作用。因此民族文化要素的保护和继承是创新民族文化传承模式中的关键环节。要在承认地方发展模式多样化的基础上，深入发掘其文化资本，对民族优秀的文化要素加以组合，使其成为乡村振兴的优势和有利条件。其次，保护自然生态，注重生态文化资源的利用和保护。乡村振兴战略重视生态文明的发展，优秀的民族文化资源植根于生态环境中。少数民族具有独特的生态文化资源、传承场、生态智慧和生态景观。要正确认识到生态文化资源的可持续性特点，这些生态文化资源不仅仅是中华民族优秀传统文化的物质载体，同时也是乡村振兴的文化资源。最后，构建乡村振兴与城乡融合发展的互促互进模式。乡村振兴需要城乡资源要素的互通，而城乡融合发展离不开乡村振兴的支持。如脱贫攻坚时期，国家给予乡村大量的帮扶工作，但是农产品的生产加工方式落后、产品附加值较低，因此应利用民族特色的文化资源，推动城乡产业的融合，纵向延长产业链和提升产品附加值，带动农村地区经济发展和文化进步。

（二）调适民族文化传承的多元主体的关系

乡村振兴战略视角下，民族文化传承的主体具有多元化和复合化的特点，是一个由决策主体、利益主体和行为主体相互作用的整体[①]，三个主体之间既有共同的利益需求，又有差异化的需求。首先，在此过程中决策主体是指对民族文化的传承和发展进行顶层设计的主体，即政府和相关部门。其通过诸多保护和发展少数民族文化的法律法规等正式制度，为民族文化传承和发展的实践提供指导。决策主体通过对制度化文化资源的制定和完善，有利于进一步促进少数民族群体对本民族文化的认同和民族文化产业的发展。其次，利益主体是在政治、经济、文化、生态、旅游等产业上参与的相关利益者，其需求主要表现为追求自身利益与民族文化传承和发展的一致性。若利益主体仅追求短期利益必然会忽视民族文化的可持续性，导致自身利益的追求与民族文化的传承之间产生冲突。最后，行为主体是民族文化传承和保护的实践者。传承者本身就是具身化文化资本的载体，在民族文化的传承和发展中发挥着不可替代的作用。行为主体是民族文化传承和发展的关键要素，应增强他们对本民族文化的认同和自信。因此，乡村振兴战略视角下需站在不同主体的需求和角度，调适民族文化传承的多元主体之间的关系，使他们积极合力推动乡村的全面振兴。

（三）培育多元的民族文化传承和保护主体

乡村振兴战略视角下，人才是关键。挖掘和培养民族文化传承与保护的特殊人才是民族文化传承和发展的关键，更是乡村人才振兴的关键。如蒙古族具有丰富的文化资源，包括具有民族特色的传统奶制品制作工艺、蒙古医药学、居住习俗、服饰文化、生态智慧等。掌握这些优秀民族文化的就是一批民族文化艺人、手工业者、传承者，但是目前从事民族文化传承的主力军是老人和妇女，他们普遍文化素质不高、个人力量单薄，难以担起民族文化传承和发展的任务，需要外在力量的支持。

乡村振兴战略为民族文化的传承和发展提供了人才保障政策，但是还是需要家

---

① 袁凤琴、刘柯兰、罗露：《乡村振兴背景下民族文化传承场域重构研究》，《贵州民族研究》，2021 年第 4 期。

庭、学校、社区等传承场的联合作用。在家庭层面，注重在日常生活中的潜移默化，强化代际传承机制。如利用民族地区的生产生活用具，帮助传承者理解传统传承场中人们的生产生活方式，发挥老年人的余热，听他们讲述传说，学唱民族歌曲和学习传统的手工技艺。在学校层面，开发关于民族文化的课程，注重培养具有文化创新能力的主体。如在学校开展课程教育的过程中，除了完成国家规定的课程之外，应当考虑少数民族学生的文化背景，将民族传统文化与各课程领域相结合。民族文化教育不应局限于民族文化资源的简单的、单向的传递，应该重视文化传承主体的创新性对民族文化的传承和发展的作用。

（四）丰富民族文化资本和再造民族文化传承场

在乡村振兴战略的视角下，在借鉴吸收外来优秀文化的基础上，要大力发掘内生民族文化资本，突出内生民族文化资本在乡村振兴中的重要作用。一方面，丰富民族文化资本。在开展民族文化资源的挖掘和整理工作中，系统地开发民族文化资源。如成立口述史小组，收集民族文化的口述资料，编写民族文化教材、科普读本等相关的书籍，丰富物质化文化资源。通过此行动提升文化自信，推动民族文化走向全国和走向世界。同时让民族文化以影像、纪录片等生动化的形式呈现出来，使民族文化知识成为可感知、可触碰的文化景观，以一种"活态化"的方式存在。另一方面，再造民族文化传承场。打造优质的具有民族特色的展演室，使之成为传播民族文化、开展民族文化教育的重要基地。民族文化展演室作为展示民族历史文化的缩影，承载着人民对传统民族文化传承场的集体记忆，成为他们的精神家园。同时要利用民族文化展演室的优势，将家庭、学校与社区等场域有效结合，将科普教育与学校教育有效链接，从思想到行动上协调统一，这是民族文化传承和发展不可或缺的路径，也是推动旅游业、文化创意产业多功能发展的文化阵地和展演舞台。

从共富到共识：铸牢中华民族共同体意识的路径

崔景芳　任维德

摘要： 共同富裕是社会主义的本质要求，是中国式现代化的重要特征，铸牢中华民族共同体意识是新时代党的民族工作的主线和根本遵循。二者体现了中国特色社会主义制度的巨大优越性和蓬勃生命力，展现了中国政党制度的强凝聚力、超稳定性和治理柔韧性，具有理论、现实、历史三重维度上的内在逻辑及作用机理。共同富裕背景下西部民众铸牢中华民族共同体意识的实践路径在于：一是以高质量发展夯实铸牢中华民族共同体意识的物质保证，奠定共享基础；二是以基本公共服务均等化彰显铸牢中华民族共同体意识的公正价值，凝聚认同共识；三是推进精准扶贫与乡村振兴有效衔接，补齐铸牢中华民族共同体意识的民生短板，拓展共治实践。最终构建西部地区"共享—共识—共治"的治理架构，进一步铸牢中华民族共同体意识。

关键词： 共同富裕；西部民众；中华民族共同体意识

作者　崔景芳，内蒙古大学民族学与社会学学院博士研究生；任维德，内蒙古大学公共管理学院教授（呼和浩特　010021）

一、问题的提出

习近平总书记在中央民族工作会议上强调，把推动各民族为全面建设社会主义现代化国家共同奋斗作为新时代党的民族工作的重要任务，促进各民族紧跟时代步伐，共同团结奋斗、共同繁荣发展[①]。"共同团结奋斗"就是要准确把握我国是统一的

※ 本文为国家社会科学基金项目"基本公共服务均等化与增强西部边疆民族地区民众政治认同联动研究"（19BZZ009）阶段性成果。本文发表于《北方民族大学学报》，2022年第3期，被人大报刊复印资料《民族问题研究》（2022年第7期）全文转载。

① 习近平：《以铸牢中华民族共同体意识为主线　推动新时代党的民族工作高质量发展》，《人民日报》，2021年8月29日第1版。

多民族国家的基本国情，把维护国家统一和民族团结作为 56 个民族的最高利益，铸牢中华民族共同体意识；"共同繁荣发展"就是要发展社会生产力、释放社会创造力，实现物质文明与精神文明的共同富裕。从全面建成小康社会到基本实现现代化，再到全面建成社会主义现代化强国，共同富裕既是价值趋向、目标追求，亦是实践进路、逻辑方位。

近年来，党和国家制定实施的多项优惠政策措施，有力促进了西部地区[①]经济社会发展和生态文明建设。特别是党的十八大以来，通过精准扶贫战略历史性地解决了绝对贫困问题；通过落实教育、医疗、住房等民生保障普惠性政策，初步解决了西部地区民众学有所教、病有所医、住有所居等急迫的现实问题，增强了各族群众的获得感、幸福感、安全感。与此同时，发展不平衡不充分的问题在城乡差距、生态环保、社会民生、基层治理等方面依然较为突出[②]，严重影响着我国西部地区高质量发展和实现共同富裕。

共同富裕是涵盖地区经济状况与发展水平、城乡居民收入以及基本公共服务供给水平等多种衡量指标的复合型范畴，既包含所有区域，也覆盖全体人民。相较而言，西部地区与东部地区[③]在共同富裕指标上存在较大差距。在地区经济发展水平方面，2000—2020 年，东部地区生产总值占 GDP 比例的均值为 54%，西部地区生产总值占 GDP 比例的均值为 10%，不及东部地区的 1/5。在城乡居民收入方面，2000 年，东部地区城镇居民人均可支配收入为 8 099.09 元，农村居民人均可支配收入为 3 587.74 元，人均可支配收入城乡比为 2.26；西部地区城镇居民人均可支配收入为 5 695.48 元，农村居民人均可支配收入为 1 614.90 元，人均可支配收入城乡比为 3.53。2020 年，东部地区城镇居民人均可支配收入为 53 102.46 元，农村居民人均可支配收入为 23 937.93 元，人均可支配收入城乡比为 2.22；西部地区城镇居民人均可支配收入为 37 253.54 元，农村居民人均可支配收入为 13 844.05 元，人均可支配收入城乡比为 2.69。经过 20 多年的发展，西部地区居民人均可支配收入与东部地区差距逐渐缩小，但在城乡居民人均可支配收入的绝对值和相对值上与东部地区差距依旧明显。在基本公共服务供给水平方面，2020 年，东部地区和西部地区人均教育支出分别为 2 762.02 元和 2 736.38 元，人均文化体育与传媒支出分别为 332.92 元和 304 元，人均城乡社区服务支出分别为 1 730.02 元和 1 060.29 元，老年人每千人养老床位数分别为 31.39 个和 27.78 个，人均公共图书馆藏量分别为 1.29 册和 0.72 册，

① 本文中西部地区指内蒙古、宁夏、青海、新疆、西藏、贵州、云南、广西 8 个省区。
② 习近平：《正确认识和把握中长期经济社会发展重大问题》，《求是》，2021 年第 2 期。
③ 本文中东部地区指北京、天津、河北、上海、江苏、浙江、福建、山东、广东、海南 10 个省市。

初中专任教师具有研究生学历者所占比例分别为 5.29% 和 1.84%，每万人全科医生数分别为 3.56 人和 2.30 人，执业（助理）医师占卫生技术人员比例分别为 39.89% 和 35.20%①。在基本公共服务供给水平上，西部地区与东部地区相比，既存在供给财力、物力、人力的数量差距，更存在质量差距。

西部地区与东部地区在经济社会发展、基本公共服务和社会保障以及城乡居民收入方面的差距，影响着更高质量和更高层次铸牢中华民族共同体意识的实际成效。因而，本文以西部地区为考察区域，探讨共同富裕与西部地区民众铸牢中华民族共同体意识之间的内在逻辑关系和相互作用机理，明析以共同富裕铸牢中华民族共同体意识的实现路径，意义重大。

目前，学术界对共同富裕的研究主要集中于通过收入分配制度改革②、健全社会保障体系③、建立相对贫困治理机制④、增强公共服务均等化可及性⑤、促进社会公平正义以实现共同富裕等方面，也有学者将共同富裕与政策议程⑥、全面小康⑦、乡村振兴⑧、现代化建设⑨等进行关联研究。对铸牢中华民族共同体意识的研究主要聚焦三个方面：一是研究体系构建，探寻其现实基础⑩、思想内容⑪、价值意义⑫；二是研究实践路径，主张通过增强国民意识⑬、完善地方立法⑭、加快边境建设发展⑮等路径实

---

① 以上数据根据《中国统计年鉴 2021》《中国社会统计年鉴 2020》《中国卫生健康统计年鉴 2021》综合测算得出。

② 林毅夫、陈斌开：《发展战略、产业结构与收入分配》，《经济学》，2013 年第 4 期。

③ 蒋永穆、谢强：《扎实推动共同富裕：逻辑理路与实现路径》，《经济纵横》，2021 年第 4 期。

④ 罗必良、洪炜杰、耿鹏鹏、郑沃林：《赋权、强能、包容：在相对贫困治理中增进农民幸福感》，《管理世界》，2021 年第 10 期。

⑤ 姜晓萍、康健：《实现程度：基本公共服务均等化评价的新视角与指标构建》，《中国行政管理》，2020 年第 10 期。

⑥ 郁建兴、任杰：《共同富裕的理论内涵与政策议程》，《政治学研究》，2021 年第 3 期。

⑦ 贾康：《共同富裕与全面小康：考察及前瞻》，《学习与探索》，2020 年第 4 期。

⑧ 李实、陈基平、滕阳川：《共同富裕路上的乡村振兴：问题、挑战与建议》，《兰州大学学报（社会科学版）》，2021 年第 3 期。

⑨ 李军鹏：《共同富裕：概念辨析、百年探索与现代化目标》，《改革》，2021 年第 10 期。

⑩ 李静：《铸牢中华民族共同体意识的历史与现实基础》，《西北民族大学学报（哲学社会科学版）》，2021 年第 1 期。

⑪ 青觉：《理解铸牢中华民族共同体意识的基本思路》，《中国民族报》，2020 年 8 月 25 日第 5 版。

⑫ 王延中：《铸牢中华民族共同体意识建设中华民族共同体》，《民族研究》，2018 年第 1 期。

⑬ 周平：《铸牢中华民族共同体意识的双重进路》，《学术界》，2020 年第 8 期。

⑭ 宋才发：《铸牢中华民族共同体意识的法治内涵及路径研究》，《广西民族研究》，2021 年第 4 期。

⑮ 徐黎丽、赵海军、马曼丽：《铸牢陆地边境民众中华民族共同体意识初探》，《北方民族大学学报》，2021 年第 1 期。

现；三是研究意识培育，通过发展民族教育①、增进民族交往交融②、强化心理认同来进行③。

习近平总书记指出："解决发展不平衡不充分问题、缩小城乡区域发展差距、实现人的全面发展和全体人民共同富裕仍然任重道远。"④ 在实现共同富裕的过程中，经济社会的发展并不会自然而然地增进民族团结、推动国家社会稳定，也不会必然地铸牢中华民族共同体意识。因而，要坚持推进西部地区民众共同富裕与铸牢中华民族共同体意识同向发力、同频共振，以"共富"为"共识"夯实物质基础，以"共识"为"共富"强化精神引领，最终构建"共治"的现代治理架构。

二、以共同富裕铸牢中华民族共同体意识的逻辑机理

共同富裕作为社会主义的本质要求，铸牢中华民族共同体意识作为新时代党的民族工作的主线，二者统一于中国特色社会主义道路的内涵要求，体现了社会主义制度的巨大优越性和蓬勃生命力，展现了中国政党制度的凝聚力、超稳定性和治理柔韧性。本文从理论、现实和历史三重维度厘清二者的内在逻辑关系，探讨相互作用机理。

（一）理论逻辑：价值统一与互动共生

共同富裕理论源于马克思主义基本理论，体现了马克思主义的不断中国化；铸牢中华民族共同体意识是中国共产党新时代民族理论的重大原创性成果，二者在理论基础、价值取向、制度保障、实现方式上均体现出鲜明的社会主义特色，具有统一、交互的作用机理。

第一，二者在理论价值上具有高度的统一性、同源性。一是在理论来源上深度耦合。马克思主义理论揭示的"人类从贫穷走向共同富裕的最一般基础和前提，即社会物质生产力的不断发展"⑤，从根本上奠定了马克思主义关于共同富裕的理论基础。铸牢中华民族共同体意识作为马克思主义民族理论与中国实际相结合的最新成果，与马克思主义解决民族问题、推动民族平等繁荣发展的思路同根同源。二者统一于马克思

---

① 钱民辉、陈婷丽：《民族教育理论范式与中华民族共同体意识的话语建构》，《贵州民族研究》，2021 年第 5 期。
② 纳日碧力戈、凯沙尔·夏木西：《试论中华民族共同体意识的交互性》，《中央民族大学学报（哲学社会科学版）》，2021 年第 4 期。
③ 李静：《中华民族共同体意识结构的心理学分析》，《民族研究》，2021 年第 5 期。
④ 习近平：《在全国脱贫攻坚总结表彰大会上的讲话》，《人民日报》，2021 年 2 月 26 日第 2 版。
⑤ 邱海平：《共同富裕的科学内涵与实现途径》，《政治经济学评论》，2016 年第 4 期。

主义理论的本质内涵。二是在理论实践上相互作用。共同富裕由毛泽东提出，后经邓小平、江泽民、胡锦涛、习近平等历代党和国家领导人对该理论的丰富、完善、创新和发展，形成了中国特色的共同富裕理论和重大实践成果。铸牢中华民族共同体意识作为习近平新时代中国特色社会主义思想的重要组成部分，亦是中国特色社会主义理论体系的重要构成内容，二者统一于中国特色社会主义理论体系的实践要求。三是在发展目标上殊途同归。"贫穷不是社会主义"，共同富裕的实质是实现"现代化路上一个都不能少"。铸牢中华民族共同体意识，要将物质保障、成果共享转化为增进民族团结、维护国家统一的精神力量，更好地保障个体的生存和发展权益，实现各族群众利益的最大满足，二者统一于以人民为中心的发展思想的合理内核。

第二，二者在理论实践上具有强烈的互动性、共生性。关于二者的互动性，马克思指出："理论一经掌握群众，也会变成物质力量。"[①]但物质力量并不能必然上升为精神力量，二者也不是此消彼长的关系。"物质富裕""精神富足"作为共同富裕的重要表征，是包含铸牢中华民族共同体意识在内的精神富裕，不是简单的物质堆叠供给，要通过互促互动，解决好发展不平衡不充分的矛盾；通过有效的教育引导解决好西部民众的思想和情感认同问题，在改善民生中凝聚各族群众心系祖国、一心向党的精神共识。关于二者的共生性，新时代共同富裕理论承担着丰富精神生活、实现精神富足的历史使命，在潜移默化中推动各族群众的思想观念、精神情趣、生活方式等彻底地向现代化迈进，这本身即是铸牢中华民族共同体意识的实践要求。二者存在精神意识的交叉，兼有使命内化的重合，服从并服务于"五位一体"总体布局和"四个全面"战略布局，体现了"五个必由之路"的深邃意蕴，在实践中发挥着共生共促、相辅相成的积极作用。

（二）现实逻辑：协调发展与守正创新

"在共同富裕道路上我国面临的挑战和出现的问题是发展中的问题，是在全体人民生活水平都有大幅提高的基础上出现的差距拉大的问题。"[②]有效解决区域、城乡、群体等诸多发展不平衡的问题，逐步实现共同富裕，须坚持协调发展与守正创新相辅相成。

第一，二者的协调发展具有守正功能。铸牢中华民族共同体意识是在坚持中国特色解决民族问题正确道路、总结民族工作客观规律基础上而提出的，旨在解决民族

---

① [德] 马克思、恩格斯：《马克思恩格斯选集》（第 1 卷），中共中央马克思恩格斯列宁斯大林著作编译局编译，北京：人民出版社，2012 年，第 9 页。

② 逢锦聚：《中国共产党带领人民为共同富裕百年奋斗的理论与实践》，《经济学动态》，2021 年第 5 期。

工作中出现的一些不匹配、不适应的新情况，推动中华民族成为认同度更高、凝聚力更强的命运共同体。西部地区立足资源禀赋、发展条件、比较优势等，构建新发展格局，找准实现高质量发展、促进共同富裕的文明发展道路，既是立于大道、坚守正道，坚持中国特色社会主义正确道路、展现强大道路自信的题中之义，亦是因地制宜、创新发展，推动族际政治整合、巩固和发展新型民族关系的必由之路，对西部地区加快社会主义现代化进程、实现民族工作高质量发展至关重要。

第二，二者的协调发展深化包容互促。西部地区在"五位一体"总体布局中的定位与东部和中部地区具有明显差别，巩固民族团结大局、维护西部地区政治安全和生态安全是其重要目标。基于此，西部地区民众铸牢中华民族共同体意识，既要正确处理共同性和差异性的辩证关系，通过推进高质量发展解决好共同性问题，又要防止过分强调差异性和特殊性，防范狭隘的民族意识，解决好"利益满足越好、离心倾向越强"的实际问题。其实质就是推进物质文明与精神文明协调发展，以共同富裕逐步缩小城乡、区域、群体差距，使发展不平衡的问题最终在发展中得以解决；以铸牢中华民族共同体意识培育国民意识，增强中华民族凝聚力，汇聚精神力量。二者与"你中有我、我中有你"的民族互嵌格局基本一致，存在实质内容的相互交织、实现形式的相互统一、融合发展的相互印证。

第三，二者的协调发展助推创新实践。西部地区推进共同富裕、实现全面现代化的基础在"全面"，核心在内驱动力。创新对口支援帮扶形式，加快相关政策的同步调整调适，建构"共建促共享、共享促共识"的利益普惠和纾解引导机制，积极发挥西部地区民众的主观能动性和积极创造性，激发其内生动力，在守正创新中实现更有质量的发展、更有高度的认同，这本身即是对协调发展的创新实践。尤其是在教育领域，创新完善铸牢中华民族共同体意识宣传教育常态化机制、细化社会主义核心价值观教育的制度措施、以群众喜闻乐见的方式深入开展民族团结进步创建工作等，均是铸牢中华民族共同体意识的有效形式，也是推进共同富裕、实现全面现代化的价值取向和实践要求。

（三）历史逻辑：经验启迪与实践探索

第一，纵观中华民族历史，诸子百家中儒家"大同"、道家"小国寡民"、墨家"兼爱交利"、法家"富国强兵"[①]等对理想社会图景的描绘，仁人志士、农民阶级、资产阶级所追求的社会"均贫富"等运动探索，都无法摆脱时代烙印和阶级局限。特别是在长达两千多年的封建社会，统治阶级尚不具有与被统治的农民阶级共同富

---

① 蒋永穆、谢强：《扎实推动共同富裕：逻辑理路与实现路径》，《经济纵横》，2021 年第 4 期。

裕的思想自觉和历史自觉。在某种程度上，真正的共同富裕实践是中国共产党成立之后才孕育萌芽的，中国共产党的百年奋斗史即是实践共同富裕的百年发展史，也只有在中国共产党的领导下，才开启了共同富裕的历史实践新篇章。同样，作为具有深厚历史渊源的中华民族共同体，更是各民族在诞育、分化、交融中形成的历史选择。虽然党的十九大首次提出"铸牢中华民族共同体意识"，但中国共产党在百年奋斗历程中已自觉地将建立"平等团结互助和谐"的新型民族关系作为重要奋斗目标，并在实现中华民族伟大复兴的历史使命中开创了民族团结进步的时代新格局。

第二，"没有共享的物质成果和利益的共性交集，就不可能形成共识和牢固的共同体意识。"[1] 中国共产党的百年共同富裕探索之路，从根本上厘清了共同富裕的理论价值、时代内涵、实践方位，破解了发展路径、分配机制、制度困境等现实问题，团结带领全国各族人民实现"国家富强"，为铸牢中华民族共同体意识提供了强大物质保证和实践基础。要通过铸牢中华民族共同体意识这条主线，以一统多、凝心铸魂，创造性地推行民族区域自治制度，推进各民族共同繁荣，逐步实现民族振兴，为铸牢中华民族共同体意识提供精神动能和智力支持。二者的着眼点和落脚点统归于以人民为中心的发展思想，维护各族群众生存发展权利，最终以"人民幸福"强化"五个认同"意识，其历史演进与中国共产党的百年发展、中华民族伟大复兴的光辉历程高度契合。

第三，准确把握推进共同富裕、铸牢中华民族共同体意识的历史逻辑，推动二者在实践进路中相辅相成、相得益彰。共同富裕的政治基础在于坚持中国共产党的领导，推动各族人民形成并坚定"只有中国共产党才能带领各族群众实现共同富裕，只有中国共产党才能引领各族群众铸牢中华民族共同体意识"的思想自觉；动力基础在于持续深化改革，破除实现共同富裕的制度性障碍，消除影响铸牢中华民族共同体意识的机制性因素，解决好发展不平衡不充分的问题；发展基础在于将以人民为中心、高质量发展、实现共同富裕等有机统一起来，持续提高西部地区生产力，提升各族群众生活水平，进而巩固民族团结和发展稳定大局，推动西部地区民众铸牢中华民族共同体意识，不断凝聚全面建设社会主义现代化国家的力量。

三、以共同富裕铸牢中华民族共同体意识的实践路径

"民族关系的核心问题在于民族利益分配以及民族发展的根本利益。"[2] 准确把握

---

[1] 韩艳伟、谢清松、金炳镐：《要正确把握物质和精神的关系，让中华民族共同体牢不可破》，《北方民族大学学报》，2022年第1期。

[2] 李曦辉：《铸牢中华民族共同体意识的经济维度研究》，《北方民族大学学报》，2021年第4期。

共同富裕与铸牢中华民族共同体意识的理论、现实、历史三重逻辑，须在坚持和完善民族区域自治制度的前提下，通过高质量发展、基本公共服务均等化、精准扶贫与乡村振兴有效衔接等调整利益分配格局，以族际政治整合推动西部地区民众共享改革发展的红利，维护中华民族整体利益。

（一）以高质量发展夯实铸牢中华民族共同体意识的物质保证，奠定共享基础

习近平总书记强调，"要提高发展的平衡性、协调性、包容性"①，这为西部地区实现共同富裕明确了实践进路，亦为西部地区民众铸牢中华民族共同体意识提供了价值遵循。

第一，以提高发展平衡性为重点，持续将"蛋糕"做大。一是解决好区域发展不平衡的问题。西部地区要积极融入国家"一带一路"建设，找准在西部大开发战略中的定位，积极扩大对外开放，融入就近经济圈，以良好的竞合关系缩小发展差距；用好"先富带后富"的帮扶举措，加快对口帮扶先进技术成果转化，尽快形成具有西部地区特色的优势产业链条；加快区域内部的协调发展，建立差异化发展竞争机制，将民族团结、边疆稳定、生态保护等设定为优先等级的考核内容，充分转变政府职能，加大资源整合，提高区域经济整体实力。二是解决好城乡发展不平衡的问题。稳步推动西部地区城镇化进程，推进农牧民有序进城；加大财政转移支付力度，健全完善城乡包联帮扶机制，坚持科技兴农兴牧兴边，实现"人、财、物、技"的全覆盖帮扶和全方位发展，以发展成效助力铸牢中华民族共同体意识。三是解决好群体发展不平衡的问题。落实新发展理念，重点完善西部地区收入分配和群体共享机制，实现群体共同富裕；健全工资合理增长机制，使群众收入水平与物价水平保持在合理区间；建立过高收入调节机制，健全完善"三次分配"的对接协调机制，做好政策制度的配套跟进、有序衔接，借助东部和中部地区社会慈善公益事业的支持，消减贫富差距拉大带来的社会问题，有效弥合社会分歧，助推不同群体迈向共同富裕。

第二，以提高发展协调性为目标，正确处理发展的辩证关系问题。一是正确处理物质文明和精神文明的关系。在奠定物质基础的同时，建立铸牢中华民族共同体意识常态化教育引导机制，将之纳入西部地区各层面、各群体、各行业教育的优先核心内容，使之成为精神文明的重要实践内涵，实现物质富裕与精神富足协调发展。二是正确处理社会发展与生态文明的关系。坚持生态优先、绿色发展，牢固树立"绿水青山就是金山银山"的理念，借助区位优势和人文特色，大力发展文化旅游产

---

① 《习近平主持召开中央财经委员会第十次会议强调　在高质量发展中促进共同富裕　统筹做好重大金融风险防范化解工作》，《人民日报》，2021年8月18日第1版。

业，助力西部地区民众在增收致富中强化发展理念和政策认同；建立生态环境利益补偿机制，扩大绿色 GDP 的评价赋分权重，实现发展效益与生态效益的有机统一。三是正确处理安全发展与民族团结的关系。将边疆安全建设放在重要位置，深入开展民族团结进步创建活动，在内容、方式、主题、形式等方面进行深化拓展，切实维护民族团结大局；注重解决好发展过程中的环境污染、公共卫生等非传统安全问题，建立科学的防范化解应对机制，提高基层治理水平和治理能力。

第三，以提高发展包容性为核心，在实现成果共享中凝聚群体共识。其重点在于提高经济发展质量，保障机会均等和发展权利，提高利益普惠和福利保障水平。一是建立素质提升长效机制。通过精准施策、精准施教，加大普惠性人力资本投入，重点提升西部地区民众的整体素质，提高其创收致富能力，解决好"人的全面发展"问题。二是健全完善公众参与机制。健全政府与公众的沟通互动机制，从公共政策的制定、执行、反馈、评估等环节进行渐进式调适，不断完善政策议程，保证民众的平等参与权利。三是健全机会均等发展机制。发挥好社会保障政策的兜底作用，充分保障民众就业、住房、医疗、受教育等基本权利，防止其因权利保障不到位而导致社会排斥。概言之，包容性发展的关键在于实现西部地区民众全面协调发展，引导其充分认识权利获得、机会均等、成果共享等是党和政府提供的，推动其"五个认同"的情感内化、现实表达，进而铸牢中华民族共同体意识。

（二）以基本公共服务均等化彰显铸牢中华民族共同体意识的公正价值，凝聚认同共识

基本公共服务均等化是化解社会矛盾、促进社会和谐、彰显社会公平最迫切的民生需求，亦是实现共同富裕、凝聚认同共识的基本前提。西部地区推动基本公共服务均等化，彰显铸牢中华民族共同体意识的公正价值、正义属性，须从三个方面把握。

第一，中央政府统揽全局，发挥统筹监管作用。一是加强顶层设计，明确中央和地方政府基本公共服务供给的事权责任，力争做到权责明确、匹配科学、精准高效，防止权责不对等、受益不均衡。中央政府做好基本公共服务规划，成立议事协调机构，加强组织领导，确定各类基本公共服务牵头部门，加强对地方政府基本公共服务的整体部署、协调指导、履责监管。二是统筹深化医疗卫生、文化教育、社会保障、养老服务等领域的体制机制改革，明晰地方政府推进基本公共服务均等化的重点任务、推进措施、成效量化、考评办法等，形成中央和地方联动的工作合力。三是做好监控与审核，健全完善基本公共服务监督体系，通过监察、巡视、审计、统计监督等有效手段，对基本公共服务项目审批、项目进度以及供给质量等环节进

行全程监督。同时，各级纪委监委立足"监督的再监督"职能定位，严肃查处基本公共服务供给过程中的权力寻租、不作为乱作为等问题。

第二，强化区域协同发展，建立对口支援帮扶长效机制。一是制定构建互惠共赢的区域合作框架，在综合评估西部地区发展需求的基础上，积极对接中东部地区产业项目，拓展信息化、新能源、新材料、大数据等领域的支援帮扶，形成全方位、深层次、多领域的区域协作帮扶格局，稳步促进西部地区经济发展和投资增长。二是充分借鉴闽宁、京蒙等成熟帮扶模式的有益经验，持续深化劳务协作，建立西部地区与中部、东部地区劳务协作机制。针对西部地区农牧业现代化、生态文明建设、全域旅游等发展短板，通过互派锻炼、挂职交流等方式，选派优秀专业技术人员进行精准的人才支援，提高帮扶效果；通过建立"院士工作站""博士后工作站""特色产业研究院"等方式，推动产学研结合，助力西部地区特色优势产业做大做强。三是聚焦解决教育、就业、医疗等民生问题，加大对西部地区的资金援助，规范和细化援助资金管理办法，对援助标准、分配因素等资金内容逐项拆解测算，将预算执行、资金流向等延伸至县（区）级主管部门，确保援助资金用途清晰、结余准确、效果明显。

第三，合理设定服务标准，优化基本公共服务供给保障。一是完善各级各类基本公共服务标准，按照"属地管理、分级负责"的原则，落实《"十四五"公共服务规划》，构建涵盖国家、行业、地方和基层服务机构的西部地区基本公共服务标准体系，合理设定西部地区省、市、县基本公共服务权责清单，优化程序、标准、流程，明确供给标准、条件、时限等，建立健全基本公共服务的首办责任制，防止相互推诿扯皮、影响效率。二是优化基本公共服务资源配置，建立资源充分调动、有序配给机制，有效解决西部地区城乡基本公共服务供给与需求错配的结构性矛盾。扩大农村牧区基本公共服务设施覆盖率，解决好"最后一米"问题，缩小城乡、区域基本公共服务供给差距。三是依托"数字政府"建设，建立基本公共服务大数据平台，实现基本公共服务信息数据全口径接入，对基本公共服务的要点清单、行业属性、供给程度、受益程度、存在问题、反馈管理等实现全流程监控，提高西部地区民众基本公共服务可及性效益。

（三）以精准扶贫与乡村振兴有效衔接补齐铸牢中华民族共同体意识的民生短板，拓展共治实践

脱贫攻坚展示了中国特色的家国一体的国家与农民关系形态[①]，乡村振兴为共同

---

① 周飞舟：《从脱贫攻坚到乡村振兴：迈向"家国一体"的国家与农民关系》，《社会学研究》，2021 年第 6 期。

富裕做好现实准备，二者的有效衔接既补齐了西部地区的民生短板，又强化了家国一体国家认同的治理意涵。因此，围绕精准扶贫与乡村振兴有效衔接，须克服西部地区生态环境脆弱、发展基础薄弱等诸多问题，打破"胡焕庸线"背后的发展鸿沟，为西部地区民众铸牢中华民族共同体意识拓展基层治理实践。

第一，加大精准化产业帮扶力度。在保证帮扶政策总体稳定、帮扶措施精准实施、防返贫动态监测机制科学的基础上，巩固拓展脱贫攻坚成果同乡村振兴有效衔接，持续提升西部地区脱贫群众收入水平，为实现共同富裕奠定坚实基础。围绕落实新发展理念，促进农牧业高质高效发展，优化产业结构，推动西部地区乡村特色产业发展壮大，重点解决好脱贫产业链条较短、产品深加工不足等问题，注重扶持培育区域公用品牌、企业品牌和产品品牌，提高脱贫地区产品附加值。基于西部地区农畜产品、新鲜果蔬的仓储冷链物流建设滞后的现状，有针对性地强化帮扶力度，以产业链升级完善助推农牧民富裕富足。

第二，发挥精细化治理统筹效能。围绕提升政策帮扶力度和帮扶效果，校准"脱贫攻坚—乡村振兴—共同富裕"的逻辑切入点，推动资源统筹、部门联动，形成支持西部地区重点帮扶县（旗）财政、金融、人才的政策，推动政策落地见效。推进脱贫地区人居环境治理，围绕乡村宜居宜业，加快推进基础设施建设，重点解决垃圾分类、污水处理、厕所革命等现实问题，改善群众生产生活条件，打造宜居的人居环境。开展脱贫地区创业环境治理，优化营商环境，以配套政策吸引资本下乡，鼓励年轻人返乡创业，逐步丰富西部地区乡村振兴的经济业态，推动西部地区民众在共享发展成果中实现共治参与，构建官民互信的善治生态。

第三，构建精益化服务保障机制。建立脱贫人口稳定就业机制，落实好用人单位稳岗就业政策，建立常态化岗位信息共享和发布机制，开发公益性岗位，强化职业技能培训，以精益化服务稳定就业。建立劳务输出服务保障机制，加大有组织的劳务输出力度，探索建立劳务接收地流动服务站，做好外出务工人员子女教育、心理疏导、医疗救助、政策宣讲等工作，持续拓展交往交流交融的平台渠道。强化人才保障机制建设，重点研究西部地区引才育才留才用才的支持保障机制，实现人才资源的优化配置。注重农村牧区新型实用人才的培养，做好乡土人才"传帮带"，为西部地区乡村振兴提供坚实的人才保证和智力支持。

乡村振兴视域下民族乡文化旅游发展的调查报告

——以新疆阿勒泰市汗德尕特蒙古族乡为例

热丽扎·胡玛尔汗

摘要：乡村振兴战略的实施为民族乡发展文化旅游提供了历史机遇，大力发展乡村民族文化旅游产业是实现区域乡村振兴和民族文化繁荣的重要路径。汗德尕特乡是新疆阿勒泰市唯一的蒙古族乡。这里生活着蒙古族、哈萨克族、汉族、回族、维吾尔族等民风古朴的民族。当地政府依托旅游资源禀赋及优势，优先发展五指泉风景区、墩德布拉克洞穴彩绘岩画等旅游景点，形成了以五指泉风景区为轴心的一个大旅游环线，辅以蒙古族阁楼、哈萨克族毡房等庭院经济及毛皮滑雪板产业，做大做强文化旅游产业。目前该乡在文化旅游发展中，存在乡村旅游业起步较晚、知名度低，蒙古族传统文化面临传承压力，庭院经济经营维艰，配套基础设施薄弱等问题。对此，本文从政府支持力度、民族文化内涵、文旅融合、宣传营销等四个角度提出具有针对性、可操作性的对策建议。

关键词：汗德尕特乡；乡村振兴；蒙古族乡

作者 热丽扎·胡玛尔汗，东北大学秦皇岛分校民族学学院硕士研究生（秦皇岛066000）

习近平总书记在党的二十大报告中指出："加快建设农业强国，扎实推动乡村产业、人才、文化、生态、组织振兴。"[①]乡村旅游是旅游产业的重要组成部分，是以乡村为活动场所，以乡村独特的生产形态、生活风情和田园风光为对象的一种旅游业态[②]。乡村振兴战略的实施为我国新时代农村地区大力发展乡村旅游业提供了百年不遇的历史机遇。

---

① 《加快建设农业强国（全面推进乡村振兴）》，《人民日报》，2022年11月2日第1版。
② 郝帅：《黑龙江省乡村民族文化旅游发展研究——以大兴安岭十八站鄂伦春族民族乡为例》，《黑龙江民族丛刊》，2021年第2期。

温铁军在谈到乡村振兴时认为，"推动城乡两个要素市场融合需要的'三变改革'，借此推动一二三产融合，使农民在重构新型集体经济的财产关系变化中得到长期的财产性收入，进而在与市民及社会力量联合创业创新的过程中真正提高收入。"[①] 曹恩华认为，在中国经济的增速放缓的背景下，美丽乡村建设是农村经济发展的新引擎，它促进了投资，增加了农民收入，拉动了消费，提高了农民幸福感。因此，各地要在片区筛选农业庄园予以重点扶持，同时还应大力发展观光农业、农家乐、乡村旅游、电子商务等新型产业，使一、二、三产业深度融合[②]。雷明、于莎莎等学者认为乡村治理的核心着力点在于发挥基层政府组织在乡村治理过程中的领导与引导作用，这是新型乡村治理模式的"一核"所在[③]。刘依灵以四川省甘孜州道孚县为例，结合道孚县产业精准扶贫基本情况和问题，从核心要素和参与主体角度切入，制定了构建扶贫共同体的产业精准扶贫思路，建立由"政府—企业—贫困户""政府—农村经济组织—贫困户""企业—农村经济组织—贫困户"组成的三大扶贫共同体[④]。

以上研究思路，为汗德尕特蒙古族乡的文化旅游发展研究提供了借鉴与帮助。汗德尕特蒙古族乡可以以墩德布拉克洞穴彩绘岩画、五指泉旅游风景区等为基础，综合性利用当地蒙古族、哈萨克族等少数民族传统文化在乡村振兴中的可利用价值，围绕各少数民族的文化、五指泉景区等旅游资源、矿产资源产业发展等方面进行深入调研，在此基础上结合自身在生态、文化和产业方面的优势，探索出一条适合文化旅游产业发展的道路。

一、汗德尕特蒙古族乡的基本情况

汗德尕特蒙古族乡位于新疆阿勒泰市，距市区 32 千米，与蒙古国接壤，是阿勒泰市唯一的蒙古族乡。"汗德尕特"在蒙语里意为"麋鹿"，当地还被称为"驼鹿之乡"。汗德尕特乡及塔拉特村、铁木尔特村沿山均被探明有铁、铅、锌、云母等多种类矿产资源，储存量有五六十吨。汗德尕特乡阿巴宫铅锌矿，属中型矿产，经过普查，探明铅有 15.8 万吨，锌有 15.26 万吨[⑤]。

汗德尕特乡生活着蒙古族、哈萨克族、汉族、回族、维吾尔族等民风古朴的民

① 温铁军：《推进农业农村现代化的关键抓手》，《中国生态文明》，2021 年第 2 期。
② 曹恩华：《经济发展新引擎——美丽乡村建设》，《中国领导学》，2016 年第 1 期。
③ 雷明、于莎莎、陆铭：《多维理论视域下的全面乡村振兴》，《广西社会科学》，2022 年第 2 期。
④ 刘依灵：《基于精准扶贫背景下乡村酒店的发展对策研究——以甘孜州道孚县为例》，《农村经济与科技》，2021 年第 32 期。
⑤ 蒲开夫等主编：《新疆百科知识辞典》，西安：陕西人民出版社，2006 年，第 483 页。

族，当地民族传统文化各具特色，民俗文化保存较为完好，民族文化、历史文化积淀深厚，内涵丰富。在多民族和谐共处下，汗德尕特蒙古族乡作为少数民族乡民族文化的载体，相对完整地保留了少数民族的风俗习惯，在 2021 年被评为"自治区民间文化艺术之乡"。

驱车驶入汗德尕特乡，最先映入眼帘的是别具一格的木头镶嵌而成的乡村名牌，这些木头均采自汗德尕特本地。汗德尕特乡以山地为主，地形呈盆地状，北高南低，其中北部山区海拔 1 000—2 500 米，南部汗德尕特河中下游海拔 800—1 000 米，境内最高点位于胡尔埂山，海拔 2 500 米，最低点位于达布勒哈特河谷，海拔 700—800 米①，素有"八山一水半分田"之称。可以说，山是该乡最大的自然资源。在这里可以清晰地看到多种植被的分布，有耐旱耐盐的草木、草皮草、牧草和草原灌木、沼泽地针叶林等。

在少数民族乡村中，最能集中反映当地少数民族传统文化的是建筑。中国少数民族的建筑各有千秋，村寨的环境布局、选材、工艺造型和功能，大多因地制宜，有着独特的地域特色和民族特色，不仅是当地村民的生活空间，也是文化活动空间。汗德尕特乡通过挖掘利用当地独有的森林资源，就地取材，打造具有民族特色的居住式样——木屋。当地居民房屋多建在马路两侧，且房屋均被统一大小、颜色、材质的木板包裹。据当地牧民们说，这几年汗德尕特乡重点发展旅游业，为吸引更多游客前来观光旅游，当地政府给每个农牧民的房屋外形进行二次装修，就地取材，采用当地的松木垒砌。

纯木屋顶部为尖状，下为方体，原木交叉打隼，并用藓苔草固定两根木板，密封原木缝隙，具有保温防风的作用。木屋内多挂蒙古族装饰品，如成吉思汗的画像、哈达、马鞭、双珠铜挂锁、精美装饰刀、擀毡、膝包等，进入木屋，能感受到满满的蒙古族传统文化气息。

二、汗德尕特蒙古族乡旅游产业现状

本文通过对汗德尕特蒙古族乡旅游业的田野调查，梳理其旅游资源和产业发展情况，并从经济效益和社会效益的角度进行一个简要的分析。

---

① 李立国主编：《中华人民共和国政区大典·新疆维吾尔自治区卷》，北京：中国社会科学出版社，2016 年，第 1 587—1 588 页。

（一）旅游资源禀赋及优势

1. 五指泉旅游景区

五指泉旅游景区距汗德尕特乡政府约 5 千米。五指泉泉水源于克兰河的支流汗德尕特河，河岸边有一座长约 6—7 米、宽约 3 米的花岗岩巨石，巨石因长期的流水和风力侵蚀呈现出左手掌五个手指的样子，再加上岩石下方约 10 米处有山泉从石缝中不断涌出，故被称为"五指泉"。泉水自岩隙渗出，水流不大，但常年不断，即便是在严寒的冬天，五指泉泉水都会只冒热气而不结冰。

据尼咏梅[①]介绍，五指泉被当地乌梁海蒙古族人视为神泉，每年都有四方游客前来祭祀，祈福国泰民安、风调雨顺、身体健康。曾有专家团队将五指泉的泉水带去北京做微量元素检查，发现五指泉中含有钾、钠、钙等 20 多种人体必需元素，可治疗关节炎和慢性疾病，长期饮用可润肺止咳、化痰。

尼咏梅还谈到有关五指泉的传说。相传在准格尔汗国时期，有位叫叶勒特克拜的英雄，在部族战争中左手负伤，来到五指泉进行疗养，他用泉水清洗伤口，伤口很快就痊愈，他认为伤口之所以痊愈，是受长生天的保佑，心生敬畏，便将一块巨大的岩石用左手托起，放在泉眼上方，叶勒特克拜的左手手掌印便留在了岩石上，后人便称之为五指泉。

2. 墩德布拉克洞穴彩绘岩画

2022 年 2 月 4 日，一片雪花绽放在北京冬奥会开幕式先导片中，片中的第一帧画面是人类滑雪起源地——中国新疆阿勒泰。人类滑雪的最初梦想，镌刻在了阿勒泰市汗德尕特蒙古族乡的墩德布拉克洞穴彩绘岩画上。希腊史学家希罗多德在《世界历史》中这样描述："阿勒泰人在雪地中奔跑，穿的是山羊角滑雪板。"[②]

墩德布拉克洞穴彩绘岩画在汗德尕特乡墩德布拉克河谷东侧坡面巨石洞穴里，2013 年被自治区人民政府定为自治区重点文物保护单位。岩画中的内容丰富：一群先民手持木杖、背挎弓箭、脚踩羊皮雪板，追赶着野牛、野马、麋鹿等。岩画中清晰绘有滑雪人、持弓射猎人、舞蹈状人物等，绘制的动物有野牛、野马、麋鹿及其他不知名的动物，绘制的纹路有短线纹、三线纹、人面纹、手印以及一些简单符号。其中，墩德布拉克 1 号岩画洞穴内的滑雪人物被认为记载了人类最早的滑雪狩猎情况，阿勒泰也因此成为人类滑雪起源地。

---

① 尼咏梅，女，蒙古族，"人类滑雪起源地"研究会成员，曾任汗德尕特乡副乡长，现任阿勒泰市归国华侨联合会秘书长。

② 刘雅：《这片雪花，从"人类滑雪起源地"飘来——与北京冬奥会有关的新疆故事》，《中国民族》，2022 年第 2 期。

单兆鉴在《人类滑雪起源地——中国·新疆·阿勒泰》①一书中描述，在距今 3 万至 1 万年前的最后一次冰期中，欧亚大陆内的人群自西向东大迁徙，由此推断墩德布拉克洞穴岩画作品与此次人群迁徙有必然联系，墩德布拉克岩画中的人物为曾居住在阿勒泰的先民，他们以自然感知与原始宗教为精神世界，将目睹到的动物迁徙、狩猎活动予以记录，希望今后能出现更多的猎物。

阿勒泰先民们就地取材，选择自然形成的较平整、适合绘画的岩壁，用动物皮料对岩壁进行擦拭，然后采集天然红色矿物赭石为颜料，用石器将颜料砸击粗碎再研磨成细腻粉末状，将水或动植物胶与颜料粉末进行调和，最后以树枝等为作画工具，蘸取调和好的颜料绘制于岩石之上来进行创作表达②。

3. 庭院经济

庭院经济自古就被视为小农经济的重要组成部分，多出现在经济学、农学的研究领域中。目前国内学术界对庭院经济尚未给出一个较为完整的定义。经济学家于光远首次提出庭院经济的概念，认为庭院经济是农民以自己的住宅院落和周边房屋前后为基地，以家庭为生产单位和经营单位，为自己和社会提供农业土特产品及有关服务的经济。

汗德尕特乡以五指泉风景区为轴心的一个大旅游环线，催生出了庭院经济，促进了乡村文明发展，特别是有效增加了当地农牧民的经济收入，为当地农村致富作出了显著贡献。笔者在暑期走访中发现，当地规模较大庭院经济有三个：木制蒙古包、哈萨克族毡房、汉族知青民宿。它们在装饰品、装修风格中都有显著的区别，具有浓郁的民族色彩，这能为从内地前来新疆的游客们带来民族民俗文化体验，带动汗德尕特乡农牧民的经济收入增长。

4. 毛皮滑雪板产业

自阿勒泰市被定为人类滑雪起源地，其旅游业的发展更是为当地非物质文化遗产的传播拓宽了渠道，因此衍生出了新兴产业——毛皮滑雪板产业。

当地农牧民们的经济来源除牧业、农业收入外，还有部分来自毛皮滑雪板及民族服饰的手工制作。农牧民们夏季以畜牧业、农业工作为主，冬季闲暇时间，会在家里制作手工艺品，原始滑雪板便成为汗德尕特乡的新产业。通过游客们购买滑雪板，有手艺的农牧民可挣到一万甚至更多的收入。与此同时，汗德尕特乡还深挖当地乌梁海蒙古族的民俗文化，开发具有民族特色的手工艺品，如民间乐器的制作、

---

① 单兆鉴：《人类滑雪起源地——中国·新疆·阿勒泰》，北京：人民体育出版社，2011 年，第 19 页。
② 王倩：《墩德布拉克岩画画面中牛的文化特征与绘制工艺分析》，西北大学硕士学位论文，2019 年，第 57 页。

木质手工艺品的制作等，丰富了旅游文化内涵，提高了其旅游业的品位。

近年来，汗德尕特乡充分利用人类滑雪起源地的独特优势，深入贯彻落实习近平总书记"冰天雪地也是金山银山"的发展理念，趁热打铁，积极开展毛皮滑雪、射箭、摔跤等特色传统赛事活动，实现了文化旅游、体育旅游的融合发展，使其知名度和影响力显著提升。

（二）旅游业发展现状及问题

1. 乡村旅游业起步较晚，知名度低

汗德尕特乡发展乡村旅游业起步较晚，对民族文化内涵的挖掘不够，与阿勒泰市喀纳斯风景区相比存在诸多劣势。目前，汗德尕特乡民族文化旅游开发尚属初级阶段，大多以五指泉景区观光游览为主。游客参与的民族文化旅游项目不多，不能切身实际体验到蒙古族、哈萨克族的游牧文化，从内地前来新疆的游客体验感欠佳。例如，对蒙古族阁楼和哈萨克毡房的开发利用不够，游客只能在其中就餐、观光，但不能住宿过夜，大大降低了游客的体验感。

提到阿勒泰的旅游景点，人们首先想到的是喀纳斯景区、白哈巴景区、可可托海景区、乌伦古湖景区等。然而很少有人知道在阿勒泰市汗德尕特乡有五指泉风景区及洞穴彩绘岩画。这与当地旅游规划开发较晚、投入资金较少、营销宣传手段不足、地理位置偏远、景点分散、公路交通网不发达等因素有关。

2. 蒙古族传统文化面临传承压力

乡村民族文化旅游产业需要一支专业素质强的人才队伍，乡村要想得到发展，人才动力是突破瓶颈的关键。"楚吾尔""呼麦"是阿勒泰乌梁海蒙古族古老的民间乐器和民间绝活，2007 年被列入自治区首批"非物质文化遗产"项目名录，2008 年被列入国家级非物质文化遗产项目名录。2009 年汗德尕特乡自治区级"呼麦"传承人巴图巴依尔表演的"楚吾尔"被收录在了《哈纳斯情歌》中，成为了重点曲目。目前，汗德尕特乡有自治区级非物质文化遗产传承人 2 人，自治区民间艺术家协会会员 2 人，地区级民间艺人 3 人[①]。随着老民间艺人的相继离世，"楚吾尔""呼麦"在传承上面临一定压力。当地年轻的传承人，为了生计，多选择去外地务工，无力在民间传统音乐上投入时间精力，对"楚吾尔""呼麦"的抢救与保护问题也日益凸显。

---

① 尼咏梅：《对阿勒泰市汗德尕特蒙古民族乡创建"中国民间文化艺术之乡"文化底蕴的探讨》，《中国民间文化艺术之乡建设与发展初探》，北京：中国民族摄影艺术出版社，2010 年，第763—766 页。

3. 旅游文创产品稀缺

汗德尕特乡的旅游购物店大多经营规模小，一般以家庭为单位生产，且仅出售毛皮滑雪板和蒙古族传统服饰，产品种类单一，尚未形成多样性的、方便携带的及具有纪念意义的特色旅游文创产品，创新性不足。

4. 庭院经济经营维艰

庭院经济缺乏经营指导的专业人才。汗德尕特乡庭院经济的发展大多依靠熟人推荐的方式，庭院经济的开发缺乏政府的扶持，政府很少会输送客源，缺乏专业的营销团队的指导意见。庭院经济的发展规模大小及风格，完全按照自身喜好来打造，缺乏规划设计。据笔者了解，汗德尕特乡农家乐或大小规模餐厅的老板多为文化程度不高的妇女和老人，她们在从事经营的同时，还承担照顾家庭的责任，对经营管理缺乏经验，在 7—9 月旺季时，多忙于农活或乡村间的婚宴往来，没有固定的营业时间，对餐厅疏于管理。而在淡季，因游客稀少，当地缺乏良好的组织和秩序去规范经营市场，会出现一些恶性竞争行为。

5. 配套基础设施薄弱

汗德尕特乡的发展完全依赖于公路交通。尽管目前正在建设三条公路：通往市区的公路、通往蒙古国的公路、通往夏牧场的公路，且公路建设取得可喜进展，但是相关配套设置有待加强。当地加油站、公共厕所、车辆维修处、超市商场、卫生药店等都极为有限，至今还没有星级酒店及旅馆，民宿也缺乏规范化管理。

三、对汗德尕特蒙古族乡文化旅游的建议

2022 年 7 月 12 日至 15 日，习近平总书记在新疆考察时强调，要正确处理经济社会发展和生态环境保护的关系，推动文化和旅游融合发展，打造富民产业。自党的十九大召开以来，乡村振兴战略被纳入了决胜全面建成小康社会、开启全面建设社会主义现代化国家新征程的"七大战略"部署中，这充分体现了党中央对"三农"工作的高度重视。2018 年 1 月 2 日，国务院出台了《中共中央国务院实施乡村振兴战略的意见》，明确指出，实施乡村振兴战略，是决胜全面建成小康社会、全面建设社会主义现代化国家的重大历史任务，是新时代"三农"工作的总抓手。国家对乡村振兴及文化旅游业发展的大力支持为汗德尕特乡发展民族文化旅游提供了难得的历史机遇。

汗德尕特乡发展乡村旅游相对较晚，面临的省内旅游竞争比较激烈，尤其北疆旅游景点数不胜数，喀纳斯景区、巴音布鲁克草原、天山天池风景区、那拉提草原、赛里木湖、乌伦古湖、伊犁花海等，这些景区均着力打造哈萨克族、蒙古族、维吾

尔族等民族特色的旅游品牌及文创产品。汗德尕特乡虽然是阿勒泰市唯一的一个蒙古族乡，但由于地处偏远、交通闭塞等原因导致其知名度不高，且汗德尕特乡文化旅游起步较晚，对民族文化内涵挖掘不够，与其他文旅资源融合不充分，因此与其他景点相比，竞争力明显不足。

（一）政府加大支持力度

汗德尕特乡文化旅游资源丰富，政府应以乡村振兴战略统揽文化旅游产品的培育和发展工作，加强顶层设计，科学统筹规划，优先发展五指泉风景区、墩德布拉克洞穴彩绘岩画、敖包、古墓群、怪石沟、鹿鸣瀑布等旅游景点。在建设发展中，要注重保持民族原有特色，也要切实保护好生态环境。

自旅游业发展以来，当地兴起了制作毛皮滑雪板及民族服饰的新兴手工业。对此，政府应加大资金支持，积极调动社会各界力量，加大招商引资力度，吸引疆内外企业到本地参与毛皮滑雪板及民族服饰手工艺品项目的开发，鼓励当地农牧民们制作文创手工艺品，构建政府、企业和农牧民民族文化旅游开发共同体。

加强基础设施配套建设。五指泉景区相较阿勒泰地区其他旅游景点知名度低，基础设施不完善。对此，汗德尕特乡政府应该积极推进乡村公路的建设，公路建设要覆盖广泛，形成景区互通的网格结构，完善基础设施，积极推进游客服务中心、星级宾馆、路灯、加油站、公共厕所等的建设，打造一站式旅游景区。

针对当地庭院经济的发展，政府应该协调好内部关系，消除内部竞争，形成良好的运营环境，规范经营市场。同时还应大力扶持当地庭院经济的发展，输送前来旅游的客源。要对从业人员的服务意识和专业素质进行培训，定期对从业人员进行专业营销推广培训，对庭院经济的服务质量进行标准化管理，让游客对旅游体验进行监督评价，改正不足之处，提高汗德尕乡的服务品质，打造良好的服务口碑，全方位提升汗德尕乡的知名度。

针对乌梁海蒙古族传统文化的传承压力问题，当地政府可建立以乡党委书记为组长的中华民族传统文化保护领导小组，深入到汗德尕特乡对"楚吾尔"等传承艺人进行采访，收集、整理与"楚吾尔"有关的民间音乐材料，深挖当地各民族民俗文化遗产，并培养年轻一代的传承人。同时还应该加大人才引进力度，拓宽人才引进渠道，制定人才鼓励政策，鼓励优秀人才来汗德尕特乡，招贤纳士，为汗德尕特乡的发展汇聚各地英才。

（二）深入挖掘民族文化内涵

文化是旅游的灵魂，旅游是文化的载体。随着旅游业的发展，独具特色的民族文化在旅游中扮演着越来越重要的角色。汗德尕特乡应全面深入挖掘当地少数民族的文化内涵，在各个环节中打造民族文化品牌。

一是在民族特色饮食方面，要充分挖掘当地蒙古族、哈萨克族、汉族、维吾尔族等少数民族的饮食特点，在景区、乡镇打造集各民族特色饮食、风味小吃为一体的民族美食长廊，让往来游客充分感受到当地少数民族的美食文化。

二是在民宿方面，要针对游客差异性、个性化的市场需求，重点打造蒙古包、哈萨克毡房等具有民族特色的住宿环境，从而满足游客多方面的旅游需求。

三是在文艺节目演绎方面，汗德尕特乡政府可以在建有滑雪人雕像的广场内演绎蒙古族、哈萨克族、汉族、维吾尔族等众多民族的传统舞蹈、音乐，聘请阿勒泰市文工团的专业演员们定期举行文艺演出，形成具有感染力的民族表演节目，同游客们形成良好的互动，带给游客美的享受。

四是加强对历史文物的保护力度。文物作为历史的物质遗产，是中华民族悠久历史文化的见证和重要载体，文物保护有利于传承和弘扬中华民族优秀传统文化和民族精神。汗德尕特乡历史文化底蕴深厚，文化旅游资源丰富，要加强对历史文化遗址和文物的保护力度，做好文物保护管理的工作。同时讲好历史文化故事、传承好历史文脉，为汗德尕特乡的高质量发展提供文化支撑。当地政府还应当做好宣传教育工作，切实提高广大人民群众爱护文物、保护文物的意识。

（三）加强文旅融合

深入推进"旅游＋"的文旅融合发展战略，针对个性化、差异化的市场需求，整合汗德尕特乡丰富的历史文化旅游资源，促进传统旅游要素与新型旅游要素结合，丰富旅游产业新业态新产品，拓展旅游产业发展新空间。汗德尕特乡应该依托特色资源，积极探索"旅游＋"的发展模式，借助红色文化、山水资源、特色驯鹿养殖业，着力打造山水、生态、红色、研学"四张名片"，整合各类项目资金，建设具有民族特色的旅游项目，进一步丰富汗德尕特乡的旅游元素。

（四）加强宣传营销

汗德尕特乡文化旅游处于发展培育阶段，应通过线上与线下相结合的宣传营销的方式，让广大人民群众认识汗德尕特乡。对此，当地政府应该创新宣传营销思维，多渠道、多角度、多元化、多维度开展宣传，除利用电视、广播、报纸等传统手段进行宣传外，还应开展"互联网＋"营销活动，通过抖音、快手、微博、腾讯、途牛网等新媒体平台开展营销。同时，在当地开展毛皮滑雪、射箭、摔跤等特色传统赛事活动，邀请国内外知名专家、学者及网红参加，扩大当地旅游影响力。

四、结语

汗德尕特乡是阿勒泰市唯一的蒙古族乡。当地乡政府依托自然优势，优先发展五指泉风景区、墩德布拉克洞穴彩绘岩画、鹿鸣瀑布等旅游景点，形成了以五指泉风景区为轴心的一个大旅游环线，辅以庭院经济等做大做强旅游产业。当下，汗德尕特乡政府应当加大支持力度，深入挖掘民族文化内涵，加强文旅融合和宣传营销，探索出一条契合汗德尕特蒙古族乡旅游业发展需要的乡村振兴模式。

土家族特色村寨保护与发展研究

——以来凤县兴安村为例

胡晓仪

摘要： 来凤县兴安村地处鄂、湘、渝三省（市）交界之地，素有"一脚踏三省"之称，也是土家族聚集地，文化底蕴厚重，特色村寨建设工作基础扎实，被国家民委评选为"中国少数民族特色村寨"。本文在兴安村田野调查的基础上，梳理当地特色村寨保护与发展成效、总结其工作中面临的困境，并提出相应的对策，以期更好地推进土家族特色村寨建设工作。

关键词： 少数民族特色村寨；保护发展；兴安村

作者 胡晓仪，东北大学秦皇岛分校民族学学院硕士研究生（秦皇岛 066000）

支持少数民族特色村寨保护与发展是民族工作的重要组成部分。"少数民族特色村寨在产业结构、民居式样、村寨风貌以及风俗习惯等方面都集中体现了少数民族经济社会发展特点和文化特色，集中反映了少数民族聚落在不同时期、不同地域、不同文化类型中形成和演变的历史过程，相对完整地保留了各少数民族的文化基因，凝聚了各少数民族文化的历史结晶，体现了中华文明多样性，是传承民族文化的有效载体，是少数民族和民族地区加快发展的重要资源。"[1] 2009 年 9 月，国家民委与财政部联合启动了少数民族特色村落的保护和发展项目，多年来，取得显著成效。学界对此展开了广泛研究，李忠斌等学者提出了有关少数民族特色村寨建设的"固本扩边"理论，他们认为村寨不仅是连接过去和现在生活的纽带，同时也是

---

① 中华人民共和国国家民族事务委员会：《少数民族特色村寨保护与发展规划纲要（2011—2015年）》，https://www.neac.gov.cn/seac/zcfg/201212/1074566.shtml，2012 年 12 月 5 日。

文化积淀的重要媒介①。张显伟认为近年来现代化、城镇化一定程度上对具有重要文化价值和地方特色的民族村寨带来了消极影响。这些村寨作为优秀的民族文化承载体，包含着独特的风俗习惯、建筑风格和劳动智慧。因此，保护和建设特色村寨将为民族文化的传承和延续提供有利的空间和环境②。在段超看来，尽管少数民族特色村寨建设取得了明显的成就，但仍然存在一些问题，比如村寨经济发展缓慢、村民参与度不足、规划方案不够科学以及各部门合作不够紧密等③。邵青和周鸿勇主张，应充分发挥少数民族地区的生态资源和民族文化优势，寻求一种与当地发展需求相适应的乡村振兴模式，让特色村寨建设成为推动民族乡村振兴的重要方式④。姜爱的研究发现，在湖北省的少数民族特色村寨中，产业发展、文化传承和环境保护是必须相互促进的。政府的重视、学者的支持以及村民的积极参与是决定村寨建设成败的关键因素。特色建构型村寨在保护和发展方面具有不可估量的作用⑤。国内学者从少数民族特色村寨保护与发展工作的现实意义、成效、现状与问题、对策及建议等方面展开了集中讨论和总结，视角广泛，取得的成果颇丰。上述研究为本文提供了借鉴和指导。

兴安村位于湖北省来凤县百福司镇南部，地理位置处于鄂、湘、渝三省（市）的交界处，素有"一脚踏三省"之称，东与湖南省龙山县桂塘镇接壤，西与重庆市酉阳县大溪镇毗邻，北与本镇捏车村相交，是土家族聚居地，土家族人口占全村总人口的97%。民居以土家特色吊脚楼为主，村内保存有古吊脚楼群、古学堂、大喇宫、摆手堂等文化遗址，村民还保留着跳摆手舞、唱山歌、打三棒鼓、喝油茶汤等优秀的传统文化习俗。兴安村于2012年被列入第一批中国传统村落保护名录，2017年被国家民委评为"中国少数民族特色村寨"，文化底蕴厚重，特色村寨建设工作基础扎实，研究价值较高。笔者于2022年7月前往恩施州来凤县兴安村展开了为期一个月的田野调查。本研究采用了文献研究和田野调查的方法，对兴安村的保护和发展成果进行了梳理，并对其工作中出现的困境进行了总结，同时也提出了相应的解决策略。

---

① 李忠斌、李军、文晓国：《固本扩边：少数民族特色村寨建设的理论探讨》，《民族研究》，2016年第1期。
② 张显伟：《少数民族特色村寨保护与发展的基本原则》，《广西民族研究》，2014年第5期。
③ 段超：《保护和发展少数民族特色村寨的思考》，《中南民族大学学报（人文社会科学版）》，2011年第5期。
④ 邵青、周鸿勇：《民族乡村振兴中特色村寨建设的实践模式与发展路径优化：以浙西南畲族民族村为例》，《青海民族研究》，2019年第3期。
⑤ 姜爱：《湖北少数民族特色村寨保护与发展经验解析》，《湖北社会科学》，2012年第9期。

一、兴安村保护与发展成效

在政府支持、村委会主导及村民参与下，兴安村的传统建筑得以保护，村容村貌焕然一新，主导产业逐步壮大，民族文化不断繁荣，特色村寨保护与发展工作取得了明显成效。

（一）特色民居改造

兴安村在推进民族特色村寨的建设中，围绕"美丽宜居""改善民生""精准扶贫""乡村振兴"等重点，着力加强基础设施建设，力求改善居住条件，实现宜居宜业，取得了较好成效。全村下辖八个村民小组，其中大多数都拥有保存较完好的吊脚楼群落，这些建筑都散发着古色古香的气息。自2013年开始，县政府在政策、资金和信息等多个方面积极寻求上级的支持。省民族宗教事务委员会拨出200万元的专项资金，投入兴安特色村寨的保护和改造项目之中。兴安村重点对茶岔溪组的特色民居进行了保护，打造了具有代表性的著名地标——古吊脚楼群，以修旧如旧的理念，促进了旅游业的发展，提升了特色民居的效益。这就形成了一个良性循环，即特色民居促进了旅游开发，旅游开发又加强了对特色民居的使用。

（二）人居环境改善

过去由于兴安村地处边界之地，交通不便、信息闭塞，导致经济状况不够理想。自2014年脱贫攻坚以来，在恩施州和来凤县各政府部门的协同帮助下，逐步解决了当地的安全用水的问题，从村民生活用水到生产基地的生产用水，全村每户都达到了基本的安全用水标准。兴安村内公路情况不断改善，全村组级入户公路全部硬化完毕，全村共有公路约29千米，5条水泥路将分落在村中各处的8个小组一一串联。兴安村严格按照要求全面推进厕所革命建设工作，卫生条件得到改善。村民已经养成了良好的卫生习惯，他们能够自觉地处理好生产生活垃圾，避免乱倒粪便、随意泼洒污水，营造出了清洁、健康、文明的村庄环境。兴安村村民与邻近的湖南、重庆地区的村民友好往来，保持着和谐融洽的关系。他们每年都会组织并参加三省边区的篮球比赛，还会共同召开联合会，深入讨论政治、经济和民族文化等议题。在兴安村村内，大姓和小姓之间并没有宗派冲突，各少数民族间也没有发生过任何民族纠纷。不同民族和不同姓氏的人和睦相处，促进了民族团结事业的不断壮大，为兴安村的经济建设和社会发展奠定了坚实的基础。

（三）特色产业发展

兴安村重视引导群众转变观念，主动投身于产业发展，培育"一村一品"特色产业，使特色村产业发展焕发出强劲的生机。兴安村充分利用好"精准扶贫""乡村振兴"的契机，整合县、乡、村的产业发展规划，根据实际情况，选择适宜的产业发展方向，该村以"一脚踏三省"为特色，发展了经济，打牢了根基。依托当地的土地、林地等优势资源，运用现代科技对传统的种植、养殖业进行改造，优化种植和养殖结构，将特色种植业和畜牧业的发展定位为强村富民和建设生态家园的核心产业。来凤县农科所对本地油菜品种进行培育更新，繁育了单位产量较高的新品种。兴安村油菜种植总面积 621 亩，是除蔬菜、水果外本村产量最大的经济作物，效益较好。百合、南竹基地也正逐步形成规模。凤瑞达山茶油发展有限公司与兴安村合作，充分利用兴安村独特的地理条件，在当地建设生产基地，并建设了双轨交通灌溉基地等配套设施，用于农业运输和一般旅游，极大地带动了当地群众脱贫致富。畜牧业蓬勃发展，仔猪、仔鸡帮扶成为精准扶贫中产业扶贫的重要抓手之一。

（四）民族文化保护

文化是少数民族村寨的特色所在，因此保护与发展少数民族特色村寨的核心要义应该是文化的保护与传承[①]。兴安村尚存土家族的优秀传统文化，包括跳摆手舞、唱山歌、哭嫁、三棒鼓等。为了更好地传承和推广这些深厚的传统文化，兴安村组建了一支 20 余人的文艺宣传队伍，宣传党的各项方针、政策，表演该村居民喜闻乐见的文化传统节目，圆满完成多次文艺活动，获得了村民一致好评。同时，村集体加强村班子建设，积极将热爱文艺活动和公益活动的人员推荐到其中来。2012 年的4 月，恩施州电视台的《幺妹带你耍》节目团队访问了兴安，专门记录了土家族女子婚礼上的哭嫁环节。此外，村民以土家族的婚礼习俗为主题，独立创作、导演出了名为《催亲》的民俗节目，这不仅丰富了他们的精神文化生活，也为传统的民族文化传承和进一步的发展作出了力所能及的贡献。对于文物古迹保护，兴安村也开始重视起来，对湘鄂渝三省（市）交界界碑、飞山庙、古学堂等遗址进行了保护，目前正筹措资金，对中寨庙堡的摆手堂、大喇宫进行修缮。

---

① 龙晔生、谭瑾：《文化自觉与特色村寨的保护发展：以湘西土家族苗族自治州为例》，《民族论坛》，2012 年第 8 期。

二、兴安村保护与发展困境

（一）基础设施建设滞后

兴安村基础设施建设仍然存在一些问题。第一，对水利、电力等公共设施投入不足，导致村内水利、电力等基础设施仍不能满足需求。且资金来源单一，财政资金缺乏稳定性。第二，由于缺乏科学规划，导致兴安村基础设施建设缺乏合理引导，未能形成规模效应。第三，基础设施管理混乱，如饮水安全、垃圾处理管理机构不健全等问题突出。第四，基础设施维护不力，村寨基础设施老化、损毁严重，基础设施维护工作不到位、不及时。这些问题严重影响了基础设施的使用寿命和使用效率。因此必须引起重视，并采取有效措施加以解决。

（二）村寨民居损毁严重

随着人们生活水平的提高，部分传统村寨民居因不能适应现代生活需求而被抛弃，村民为了改善生活条件，从而选择了新的地点，建造了新的房屋，或是随意翻建或修缮传统民居，许多少数民族特色民居被现代建筑取代。现代建筑与村子的历史文化格格不入，对古建筑、古村落的整体形象造成了损害，影响了民族特色村寨的原始风貌。大量的特色民居无人管理、无人修缮，加之近年来大量村民进城务工，村落中的空心化现象越来越明显，特色民居的拆毁和倒塌变得更加频繁。以兴安村的岩窠组为代表，传统民居无人居住或被老人遗弃，一些房屋因缺乏管理或无钱维修而倒塌。

（三）生态环境遭到破坏

兴安村的生态环境遭到破坏，对资源的使用效率也越来越低。兴安村在特色村寨建设中对生态保护和资源利用的关系处理不当，导致生态退化严重。特色村寨建设拉动了兴安村旅游业蓬勃发展，但旅游人数的增多也造成村寨"旅游污染"现象剧增。

（四）传统文化传承难度大

村寨传统文化不仅包括以物质形式存在的传统民居、服饰和饮食，还包括以非物质形式存在的传统技艺、传统习俗和传统节日。由于外来文化的冲击和自身传承保护的不力，村内部分文化遗迹、建筑受保护力度不足，处于被遗弃或者被损毁的困境之中。随着城镇化进程加快，大量农民进城务工，农村传统文化的传承者日益减少。比如兴安村维修民族传统建筑的工匠人数现已屈指可数，修造吊脚楼技艺的传承问题也逐渐浮现，使得保护工作难以开展。民间戏曲、民间传说、民间歌曲、民间舞蹈等传统民间文化艺术在遗忘中逐渐消失。村寨传统文化传承面临严峻挑战。

（五）村寨民族特色单一

少数民族特色是少数民族特色村寨的关键要素之一，也是少数民族特色村寨保护与发展试点项目——选择试点村的前提条件之一。为确保少数民族特色村寨的可持续发展，必须避免村寨特色过于单一等一系列问题。在兴安村的保护与发展过程中，古吊脚楼群和三省界碑被赋予了核心地位，并在此基础上积极发展民族旅游业，给予大量投资和广泛宣传。但除此之外，兴安村的其他民族特色并未被凸显出来，古寨堡、古学堂、大喇宫等文化遗址亟待合理保护与开发。此外，土家族具代表性的传统工艺，如西兰卡普等也已经制作较少。

三、兴安村保护与发展对策

（一）提升基础设施建设，筑牢乡村振兴

提升兴安村的基础设施建设，为乡村振兴注入动力。基础设施的建设水平将直接影响到村寨的可持续发展、村民的生活水平、非物质文化遗产的保护和发展。这就需要政府不但要加大投资力度，还要对其进行有效的管理。在兴安村的基础设施规划与建设中，既要保证村民的生活需求，又要兼顾今后的发展。第一，需要进一步加大对污水处理厂的建设力度。目前，随着兴安农家乐和民宿的游客的增多，污水排放也有所增加，村寨的污水处理能力十分有限。第二，还需要巩固水利设施的建设。笔者在兴安村调查期间，村内停水多次，村民用水存在较大的问题。第三，加强电网建设，鉴于路灯等电气设备的存在，对电网进行新一轮的改造是极其必要的。第四，强化环境保护，将兴安村的生活垃圾进行分类，将有害废物进行处置。第五，要完善防火措施，兴安村的房屋以木质吊脚楼为主，防火能力较差，易引发火灾。

（二）科学规划，指导修缮村寨建筑

兴安村的建筑修缮既要保留传统的吊脚楼建筑特色，又要综合考虑村民的生活方式、当地的气候条件、生态环境等因素，实现少数民族特色村寨建设与改善村民居住条件相结合的目标，以此达到保护民族特色建筑和改善村民居住条件的双重效

果，有利于村民自觉保护民族特色村寨建筑，传承民居文化。不同年代的民居，可以采用不同的改造方法，既保证村庄整体建筑风格的延续性，又让每栋建筑保留自己的特色。

（三）全面推进综合整治，实现可持续发展

生态环境治理需要采取一系列对策和措施，包括加强村寨污染治理、整治畜禽污染、提升村民环境保护意识等。加强兴安村生活污水处理设施建设，推广生活污水处理技术。严格控制农药和化肥的使用量，推广有机农业和生态农业。全面实行人居与畜禽圈养、生产区与生活区分离，鼓励畜禽养殖者、"农家乐"经营者结合沼气利用进行改厕。加强有关环境法规和政策的宣传推广，增强村民的法律意识。鼓励村民参与环境治理，共同推动兴安村生态环境的改善。生态环境治理是一项长期而艰巨的任务，需要政府、村民和社会各界的共同努力，才能取得积极的成果。

（四）融合多方力量，着力文化传承

政府应加强对民族文化传承发展的重视和引导力度。制定民族优秀传统文化传承发展相关政策，提高对非物质文化遗产项目的代表性传承人和传统工匠的重视，并提供充分的资金支持。同时，政府还须制定更加完善的保护措施，要加强对传统村落、农业文化遗产、非物质文化遗产等的保护，保护古学堂、飞山庙、大喇宫、古树名木等历史遗存。

加强社会力量参与。社会力量的加入可以为传统村落的保护和文化传承带来更多的资源和支持。比如，可以通过组织志愿者团队、引入企业、设立文化基金等方式，来加强社会力量的参与和支持。

（五）挖掘民族内涵，发挥多样特色

在村寨保护与发展工作中，彰显特色必须贯穿始终，不能一刀切、盲目复制成功经验，从而失去村寨的特色和民族文化特点。在保护与发展过程中，要避免单一化或取重去轻的情况发生。总之，以典型特色为基础，以其他方面特色为补充的保护与发展思路，是少数民族特色村寨长期稳定发展的重要保证。在打造民族旅游品牌的过程中，兴安村还应关注村内的其他民族文化特色，比如加强对古寨堡、古学堂、大喇宫等文化遗址的保护，推进其后期的改造升级和开发利用。

（六）完善旅游产业结构，丰富旅游文化活动项目

为了最大限度地提高兴安村的旅游资源的经济效益，我们需要充分利用该地的

自然和人文资源，开发出具有地方特色的旅游商品。首先，我们可以从兴安村深厚的文化底蕴入手，深入挖掘传统文化中展现土家族、苗族风俗的商品，例如西兰卡普、民族乐器以及当地美食等。其次，可以向游客提供天然、无污染的绿色食品等。最后，通过由相关部门对村民进行农家乐管理和接待的培训，提升村寨的接待能力，提高农家乐的服务质量和水平。确保在购物过程中满足游客的需求，让游客能够愉快地享受购物的乐趣，从而增加他们在兴安村的停留时间，以此提高村民的经济收入和参与意识，助力兴安村旅游业的可持续发展。

目前，游客在兴安村停留的时间不长，可以引入更多的特色项目和活动，进一步挖掘大喇宫、古学堂等文化遗址，与"一脚踏三省"的邻村合作，共同开发登山、露营等项目，以吸引游客参与并延长停留时间。此外，可以开展一些文化交流活动，如庆祝传统节日、民间艺术展览等，让游客了解当地的历史文化，增加旅游的文化内涵。丰富的旅游项目和文化活动，可以为游客提供更多选择和体验，从而促进旅游业的发展。

四、结语

兴安村在特色村寨保护和发展工作中，取得显著成效。村寨优势产业稳中进步，村民生活水平不断提高，土家族传统文化得到保护。尽管如此，自然、社会等多种因素使兴安村面临基础设施建设滞后、村寨民居损毁严重、生态环境遭到破坏、传统文化传承难度大和村寨民族特色单一等困境，村民很难凭借一己之力摆脱，需要通过政府主导和社会各方支持逐渐改善。本文基于对兴安村的调查研究，为土家族特色村寨的保护与发展提供实践模式。同时希望能够引起更多专家学者对少数民族特色村寨的生态、产业、文化等方面的关注，进行更深入的研究和探讨，为少数民族特色村寨，特别是土家族特色村寨找到一条合适的战略发展道路。

以传统民俗文化节日赋能乡村振兴

——以四川省广汉市"保保节"为例

张媛缘

摘要： 近年来，国内不少城市借助地方民俗节日，彰显了地域文化特色，激活了当地旅游市场的新活力。乡村振兴战略实施以来，全国各地陆续涌现出一批具有民族文化特色、凝聚民族力量的传统民俗文化活动。四川省广汉市历史文化资源颇丰，本文以当地传统民俗节日"保保节"为例，以小见大地探析传统民俗节日赋能乡村振兴的路径。文章通过对"保保节"发展背景的介绍、发展现状的分析，提出了"保保节"赋能乡村振兴的措施。

关键词： 民俗节日；乡村振兴；保保节

作者 张媛缘，东北大学秦皇岛分校民族学学院硕士研究生（秦皇岛 066000）

广汉市，四川省辖县级市，地处成都平原东北处。古称雒县，雒县因雒水流经县境而得名。《元和郡县图志》载："县南有雒水，因以为名。"[1]《舆地广记》："洛水出章山，南迳雒县，因取名焉（雒通洛）。"[2]广汉市境内有国家级重点文物保护单位三星堆博物馆、雒城和明代古寺龙居寺，更有沿袭300多年的地方传统民俗节日"保保节"。广汉市"保保节"不仅是当地传统民俗文化的重要载体，也是首批被纳入四川省非物质文化遗产名录的活动之一。党的十九大报告正式提出实施乡村振兴战略，实施乡村振兴战略是新时代做好"三农"工作的总抓手，也是统筹推进"五位一体"总体布局、协调推进"四个全面"战略布局的重大战略

---

① [唐] 李吉甫《元和郡县图志》，北京：中华书局，1983年，第87页。
② [宋] 欧阳忞：《舆地广记》卷二十九，北京：中华书局，1985年，第145页。

选择①。乡村振兴战略的实施，为广汉地区保护和传承"保保节"提供了新的思路，同时广汉市"保保节"依托其自身历史文化价值也为当地乡村文化振兴提供了重要选择。

一、广汉"保保节"的历史文化源流

广汉正月十六"保保节"，是广汉人文脉络最长、群众参与最广的地方民俗活动，现已成为人们沟通思想、交流感情、寻求亲情、建立友情、共同关心下一代茁壮成长的特殊节日。

（一）"保保节"的起源

广汉"保保节"起源于川西汉族民间"游百病"与"拉保保"的活动。"游百病"又叫"游毛病""踏青"。川西地区古有"正月十六游毛病，游了毛病不生病"之谣谚。正月十六游百病，源自清乾隆年间，已有近300年的历史，一直相沿，至今尤盛，被誉为"华夏一绝"。

四川广汉地区的"游百病"是指正月十六这天，家家户户男女老少都会走出家门，到户外游走散步，上城楼登高望远，涤荡心胸，扫除秽气。之后到广汉文庙万仞宫墙附近的古柏树林里，折一支柏树枝插在头上或帽檐，取"柏"字谐音，寓意"百事顺遂""百病不生""白头偕老"等，祈求新一年身体健康。由此，为文庙十二古柏增添了一份神圣感和吉祥寓意，再加上地支与十二属相的搭配关系，十二古柏遂被人们称为"十二相"。

在十二相旁"拉保保"也于正月十六同时进行。"拉保保"又叫"拜干爹""认干爹"，"保保"就是干爹。在当地人看来，为自己的孩子拉一个"保保"能够保护孩子顺利成长。干爹的人选要根据孩子的生辰八字，寻找命属与孩子相生的人当干爹。如孩子是金命生人，就要找个属土的人当干爹，因为"土生金"，认个这样的干爹就可以"保关煞"（旧时认为孩子成长要过很多"关"，如出天花，就叫"豆麻关"），保护孩子健康成长。

关于"保保节"活动的特征，主要可以总结以下四点。

1. 约定俗成的举办时间和地点

"保保节"的举办时间须在每年的正月十六。每逢这一天，人们便会去"保保节"的举办地点凑热闹，世代相传，至今尤盛。按惯例，人们会在广汉市的房湖公

---

① 索晓霞：《乡村振兴战略下的乡土文化价值再认识》，《贵州社会科学》，2018年第1期。

园内"拉保保",后来政府为了缓解房湖公园的游客承载量压力,1994 年起将广汉市金雁公园也作为"保保节"的主要场地之一。

2. 参与的主角主要是 10 岁以下的孩子

俗传,小孩在童年时期要闯过几道"关口"才能长大成人,否则就有夭折的危险。因此,父母按照传统的五行生克观,根据孩子的生辰寻找与其命属相生的非血缘关系的人当干爹(妈),意在为孩子"保关煞",希望孩子健康成长。

3. 需在古柏树下"拉保保"

房湖公园内有十二株柏树是明代所栽,其数目恰巧与十二生肖属相相吻合,当地人就称这十二株古柏为"十二相"。中国人对古木的崇拜由来已久,在"十二相"前"拉保保",除了有请带灵气的"十二相"为他们作证的意思外,还有孩子也会如松柏一样长命百岁之意。

4. 略带强迫的性质

强迫的意味主要体现在若被小孩的家人相中,由孩子的父母或父母的亲朋好友将具有象征意义的"猪儿帽"戴到头上的话,就会被认作是小孩的"保保"了。这种看似强迫的规则,其实正是"保保节"独具魅力之处。因为不是每一个被戴上"猪儿帽"的准"保保"都会欣然答应,而是在半推半就中、游客戏谑地推搡劝说下成为"保保"。

随着"拉保保"这一活动的走红,1991 年当地政府正式将其打造为正月狂欢之节——"保保节"。2007 年,"保保节"被四川省人民政府正式列入第一批四川省非物质文化遗产名录。从此,广汉这座西南小城也因"保保节"而更具知名度。

(二)"保保节"的文化特质

"保保节"作为一种传统的拜血缘的节日,之所以能区别于其他相关民俗活动并能传承下来,和它本身具备的文化特质是密不可分的。

首先,"保保节"是表达汉族劳动人民辟邪除灾、迎祥纳福等对美好生活祈求的载体。当地、周边地区甚至全国的人们对"祥瑞""辟邪"都有一种难以割舍的执念,而"保保节"这个符号恰好能够成为人们抒发对美好生活祈求的载体。

其次,"保保节"是传统育俗观的表现。《中国民俗通志(生养志)》在"育儿的信仰活动"一章中,把"认干爹干妈"作为呵护婴孩成长的方式之一,列举了山东、浙江、安徽、江西、河南、陕西、广东等不同地区以及汉族、布依族、仫佬族等不同民族认干爹干妈的习俗活动[①]。在广汉,当地人们认为借"拉保保"这种拜干

① 万建中:《中国民俗通志(生养志)》,济南:山东教育出版社,2005 年。

亲的方式可以为孩子消灾免祸，若孩子命相不好、克父克母，借"拉保保"也能转移命相，从而家道昌盛，孩子平安。

最后，"保保节"也是联络人们感情的纽带。随着现代生活节奏加快，人们忙于工作，人际关系没有以前浓厚，且大多也只是停留在工作层面。只有通过节日的形式，像是国家法定节假日，才让人们有了走街串巷、登门拜访的时间和纽带。而"保保节"作为一种可以构建拟亲属关系的节日活动，在拓宽并增进人际交往方面发挥了重要作用。

二、"保保节"与乡村振兴融合发展面临的问题

地方传统民俗节日和其中蕴含的民俗文化已经融入群众日常生活，但其传承和弘扬依然存在不少瓶颈制约，亟待解决。"保保节"的发展并不是一帆风顺的，有发展低谷，也有兴盛之时。1950 年，由于政府禁止封建迷信活动，"拉保保"活动就只能悄悄进行，但民间"游百病"习俗一直相沿未断。自 20 世纪 70 年代中期起，"游百病"与"拉保保"逐渐公开热闹起来。改革开放后，"拉保保"再度兴盛。至 90 年代，更进一步，成为传承历史、拉动旅游的地方民俗节日"保保节"[1]。如今"保保节"已成为极具地方特色的文化旅游品牌，其厚重的历史底蕴、深刻的人文情怀和轻松喜庆的活动形式得到越来越广泛的认同。但"保保节"在与乡村振兴融合发展的过程中，也面临着诸多困境。

首先，从"保保节"与乡村振兴融合发展的状态来看，还存在着保护方式片面化、民俗文化活动人才队伍不完备等问题。就保护方式片面化来看，"保保节"作为广汉当地非常重要的非物质文化遗产，具有活态性的特征，当地相关部门很重视对"保保节"的传承与保护，2023 年 2 月 1 日，广汉市委副书记、市长杜尚武主持召开"保保节"保障工作专题会，安排部署各项"保保节"期间的安全生产保障工作。会议指出，"保保节"是广汉传承已久的"民俗节日"，也是极具地方特色的文化旅游品牌，做好节日保障工作意义重大。全市上下要高度重视，牢固树立底线思维、极限思维，认真细致做好各项工作，紧锣密鼓做好万全准备，全力以赴确保活动取得圆满成功，把广汉的文旅品牌打响打亮打出彩。但是，"保保节"的文化精神内涵并没有得到全方位的保护。"保保节"本身其实就有一种祭拜的意味，在"保保节"活动的举办过程中增添正式的拜干爹仪式，更能展现出民俗节日的文化内涵以及民风民俗，所以对"保保节"的保护不能仅局限于节日的顺利举办，而是要从"保保节"

---

① 吕梦茜：《从拉保保到保保节》，山东大学硕士学位论文，2015 年。

举办的形式、内容、流程等方面动态把握，使得"保保节"的文化内涵与乡村文化振兴理念相融合。

其次，在"保保节"与乡村振兴融合发展的过程中也显现出民俗文化活动人才队伍缺失的问题。"保保节"作为一种民俗文化资源，在转化为能带动当地产业经济发展的动力的过程中缺失掌握最新、最热科技的人才。人是重要的生产要素，广汉市"保保节"囿于举办地所处的区位、地区经济发展状况等现实原因，目前民俗文化传承与保护的人才队伍还难以有效支撑当地民俗节日助力乡村振兴。民俗节日赋能乡村振兴需要依靠经营管理方面的人才的引领作用，一旦缺少相关人才，难免会使民俗文化节日助力乡村文化振兴的总体规划成效受到影响。

最后，也不能忽视"保保节"的发展与乡村文化振兴的价值引导相脱节的问题。一些地区在发展本地民俗文化节日时，出于提高关注度、增加流量的目的，在民俗文化活动产品中存在宣扬封建迷信、助长物欲攀比之风等问题，这同乡村文化振兴所要塑造的正确的文化观、价值观和历史观背道而驰。广汉市"保保节"在举办的过程中，也存在着这样的不良之风。"保保节"的初衷是通过认干爹（干娘）的方式保佑孩子健康成长，但随着社会的发展，人们开始追求"保保节"的实用性，基于"拉保保"结成的人际关系逐渐成为一种重要的资源，这之中充满了理性的算计。为了保证"保保节""不变味"，使"保保节"的文化内涵与乡村文化振兴相契合，政府等相关部门还需加强重视与引导，增强民众的文化自觉性。

三、"保保节"与乡村振兴融合发展的路径

传统民俗节日文化是中华优秀传统文化的重要组成部分，是乡村文化振兴可发掘、可利用的重要资源，已成为乡村振兴的带动性要素[①]。要把广汉当地的"保保节"融入精神文明建设中去，以非物质文化遗产保护为基础，实现文化与产业的共融共促。可以从以下几个方面入手。

第一，深挖民俗文化资源，加强"保保节"历史文化底蕴的建设。民俗文化资源是助力乡村振兴的重要条件。广汉当地要想将"保保节"这一民俗文化资源转化为助力乡村振兴的资本，将这一文化资源潜力转变为乡村振兴的软实力，就必须立足差异性，挖掘"保保节"独特的历史文化，展现出当地的民俗文化和民俗风情。"保保节"比较独特的地方在于它的节日性和陌生性。节日性是指广汉市"保保节"是全国第一个由一个"拜保保"的仪式发展而成的节日，这是仪式被不断强化的过

---

① 《民俗润泽乡间　激活振兴力量》，《光明日报》，2022年3月24日第7版。

程，是广汉人民的集体节日。陌生性是指在"保保节"这天，父母可以在节日活动场地内为自己孩子拉一个完全陌生的人作为"保保"，素未谋面的两个家庭从此构建起拟亲属关系。基于此，"保保节"活动也衍生出了它的娱乐性。如何挖掘出"保保节"更多有助于乡村振兴的可能，还有待继续加强其历史文化底蕴的建设。

第二，结合新时期新环境下乡村文化振兴的文明实践，有组织地开展"保保节"相关的群众性活动，推动本地文化繁荣发展。值得一提的是，2023年的"保保节"主会场特别打造了"清廉房湖"主题景观，以"拉保保，结亲家"为依托，融入了"传承优良家风"廉洁文化，通过在活动现场设置"亲廉"打卡点，将传统家风中的廉洁理念和智慧有机地融入现代家庭生活中，增强了传统家风的影响力、感召力、渗透力。这是"保保节"助力当地乡村文化振兴的有益实践，诸如此类的有益活动还应大力开展。

第三，以创造性转化、创新性发展为驱动，创新"保保节"的推介形式，创新地方民俗文化节日的传承渠道，服务乡村文化振兴，促进民俗节日与乡村振兴有效结合。党的十八大以来，全国各地在挖掘和打造传统民俗节日文化传承实践中，不断探索乡村振兴新思路。"保保节"作为四川省重要的非物质文化遗产，其举办的流程和内容可以通过纪录片的形式在各村镇上进行展映，还可以推动"保保节"等非遗文化元素进校园，在文化价值理念方面做积极引导，从小培养孩子们的文化自觉性。各文旅部门也应积极组织非遗文化活动，推动非遗保护和节日文化传承深度融合。结合数字乡村建设，以数字化方式传承民俗节日。伴随5G和数字时代的到来，数字基础设施建设成为乡村文化发展、传统节日传承的必要基础。数字网络触角的延伸，使得传统民俗节日传承得以享受发展红利。基于此，可以利用与广汉市"保保节"相关的元素带动乡村手工艺品电商，以线上文化传播活动"带货"，带动产业业态进一步拓展，支持民俗类产品线上销售。将带有广汉市"保保节"相关元素的工艺品、美术品与数字平台交易结合，把数字电商、数字展览、数字拍卖等作为一个重点突破的领域，努力建设数字化平台，深度挖掘文化资源，提供精细化服务，从而带动广汉当地民俗文化活动的发展。负责"保保节"活动的相关部门可以在自己的官方微信、微博、抖音等平台对相关的民俗文化活动产品进行宣传，如可以将广汉市"保保节"活动中的重要元素"猪儿帽"精细化生产后在网上进行售卖；将"保保节"的某些元素与我们的生活用品相结合进行售卖；同时，也可以开展线上虚拟"拉保保"活动，设置一些具有"保保节"纪念价值的奖励奖品等，引导大家在线上保持对"保保节"的热度。

第四，还需进一步推进传统民俗文化活动与科技的深度融合。推动传统文化生产和消费的数字化和智慧化发展，积极利用5G、AR、VR、AI等现代技术拓展文化生产内容与形式，要强化数字化、网络化、智能化、社交化、互动化的文化产品供给，实现线上与线下互动，营造线上文化产品消费空间，增强文化产业的盈利韧性。广汉市"保保节"在疫情期间，主要是通过微信公众号、微博、抖音等平台，浅层面或者说是形式化地回顾以往"保保节"的开展盛况。这一举措，虽然在一定程度上抚慰了广大市民不能参与线下"保保节"的失落之感，但是在现有平台上的分享还远远不够，目前关于"保保节"的内容宣传还停留在形式主义上，具体表现为只在意广汉市媒体平台上是否有"保保节"的内容，而对发布的内容是否有创新、民众参与度是否高涨等方面没有给予应有的关注。

第五，注意打造一批具有创新性的人才。推动乡村振兴，关键在人[1]。要积极发动一批企业家、文化工作者、创业者等与农村基层组织共谋发展，激活"保保节"的文化活力，充分调动农民和市民的积极性、创造性。扶持社会力量，培育本地组织，共同服务乡村文化振兴，推动城乡融合。广泛动员志愿服务、企业、媒体等社会组织和力量参与乡村文化振兴。同时注重发挥外来人才的价值和作用，促进城市与乡村在交流中的相互补充。当前，我国地方民俗节日众多，不少传统节庆仪式复杂、技巧性高，却无法带来较高的经济收益，年轻人不愿意学习和参与，导致节庆活动渐趋老龄化。可见，民俗节日文化的活化和转化程度有待加强。目前大多数地方的民俗节日主要是与文化旅游相结合，在创造性转化和创新性发展方面缺乏新思路，缺少激活乡村自身资源要素的创意，特别是其对青年人才的吸引力还有待提升。

第六，发挥政府的引领作用，推动战略协同、部门联动，明确乡村振兴部门的文化职能。将民俗文化融入党史学习教育、新时代文明实践、中国传统节日振兴工程、非物质文化遗产保护等工作中。相关民俗文化活动部门可以组织工作人员参与数字培训，鼓励利用新型网络媒介创造新的文化内容，为相关地方民俗文化活动提供线上的多功能平台。例如，2021德阳文旅官方发布"今年的保保节难以线下相聚，在正月十六这天，'云'逛保保节，带你通过图片看热闹"。相关部门的工作人员创新启动图像工具，深入了解"保保节"这一非物质文化遗产后，以线上图像分享的形式对"保保节"进行推广，这无疑为地方民俗文化活动的发展提供了新思路。要进一步发挥政府的现代综合治理能力和作用，加大与相关部门的协调沟通力度，确保相关扶植政策落实到位。同时，当地政府及相关文旅部门还可以在民俗节日与其他平台的合作交流上发挥协同和监管作用。对于一些不符合当地"保保节"持续健康发展的内容或行为，相关部门应该及时出面协调，让市场在发展文化资源中发挥主导作用的同时，政府也要做好宏观调控，只有这样，"保保节"才能有序健康发

---

[1] 李浣哲：《激活民俗节庆文化　助力乡村振兴》，《萧山日报》，2022年7月12日第3版。

展。此外，相关部门还需要加大宣传推广力度，在互动宣传方面做进一步创新，快速启动和策划系列主题宣传推广活动，从不同场景宣传当地"保保节"民俗文化活动。加强对新媒体宣传的重视程度，充分利用抖音、快手等平台，讲好"保保节"系列经典故事，讲好广汉故事。

第四部分

新时代民族地区乡村振兴的路径及特色研究

以"文化润疆"深入推进新疆综合减贫和乡村振兴

傅守祥

摘要：在全面建设社会主义现代化国家的背景下，相对贫困、散点贫困、偶发贫困、能力贫困、代际贫困和精神贫困等成为"后脱贫"阶段的治理重点，治理方式也转向"综合减贫"，因此需构建"动态脱贫"机制，强化"精神扶贫"作用，探索乡村振兴与精准扶贫联动机制。要发挥新疆的民族区域自治制度的优越性，坚持分类施策、精准发力，以"文化润疆"激发贫困群众内生动力，构建互利共赢扶贫合作机制，坚持共享发展，全力推进综合减贫和乡村振兴的高质量发展。推进乡村振兴的根本在于因地制宜，走特色发展之路；遵循乡村变迁的规律，让自然生态、世情风俗、传统民居手艺等得以延续传承。

关键词：文化润疆；综合减贫；乡村振兴

作者 傅守祥，新疆大学天山学者、教授、博士生导师（乌鲁木齐 830046）

党的二十大报告指出，"从现在起，中国共产党的中心任务就是团结带领全国各族人民全面建成社会主义现代化强国、实现第二个百年奋斗目标，以中国式现代化全面推进中华民族伟大复兴"。[1]"如果在现代化进程中把农村 4 亿多人落下，到头来'一边是繁荣的城市、一边是凋敝的农村'，这不符合我们党的执政宗旨，也不符合社会主义的本质要求。这样的现代化是不可能取得成功的！"[2] 我们必须清醒看到，我国广大农村地区人口众多，城乡发展差距仍然存在，农业发展仍须持续提档升级。党的二十

※ 基金项目：新疆大学哲学社会科学培育项目"以'文化润疆'深入推进新疆综合减贫和乡村振兴"（22GPY007）结题成果。

① 习近平：《高举中国特色社会主义伟大旗帜　为全面建设社会主义现代化国家而团结奋斗》，《人民日报》，2022 年 10 月 16 日第 1 版。
② 习近平：《把乡村振兴战略作为新时代"三农"工作总抓手》，《求是》，2019 年第 11 期。

大报告明确提出，要全面推进乡村振兴，坚持农业农村优先发展，巩固拓展脱贫攻坚成果，加快建设农业强国，扎实推动乡村产业、人才、文化、生态、组织振兴，全方位夯实粮食安全根基，牢牢守住十八亿亩耕地红线，确保中国人的饭碗牢牢端在自己手中。[①]

对当代中国而言，在全面建设社会主义现代化国家的背景下，不断消除各种贫困现象，大力改善民生，在高质量发展的前提下逐步实现共同富裕，是社会主义的本质要求，也是中国共产党的重要使命。改革开放40多年来，中国农村的扶贫开发经历了从区域扶贫开发到精准扶贫的政策演变，特别是在精准扶贫方略实施后，脱贫实践成效显著、成就巨大，形成了"上下同心、尽锐出战、精准务实、开拓创新、攻坚克难、不负人民"的"脱贫攻坚精神"[②]。中国在减贫领域取得的进步是一项历史性成就，不但将我国现代化的"低限"大幅度提高，创造了"文明新形态"，而且在全球实现联合国"千年发展目标"和"可持续发展目标"的进程中发挥了重要作用。可以说，中国的"精准扶贫"理念与实践，为全球减贫事业注入了信心、探索了路径，也为广大发展中国家的脱贫实践提供了可靠经验。

一、新疆巩固拓展脱贫攻坚成果与深入推进乡村振兴的现状分析

以2020年为界标，中国解决了"绝对贫困"的难题，进入缓解"相对贫困"的新阶段，即"后脱贫"阶段。"后脱贫"阶段具有两大特征，首先是指全面消除了"绝对贫困"之后进入解决"相对贫困"的新阶段，但是，"绝对贫困"并非永远消失，它有可能在特定情况下死灰复燃和暂时反弹，因此，巩固脱贫成果特别是与乡村振兴全面衔接意义重大；其次是指这一阶段的核心问题是解决"相对贫困"难题，其任务重心指向文化扶贫和精神扶贫，即常说的"扶志"与"扶智"相结合，产业扶贫走向更加专业化、精细化和特色化。毋庸讳言，有些脱贫户基本生活虽然有了保障，但收入水平仍然不高，遇到风险变故仍有可能返贫。巩固脱贫成果，还需要政策和制度配套上的"扶上马、送一程"或"打通最后一公里"。2021年年底召开的中央农村工作会议强调，要巩固拓展好脱贫攻坚成果，加大对乡村振兴重点帮扶县倾斜支持力度，抓紧完善和落实监测帮扶机制，加强产业和就业帮扶，确保不发生规模性返贫[③]。

包括新疆在内的我国少数民族地区往往具有山高路远、资源匮乏、远离市场等

---

① 习近平：《高举中国特色社会主义伟大旗帜　为全面建设社会主义现代化国家而团结奋斗》，《人民日报》，2022年10月16日第1版。

② 《中国共产党第十九届中央委员会第五次全体会议公报》，《人民日报》，2020年10月29日。

③ 《中央农村工作会议在京召开》，《人民日报》，2021年12月27日。

特征，少数民族群众发展条件落后、贫困程度较深，因此，少数民族分布地区与深度贫困地区常常杂糅叠加，使得少数民族地区脱贫减贫及乡村振兴等任务艰巨。简言之，我国少数民族地区受区域地理、历史文化等影响有其自身的特殊性，制定适合少数民族深度贫困地区减贫脱贫新路径是一项长期和重要的课题。因此，我们要发挥新疆的民族区域自治制度的优越性，坚持分类施策精准发力，以"文化润疆"深度激发贫困群众内生动力，构建互利共赢扶贫合作机制，坚持共享发展，深入推进综合减贫和乡村振兴的高质量发展。

作为多民族多宗教并存、自然环境多变、社会环境复杂的边疆省份，新疆2021年未发生规模性返贫，并在巩固拓展脱贫攻坚成果、有效衔接乡村振兴方面进展顺利，脱贫群众收入实现新增长。2022年，新疆将在持续精准帮扶防返贫基础上，抓住产业和就业"两个关键"，用活用好产业发展专项资金，强化脱贫地区产业后续长期培育；大力发展劳动密集型产业，壮大优势特色产业，以南疆四地州为重点，打造棉花（棉纺织）、葡萄及葡萄酒等产业，扶持农业产业化龙头企业，培育脱贫地区知名品牌，完善联农带农利益联结机制，实现每个易地搬迁集中安置区至少有一项稳定增收主导产业等[1]。

在"后脱贫"阶段，改革开放40多年来形成的贫困治理框架中的许多理念和方法仍应坚持，但需要根据贫困的相对性等特征进行细致调整和完善。回顾历史以总结经验，中国的反贫困实践中仍然存在"精神贫困"问题突出、贫困人口内生动力不足等现实挑战。立足新阶段反贫困实践的历史定位，必须要始终强化"精神扶贫"的作用，激发贫困人口的内生动力，探索建立稳定脱贫长效机制和构建乡村振兴与精准扶贫联动机制[2]。同时，扶贫理念应从消除"绝对贫困"向消除"相对贫困"转变，构建"动态脱贫"机制；推进扶贫政策与农村发展政策融合，建立口径一致的扶贫大数据管理平台；扶贫主体从政府主导向多元参与转变，发挥各类主体作用。

毫无疑问，2020年是我国消除"绝对贫困"的时间节点，然而，贫困问题并没有就此终结，贫困群体已经由绝对贫困转向相对贫困，由物质贫困转向精神贫困，由收入贫困转向支出贫困等。我国扶贫开发政策未来应该坚持"兜底保障是基本，创新发展思路与方法是核心，补偿型政策是补充"三大导向。因此，全面小康社会建成后的扶贫路径需要创新思维方式，开发新的扶贫模式，才能达到可持续脱贫的目标。新疆等民族地区扶贫将面临收入差距的扩大导致经济增长的相对减贫效应大幅下降，"福利依赖"及扶贫政策、低保政策衔接异化，城市化进程、人口流动导致更多贫困人口从扶贫政策漏出，以及文化的差异持续对民族地区贫困的减缓产生不利影响等

---

① 《新疆脱贫群众收入实现新增长》，《乌鲁木齐晚报（汉）》，2022年2月26日。
② 邢中先、张平：《新中国70年来的反贫困实践：历程、经验和启示》，《财经科学》，2019年第9期。

挑战。

简言之，2020 年我国取得"脱贫攻坚"的全面胜利后，减贫形势发生了根本变化，相对贫困、散点贫困、偶发贫困、能力贫困、代际贫困和精神贫困等六类贫困问题成为"后脱贫"阶段治理贫困的重点，新时期扶贫工作应从"精准扶贫"向"综合减贫"转型，扶贫机制从临时性、阶段性的政策性扶贫向常态化、法制化的制度性扶贫转变。为此，在国家层面上应该通过建立贫困标准动态调整、城乡减贫联动、扶贫社保融合、减贫良性互动的"四项机制"，提升贫困对象稳定增收、市场竞争、融入社会、抵御风险、自我觉醒的"五项能力"[①]，力争在中华人民共和国成立100 周年之前，建成具有中国特色的新型综合减贫体系。

我国进入"后脱贫"阶段，改变贫困群众的传统活法，实现心态转变对贫困群体的正向形塑，切实激发贫困群众脱贫致富的内生动力，以"教育扶贫""文化扶贫""精神扶贫"浸润"精准扶贫"进而深入促进乡村全面振兴，是构建"精准扶贫"长效机制的长远选择。在精准扶贫中，"教育扶贫""文化扶贫"要进一步加强，因为它发挥着"扶志"和"扶智"的重要功能，所以，未来的"教育扶贫""文化扶贫"要紧密结合精准特点，首先做到目标精准，满足农民主体真实诉求；其次做到制度精准，构筑全面合理保障机制；再次做到措施精准，促进多方主体协同参与，真正实现文化软实力带动下的贫困村脱贫致富和乡村全面振兴等建设目标。

脱贫攻坚和乡村振兴战略都是我国为实现"两个一百年"奋斗目标作出的重要战略部署，实施乡村振兴战略是使脱贫攻坚成果得到巩固和提升的最佳手段，或者说，乡村振兴就是精准扶贫的升级版，只有通过乡村振兴顶层设计与精准扶贫微观施策的相辅相成，才能更好地实现既定目标。因此，要统筹做好从摆脱各类型贫困到全面小康和共同富裕的衔接，推动脱贫攻坚与乡村振兴有机衔接和无缝对接。当前，中国贫困地区特别是民族地区乡村发展正逐渐由低层次的脱贫向更高层次的振兴转变。要坚持乡村全面振兴与综合减贫"两手抓"，不能有偏废、搞取舍，更不能把二者对立起来，做好两者的统筹与衔接，才能更好提高各类资源的使用效率[②]。

实现巩固拓展脱贫攻坚成果与深入推进乡村振兴战略的有效衔接，是"十四五"时期的一项重大战略任务。只有巩固拓展脱贫攻坚成果、深入推进乡村振兴，才能从根本上解决好"相对贫困"问题。从新时代的发展格局与长远战略来看，推进持续减贫、巩固拓展脱贫攻坚成果与乡村振兴的有效衔接，必须统筹考虑农业生产、农村生态、农民生活，围绕提升农民的获得感、幸福感与安全感，创新体制机制，抓稳农民就业、农民增收，抓牢产业发展、质量安全。

① 欧阳煌：《精准扶贫战略落实与综合减贫体系构建思考》，《财政研究》，2017 年第 7 期。
② 刘遵峰、张春玲：《推动脱贫攻坚与乡村振兴有效衔接》，《经济日报》，2020 年 9 月 15 日。

二、脱贫实践衔接乡村振兴的文化产业与特色发展

在中国，人们已经很熟悉用文化产业"撬动"和助推脱贫攻坚；在"后脱贫"阶段，文化产业在脱贫攻坚与乡村振兴的衔接中依然作用甚大。2021 年 2 月 21 日，新华社受权发布 21 世纪以来第 18 个指导"三农"工作的中央一号文件。文件提出，把全面推进乡村振兴作为实现中华民族伟大复兴的一项重大任务，举全党全社会之力加快农业农村现代化，让广大农民过上更加美好的生活[①]。

乡村振兴离不开各方面的力量，作为产业扶贫与文化扶贫"交集区"的文化产业扮演着至关重要的角色。在国家政策、资源禀赋、市场需求等要素驱动下，文化产业以产业的强渗透性和民众的高认可度，通过产业融合和城乡融合助力乡村的全面振兴。应依托乡村特色优势资源，探索创新多样化的乡村文化产业发展模式，构建完善乡村文化产业支撑体系、融合体系和共建体系，使农民共享全产业链增值的收益，为乡村振兴提供产业支撑[②]。

打造乡村文化产业最忌讳走同质化、复制化和低俗化的路线，要力求精准而有层次地把握地域文化的差异性和时代性，注重地域文化的特色，保存乡土文化的味道，既要留得住青山绿水，又要记得住乡情乡愁[③]。乡村文化产业主要围绕乡村民间文化传统和独特文化资源，利用现代经济理念和产业经营模式，发展相应的文化产业。首先，应该立足于当地的特色小镇、农业遗迹、历史文物古迹等，特别是那些具有厚重历史和文化底蕴的古镇村落、传统建筑，建造一批特色博物馆、展览馆，提升乡村振兴的文化品位和文化气质。其次，依托当地名人历史、乡村非物质文化遗产项目、民俗礼仪、传统手工艺等，打造乡村特色文化产业精品工程[④]。此外，打造特色文化产业，除了依托乡村别具一格的原真文化特质外，还要融入现代元素，使乡村文化重新焕发新的魅力。简言之，增强创新意识，积极探索乡村文化产业化发展模式，要推动乡村文化产业的发展与当前消费需求相一致，构建起集"山水观光、乡村旅游、休闲度假、商务会议、康体养生"等为一体的文化产业化新业态，进而实现农民增收、农业增效、农村增美[⑤]。

作为现代文化产业的重要组成部分，乡村题材影视剧的生产（包括外景地选择、

---

① 《今年中央一号文件发布　全面推进乡村振兴加快农业农村现代化》，《中国教育报》，2021 年 2 月 22 日。

② 魏丽娜、傅守祥：《乡村振兴的文化产业与特色发展》，《当代贵州》，2021 年第 49 期。

③ 魏丽娜、傅守祥：《乡村振兴的文化产业与特色发展》，《当代贵州》，2021 年第 49 期。

④ 孙喜红、贾乐耀、陆卫明：《乡村振兴的文化发展困境及路径选择》，《山东大学学报（哲学社会科学版）》，2019 年第 5 期。

⑤ 魏丽娜、傅守祥：《乡村振兴的文化产业与特色发展》，《当代贵州》，2021 年第 49 期。

拍摄期间的生活住宿等）和特色农产品、手工艺品、乡村康养旅居类微视频以及不少优秀题材电视剧的广泛传播，为当代乡村重新进入城市民众的视野、重新构建起"诗意栖居"和"世外桃源"的审美愿景，以及为农村的发展建设都提供了意想不到的宣传效果和带动作用，譬如2020年播出的《遍地书香》以及2021年播出的《山海情》《阿坝一家人》《江山如此多娇》等。文化旅游作为一种全新的旅游模式，与精准扶贫、农业产业开发、农民就业增收等有机结合起来，助力脱贫攻坚，创新乡村振兴路径。特色乡村旅游则是解决"三农"问题的又一个重要突破口。乡村旅游的蓬勃发展，带领无数的乡村走向振兴，乡村旅游带来的市场经济，让农村的变化在短时间内超过过去几千年的总和。在此背景下，各地方纷纷出招发展乡村旅游①，休闲农庄、特色小镇、乡村民俗和精品酒店等出现快速增长。我国民族地区的经济发展存在很多限制性因素，因此，民族地区是精准扶贫的重点对象，注重特色文化产业发展是民族地区精准扶贫工作的有效路径，对提升整体精准扶贫工作效率具有突出作用。

从长远来看，充分挖掘本地特色，走特色发展之路，是推动乡村文化振兴的根本。新疆民族地区"非遗传承与女性赋能"的精准扶贫实践和特色开发探索，是将乡村全面振兴引向深入的成功案例。在不少民族地区，譬如柯尔克孜族刺绣②、哈萨克族刺绣③等已经成功地将非物质文化遗产传承与女性赋能相结合，大大提高了女性的家庭地位和社会地位，使传统女性的角色在家庭与社会中因刺绣技艺的传承与发展而发生微妙变化。应在非遗传统技艺继承的基础上，运用本民族刺绣技艺，设计、制作特色旅游纺织品，以女性赋能相关技能培训项目为载体，帮助农村贫困妇女提

---

① 魏丽娜、傅守祥：《乡村振兴的文化产业与特色发展》，《当代贵州》，2021年第49期。

② 柯尔克孜族刺绣是一种特殊的民族民间刺绣艺术，主要流行于新疆维吾尔自治区柯尔克孜族聚居区。经历了漫长游牧生活的柯尔克孜族擅长以家畜皮革和毛绒为原料制作生活用品，其刺绣艺术也因此带上了草原游牧文化的特色。柯尔克孜族刺绣多以日月星辰、花草树木、飞禽走兽为题材，也有丰富多样的几何图案，主要用以装饰服装、鞋帽、腰带、枕头、布单、毡毯、帐帷、门帘等日常生活用品。这些绣品工艺精巧，色彩绚丽，图纹美观，具有一定的象征性，尤喜使用柯尔克孜族人所钟爱的红色。它以家族为单位世代相传，工艺种类繁多，绣法分刺绣、贴绣、扎绣、镶坠彩绘等，蕴含着民族与自然界温暖而平和的情感交流，是柯尔克孜族文化不可或缺的组成部分。2008年，柯尔克孜族刺绣被列入第二批国家级非物质文化遗产名录。

③ 哈萨克族刺绣，2021年入选国家级非物质文化遗产名录。哈萨克族刺绣分毡绣和布绣两种，绣料多选用布、毛毡、皮革，构图饱满，突出四边，注重对称性，图案纹样粗犷简洁，有植物纹样、动物纹样和自然纹样，羊角、鹿角、驼掌、树枝、花草都在其中。绣法包括鼠印绣、勾针绣、锁边绣等十余种，绣品的颜色都有相应的寓意：蓝色代表天空和自由，白色代表纯洁和喜庆，绿色象征春天和青春，红色象征太阳和光明。其构图紧凑规整，纹样粗犷夸张，色彩艳丽和谐，刺绣方法奔放自如，草原韵味深厚，是千百年来哈萨克族人民独特的审美情趣和文化心理的反映。哈萨克族刺绣技法以家族为单位世代相传，它凝结着群众的智慧和创造精神。

升技艺能力，激发其内生动力，有效地促进少数民族地区农村妇女发展，助力脱贫攻坚，推动乡村振兴，探索可持续发展和共同富裕的新模式[①]，进而形成人群扶贫、区域扶贫和经济薄弱村重点帮扶协同发力、互促共进的良好格局。

面对 2020 年后以"相对贫困"为核心的减贫新阶段，在建立解决"相对贫困"的长效机制和乡村全面振兴的过程中应引入性别因素，以应对女性比男性更易陷入"相对贫困"的现实要求，并释放贫困女性的减贫动能。"女性赋权"减贫作为当代国际学术界和减贫机构的普遍共识，在缓解"相对贫困"、促进经济增长方面有着积极的功效。该模式在中国的实践也说明了其适用性，但如何在减贫政策的设计中加入性别因素、如何在赋权女性特别是少数民族女性的过程中应对家庭内部的不平等仍是亟待解决的问题。因此，应积极塑造减贫和乡村振兴的性别理念，加强"女性赋权"减贫理论的中国化，并在精准扶贫、综合减贫基本方略的指导下设计"女性赋权"减贫的相关政策，继而将"女性赋权"减贫作为一种嵌入机制，为既有减贫模式提供补充和改进，促进乡村振兴和共同富裕的高质量完成。

三、乡村振兴战略中的新乡贤助力与文化润疆

精准扶贫是对传统粗放扶贫的反思改进，乡村振兴是对传统乡村发展的更新换代，精准扶贫与乡村振兴之间具有紧密的内在关联。推进城乡融合协调发展，就可以为乡村振兴持续助力；深化农业供给侧结构性改革，就能构建乡村振兴的优势产业体系；坚持自治、法治、德治相结合的乡村治理新体系，就可以确保乡村振兴的顺利实现[②]。乡村振兴是新的发展阶段，一直持续到2050年，因此，全面实施乡村振兴战略的深度、广度、难度都不亚于前面几十年的脱贫实践。

乡村振兴要从整个经济社会结构的重组、重塑与内生能力的逐步培养等角度打持久战，要遵循乡村变迁的规律，让乡村的自然资源、风土人情、传统文化独特价值得到充分的彰显，未来的乡村会是一个高品质农产品的生产基地、一个高颜值的生态空间、一个高品质的生活空间[③]。做事业的关键在人，精准扶贫靠能人，乡村振兴靠各界贤达，特别是各类新乡贤。新乡贤可以说是赓续文化传统、完善乡村治理的有益力量。要立足乡村实际，创优体制机制，搭建新乡贤议事平台，鼓励和支持新乡贤参与乡村治理和公共事业建设，打造兼具乡土性与现代性的乡村治理新模式，

---

① 魏丽娜、傅守祥：《乡村振兴的文化产业与特色发展》，《当代贵州》，2021年第49期。
② 魏丽娜、傅守祥：《乡村振兴的文化产业与特色发展》，《当代贵州》，2021年第49期。
③ 魏丽娜、傅守祥：《乡村振兴的文化产业与特色发展》，《当代贵州》，2021年第49期。

促进乡村公共服务能力的提升与公序良俗的形成①。

　　乡贤文化植根乡土、贴近百姓，蕴含着见贤思齐、尊贤敬贤、崇德向善的精神力量，是社会主义核心价值观建设的重要抓手和载体②。因此，党的十九大报告提出"弘扬中华优秀传统文化，继承革命文化，发展社会主义先进文化"③。乡贤是饱学之士、贤达之人，乡贤文化则是一个地域的精神文化标记，是连接故土、维系乡情的精神纽带。千百年来，乡愁牵动乡贤，牵引着多少从乡村走出去的精英重回故乡，用自己的人生经历为乡民树立榜样；他们散发的文化道德力量泽被乡里，成为凝聚乡村社会的文化基因④。

　　传承创新"乡贤文化"、留住乡村的"灵魂"已成为近些年的社会共识，"新乡贤文化"被认定为乡村振兴战略的内驱动力和人才支撑。实施乡村振兴战略，实现乡村治理现代化，必须破解人才瓶颈制约。要培育富有地方特色和时代精神的"新乡贤文化"，积极引导新乡贤在乡村振兴，特别是在乡村治理中的积极作用。

　　可以说，新乡贤发挥作用的形式由传统的维持乡村自治和实现礼俗教化，转变成为乡村振兴提供重要的精神动力、智力支持和坚实的人才支撑。新乡贤不仅为乡村发展注入生机和活力，而且也为实施乡村振兴战略提供了内驱力⑤。当然，新乡贤文化的培育与建设，既要有开放视野，也要有不可或缺的底线思维；既要有一定的经济效益等市场鼓励措施调动积极性，同时，又要避免完全的功利化。当前，乡村振兴战略在实施过程中，既要积极提倡、正面鼓励与有效保护各类新乡贤的"义举"，又要严防各类乡村恶霸或黑恶势力的出现。当然，提升乡土文化内涵，除了热心的志愿者和乡贤们外，还要发挥专业文化队伍的作用⑥。

　　党的十九大报告提出实施乡村振兴战略，为广大农民描绘了一幅"农业强、农村美、农民富"⑦的美好愿景。乡村振兴是一场艰苦而漫长的跋涉，不仅需要资金、政策、人才，也离不开乡土文化灵魂的代代相传，需要发挥文化铸魂、塑形、赋能的强大力量和功能，加快打造新时代文化高地，构建起以文化力量推动社会全面进步的新格局。乡村振兴的一项要义在于文化，文化传承是乡村文化振兴的必然要求。

① 魏丽娜、傅守祥：《乡村振兴的文化产业与特色发展》，《当代贵州》，2021 年第 49 期。
② 傅守祥：《新乡贤文化助力乡村全面振兴》，《中国文化报》，2019 年 4 月 15 日。
③ 习近平：《决胜全面建成小康社会　夺取新时代中国特色社会主义伟大胜利》，《人民日报》，2017 年 10 月 28 日第 1 版。
④ 傅守祥：《新乡贤文化助力乡村全面振兴》，《中国文化报》，2019 年 4 月 15 日。
⑤ 傅守祥：《乡村振兴视野中的温州乡贤文化创新发展》，《创意城市学刊，》，2019 年第 3 期。
⑥ 傅守祥：《乡村振兴视野中的温州乡贤文化创新发展》，《创意城市学刊》，2019 年第 3 期。
⑦ 习近平：《决胜全面建成小康社会　夺取新时代中国特色社会主义伟大胜利》，《人民日报》，2017 年 10 月 28 日第 1 版。

如何结合乡村实际，传承、弘扬与创新乡贤文化，实现传统"乡贤文化"向现代"新乡贤文化"的转变，重构乡村文化并助力乡村振兴，是值得不断思考和力行的[①]。

新疆自古以来就是多民族聚居地区，多种文化包容互鉴、交融贯通，丰富了中华文化的深刻内涵，是中华文化不可分割的组成部分。习近平总书记在第三次中央新疆工作座谈会上指出："做好新疆工作，要完整准确贯彻新时代党的治疆方略，牢牢扭住新疆工作总目标，依法治疆、团结稳疆、文化润疆、富民兴疆、长期建疆"，强调要"深入开展文化润疆工程"[②]。"文化润疆"意在紧紧围绕新时代党的治疆方略，切实巩固各民族大团结，推进中华文化传承发展在新疆落地生根，繁荣发展文化事业和文化产业，促进新疆经济社会高质量发展。"文化润疆"既是在新疆持续建立和通畅中华文化润泽机制的过程，也是从人心维度不断夯实新疆特色文化与中华文化母体、新疆各民族与中华民族共同体之间深层联系，从而为新疆的稳定与发展提供内在文化支撑和持续性精神动力的过程[③]。

在庆祝中国共产党成立 100 周年大会上，习近平总书记宣告："我们实现了第一个百年奋斗目标，在中华大地上全面建成了小康社会。"[④] 小康社会的全面建成，标志着绝对贫困的彻底消除、精神境界的历史性跃升、制度文明的全新缔造，以及社会有机体的有序运转。同时，总书记还指出："我们坚持和发展中国特色社会主义，推动物质文明、政治文明、精神文明、社会文明、生态文明协调发展，创造了中国式现代化新道路，创造了人类文明新形态。"[⑤] 总书记关于"中国特色社会主义"是"人类文明新形态"的新论断，在党和国家的历史上应该是第一次被提出，这一全新概念的提出具有其深刻的实践基础、历史意义和理论价值，是人类文明发展探索的必然结果，也是中国共产党人不断总结社会主义建设经验所形成的最新理论成果。当前，我们党正以"乡村振兴"和"高质量发展"为抓手，带领各族人民持续向生态文明转型，全面贯彻可持续发展和新发展理念，努力在更高层面上追求各族人民的"共同富裕"，创造"文明新形态"。

---

① 傅守祥：《新乡贤文化助力乡村全面振兴》，《中国文化报》，2019 年 4 月 15 日。
② 《习近平在第三次中央新疆工作座谈会上发表重要讲话》，《人民日报》，2020 年 9 月 26 日。
③ 青觉、吴鹏：《文化润疆：新时代新疆地区铸牢中华民族共同体意识的理念、话语与实践逻辑》，《中国边疆史地研究》，2021 年第 1 期。
④ 习近平：《在庆祝中国共产党成立 100 周年大会上的讲话》，《求是》，2021 年第 14 期。
⑤ 习近平：《在庆祝中国共产党成立 100 周年大会上的讲话》，《求是》，2021 年第 14 期。

乡村振兴视域下民族村寨传统文化保护研究

——基于来凤县兴安村的田野调查

梅 露

摘要： 民族村寨传统文化保护是实施乡村振兴战略、实现民族地区乡村振兴的重要依托和开发难题。位于鄂、湘、渝三省（市）交界处的兴安村作为"中国少数民族特色村寨"，有着丰富独特的传统文化资源。传统建筑、传统婚俗、歌舞技艺和民俗信仰是其中最具特色的四个方面。文章介绍兴安村四大特色传统文化的发展现状及问题，探求传统文化保护和开发的路径，为民族地区乡村的全面振兴助力。

关键词： 乡村振兴；民族村寨；传统文化保护

作者 梅露，东北大学秦皇岛分校民族学学院硕士研究生（秦皇岛 066000）

习近平总书记在二十大报告中指出："加快建设农业强国，扎实推动乡村产业、人才、文化、生态、组织振兴。"[①]民族文化是民族地区村寨建设的独特资源。学者邓辉认为，民族特色村寨不仅是文化遗产的重要组成部分和民族文化传承与发展的重要载体，而且是民族地区可资利用与现代发展的稀缺资源[②]。凝练于民族生产生活经验的传统文化，在民族特色村寨建设中具有举足轻重的作用。然而部分民族特色村寨建设在传统文化保护和开发方面成效并不明显，村寨存在传统建筑破坏严重、传统文化保护意识薄弱、文化传承推进后继乏力等问题。位于恩施州来凤县的民族特色村寨——兴安村受市场经济发展的影响和外来文化的冲击，村寨众多传统文化被

※ 基金项目：本文系"中央高校基本科研业务专项资金资助"项目（N2323007）阶段性成果。

① 习近平：《高举中国特色社会主义伟大旗帜 为全面建设社会主义现代化国家而团结奋斗》，2022年10月16日第1版。

② 邓辉：《转变发展方式背景下特色民族村寨发展模式的调整与转型——以湖北省恩施市枫香坡侗族村寨为例》，《中南民族大学学报（社会科学版）》，2012年第5期。

破坏，同质化加速，甚至走向了消解的结局。笔者以兴安村传统文化作为田野调查对象，探讨保护村寨传统文化并推动其创造性转化和创新性发展的科学路径。

一、兴安村村情及传统文化现状

（一）基本村情

兴安村位于湖北省来凤县百福司镇西南部，距百福司镇约 20 千米，距来凤县城约 70 千米。地处鄂、湘、渝三省（市）交界之地，东与湖南省龙山县桂塘镇接壤，西与重庆市酉阳县大溪镇毗邻，素有"一脚踏三省"之称。

全村有 8 个村民小组，275 户，共 1 081 人，土家族人口占全村总人口的 97%，其余人口为苗族和汉族，是一个以土家族为主的多民族聚居地，其中彭、田二姓占全村人口的 60%。明末清初时期，彭、田二姓先祖从湖南湘西迁至此地开疆拓土。兴安村 2012 年被纳入国家传统村落保护名录，2017 年入选第二批"中国少数民族特色村寨"，2020 年荣获"全国文明村"称号，此外，还被评为百福司镇"最美村庄"。兴安村作为土家族传统文化的聚集地，其生产生活各个方面都带有浓厚的民族特色和地域特点。

（二）村寨传统文化现状

1. 传统建筑

传统建筑既是村寨传统文化的直观表达，也是特色村寨建设的重点。兴安村传统民居的房屋主体以木制结构为主，村寨四周丰富的林木资源是筑屋的天然材料，村民将从山上伐取的木材运到村寨，将木材加工后聘请木匠建造或自行修建房屋。民居中最具代表性的是土家吊脚楼，该建筑分为主屋和吊脚楼两个部分，两者呈直角排列，平面布局呈"L"或"凹"字形。主屋的固定形式大多是面阔三间，少数为面阔五间，主屋正中是堂屋，墙上设有神龛。堂屋是全家共有的空间，婚丧嫁娶、祭祀等重要仪式都在堂屋中进行，堂屋两边设卧室和厨房。

村中最早的吊脚楼已有两百多年历史，其余大多修筑于 20 世纪六七十年代。位于兴安村一组的茶岔溪吊脚楼群是村中规模最大、保存最好的吊脚楼建筑群。整个建筑群坐落于山谷坡地，隐蔽于树林之中，高低错落，蔚为壮观。除茶岔溪吊脚楼群外，大屋组还有全镇唯一一栋四层吊脚楼，高度达十几米，在西南土家族地区非常罕见。此外，枫香坪组还有一栋三层砖木混合式转角楼。

2. 传统婚俗

婚姻是村寨繁衍生息的必要环节，在一个村寨的仪礼中占有重要位置。兴安村婚俗受儒家文化影响深远，旧时女子出嫁为包办婚姻，不能自主选择配偶，嫁到陌生家庭便失去倚仗，因此女子出嫁前用哭嫁来表达痛苦情绪。这一习俗沿袭至今，成为兴安村婚姻仪式中最具特色的环节。

兴安村哭嫁一般自男方"盖礼"后开始，男方接亲前两日送来礼物，新娘与家人便在家中堂屋开始哭嫁，哭嫁时要烧香点蜡烛、祭拜先祖。哭嫁第二天举办戴花酒宴请宾客，新娘将头发挽起来，插上白菜花或者莲蓬花，有的还会插上银梳子或者玉石簪进行哭嫁，哭一天。第三天早上新娘随接亲队伍离开娘家前往男方家，离家穿鞋后停止哭嫁。重视哭嫁的人家甚至自女方定亲之后便开始哭嫁，不仅在自家哭嫁，还会带着待嫁新娘去舅舅、姑姑等近亲家轮流哭嫁。女方家会为请来哭嫁的妇人准备谢礼，一般是酒、海带、粉丝等礼物。

不同身份哭嫁内容不同。新娘家人哭的内容多为对新娘的祝愿与寄语，希望新娘在婆家要懂事听话、孝顺长辈、谦让小辈。新娘则表达对娘家的不舍和对出嫁后生活的担忧。

新娘家人：我的妹，你莫寒心，你莫流泪，你发财，你在行，你去听人家老的话哈，你敬得到老的心呀，把你贵如金呀，你顺到少的意呀，把你贵如银呀。

新娘：我敬不到人家老的心呀，我要贱如萍呀，我顺不到少的意呀，我要受人家欺呀。

哭嫁文化表现了土家族人民面对家庭分离的痛苦情绪以及家庭间的深厚情感，这些情感正是土家先民从穷山恶水的困苦环境中顽强谋生的力量源泉。

3. 歌舞技艺

歌舞技艺产生于一个民族的日常生产生活，反映一个民族的生活习俗和文化内涵。居住在兴安村里的土家人乐观开朗，善用歌舞来表达内心的情感。土家族山歌、摆手舞、三棒鼓等多样的歌舞形式，以及能歌善舞的村民使兴安村成为来凤县有名的文艺村。

土家族山歌是兴安村的文化名片，村中老人几乎人人能唱山歌。土家族山歌讲求即兴而歌，所见所闻皆可成歌。音调昂扬，热情向上，四句一首。歌曲内容多表达对生活的热爱、对国家政策的感谢和支持。

摆手舞产生于土家族的生产生活和战斗过程中。通过形象化的舞蹈动作模拟不同的场景，人们围着锣鼓而舞，配合着锣鼓节奏，顺拐、甩手、屈膝、颤动、下沉，大开大合的舞蹈动作反映了土家人敦实稳健、洒脱率真的性格。兴安村村民人人会跳摆手舞，20 世纪 50 年代以前，村民将大喇宫作为庆典时跳摆手舞的固定场所，如今村委会前的空地是村民共跳摆手舞的主要地点。

三棒鼓也是兴安村歌舞技艺的代表。作为一种技艺性歌舞，三棒鼓需要手、眼、脑的多重配合。主唱人手持三个花鼓棒，边敲边抛边唱。在兴安村，三棒鼓有着多重社会功能。逢年过节、婚丧嫁娶、乔迁新屋等都离不开三棒鼓表演。现今村里有一支三人花鼓队，村中婚丧嫁娶凡请必去。若村中党员去世，花鼓队自觉自发前往哀悼，不收任何费用。花鼓队也承担了村中的政策宣传任务，有时会前往周边的村镇进行巡演。闲暇时，三棒鼓又是村民悠闲娱乐的重要组成。

4. 民俗信仰

土家族具有祭祀祖先和供奉神灵的文化传统。兴安村村民每家每户堂屋正中间的墙上一定设有天地君亲师牌位或条幅，逢年过节必烧香祭拜祖先。彭公爵主、向大官人和田好汉三位土家族先祖受到了村民的共同供奉。

兴安村神灵信仰中土地神信仰最盛。村中道路两旁多设小型土地堂，土地堂中供奉着土地公公或土地娘娘。逢年过节或红白喜事，村民会向土地神供奉猪头肉、酒、粑粑等，也会在土地堂处杀鸡作为供奉。茶岔溪组原有一座大型土地堂，20 世纪因多种原因遭到破坏，该土地堂被破坏前占地约 20 平方米，为三柱四骑结构，堂中供设有菩萨像，深受村民崇敬。该土地堂经过修复后继续受村民供奉，如今占地不足 1 平方米，堂前摆设着香烛和糕点。茶岔溪组的村民多在此土地堂完成祭拜仪式。

村中王家界组有一处飞山庙，庙中供奉有飞山太公、财神菩萨、送子娘娘、土地神。据村民说，在飞山庙中许愿非常灵验。每逢"三九"（农历二月十九、六月十九、九月十九分别是观音菩萨出生、成道及出家的日子），兴安村民有前往村中飞山庙祭拜烧香的习俗。此外，每年的腊月、正月，庙中香火鼎盛。庙旁的一棵百年桂树前也有香火贡品。

兴安村地处武陵山腹地，自然环境复杂、野兽众多。兴安村村民生活在山林之中，用双手在深林中获得生活物资，一代一代延续。祭拜先祖、神灵和树木，反映了兴安村村民对先祖的怀念和感恩、对自然的崇拜和尊敬、对美好生活的憧憬和追求。民俗信仰是兴安村村民情感的重要寄托和表达。

二、民族特色村寨建设中传统文化保护存在的问题

（一）传统建筑遭到破坏

建筑是文化认同的重要体现，传统建筑是兴安村最具特色的传统文化之一。民

族特色村寨建设立足发展、保护和利用，以特色民居保护和改造为重点[1]。土家族吊脚楼是兴安村传统民居代表，分布在兴安村各小组。如今政府已经将保存最为完善的茶岔溪吊脚楼群纳入民居保护重点，修复现有民居，完善基础设施，安排专人管理，对外大力宣传，使其在来凤县及周边县市获得了一定的影响力，在保护的同时也为村寨创造了经济效益。

然而村中其他民居建筑没有得到相应保护和开发，大量的传统民居遭到损坏。一是民居拆除。受现代化发展和文化交流的影响，部分兴安村村民会主动拆除自家几十年的老式木制房屋，修建现代化住宅。例如年代久远、风格古朴的拔贡寨围墙旁新建有一幢三层欧式洋楼。随意地拆毁和修建民居，导致民族传统与现代风格并立，破坏了村寨的整体风貌，目前相关部门没有采取相应的措施进行干预，为民居整体保护增加了工作难度。加之由于产业开发和基础设施建设需要，政府对部分传统民居进行了拆除。这些行为破坏了特色村寨建筑景观的统一性。二是民居荒废。兴安村存在着严重的人口空心化现象，村民们常年外出打工或举家搬迁到便利地区，使得大量传统民居荒废，没有专人维护。例如兴安村王家界和岩窠两组人口外迁了八成。木制民居因潮湿和虫蛀腐坏严重，昔日具有特色的民居群缺乏生机活力。

传统的吊脚楼建造工艺也面临衰退。目前村中能够娴熟掌握吊脚楼建筑工艺、从事吊脚楼建造的专职木匠只有两名，且两人年纪都已超过五十岁，一旦需要更多木匠，村民则需要从湖南或重庆聘请，吊脚楼建筑技艺保护迫在眉睫。

（二）哭嫁婚俗逐渐消失

村寨婚俗受多方面因素的影响发生了巨大的转变，其中主要的原因有以下几点。一是村民大量外出。外出人群既有前往外地务工的，也有外出就读的。村民在外地接触到的不同婚俗习惯对村寨传统婚俗造成冲击。二是外地人进入。由于交通的发展，兴安村的外界交往不再只局限于周边村寨，生活在较远村寨的外地人也会进入村寨生活，他们的加入会引起村寨婚俗的改变。三是信息技术的发展拓宽了村民的认知。不出村的村民通过电视、网络也能接触到不同的婚俗文化。例如土家族女子出嫁时原戴青丝帕，现在也改成了红盖头。四是由于经济水平提升，村民选择了更加方便的方式。例如男方接亲原多采用人力的方式迎娶新娘，现在都是用小车接亲。

兴安村婚俗变化对提升村民幸福度具有积极作用，但其中具有民族特色、值得传承的哭嫁文化却日渐凋零。20世纪90年代，村中常有哭嫁习俗，近30年哭嫁文化在兴安村逐渐式微。如今村中会哭嫁的老人在世的不多，目前村中只有几位八十

---

[1] 国家民族事务委员会：《少数民族特色村寨保护与发展规划纲要（2011—2015年）》，http://www.gov.cn/gzdt/2012-12/10/content_2287117.html，2012年12月5日。

岁以上的老妇人知晓完整的哭嫁仪礼和哭嫁歌词。接受采访时，老人们表达了对哭嫁仪式的怀念。

哭嫁作为兴安村一大文化名片，没有被列为文化保护重点，随着时间推移，村寨中会哭嫁的妇人逐渐衰老，对原本熟知的哭嫁礼仪和歌曲的记忆逐渐模糊，加上缺乏及时的文字和影像记录，造成了不可挽回的文化遗失。

（三）歌舞技艺传承断代

歌舞技艺是传统文化传承的重点，而兴安村以山歌、三棒鼓、摆手舞为代表的传统歌舞技艺呈现传承断代的倾向。目前村中能够进行成熟的山歌、三棒鼓表演的人群主要是六十岁以上的老人，年轻人缺乏学习山歌、三棒鼓的意愿和机会。相较于山歌、三棒鼓，摆手舞作为国家级非物质文化遗产受到了更多的重视，政府在乡镇中小学开设摆手舞课堂，让年轻一代学习摆手舞，但学生学习的摆手舞多为简化、变形后的摆手舞，最原始的摆手舞及摆手舞背后的文化内涵没有被完整传承，舞蹈在代际传承中失去原本意味。

传承人流失是传承技艺断代的主要原因。国家和地方虽有相关政策对传承人进行补贴，但补贴难以实现全覆盖，相关文化保护政策很难落实到村寨之中。兴安村作为知名的土家村寨，没有经费对基层传承人进行支持，使得年轻人走出乡村，另谋生计。青壮年与村中文化长期处于割裂状态，既不熟悉村寨文化的变化迁移，又缺少文化传承自觉。加之村中老人的离世，使传统文化的代际传承越发艰难。

文化传承离不开政府的扶持。近年来，政府有意向开发兴安村民族文化资源，举办了小型文艺演出、摆手舞比赛等土家民俗文化活动，但系列活动多只关注文化形式的呈现而忽视文化内涵的表达。如今大跳摆手舞，只关注摆手舞的舞蹈形式，却忽视了其中的文化意义。政府修建了不少文化设施供村民开展文艺活动，文化设施却没有发挥其应有的文化功能，造成了资源的浪费。

（四）民俗信仰内涵改变

一个村寨的民俗信仰反映了一个村寨的文化底蕴。兴安村崇拜自然神灵、孝敬先祖的信仰传统使得村民形成了尊重自然、勤劳乐观、孝德感恩的优秀品质。兴安村村民献身于村寨建设，与周边村寨进行友好往来，维持家庭的和睦与发展，经过数百年的努力使兴安村发展成为一个繁荣村落。然而在现代文化的冲击下，兴安村传统的民俗信仰发生了改变。一是信仰仪式简化。例如，曾经村中人去飞山庙祭拜需要提前看好合适的日子，同时还需要供奉特定的贡品——猪头肉、糍粑等。现在的祭祀与之相比具有随意性，祭祀时间、贡品都没有严格按照旧有的规定。二是信仰群体范围缩小。村寨中有着较为浓厚的神灵信仰和祖先崇拜的人群主要是老年群体，老年群体较为严格地按照仪式规定进行祭拜，中年群体也会在重大节日期间进行祭拜仪式，年轻人和小孩几乎不会主动开展祭拜活动。

民俗信仰的改变也潜移默化地改变着村风村貌。信仰文化的改变导致了村寨凝聚力的降低，当村民对共同先祖的认同度和崇敬心较低时，集体奉献精神衰落，小家庭的独立意愿上涨，村民间友好往来减少，村内互助氛围减弱。兴安村八个组间的经济水平、基础设施建设、管理水平产生了较大差异，如一组枫香坪环境优美、道路整洁，而五组茶岔溪的道路则较为脏乱。与此同时，村中风气发生改变，村民大多将名下土地转租给当地油茶老板，不留或留下小部分土地耕作，每年收取固定的地租，空闲下来便聚在一起打牌，村中赌博投机行为增多。村民不再像旧时怀着乐天知命的态度向土地谋求生计，而是追求体力付出较少的生活。

三、民族特色村寨建设中传统文化保护与开发的路径

以兴安村为代表的民族特色村寨中既有有形的物质文化也有无形的非物质文化，它们因为人的存在和活动而具有活性。《中共中央国务院关于实施乡村振兴战略的意见》指出："立足乡村文明，吸取城市文明及外来文化优秀成果，在保护传承的基础上，创造性转化、创新性发展，不断赋予时代内涵、丰富表现形式。"[1] 实现村寨文化振兴既要挖掘文化现象的深层次内涵，又要激发其现代活力为民族特色村寨发展赋能。

（一）传统建筑保护与开发并行

传统建筑是村寨传统文化保护和开发的重点。首先要做到点面结合。在对单座建筑进行修缮的同时要尽可能对建筑原型进行最小干预，尽量使用与原建筑相同的砖瓦、木料，保存最初的建筑特色。同时对村中传统民居的分布格局进行统一规划，使建筑与村落自然风貌保持一致性，突出土家建筑风格。这一过程对规划者、管理者和施工者的技术水平都有着很高的要求，必须要通过严格的培训提升修缮人员的专业素养。其次，对村民乱拆、乱改、乱建的行为进行规劝，对已有破坏现象采取补救措施，对新修建的民房进行装饰，保证各组内建筑风格的和谐统一。对于具有开发价值且荒废的民居积极争取资金收回宅基地和土地经营权，安排专人管理，实现建筑功能的再开发。最后，积极邀请州博物馆、各高校对兴安村传统建筑进行调查，利用科技手段对村寨建筑进行记录和研究，整理文化资源遗存，开发村寨荒废

---

[1] 《中共中央国务院关于实施乡村振兴战略的意见》，《人民日报》，2018年2月5日。

的建筑遗址。村落建筑是民族村寨最直观、最基础的文化展示，要做好传统建筑的保护和开发，为村寨的后续开发打下坚实基础。

（二）非物质文化遗产的多元开发

1. 在保护中开发

歌舞技艺、婚俗文化、民俗信仰都是兴安村现存的宝贵的非物质文化遗产，必须将它们纳入文化保护的议程之中。村中非物质文化遗产的保护工作要坚持"保护为主、抢救第一、合理利用、传承发展"的保护方针[1]，将传统文化保护落到实处。成立专门组织负责挖掘、培养非物质文化遗产传承人，为传承人搭建传承技艺的平台，给予适当的经济支持，提升传承人文化传承的自觉性。将青少年放在传统文化保护的重要位置，鼓励更多的青少年承担起文化传承的任务，增强文化活态传承的动力。

2. 农文旅融合开发

将村寨传统文化与旅游产业融合发展，实现深度文化旅游。依托兴安村独特优势，发展特色文化旅游，避免旅游同质化，注重旅游开发与文化保护相结合。利用"一脚踏三省"的地域优势，湖北、湖南、重庆三省（市）合作建设土家文化长廊，形成鄂湘渝旅游圈，扩大旅游辐射范围。用文化旅游带动产业发展，挖掘土家族生产生活特色资源，生产具有民族特色的手工艺品、农副产品，形成兴安村独有的产业品牌，促进农旅文融合发展。探索与市场主体合作的发展模式，壮大村集体经济收入。

（三）将村民作为传承主体

传统文化的保护离不开村民的参与，村民是村寨文化的主体。兴安村村民承担着传统文化保护的责任，也是传统文化保护的受益者。在传统文化资源保护和开发的过程中，需要协调政府与村民间的关系，调动村民的主观能动性，发挥村民的主体力量。

首先，村中生活的村民本身就是一种文化，他们身上承载着村寨数百年历史变迁所凝结的文化缩影，一饮一食、一言一行都是群体文化的体现。要尊重村民的生活习惯和文化习俗，对村民中落后、迷信及不文明的观念和行为进行引导，提高村民的文化素养。其次，村民成为村寨文化保护和传承的主体，要增强村民的文化自觉与自信。传统文化保护是一项权利，每位村民都应当参与其中，享受传统文化保护带来的利益，将权利共享和地方发展结合起来，形成文化保护和地区发展的良性

---

[1] 国务院办公厅：《国务院办公厅关于加强我国非物质文化遗产保护工作的意见》，http://www.gov.cn/zwgk/2005-08/15/content_21681.html，2005 年 3 月 26 日。

循环。在执行政府政策的过程中应当尊重村民对本村寨传统文化的表达与实践，听取村民的建议和意见，调整开发方案。鼓励外出就读的大学生回到村中就业和创业，为兴安村建设出谋划策。最后，科学搭建真正的便民文化平台，为村民创造文化空间。加强文化广场、风雨桥等民族特色浓烈且利用率高的公共地标建筑维护，举办歌唱、舞蹈、节日庆典等文化活动，使传统文化"活"起来。

（四）信仰价值的现代性挖掘

兴安村传统文化是各民族共建共享的文化，是中华优秀传统文化的组成部分。兴安村传统文化中有众多现代性思想观念待挖掘。兴安村民俗信仰及其衍生出来的生活规则对现代生活具有启示意义。和平时期，祖先祭祀、自然崇拜彰显了兴安村村民孝德感恩、热爱自然的精神品质；动乱时期，兴安村村民响应国家号召，积极投身于抗日战争、抗美援朝战争等当中，具有深厚的家国情怀。激发传统文化的现代性力量，可为村寨的发展注入源源不断的动力。

应弘扬民族村寨民俗信仰中的积极因素，促进区域协调发展。开展爱国主义和民族团结进步教育，在村寨文化中融入社会主义核心价值观，增强社会主义文化自信。利用村中三棒鼓表演、山歌演唱等活动宣传党和国家政策。完善村规民约，开展乡村文明个人、文明家庭评选，提升村民思想道德水平，加强村民日常行为规范，培育文明乡风、良好家风、淳朴民风，促进村级治理法规化、规范化。将民族村寨建设与民族团结进步创建相结合，加强各民族交往交流交融，不断提升少数民族特色村寨的文化内涵，铸牢中华民族共同体意识。

四、结语

文化振兴是乡村振兴的重要方面，在民族村寨建设中，传统文化保护是村寨建设的关键部分。以兴安村为代表的部分民族特色村寨在进行村寨建设时没有将经济开发和文化保护两个方面进行充分地联系，甚至将两者对立起来，导致村寨中独特的传统文化失传或濒临失传。协调传统文化保护与经济开发的关系，实现两者正向发展，是地方政府需要思考的课题。

开展村寨传统文化保护工作，首先要清楚把握村寨的传统文化现状及存在的问题，然后再制定政策，有针对性地保护和开发文化资源，挖掘文化现象的深层次内涵，激发其现代活力，为民族特色村寨的振兴发展赋能。最后，要充分调动各方力量投入其中，保证传统文化保护和开发顺利完成，实现其创造性转化和创新性发展。

乡村振兴视域下民族特色村寨的传统文化呈现

——基于来凤县兴安村的个案分析

全　翔　殷志鹏

摘要： 湖北省恩施土家族苗族自治州来凤县兴安村地处鄂、湘、渝三省（市）交界，是一个土家风情浓厚的民族特色村寨。村民长期的生产生活积累，形成了村寨独特的传统文化。民族学与人类学有关传统文化呈现的四种状态分别为：文化本相、文化自述、文化解读、文化感悟。本文主要以文化解读的呈现方式，通过体验居住、个案访问、参与观察，将所收集的田野材料用民族学与人类学的话语体系，以民族志的方式来展示兴安村文化的源流、特征以及其具体的呈现形式。通过文化感悟的方式，分析乡村振兴视域下少数民族特色村寨文化保护与传承问题，提出相应的思考。

关键词： 文化呈现；民族特色村寨；乡村振兴

作者　全翔，东北大学秦皇岛分校民族学学院硕士研究生；殷志鹏，东北大学马克思主义学院硕士研究生（秦皇岛　066000）

一、引言

党的十九大提出乡村振兴战略，并将"三农"问题提到新的高度，提出"产业兴旺、生态宜居、乡风文明、治理有效、生活富裕"的总要求，强调从产业、人才、文化、生态、组织等方面全面推进。党的二十大指出，全面建设社会主义现代化国家，最艰巨最繁重的任务仍然在农村。应坚持农业农村优先发展，全面推进乡村振兴，加快推进农业农村现代化。在乡村振兴的背景之下，少数民族特色村寨作为民族地区生产生活的单元空间，是各民族物质与非物质文化的重要载体，也是民族地区乡村振兴的着力点。自2009年始，民族特色村寨保护与发展工作得到广泛开展，从民居特色、产业支撑、民族文化、人居环境、民族关系等方面进行打造和建设，成效较显著。国家民委于 2013 年着手开展少数民族特色村寨命名挂牌工作，2014 年命名 340 个村寨并予以挂牌。兴安村因其独特的地理位置和人文环境，于 2012 年被纳入国家第一批传统村落保护名录进行保护，2017 年成为国家民委命名的第二批"中国少数民族特色村寨"，2022 年被百福司镇人民政府授予"最美村庄"称号。

湖北省恩施土家族苗族自治州来凤县兴安村地处鄂、湘、渝三省（市）交界，是一个土家风情浓厚的民族特色村寨。村民长期的生产生活积累，形成了村寨独特的传统文化。民族学与人类学有关传统文化呈现的四种状态分别为：文化本相、文化自述、文化解读、文化感悟①。本文主要以文化解读的呈现方式，通过体验居住、个案访问、参与观察，将所收集的田野材料用民族学与人类学的话语体系，以民族志的方式来展示兴安村文化的源流、特征以及其具体的呈现形式。通过文化感悟的方式，分析乡村振兴视域下少数民族特色村寨文化保护与传承问题，提出相应的思考。

二、兴安村的村寨历史

兴安村坐落于湖北省恩施土家族苗族自治州来凤县南部，隶属百福司镇，地处鄂、湘、渝三省（市）交界，素有"一脚踏三省"之称，是一个以土家族为主的多民族杂居特色村寨。村寨的历史文化悠久，自元朝以来长期受土司管辖，明清之际彭、田两姓迁居此地，开辟山林，繁衍生息。民国期间，这里还经历过严重的匪患抗争。中华人民共和国成立初期，曾发生过可歌可泣的深山歼敌的剿匪故事。直到 1952 年之后，建村改制，才恢复了安宁与和平的局面，故取名"兴安村"，以寄托村民对美好生活的向往。

（一）明清之际的土司制度

自元朝始，中央政府就在这一地域实行土司制度，长达 400 年之久。清朝雍正年间实行"改土归流"，土司制才得以废除。据田野调查，明清之际，彭、田二姓先祖迁于兴安，开疆拓土，繁衍生息。

元朝中前期，鄂西地区发生了多次大盘峒叛乱，为当时的社会控制带来挑战。封建中央政权以土司制度来实现对鄂西南地区少数民族的管理。卯峒地区设立了盘顺军民安抚使司，《元史》曾有记载："至元十八年（1281 年），大小盘诸峒蛮叛，命领诸翼蒙古汉军三千人余成施州。既而，蛮酋向贵誓用等降，其余峒蛮未服者悉

---

① 谭必友、田级会：《田野中的文化呈现：穿越文化浸洗的廪嘎人歌舞研究》，北京：人民出版社，2010 年，第 8 页。

平。遂以为保宁等处万户"[1];"至元二十一年（1284年），以蒙古军八百从征散毛蛮，战于菜园坪、渗水溪，皆败之。散毛降，大盘诸蛮亦降"[2]；元二十六年（1289年）至元二十八年（1291年）间，"五溪蛮散毛、大盘蛮向木得什用等叛，从行省曲里吉思帅师往讨，皆擒之，杀其酋长头狗等"[3]。从《元史》中可以得出，鄂西地区在短短的十多年间，就发生了多起以大盘峒为首的地区叛乱。中央为了维系对地方政权的控制，将大盘峒正式设为盘顺府，并命谋谷什用担任知府，通过任命的形式来获得地方势力的支持。后至正十一年（1351年），元统治者在平定师壁安抚司、盘顺府叛乱之后，在该地设四个长官司、七个巡检司，用以分化地方大土司的权力[4]。

明朝，盘顺土司经历了从盘顺长官司，到被废除，再到被重新恢复的曲折过程。其世系大致如下：向贵什—向喇若—向那吾—向大锤—向龙—向景春—向政—向明辅—向位—向同延。明初，洪武五年（1372年），盘顺元帅墨稍什用派遣其弟墨西什用向朝廷进贡，交纳银印一颗，铜印六颗。皇上回赐墨稍什用、墨西什用华丽的绸缎，并承认其世袭的地位，设盘顺长官司[5]。洪武二十三年（1390年），施州地区发生了大规模的土司叛乱。朱元璋在平定了叛乱后，废除了当地的土司制度。永乐元年（1403年），中央为了更好地管理少数民族地区，又重新开始恢复土司名号。在这样的背景之下，盘顺长官司服从中央的号令，多次出兵调征，参与中央王朝平定内乱的战役，立下不朽战功。

清朝建立之初，中央政府仍在边界少数民族地区推行土司制度。有史料记载，顺治年间，中央政府对地方土司采取诱降政策，即"凡未经归顺，今来投诚者，开具原管地方部落，准予照旧袭封；有擒执叛逆来献者，仍厚加升赏；已归顺司官，曾立功绩仍未经授职者，该督抚按官通查据奏，论功升授"[6]。在这样的政策下，盘顺第十代土司向上递呈，恳请授予世袭，后被皇帝应赐卯峒长官司。尽管卯峒长官司得到了清王朝的认可，但由于土司之间的长期战争，卯峒地方的经济和文化都遭到了严重的破坏，有明显衰败的迹象。直到雍正十三年（1735年）实施"改土归流"，卯峒最后一任土司向上"呈请改流"，从此卯峒土司终结。

（二）民国时期的匪患矛盾

1949年前的兴安村地处于今鄂、湘、渝三省（市）的交界处，其复杂的地形地

---

① 《元史》，北京：中华书局，1976年，第3 642页。
② 《元史》，北京：中华书局，1976年，第3 907页。
③ 《元史》，北京：中华书局，1976年，第3 277页。
④ 何源：《明清时期卯峒土司研究》，吉首大学硕士学位论文，2015年。
⑤ 《明太祖实录》卷七十三，洪武五年三月己亥，北京：中华书局，2016年。
⑥ 《清世祖实录》卷四十一，顺治五年十一月辛未，北京：中华书局，1986年。

势导致当地长期处于经济发展水平较低、行政体制职权范围不明晰的状况，造成了土匪横行、民不聊生的动荡局面。根据当地村民的回忆，新中国成立前的兴安村属于"三不管"地区，长期有土匪扰袭，村民们为了抵抗土匪，曾发生过轰轰烈烈的"大喇宫抗匪"事件。20世纪三四十年代，匪患活动猖獗，兴安村村民为了保护自己、抵抗侵略，在大喇宫中与土匪进行了英勇的斗争，用土枪、土炮多次击退敌人。当时大喇宫外墙坚固，内设防御设施，布置有土炮。在抗匪过程中，村民一边用撮箕将铁钉、铁块等物装入大炮中向土匪发射，一边将滚烫的开水用竹子做的水瓢从楼上往下浇，以起到恐吓敌人、团结民心的作用。在共同努力下，村民们成功地击退了来犯的敌人，并维护了自身的生命和财产权不受侵害。

（三）解放初期的深山歼敌

1949年年初，中国人民解放军在围剿国民党残余势力时，驱敌于今鄂、湘、渝的交界之处兴安村。当时国民党土匪纵队司令彭卓安与当地寨主胖头鳌相勾结，妄图负隅顽抗。解放军联合当地的土、苗人民把土匪消灭在鹰嘴岩穿眼洞。新中国成立后，当地匪首彭卓安勾结美蒋特务，建立所谓"川、湘、鄂游击走廊"。1953年2月26日，美蒋特务"龙山行动组"，坐美制（47型）四引擎运输机，从日本冲绳机场起飞，凭借夜幕掩护，超低空飞蹿到三省交界地域盘旋侦察，并于第二天凌晨空降了数名特务以及大量的军用物资。当美蒋飞机盘旋侦察之时，政府高度警惕，并及时做出了相应的战斗准备。敌方特务原计划空降到龙山境内的八面山，却阴差阳错地着陆于河东管理区的响水洞附近。降落之后，敌方特务立即烧毁了降落伞，并将空降物资进行了掩藏，准备待天亮之后再进行下一步的计划。27日早晨，山林深处迷雾笼罩，敌方特务准备窥探周围地形，无意中被村民发现。村民在发现特务之后，遂回村中向乡政府报告。当时河东乡政府一边向上级政府汇报相关情况，一边组织当地民兵携土枪、刀叉等直奔响水洞现场。下午5时，在民兵队长田兴富的带领下，当地村民发现了敌方特务，并进行了一番激烈的枪战，最终将敌方特务逼至马坪山一带。在敌人逃亡之时，河东民兵得到了明溪乡民兵的及时支援，击伤了特务钟培常。然敌方特务依仗优良武器装备，打伤民兵罗世清，拼命逃出了包围。时至夜幕降临，天降小雨，因民兵火药引线均已被淋湿，遂放弃追击，转守路口要塞。28日，河东、明溪民兵在响水洞鱼沟槽中搜查出敌人的大量物资，取得了初步的胜利。3月1日下午，民兵在腰带山的岩坎下发现敌方特务，在一场激烈的战斗后，击毙敌方特务组长刘玉麟，并俘虏3名敌人。整个深山歼敌历时3天，全歼敌方特务，并缴获电台2部、密码簿5本、加拿大手枪2支、日造安都式手枪3支、美MIA卡宾枪4支、各种子弹1 000余发，还有大量纸币、金块、罐头、炒米等，品类共135

种，计 400 多件 [①]。

（四）新中国成立后的兴安村

新中国成立之后，各级人民政府对湘、鄂、川（渝）、黔等地区进行了大规模的剿匪活动，肃清了匪患问题。长期受土匪侵扰的兴安村也重新恢复了安宁的生活，并于 1952 年被命名为"新安"。此"新"即新中国的"新"，用以表达新建成村落的村民对平安祥和的美好期望。而后由于来凤县对该村做报道时经常把"新"与"兴"混用，于是将"新"字改成了"兴"字。"兴"字有振兴之意，表达了兴安村村民的美好愿望，后来口口相传，即为兴安村。新中国成立之后，兴安村经历了不同时期的行政变革，1952 年，隶属五区；1956 年，隶卯峒人民公社；1959 年，隶卯峒人民公社河东管理区；1984 年，隶百福司镇河东乡；1997 年，隶百福司镇河东管理区；2004 年，隶百福司镇，一直至今。

三、兴安村的文化呈现

来凤县兴安村位于鄂、湘、渝三省（市）交界处，东与湖南省湘西土家族苗族自治州龙山县接壤，西与重庆市酉阳土家族苗族自治县毗邻，是以土家族人口为主的多民族聚居村落。兴安村辖 8 个村民小组，275 户，共 1 081 人，其中土家族人口占全村总人口的 97%。兴安村因长期受土家文化熏陶，在饮食、歌舞、节日、建筑等方面独具特色，在其具体文化表现形式中体现着浓厚的土家风情。

（一）饮食文化

对食物选择的方式本身就是一种饮食文化的体现，而饮食文化表现出来的饮食结构、器具、习惯以及背后隐藏的象征文化意义，是由人们所处的自然地理环境和社会环境所决定的。兴安村的地形以山地、丘陵为主，平均海拔约 600 米，属于典型的喀斯特地貌。其气候属于亚热带季风性湿润气候，冬无严寒，夏无酷暑，雨量充沛，日照充足。这样的气候条件，决定了当地人的饮食结构以杂粮为主，多为苞谷、红苕、洋芋、荞麦等，且饮食偏好为喜辛辣、好饮酒 [②]。曾有古书记载了关于土家族"咂酒"的传统，即"（农历）九、十月间，煮高粱酿瓮中，至次年五、六月灌

---

① 湖北省来凤县县志编纂委员会编纂：《来凤县志（1866—1985）》，武汉：湖北人民出版社，1990 年，第 359—360 页。
② 湖北省来凤县县志编纂委员会编纂：《来凤县志（1866—1985）》，武汉：湖北人民出版社，1990 年，第 467 页。

以水，瓮口插竹管，次第传吸"。此外，当地人在长期烹饪食物的过程中，创造了各色各样具有鲜明地域和民族特色的美食，如油茶汤、合渣、粉粑、玉米豆腐、油粑粑、酸菜（酸洋姜、酸豇豆、酸大头菜、酸苞谷等）、腊肉、绿豆皮、糍粑、糯米酒、鲊广椒、蕨粑等。土家人特别钟爱油茶汤，几乎一日三餐离不开它。正如土家族的山歌唱的："一天不喝油茶汤，满桌酒肉都不香"，由此可见油茶汤已经深深地融入当地人的生活之中，成为了当地饮食文化的一部分。

（二）歌舞文化

兴安村的歌舞艺术具有浓郁的土家文化特征。村民保持穿土家衣、说土家语、唱土家歌、演土家戏的传统习俗。每逢岁时佳节、婚丧嫁娶、乔迁之时，四人围坐，一人为主演，其前置放一小圆鼓，边抛边打边唱，为抛棒者；另外三人，一人敲马锣，一人抛刀（刀为三至五把），一人耍"连绞棒"，此为花鼓演唱的基本形式。演唱时，唱词每板四句，多为"五五七五"句式，四句均押韵，每板唱完后可换韵，间歇均用锣鼓，唱腔随地方声调的不同而变化。除花鼓之外，当地的歌舞艺术中具有代表性的还有山歌、哭嫁、吹木叶等。山歌形式比较灵活多变，当地人喜欢走到哪里唱到哪里，即兴创造，其内容以歌唱党和国家的好政策为主，有时还起到向村民宣传卫生环保、森林防火的教育意义。哭嫁是指旧时包办婚姻中的男女素未谋面，女方家人通过哭嫁表达对新婚女子的不舍之情和对其未来美好生活的祝福。直到20世纪90年代，兴安村仍有哭嫁习俗。整个哭嫁过程维持三天，第一天，男方于结亲前送来礼物（俗称过礼）之后，待嫁新娘开始哭嫁；第二天，女方家中举办戴花酒，新娘将头发挽起来，插上白菜花或者莲蓬花（荷花），有的还会插上银梳子或者玉石簪进行哭嫁；第三天，新娘一早离开娘家前往男方家，离家穿鞋后，便停止了整个哭嫁的过程。吹木叶是指当地人选取苞谷叶、香树叶、桂花树叶等作为发声的器物，通过合适的技巧使叶子振动发声，以此作为一种平时休闲放松的娱乐形式。吹木叶所发出的音调和音律由表演者口中的气流决定，不同的曲子需要用不同的力度来控制。

（三）节日文化

兴安村的重要节日有"四月八""端午节""过赶年""重阳节""月半节"等，其中最具民族特色的是"过赶年"。"过赶年"即在正式过年的前一天过年，腊月大就在二十九过年，腊月小就在二十八过年。相传土家族曾经战争频繁，常受异族攻击，提前一天过年可以防范他族突如其来地偷袭，因此"过赶年"的习俗一直延续至今。其过节的仪式也非常复杂，包含许多礼仪与祭祀方面的禁忌。比如，年前当地人要上坟祭拜，祭祀先祖；吃年夜饭之前，要在堂屋的神龛前或院坝前举行祭祀的仪式；祭拜过神龛后，还要准备食物和香烛在土地坛前祭拜，以期来年风调雨顺。兴安村如此多的祭祀活动，体现了当地土家人的原始宗教观、神灵观、灵魂观，还体现了其以家庭血缘为纽带的宗族意识。这种节日文化的精神力量维系着村里的社会秩序和伦理道德①。

（四）建筑文化

由于鄂西地区地处偏远，传统聚落的生产生活方式受到的外来文化的影响较少。兴安村如今还保留了许多传统的建筑群，形成了规模不等的聚落，具有乡土建筑文化特色。依山势而建的吊脚楼具有土家文化特色，是传统半干栏式建筑的代表；古学堂是当地著名的私塾，开启"男女平权"之先河；独隐山林的紫阳宫，体现着道家"无为而治"的思想。

吊脚楼，也叫"吊楼"，为苗族、布依族、侗族、土家族等南方民族的传统民居，多依山靠河就势而建，属于干栏式建筑的一种。兴安村的吊脚楼与一般的干栏式建筑不同，吊脚楼不完全悬空，属于半干栏式建筑。兴安村有8个自然村组，当地人依次称为下寨、中寨、上寨、岩窠、瓦场、大屋、滑石板、查茶溪（也称茶岔溪），一共有62栋吊脚楼散布在其间，其中最具特点、保存较好的是茶岔溪吊脚楼群。茶岔溪吊脚楼群坐西北、朝东南，依山形地势错落有致，沿着青石台阶规律分布，呈现出一种阶梯式布局。吊脚楼群四周古树成荫、楠竹密布，侧边上山的道路呈东北—西南走向，与山间地形、竹林形成口袋式的风口，利于古寨采光通风。吊楼的历史悠久，多建于20世纪60年代，有像钥匙头的单脚式吊脚楼，也有像撮箕口的双脚式吊脚楼。建筑整体结构大致相同，由正屋与厢房构成。正屋居中一间为堂屋，有神龛，是祭拜祖先与神灵的地方。堂屋右侧有火坑，是用于平时烧水与冬季取暖的屋子。其他大多数的屋子用于居住睡觉与存储食物。与厢房连接的吊脚楼一般离地2—3米，上面的房间用于居住，而下方则用于搁置柴火等杂物，其功能更像一间储物间。

古学堂位于中寨，占地500多平方米，右临古驿道，曾长期用作私塾。学堂坐西朝东，海拔约653米，门口有两扇石门，沿45°倾斜展开，分别刻有"腾蛟"与"起凤"字样，寓意着宛如蛟龙腾跃、凤凰起舞，形容人才众多、各显其能。石门长1.27米，宽0.8米，两块对称分布。整个学堂的外墙是由石砖垒成的斗合式墙体，用砖侧砌或平、侧交替砌筑成的空心墙体与同厚度的普通实心墙相比，可节约砖材、砂浆和劳动力，同时减轻墙体的重量。现存的古学堂的外墙只剩右侧的了，其他的

① 向轼：《卯峒土家族春节祭祀活动及其文化内涵》，《民族艺术研究》，2010年第3期。

已经遭到了严重的破坏。其现存右墙墙体长 21.9 米、宽 0.2 米、高约 3 米，沿东西走向。古学堂右侧的驿道，西通重庆，南连湖南，北达百福司，是当时的交通枢纽。顺着门口的石阶进入学堂，院内杂草丛生，长满青苔的院坝里仍然矗立着一栋清末民初的木屋。从学堂的房屋规模、制式看，其不亚于民国时期百福司有名的桂林书院。由此可见兴安村在兴学方面的意愿和成就[①]。

偏隅而居的紫阳宫是枫香坪建筑群的一部分。紫阳宫坐西南、朝东北，海拔约530 米，地处枫香坪一角，翠竹环绕，八面来风，风景绝佳。紫阳宫外墙系斗合式墙体。紫阳宫的山下是捏车河，当地人叫作关山河，疑与紫阳宫有关，颇具道家色彩。紫阳宫正门为两扇对称木门，门长 1.8 米、高 1.1 米、宽 0.05 米；门槛长 2.1 米、高0.4 米、宽 0.05 米。正门两侧为对称向外 45°展开的石墙，长 3.7 米，左石墙旁为树木，右石墙向西南方延伸 16 米，接着向东北方延伸 39.45 米，构成紫阳宫外墙。里屋为木质结构，共两栋，前后排列。

四、民族特色村寨文化与乡村振兴的思考

（一）作为"场域"的民族特色村寨

英国人类学家爱德华·泰勒认为，"文化，就其广泛的民族学意义来说，是包括全部的知识、信仰、艺术、道德、法律、风俗以及作为社会成员的人所掌握和接受的任何其他的才能和习惯的复合体"[②]。文化来源于生产生活实践，亦作用于生产生活。民族特色村寨作为文化产生和实践的"场域"，由社会成员按照特定的逻辑共同创造和传承，是村民客观关系的网络空间。村寨中的社会成员在文化生产过程中，一方面受到"场域"的限制和影响；另一方面，在社会环境的影响下，他们又会无意识地将社会文化内涵于行为，体现在物质及精神生活方面，此则谓之"惯习"[③]。作为特色村寨的兴安村受土家文化的影响，当地的民族性根植于衣食住行之中，潜移默化地影响着人们的精神与日常，兴安村的生产生活方式无不体现着浓厚的土家风情。

（二）文化价值可以转化为经济优势

兴安村有着独特的自然和人文环境，创造并积累了丰富的历史文化资源，这为

---

① 滕建刚主编：《来凤县传统村落概观》，恩施：《来凤文史》编辑委员会，2020 年。
② ［英］泰勒：《原始文化》，蔡江浓译，杭州：浙江人民出版社，1988 年，第 1 页。
③ 宫留记：《布迪厄的社会实践理论》，开封：河南大学出版社，2009 年，第 49—51 页。

当地经济发展提供了内源的发展优势。历史上的土司制度对当地的影响较大,在土家族的风俗与习惯、道德与法律、艺术与宗教等生产生活方式上均有不同程度的体现。"一个民族的复兴需要强大的物质力量,也需要强大的精神力量。"[①] 兴安村历史文化中所体现出来的民族团结精神和爱国主义精神,是弘扬中华优秀传统文化的宝贵财富。兴安村遗存了许多历史悠久的、具有民族特色的物质文化遗产和非物质文化遗产,这些具有土家特色的建筑、饮食、节日、歌舞等文化资源,具有极高的旅游观光和科学研究价值。

(三)民族特色村寨文化的开发与保护

自 2014 年实施精准扶贫以来,来凤县兴安村在上级党委政府的正确领导和州纪委、县经信局的大力支持与帮扶下,发展特色农产品,改善当地的基础设施,提升村寨公共服务水平,于 2018 年年初实现了整村脱贫。兴安村的民族特色村寨文化的开发与保护成为该村乡村振兴实践的一个重要路径。民族特色村寨作为当地人生产生活的空间,承载着众多的文化资源,这些具有当地特色的乡土文化、民族文化,本身蕴含着较大的文化能量,具有促进当地发展的比较优势。将这些文化资源的价值开发出来,转换为现实的经济价值,可以促进当地村民收入增加,也可以促成文化资源的"活态性"保护。特色村寨的建筑聚落、景观构建、生计方式,无不体现着人与自然和谐发展的思想。人类学家李亦圆在探讨文化分类的基础之上,提出了中国文化中最为深层的内在法则,即和谐与均衡[②]。兴安村将自然与建筑、自然与文化、自然与人的关系处理得恰到好处,既适应了当地原有生态环境,又实现了最大程度的经济效益,从而满足了当地聚落的基本生产生活需求。乡村具有不可替代的特征和价值,如果我们的乡村和城市一样,将会导致人类精神生活的失调[③]。乡村与城市功能的互补性也说明了民族特色村寨功能的不可替代性,特色村寨具有深远的社会价值。民族特色村寨是乡村振兴视域下促进城乡融合发展的重要文化资源。

① 习近平:《在文艺工作座谈会上的讲话》,https://politics.people.com.cn/n/2015/1015/c1024-27698943.html,2014 年 10 月 15 日。
② 李亦圆著:《我的人类学观:说文化》,《社会文化人类学讲演集》,天津:天津人民出版社,1996 年,第 66—67 页。
③ 王路:《农村建筑传统村落的保护与更新——德国村落更新规划的启示》,《建筑学报》,1999 年第 11 期。

未识别民族非物质文化遗产的挖掘与抢救

陈娟伟

摘要： 在我国 56 个民族之外，还存在一些未识别民族群体，这些民族在漫长的生产生活实践过程中创造了丰富多彩、内涵独特且民族特色显著的非物质文化遗产，它们是中华优秀传统文化中独具特色的重要组成部分。随着我国非物质文化遗产的高速发展，未识别民族非遗保护逐渐得到更多重视。但社会的快速发展、外来文化的冲击和城镇化步伐的加快等破坏了未识别民族非遗赖以生存的土壤，一些珍贵的非物质文化遗产濒危，需要从政策扶持、传承人保护、非遗挖掘与认定、产业化保护、非遗进校园、文旅深度融合等方面开展未识别民族非遗保护工作。

关键词： 未识别民族；非物质文化遗产；挖掘与抢救

作者 陈娟伟，东北大学秦皇岛分校民族学学院硕士研究生（秦皇岛　066000）

今天世人皆知的 56 个民族，是民族工作者们以"中国化"了的斯大林民族理论为前提，以各个民族的实际情况为依据，进行了 20 多年的科学识别与调查即民族识别工作，直到 1979 年基诺族被确认，才最终认定下来的。然而，在中国这片广阔无垠的土地上，除了世人皆知的 56 个民族之外，还有一部分少数民族，如㑇革家人、克木人、摩梭人、八甲人、僜人等，由于资料不足、数据不全、民族划分标准不统一等种种原因而被称为"未识别民族"。

自从我国在 2004 年加入联合国教科文组织《保护非物质文化遗产公约》以后，非物质文化遗产及其传承与保护就成了我国学界的热门话题，国家也一直在探索一条符合中国国情的非物质文化遗产可持续发展之路。2022 年 12 月，习近平总书记对非物质文化遗产保护工作作出重要指示，"要扎实做好非物质文化遗产的系统性保护，更好满足人民日益增长的精神文化需求，推进文化自信自强"，彰显出党和政府对非物质文化遗产保护工作的高度重视。未识别民族在长期的生产生活实践过程中创造了

※ 基金项目：本文系"中央高校基本科研业务专项资金资助"项目（N2323007）阶段性成果。

丰富多彩、内涵独特、具有显著民族特色的非物质文化遗产,它们是中华优秀传统文化中独具特色的组成部分,是维系民族感情的重要基础,是最能代表这些未识别民族的民族文化特色的标志。非物质文化遗产保护工作任重而道远,特别是未识别民族非遗的挖掘与抢救有待加强。在当今社会,部分未识别民族在文化权利、法律地位等方面逐渐成为被"边缘化"的"弱势"群体,这是我们无法回避的事实。如同其现实境况,目前学术界对未识别民族的学术研究成果极少,关注度不够。以中国知网 CNKI 为例,截至 2022 年 12 月 20 日,以"未识别民族"为关键词搜索出的研究成果仅有 20 多篇,其中有超过一半的文献研究的是未识别民族的体质特征,此外,还有涉及未识别民族的法律地位[①]、权利保护[②]、学生就业问题[③]、民族文化保护[④]与抖音对保留未识别民族传统文化的影响[⑤]等的研究。显然,对未识别民族非物质文化遗产进行研究的文献甚少,中国知网中仅有一篇。基于此,本文对我国未识别民族的基本概况,未识别民族非物质文化遗产的现状、面临的问题及保护与传承的对策进行研究,以求抛砖引玉,唤起社会对未识别民族群体的关注,为未识别民族非物质文化遗产的挖掘、抢救、传承与保护提供新的思考。

一、未识别民族的基本概况

(一)未识别民族的含义及基本类型

未识别民族是中华民族的重要组成部分,处于族群与民族之间的"临界状态",主要是指未被中国官方政府认定为独立民族的特定民族共同体或者是民族成分不清晰且仍存在争议而未被官方正式确认的民族或族群,是我国 20 世纪民族识别工作中的重要遗存。未识别民族具有两种属性:一是族群的递进,具有族群的文化特性,是族群文化的分析单元,表示该族群事实存在;二是作为民族后位概念,它具有国家意志,表现出一种政治属性,必然含有国家和个体行为的法律权利和义务[⑥]。学界

① 戴小明、盛义龙:《未识别民族法律地位探微——以民族平等为研究视角》,《中南民族大学学报(人文社会科学版)》,2012 年第 5 期。
② 刘威、刘占杰、王立:《中国未识别民族文化权利保护——以湖南省沅陵县"瓦乡人"为例》,《北京化工大学学报(社会科学版)》,2015 年第 4 期;蒋欣然:《未识别民族权利保护问题探析》,《柴达木开发研究》,2014 年第 2 期。
③ 刘陈姣:《贵州师范学院"未识别民族"学生就业问题研究》,《求知导刊》,2015 年第 6 期。
④ 胡丽丽:《未识别民族文化保护的制度困境与出路》,《青年与社会》,2013 年第 10 期。
⑤ 李颖:《抖音对保留未识别少数民族传统文化的影响研究》,山东大学硕士学位论文,2020 年。
⑥ 刘威、刘占杰、王立:《中国未识别民族文化权利保护——以湖南省沅陵县"瓦乡人"为例》,《北京化工大学学报(社会科学版)》,2015 年第 4 期。

一般认为，"未识别民族"的含义包含两个层面：第一，当前的民族身份尚不能归入56个民族；第二，中国政府认定某个族群已经属于某个民族，但该族群对此并未认同，或学术界依据其历史演变及语言文字而在该族群的民族划分上存在分歧。

根据民族识别的现实情况，未识别民族可大致划分为以下四类。第一，经过识别调查，尚未被最终确认。比如克木人早在1960年就被云南省民委民族识别综合调查组认为具有单一民族的一些特征，可考虑为单一民族，并在20世纪80年代被国务院有关部门确定为单一民族，但是直到现在还没有正式确定。第二，在民族识别工作中被认定为某一已知民族，但是由于其自身不认同、认为自己是独立民族而尚存在争议。比如贵州穿青人，在当初建国之际的民族识别工作中，我国的民族工作者在对穿青人的种族来源进行研究考证之后，认为他们可能是汉族人和当地的土著相结合而诞生的人种，所以就将穿青人暂定为汉族，但是这引起了穿青人的不满，他们拒绝承认自己是汉族，坚持自己是独立的民族，具有独特的民族习惯，归为汉族是对他们民族文化的一种亵渎；贵州亻革家人曾被划属为苗族，但是他们从不认可自己是苗族的分支，有着强烈的族群意识。第三，没有进入民族识别程序、尚待民族认定的部分群体，比如澳门的土生葡人[1]。第四，由于早期民族识别工作的纰漏而被划分到错误的民族的部分群体。比如海南回辉人被错误归入回族，但是回辉人的语言不带有阿拉伯元素，与大陆的回族没有亲缘关系，并且他们信仰的古伊斯兰教与大陆回族信仰的伊斯兰教不同，此外，海南回辉人与大陆的回族在相貌、饮食、服饰等许多方面都存在明显的差别；贵州里民人被错误划分为黎族，但里民人其实与海南的黎族并无关系，里民人曾经向政府申请重新识别，但是由于中国的民族识别工作已结束以及里民人族群人数过少，其计划最终失败；四川白马人被错误归为藏族，他们被认定为藏族只因为他们居住在藏区，服饰和附近的藏族相似，但是白马人不会讲藏语，也不信仰藏传佛教；分布在中国云南的拉基人被错误归为彝族，但是他们讲拉基语，与彝族语言不是一个语系，且不能与彝族人交流。

（二）未识别民族构成及人口情况

1. 未识别民族人口数量

除了我们熟知的56个民族，我国大概有60个左右的未识别民族。但需要注意的是，这只是一个模糊的数字，中国有多少未识别民族群体、具体包括哪些群体、各未识别民族的具体人口情况和群体情况，官方政府并没有给出公开统计数字。根据网络公开资料、人口普查数据和研究文献整理，可以总结出未识别民族的人口特

---

[1] 戴小明、盛义龙：《未识别民族法律地位探微——以民族平等为研究视角》，《中南民族大学学报（人文社会科学版）》，2012年第5期。

点是：人口总量极少，种类较多。我国于 20 世纪 50 年代初开展了第一次大范围的全国人口普查行动并于 1953 年发出第一次全国人口普查公报，民族工作者也在同时期开展了民族识别工作，直到 1979 年基诺族被确立，56 个民族才最终被认定，但由于种种原因也产生了一部分未识别民族群体。第一次全国人口普查（1953 年）和第二次全国人口普查（1964 年）均没有公布未识别民族人口的数量。如表 1 所示，从第三次全国人口普查后，历次未识别民族的人口数量分别为 799 705 人（1982 年）、752 347 人（1990 年）、734 438 人（2000 年）、640 101 人（2010 年），第七次全国人口普查公报没有未识别民族人口的内容。显然，从 1982 年至 2010 年，未识别民族的人口总量一直在递减，可能的原因是这些年来，我国的民族识别工作一直在有序进行中，到了今天，部分未识别民族已经被成功识别。由表 1 可知，在第六次全国人口普查数据中，未识别民族人口总量（640 101 人）占全国总人口（137 054 万人）的约 0.047%，占汉族人口总量（122 593 万人）的约 0.052%，占少数民族人口总量（11 379 万人）的约 0.56%，所占比例极低。

表 1　第三、四、五、六次全国人口普查数据对照表

全国人口普查	全国总人口（万人）	汉族（万人）	少数民族（万人）	未识别民族（人）
第三次（1982 年）	103 188	93 670	67 233	799 705
第四次（1990 年）	116 002	104 248	91 200	752 347
第五次（2000 年）	129 533	115 940	10 643	734 438
第六次（2010 年）	137 054	122 593	11 379	640 101

注：数据来源于笔者根据第三、四、五、六次全国人口普查数据进行的整理。

2. 未识别民族构成及人口分布情况

我国具体有多少个未识别民族群体，官方尚未公开，根据部分公开资料和研究文献整理可知，我国的未识别民族大概有 60 余个，主要的未识别民族群体见表 2。

我国的未识别民族主要分布在少数民族聚居区以及西部的偏远山区和边境地带，基本在西南地区和西北地区，此外，广东省、浙江省、江苏省和广西壮族自治区的未识别民族人数均超过 1 000 人，分布范围涉及新疆、青海、云南、内蒙古、贵州、西藏、广东、海南、浙江、四川、甘肃、江苏、黑龙江、广西、湖南等 15 个省（区）。

在西南地区，未识别民族主要分布在四川省、贵州省、云南省和西藏自治区。贵州省是我国未识别民族人口分布最多的省，历史上各种族系或者移民从四面八方进入贵州，在此形成了多元交融的民族文化，因此这里未识别民族人口众多。根据第五次全国人口普查数据，贵州的未识别民族人口数量占全国未识别民族人口总数的约 96.7%，可见该省的未识别民族人口数量之多。目前，贵州省内聚居着菜族人、

340

铸牢中华民族共同体意识与民族地区乡村振兴研究
Study on Forging a Strong Sense of Community for the Chinese Nation and
Rural Revitalization in Ethnic Areas

亻革家人、绕家人和穿青人等未识别民族,其中亻革家人被划分为苗族,穿青人被划分为汉族,但他们都不认可自己目前的族称,坚持认为自己是独立民族,要求政府进行重新识别、认定,并为此不断提高诉求。四川省聚居着格鲁人、顾羌人、木雅人、尔苏人、纳木依人等未识别民族群体。西藏自治区境内目前有古格人、僜人等未识别民族。云南省聚居着老缅人、毕苏人、八甲人、昆格人等未识别民族,目前有大部分未识别民族被政府划分到其他民族,如八甲人被划分为傣族、昆格人被划分为布朗族、拉基人被划分为彝族。

在西北地区,未识别民族主要分布在新疆维吾尔自治区、青海省、甘肃省及内蒙古自治区的西部。青海省聚居着托茂人、古格人等未识别民族,其中托茂人被划分为回族,古格人被划分为回族、藏族。甘肃省的未识别民族有白马人、者来寨人、阿尔巴津人等。新疆维吾尔自治区境内聚居着艾努人、克里雅人、布里亚特人、图瓦人等未识别民族群体。在中南地区,未识别民族主要分布在湖南省、广东省、广西壮族自治区和海南省,比如湖南省的瓦乡人,海南省的哥隆人、回辉人等。

在我国的未识别民族中,还有一部分是跨境而居的民族,比如云南克木人居住在中国、越南、缅甸、柬埔寨、泰国、老挝等国家的交汇处,阿克人主要居住在西双版纳至老挝北部的边境地区,毕苏人、老缅人主要分布在中国、老挝、缅甸和泰国的交界处,僜人居住在中印的交界区域,夏尔巴人生活在中国、印度、尼泊尔和不丹的边境地区。

表 2　主要的未识别民族各群体人口估测及分布

群体名称	大概人数（人）	分布区域	群体名称	大概人数（人）	分布区域
艾努人	10 000	新疆	老品人	233	云南
克里雅人	1 300	新疆	老缅人	4 000	云南
托茂人	500	青海、内蒙古、新疆	毕苏人	6 000	云南
古格人	5 000	青海、云南、西藏	木佬人	30 000	贵州
曼咪人	1 000	云南	菜族人	170	贵州
昆格人	1 656	云南	僜人	20 000—30 000	西藏
八甲人	1 500	云南	哥隆人	60 000	海南
阿克人	6 000	云南	亻革家人	60 000	贵州
蔡家人	40 000	贵州、云南	东家人	50 000	贵州
西家人	3 000	贵州	绕家人	10 000	贵州
格鲁人	120 000	四川	白马人	10 000	甘肃
顾羌人	6 000	四川	尔苏人	20 000	四川
木雅人	10 000	四川	纳木依人	6 000	四川
尔龚人	40 000	四川	克木人	440 000	云南
土生葡人	4 000	澳门	苦聪人	40 000	云南

（续表）

群体名称	大概人数（人）	分布区域	群体名称	大概人数（人）	分布区域
摩梭人	40 000	云南、四川	拉基人	2 000	云南
普标人	300	云南	莽人	680	云南
载瓦人	80 000	云南	图瓦人	2 000	新疆
布里亚特人	8 000	新疆、内蒙古	回辉人	4 958	海南
羿人	330	四川	者来寨人	400	甘肃
富裕克尔克孜人	1 500	黑龙江	阿尔巴津人	500	甘肃
瓦乡人	400 000	湖南	雅库特人	2 600	黑龙江
穿青人	670 000	贵州			

注：数据来源于笔者根据部分公开资料进行的整理。

二、未识别民族非物质文化遗产的总体概况

（一）未识别民族非遗项目数量情况

截至 2022 年 12 月，我国已有 5 批 1 557 项国家级非物质文化遗产代表性项目，其中未识别民族非遗项目为 2 项，即夏尔巴人的陈塘夏尔巴歌舞和亻革家人的黄平蜡染技艺，占据国家级非遗代表性项目的比例极小，仅占 0.13%。未识别民族的省级非遗项目有绕家人的绕家"呃嘣"、穿青人的傩戏——跳菩萨、亻革家人的"哈戎节"、亻革家服饰、哥蒙的"哈冲"、哥蒙芦笙乐，自治区级非遗项目有夏尔巴人"芒羌"鸡爪谷酒酿制技艺、僜人服饰、聂拉木夏尔巴歌舞、察隅僜人银饰制作技艺，市级非遗项目有穿青人的服饰制作工艺，县级非遗项目有瓦乡人的服饰等①。此外，民间还有许多尚未上报的未识别民族非物质文化遗产，如克木人的玛格勒节、蔡家人的擀毡技艺等。可见未识别民族具有丰富多彩、内容独特、历史悠久的非物质文化遗产。

（二）未识别民族的代表性非物质文化遗产

亻革家人是贵州的一支待识别的民族，历史悠久，他们没有文字，却拥有自己的风俗和服饰，他们的许多历史都记载在他们与其他民族区别很大的服饰上，拥有黄平蜡染技艺、亻革家服饰、亻革家"哈戎节"、哥蒙的"哈冲"、哥蒙芦笙乐等非物质文化遗产项目。传统的亻革家服饰给人一种英武之气，关于亻革家服饰的来源有这么一个传说：很久以前，外族入侵重安江，全族男人上阵抵抗外敌，血战七天

---

① 该段数据来源于中国非物质文化遗产网·中国非物质文化遗产数字博物馆和各省市非物质文化遗产保护中心。

七夜，染红了重安江，在全族男丁几乎战死殆尽时，亻革家女性卸下战死男同胞身上的戎装，继续抵抗，此后，亻革家就以戎装作为自己的盛装礼服。不难发现，传统的亻革家服饰如古代将军勇士的戎装，英姿飒爽。据专家考证，亻革家人是"后羿"的后人，因此其盛装礼服里包含了许多后羿一族的图腾元素——太阳、金乌、弓箭等。亻革家服饰中的各种图案有明确的主题意义，观察大量亻革家传统绣织染精品服饰的实物，可以看到上面的图案里没有人物，也几乎没有写实的动物和传统的龙凤，图案里描绘最多的是圆形、曲线以及一些花草鸟蝶，圆形和曲线象征着太阳和水，因为只有太阳和水是永恒而真实的存在，这涉及对大自然的敬畏，太阳和水是亻革家生命的图腾①。黄平蜡染技艺是我国的国家级非遗项目之一，也是亻革家古老的民间传统工艺。蜡染的主要工具有铜刀（笔）、瓷碗、炭盆、染缸等，主要的材料是白布、黄蜡、蓝靛等。用一根竹筷绑夹一枚直径为 3 厘米左右的半圆铜片，即为铜笔。蘸上已经熔好的蜡液，在白布上画图案。黄蜡冷却后，将画好图案的布放进蓝靛里浸泡三至五天，然后取出放入锅里，加热去掉黄蜡，即成蓝白互为相衬的蜡染。蜡染主要用于床单、被面、头巾、口袋、衣裙等物品上，构图以虫鸟鱼兽、小草花卉为主，杂以各类几何图案②。

中国境内的夏尔巴人主要聚居在樟木沟和陈塘沟两地，他们信仰藏传佛教，有陈塘夏尔巴歌舞、聂拉木夏尔巴歌舞和"芒羌"鸡爪谷酒酿制技艺等非物质文化遗产项目。"芒羌"意为"鸡爪谷酒"，陈塘镇的主要农作物是鸡爪谷，是当地人民的主粮，因其成熟的谷穗像鸡的爪子而得名。夏尔巴人多以鸡爪谷为食，多将其磨成粉制成糍粑，或酿制成鸡爪谷酒。鸡爪谷谷粒发酵后，用竹制的小圆筒盛放，再用沸水浸泡一段时间，便成了一杯甘甜可口的鸡爪谷酒，鸡爪谷酒具有极高的营养价值和滋补功效，醇厚甘甜，无论男女老少都能喝，是夏尔巴人的必备饮料，也是他们招待客人的佳肴。鸡爪谷酒的酒杯直径达十几公分，由尼泊尔进口，堪为"世界上最大的酒杯"③。饮酒时，将酒倒入木罐酒器中，再在木罐中倒入温开水，插上竹制吸管即可饮用。这种饮品酒精度数低，酒味酸甜可口，人人都爱喝。鸡爪谷酒是清热解乏的饮料，也是请客送礼的必备之物，还是孕妇及体弱多病之人的养生之宝④。

---

① 荣观茶道：《亻革家服饰》，https://mp.weixin.qq.com/s/xRBU24jRYDfn5hQS ya3pig.htm，2018 年 1 月 15 日。

② 秀美黔东南：《蜡染技艺》，https://mp.weixin.qq.com/s/BYTVbetP_GrGFJ_ 8GXvdpg.htm，2014 年 9 月 5 日。

③ 文化日喀则：《非遗传承 健康生活》，https://mp.weixin.qq.com/s/LFjSDZNSp sLGxrVCGI7xQw.htm，2020 年 6 月 15 日。

④ 无垠星辰：《西藏边境的夏尔巴人，竟跟历史上的西夏人有关》，https://mp. weixin.qq.com/s/6Yc4akHg1ycubcQkOCpbHA.htm，2021 年 6 月 22 日。

穿青人是贵州省的一个未识别民族，其服装与清朝时期汉族的服饰有一些类似，具有穿青傩戏——跳菩萨、穿青服饰制作工艺等非物质文化遗产项目。穿青傩戏流传于织金县穿青人族群中，是一种年代久远、反映穿青人意识形态的民俗活动，俗称"跳菩萨"。穿青傩戏具有独特的民族特色和形式，是穿青人民间祭祀歌舞的特有产物。它是以"庆坛"为主题，用"歌舞娱神"的礼仪法事举办许愿、还愿、酬神的隆重仪式。穿青傩戏分为儿童傩戏、青年傩戏、老人傩戏，儿童的天真可爱、青年的壮志豪情、老人的精神矍铄，都在傩戏中得到了充分的体现。它将表演、祭祀、神灵融为一体，表演的内容是多个独立的故事，由专业的"先生"表演，先生"装身"成为超凡之人，充当人神之间沟通的桥梁。穿青傩戏是一种民间傩戏，它通过多种隐喻的方式表现出一种结构化的辩证思维，由原始的傩祭形式发展到傩舞，再到后来更高层次的傩戏表演，它的本质也由最初的驱邪活动发展到娱神，再到最后的娱人，穿青傩戏也就从纯粹的宗教祭祀仪式演变成一种集娱乐和宗教仪式为一体的形式[1]。穿青人所穿的服饰多为自织、自染和自缝，每一位穿青妇女都能织出精美的服饰。穿青人服饰一直都是用土布经过靛染绣花制作而成的。其服饰通常以5到6件为一套，包括头帕、上衣、封腰、围腰、裤子（裙子）、围腿。头帕长约2.5尺、宽约1.5尺，用青色夹层布制作而成。长裤或长裙用纯青布制成，裤脚或裙摆下部用白布镶以云勾状绣花。围腿是用青布制成，无绣花[2]。目前穿青人服饰最主要的特点是环保，如用以织染的颜料是蓝靛，蓝靛是用板蓝根来发酵制作的，板蓝根本身就是药材，且其织染后的废水可以直接排入下水道，可以分解，而传统的化学染料是不可分解的。

瓦乡人服饰是瓦乡人的非物质文化遗产，它有着自己原汁原味、内涵独特的民族文化特色，其因色彩斑斓、古朴典雅而被载入史册，广受世人瞩目。以往沅陵县城有这样的歌谣："乡里人上街来，花衣花裤做招牌"，唱的就是瓦乡人戴花头帕、系花围裙、穿绣花衣裤和绣花布鞋的场景。瓦乡人服饰的主要特征为清代《辰州府乡土志》所称的"蓝褛帕首束腰"。瓦乡妇女喜欢穿红颜色，女子结婚喜穿红衣、红鞋子，腰系绣花围裙，寿终穿红夹袄。瓦乡妇女日常服饰的颜色随年龄增长由浅蓝到深蓝或黑色，她们喜欢挑花绣朵，喜欢穿袖口宽大的绣边衣裤，喜欢在腰间系上红线挑花的蓝色围裙。头帕是瓦乡人男女必备的服饰，分蓝帕、白帕、花帕等。头帕一般用挑花技

---

① 黔行穿青：《穿青人傩戏》，https://mp.weixin.qq.com/s/48JNPXKLEFFPzFJ VUlQgyg.htm，2018年4月15日；彦群：《穿青傩戏——跳菩萨》，https://mp.weixin.qq.com/s/ZpC7hidghLZpE46DZlbtBg.htm，2019年4月22日。

② 遇见云岩：《区级非物质文化遗产代表性项目之一——穿青人服饰制作工艺》，https://mp.weixin.qq.com/s/bZ5e8ooXRlBLgwjzLvRQAQ.htm，2021年6月24日。

艺绣四对青色化蝶，朴素美观，所谓"头上帕子四对角，四个角上绣飞蛾"，说的就是这种帕子。未婚少女及新妇，一年四季头包挑花头帕。有一首山歌唱道："白布帕子四只角，四只角上绣喜鹊，帕子烂了喜鹊在，可惜情姣好手脚。"中年妇女包蓝色挑花帕。老年妇女包黑色头帕，不挑花。挑在头帕四角的花，称为角花；挑在头帕两端的花，称为腰花；正反两面花样相同的花，称两面花[①]。

三、未识别民族非物质文化遗产面临的主要问题

（一）非物质文化遗产的继承后继乏人

传承人是非物质文化遗产的重要承载者和传递者，他们以超人的才智、灵性，贮存着、掌握着、承载着与非物质文化遗产相关的文化传统和精湛的技艺，他们既是非物质文化遗产"活"的宝库，又是非物质文化遗产代代相传的"接力赛"中的"执棒者"[②]。非物质文化遗产传承的问题一直以来都受到各界的关注，但非遗传承的情况并不乐观，其中突出的一点就是非遗传承人老龄化严重、后继无人。通过表3可知，未识别民族的非物质文化遗产传承人大多年事已高，平均年龄在 61 岁以上，大多在身体、心力上已跟不上非遗传承与保护工作的要求，且有一些传承人已经离开人世，他们的传统技艺和天赋没有人能够代替，一些传承人直到离开人世也没有找到能够延续自己技艺的学徒，"招不来、留不住、传不下去"是让很多非遗传承人感到头疼的问题。一方面，非遗传承人大多生活在边远的地区，思想保守，对新兴事物、新兴市场的洞察能力较弱，不能很好地去适应当今社会的需求。另一方面，一些传承人自身没有传播能力，加速了自己拥有的技艺以及对应的非物质文化遗产的消失。此外，随着非遗项目产业化的兴起，一些传承人忙于商业合作和应酬，而不肯将时间和精力花在带徒弟上，出现了"传承人不带徒弟，带徒弟的不是传承人"的怪现象。对于年轻人来说，许多人为了更高的收入、更好的生活条件和更大的工作机会都流动到了一、二线城市，对学习本民族的语言、传统文化和技艺等几乎没有兴趣，甚至无暇顾及。学习一门非物质文化遗产技艺，花费很长的时间和精力才有可能取得一点点成绩，甚至可能没有一点进步，这一投入产出比不高且"不划算"的事实，也让很多年轻人望而却步。即使已经开始学习非遗技艺，很多学徒也会因为家长不同意、手艺复杂和市场不景气而另谋出路。因此，非遗传承面临着传承人

---

① 刘昌林：《瓦乡人服饰》，https://mp.weixin.qq.com/s/gumMsSYj9KoaquhR_jauCg.htm，2019 年 8 月 24 日。

② 刘晓春、乌日乌特：《呼伦贝尔地区非物质文化遗产保护和传承的调查研究》，《民族研究》，2021 年第 5 期。

老龄化严重、人走艺失、年轻人传承非遗积极性不高、后继无人的窘境。

表3 未识别民族部分非遗传承人及其年龄

非物质文化遗产项目	传承人	年龄
陈塘夏尔巴歌舞	朗嘎	57
黄平蜡染技艺	罗文珍	57
绕家"呃嘣"	许厚润	60
穿青傩戏——跳菩萨	张如周	78
哈戎节	—	—
亻革家服饰	廖秀珍	68
哥蒙的"哈冲"	廖学文	69
哥蒙芦笙乐	—	—
"芒羌"鸡爪谷酒酿制技艺	—	—
僜人服饰	本央	72
聂拉木夏尔巴歌舞	—	—
穿青服饰制作工艺	张婷婷	36
瓦乡人服饰	—	—
察隅僜人银饰制作技艺	夏电夏	57

注：数据来源于笔者根据中国非物质文化遗产网和各省市非物质文化遗产保护中心的数据进行的整理。

（二）部分非物质文化遗产处于濒危状态

自然生态环境的破坏、传统生计方式的转型、生活习俗的改变、生产生活方式的变化等使未识别民族的部分非物质文化遗产丧失赖以生存的土壤，一些具有历史、社会和文化价值的非物质文化遗产受到自然或人为的破坏，非遗无所适从，一个个逐渐淡出大众的日常生活，犹如"活化石"、承载一个民族灵魂的优秀非物质文化遗产在不经意中成为历史的记忆。以穿青人为例，随着现代化与城镇化的加速，他们居住的小镇正在被新农村建设迅速地改变着，因此想要寻觅旧时穿青人的生活痕迹，已然不容易。并且由于受审美趋同的影响，其服饰在大部分地区已经与汉族没有什么区别，他们的文化痕迹似乎正在逐渐消失。蔡家人的擀毡工艺同样正在逐步消失，现代化、城镇化和信息化的发展冲击了蔡家人的家庭式手工作坊——擀毡工艺作坊，蔡家人为了谋生等原因不得不适应现代社会的需要和发展，必然要在此背景下淡化甚至抛弃本族群的非物质文化遗产和传统工艺，即"去擀毡化"，通过学习新的技术技能来发展自己、改变自己，或者实现规模化生产"羊毛毡"等商品，以获取更大的利润，实现"融入新的社会群体"这一转型目标。因此，之前"家家有擀毡"的场景已经不复存在，这些擀毡工具及擀毡技艺也随之基本消失。

（三）非遗项目名录存在类型缺失问题

在全国非物质文化遗产保护工作高速发展的今天，我国未识别民族的非遗挖掘与抢救工作则相对滞后，很多优秀的非物质文化遗产尚未挖掘、开发和上报。如克木人的玛格勒节、蔡家擀毡技艺、蔡家服饰等。当前，在我国列入国家、省、市、县四级名录的非物质文化遗产中，与其他少数民族相比，我国未识别民族的非物质文化遗产数量比较少，并且在项目类型上也存在大量缺失的情况。此外，民间还有许多尚未上报的非遗项目，上报的各级非遗项目数量与实际存在的非遗项目数量存在着不对等的情况，不同未识别民族在非遗项目的上报数量上也存在着不对等情况，比如目前亻革家上报成功的非遗项目有 5 项，僜人上报成功的非遗项目有 2 项，但依然有大部分未识别民族的非遗项目没有入选四级非遗名录体系。以国家级和省级非物质文化遗产代表性项目名录为例，入选成功的未识别民族非遗项目极少，并且项目类别大多属于传统戏剧、传统手工技艺和传统舞蹈类，如陈塘夏尔巴歌舞、黄平蜡染技艺、绕家"呃嘣"、穿青人傩戏——跳菩萨等，传统医药、民间美术等其他项目类别存在大量缺失的情况，有些项目需要进一步细化，如民间美术类，其中的绘画、刺绣、剪纸、雕塑、建筑装饰等子项目都应该进一步去挖掘，并申报各级非物质文化遗产项目。

（四）非遗保护项目产业化难度较大

非遗保护问题，一直是社会各界关注的重点话题和焦点之一。"生产性保护"口号提出不久，"产业化"的口号又纷纷登陆各媒体并现身大众的视野。有学者指出，产业化开发是抢救保护的唯一出路，因此，我国非遗保护必须走产业化道路，但目前，未识别民族非遗保护在产业化的道路上存在一些问题。一是产业转化率低，产业发展空间较小，规划不足。比如一些非物质文化遗产代表性项目无法开展生产性保护或缺乏市场竞争和发展意识。二是非物质文化遗产的资源优势未能充分转化为经济优势，相关非遗项目的经营方式大多以手工作坊、家庭式生产以及合作社形式为主，规模较小，产量及销量均较低，产业化有一定难度[1]。以穿青人服饰为例，制作一件精美、复杂的成品可能要花费很长时间，艺术价值高的成品则需要花费更长时间，这样无疑给产品销售带来了问题，订购量大，则无法准时完成，订购量小，获取的利润自然也低。三是未识别民族非遗传承人普遍年事已高，时间、精力往往跟不上非遗产业化的脚步，且大多思想保守，对新兴产品和新兴市场的洞察能力较

---

[1] 刘晓春、乌日乌特：《呼伦贝尔地区非物质文化遗产保护和传承的调查研究》，《民族研究》，2021 年第 5 期。

弱，很难掌握当下较火的网络传播手段和营销手段，同时对非遗产品设计和功能开发等方面的思维较为固化，不能很好地适应现代非遗产业化的市场需求。四是产地分散，标准化能力差。从生产的角度看，目前我国的非遗产品尚未达到标准化水平，还不能实现规模化生产。未识别民族的非物质文化遗产项目大多分布在偏僻、分散的村镇，产业集中度弱，产业化程度低，往往以家庭式手工作坊为主。部分非遗产品在制作过程中需要从其他地方进原料，一旦订单较多，原材料加工技艺因为标准化能力差，就容易出现质量问题。

四、未识别民族非物质文化遗产保护与传承的对策建议

（一）深入挖掘各类非物质文化遗产传承人，加强对其保护和扶持的力度

未识别民族非物质文化遗产传承人数量极少是我们无法回避的现实问题，要破解"非遗继承后继乏人"的发展困境，需要增加一种"等不及""伤不起"的紧迫感和使命感。应当进一步挖掘和培养未识别民族在民间文学、传统戏剧、民间舞蹈、民间音乐等各个类别上的非遗传承人，在数量和质量上有所进步和突破，比如，目前哥蒙芦笙乐、瓦乡人服饰和聂拉木夏尔巴歌舞还没有非遗传承人，应当主动挖掘和培养其传承人。国家应加大对未识别民族非物质文化遗产项目传承人的保护力度，可学习借鉴日本的"人间国宝"政策，在保护措施上建立相应的保护制度与机制。对那些 65 岁以上、年事已高的非遗传承人，政府应做抢救性保护工作，主动关心、照顾他们的日常生活，适当提供经济资助。鼓励非遗项目进校园，在高校设立与非物质文化遗产相关的专门学院、研究所和特色专业，或者在少数民族地区开展相关的业务培训，培养非遗项目的爱好者和传承人，并倡导传承人年轻化，开启新一代创新引领模式。传承人在非遗进校园方面，也可积极发挥自身的引领和模范作用，在小学、初中、高中或者高等院校担任任课教师或者辅导员，并根据自己代表的非遗项目推出课本和课程，也可带领学生通过实践课程的形式，让学生亲身感受非遗技艺的无限魅力，在言传身教中传播非遗。未识别民族非遗传承人数量较少，应有针对性地对国家级和省级传承人的传承项目给予直接或间接的扶持，包括对非遗传承人口述史的记录、对传统技艺的整理、建立传习孵化器、对市场前景广阔的易于产业化的传承人和传承项目给予资助等[①]。

---

① 刘东亮：《非物质文化遗产传承人口述史的文化意义阐释——基于"文化记忆"的研究视角》，《高校图书馆工作》，2021 年第 1 期。

（二）积极抢救珍贵的非物质文化遗产

对那些濒危的、珍贵的非物质文化遗产进行积极抢救与保护，不让这些民族文化的"活化石"逐渐淡出历史舞台，已成为时代赋予的使命。要建立科学有效的非物质文化遗产传承机制，对列入各级名录的非物质文化遗产代表作，可采取命名、授予称号、表彰奖励、资助扶持等方式，鼓励代表作传承人（团体）采取收徒弟、办班培训等活动方式，确保珍贵非物质文化遗产的顺利传承[①]。深入到未识别民族聚居地，实地访谈非遗传承人和民间艺人，对其掌握的非遗资料、知识和精湛技艺进行抢救性记录，可利用现代数字技术手段，完整、真实、系统地记录他们掌握的非遗知识，为非物质文化遗产的传承与保护留下珍贵资料。对于濒危的、珍贵的非物质文化遗产，如蔡家人服饰、蔡家人擀毡记忆、穿青人服饰等，要切实做好抢救和保护工作，不能任其消亡。应该指出的是，我国对于有多少未识别民族非物质文化遗产、具体包括哪些，并未进行有效公开统计，各未识别民族非物质文化遗产情况如何也不甚明确。因此，政府应加强对非物质文化遗产资源的补充性调查和统计，做好相关记录，建立数据库，以便更有序地开展非物质文化遗产的抢救和保护工作。同时，未识别民族聚居地政府部门应建立当地的非物质文化遗产项目数据库，推动创办未识别民族非遗项目官方网站、网上博物馆、数字展演厅，加大宣传力度，发动社会有识之士参与到抢救队伍中来，大规模、有步骤地抢救未识别民族的非物质文化遗产。

（三）加大对未识别民族非物质文化遗产的保护力度

建议在保存好现有非物质文化遗产代表性项目的基础上，采取数字化、网络化等新型合理方法，陆续开展对未识别民族非物质文化遗产资源的补充性调查、挖掘和认定工作，增加未识别民族的非物质文化遗产代表性项目数量。可以从县级开展认定工作，确保每个未识别民族都有自己的非遗代表性项目。在国家级、省级、市级、县级等各级非物质文化遗产名录体系中，适当增加未识别民族非遗项目的比重，并单独开设未识别民族非遗项目和传承人申报绿色通道，将未识别民族的非物质文化遗产同濒危语言、濒危动植物等一同纳入整体性保护。各未识别民族非物质文化遗产以不同的民族身份进入各级非物质文化遗产名录体系，极大地强化了各族群众的国家认同感。可以说，做好非遗项目的挖掘与认定工作，对铸牢中华民族共同体意识具有重大的现实意义。

---

① 刘晓春、关小云：《鄂伦春非遗项目及传承研究》，《黑龙江民族丛刊》，2018 年第 4 期。

（四）促进文旅结合的市场化运作

非物质文化遗产保留了最浓缩的民族文化和地域特色，蕴含着丰富的历史文化资源，是文旅经济的重要组成部分。在现代化、城镇化和信息化高速发展的今天，必须寻求市场化手段来保护、开发和利用非物质文化遗产，产业化开发是抢救保护非遗项目的关键路径。应深入挖掘未识别民族非遗项目的文化资源和其聚居地的自然环境资源，以文旅深度融合为契机，开发和增加休闲、探险和养生等文旅发展模式，通过产业化促进非遗的产品化和市场化，从而带动当地经济的高质量发展。目前未识别民族的非遗项目主要是以传统舞蹈类、传统戏剧类和传统手工技艺类为主，政府可采取资金扶持、项目扶持等方式，对现有非遗产品进行创意化、产业化开发，支持其发展民族工艺品企业，相关企业可邀请非遗传承人或民间大师担任技术总监，发挥其在非遗工艺产品制作中的技术优势，提升该企业的品牌影响力，从而形成良好的示范带头作用。积极开发、打造文化品牌，讲好非遗故事，推进非遗与旅游深度融合。在景区文化场馆设立非遗展示区，非遗传承人或民间艺人可现场展示非遗技艺，也可通过展览呈现穿青人服饰等静态非遗资源。传统民间文化历史类等动态非遗资源可以借助舞台表演形式吸引游客关注，或者在动态舞台表演中植入对非遗内容的介绍。持续推进"非遗+民俗""非遗+节庆""非遗+演艺""非遗+文创"等多种模式的文旅深度融合发展新方式，整合现有的制作加工坊、非遗传习所、非遗展示基地等资源，面向游客开发活态传承展示场所、非遗衍生品销售基地等，推进传统文化资源、文化元素向旅游产品转化，构建非遗科学保护新格局[①]。将非遗元素融入标准化的文创产品，实现产品化和标准化。从产品营销角度来说，利用纪录片、抖音短视频、直播、时装走秀等新型传播手段，加大营销力度，将优秀传统文化深植于消费者心中。

五、结语

未识别民族的非物质文化遗产，具有独特的民族性和鲜明的地域性，蕴含着丰富的民族文化。加强对未识别民族非遗的研究、保护和传承，是增强民族团结、彰显文化自信、增强中华民族文化认同的必然要求。未识别民族的非遗同时也是优质的、珍贵的旅游资源，有利于丰富旅游观光内容、提升旅游产品档次和增加景区收入，具有重要的经济价值。因此，对未识别民族非遗的有效保护和合理利用，对发

---

① 刘晓春、乌日乌特：《呼伦贝尔地区非物质文化遗产保护和传承的调查研究》，《民族研究》，2021年第5期。

展当地旅游业、宣传地方形象和扩大非遗影响力具有重要的意义。然而，民族地区经济的快速发展、外来文化的冲击、日益加快的城镇化建设步伐、趋于频繁的人口流动等破坏了未识别民族非遗的生存土壤，使得未识别民族非遗赖以生存的环境急剧变化，一些珍贵的非物质文化遗产濒危，非遗传承也面临着传承人老龄化严重、后继乏人、项目类别缺失、产业化难度大等窘境。因此，加强对未识别民族非遗的挖掘、保护、传承与研究刻不容缓。非物质文化遗产需要活态保护与活态传承，要坚持保护传承与合理利用相结合，推进"非遗＋民宿""非遗＋研学""非遗＋节庆""非遗＋演艺""非遗＋文创"等多种模式的"非遗＋旅游"的文旅发展新方式。学术界也应尽快建立关于未识别民族的非物质文化遗产保护体系，丰富相关的理论、逻辑、路径、政策等的研究，更好地挖掘、研究、保护和传承我国未识别民族的非物质文化遗产。

"两山"理论视域下
民族地区农业文化遗产可持续发展机制研究

史雪娇

摘要： 民族地区农业文化遗产的保护与发展是一项复杂的系统工程。在民族地区，由于历史、文化、环境等因素的影响，农业文化遗产作为一项重要的生态资源，在实现经济社会可持续发展中发挥着重要作用。"两山"理论为民族地区农业文化遗产的保护与发展提供了新的视角，推动"绿水青山"变"金山银山"是实现农业文化遗产生态优势转化为经济社会发展优势的价值取向和实践范式。本文通过对民族地区农业文化遗产发展面临的困境进行分析，以"两山"理论为指导，从资源、资产和资本三个维度构建了民族地区农业文化遗产可持续发展框架。在此基础上，从构建有效市场和有为政府两个层面提出了推动民族地区农业文化遗产可持续发展的具体路径。

关键词： "两山"理论；农业文化遗产；乡村振兴；民族经济

作者　史雪娇，东北大学秦皇岛分校民族学学院硕士研究生（秦皇岛　066000）

一、引言

随着中国现代化进程的发展，农业文化遗产作为历史和文化的重要源泉，承载着民族地区深厚的传统文化和丰富的历史积淀，成为了中华民族文化的重要组成部分。农业文化遗产具有独特的生态、地域和社会文化特征，是中国农耕文明的重要载体，在促进民族地区乡村振兴和铸牢中华民族共同体意识等方面发挥了重要的作用。近年来，随着生态文明建设理论的提出，农业文化遗产的保护工作也越来越受到重视，研究民族地区农业文化遗产可持续发展具有重要的理论价值和实践指导意义。

（一）研究价值与意义

1. 全面落实以"两山"理论为指导的新时代生态文明建设思想

2005 年 8 月，时任浙江省委书记的习近平同志在浙江安吉余村考察时，首次提出"绿水青山就是金山银山"（以下简称"两山"理论）的重要论断。2018 年 5 月，全国生态环境保护大会正式确立了以"两山"理论为核心的习近平生态文明思想，国家发改委和生态环境部以"两山"理论为思想指导，开展了生态产品实现机制试点和"两山"实践创新基地的建设工作。到目前为止，我国共认定了 6 批（138 项）全国重要农业文化遗产，覆盖了 29 个省、自治区、直辖市[①]，民族地区现有 6 项全球重要农业文化遗产、46 项中国重要农业文化遗产，包括新疆吐鲁番坎儿井农业系统、内蒙古阿鲁科尔沁草原游牧系统、吉林延边苹果梨栽培系统、宁夏盐池滩羊养殖系统、湖南保靖黄金寨古茶园与茶文化系统、西藏乃东青稞种植系统等，这些遗产类型多样，是民族地区生态资源的重要组成部分。"两山"理论作为生态文明建设的指导思想，从生态经济学的角度剖析了生态环境与经济在演进过程中的相互关系，阐明了人类社会发展的基本规律，为推动民族地区乡村振兴和农业文化遗产可持续发展提供了理论基础。

2. 大力推动乡村振兴战略下民族地区经济高质量发展

民族地区农业文化遗产是少数民族同胞在长期劳动过程中，根据各地的自然生态条件，创造、发展出的传统农业生产系统和景观，这些特殊的农业系统和景观不断传承，在保护生物多样性和当地生态环境以及促进农民就业增收等方面具有重要价值。从经济效益来看，民族地区农业文化遗产凭借独特的资源优势，为发展生态产业奠定了良好基础，有利于民族地区以产业振兴为切入点推动经济实现高质量发展。农业文化遗产具有丰富的历史文化底蕴，是千百年来劳动人民智慧的结晶，保护农业文化遗产有助于实现文化振兴。良好的生态环境是乡村振兴的支撑点，在民族地区发展生态产业有助于实现生态振兴。随着生态产业的发展，可以吸引更多人才进驻民族地区，有助于实现人才振兴。在组织振兴上，生态产业带来的经济收益可以回流用于村集体建设，同时相关保护制度的完善也对民族地区社会治理起到积极作用[②]。如云南红河州依托梯田进行三产融合发展，通过修建大型生产基地改良作物品种、打造特色品牌提升生态产品影响力等，实现了资源变资产、文化变收入，红河从原先的贫困县变成了如今的全国乡村旅游热点县。

---

① 农业农村部：《农业农村部关于公布第六批中国重要农业文化遗产名单的通知》，http://www.moa.gov.cn/govpublic/ncshsycjs/202111/t20211122_6382568.htm，2021 年 11 月 21 日。

② 闵庆文、曹幸穗：《农业文化遗产对乡村振兴的意义》，《中国投资》，2018 年第 17 期。

（二）文献综述

关于"两山"理论的研究。不少学者从发展阶段、内在要求、概念内涵、转化机制等角度进行了深刻剖析。从发展阶段来看，"两山"理论的形成经历了理论提出、发展完善和成熟升华三个阶段，经过不断充实化和具体化，"两山"理论已逐步融入国家顶层设计，成为习近平新时代生态文明建设的指导思想。从内在要求来看，"两山"理论揭示了经济发展和生态环境保护的辩证统一关系，明确提出了兼顾绿水青山和金山银山的目标和要求。从概念内涵来看，绿水青山指的是良好的生态资源集合，既包括东北的冰天雪地、西北的大漠戈壁和蓝天白云以及海浪沙滩等自然资源[1]，习近平总书记称之为"生态环境优势"，也包括各自然资源要素相互作用形成的生态系统等[2]。金山银山指的是包括实现经济增长在内的人们对美好生态环境的向往和各种民生福祉[3]。因为绿水青山具有生产、休闲、娱乐、美学等方面的价值，所以它可以转化为金山银山，促进经济发展，给人民带来幸福。绿水青山到金山银山的转化是生态资源到生态资产，再到生态资本的转化，从转化机制来说，要明确的是绿水青山向金山银山的转化不是单向转化，而是要形成循环。

关于农业文化遗产可持续发展的研究，主要有以下几个角度。一是从人类文明传承的角度出发，认为农业文化遗产是农耕文明的载体，是关乎人类未来的遗产，应当在现代生产技术的加持下，进一步赓续农耕文明。李文华院士认为农业文化遗产根植于悠久的文化传统和长期的实践经验，传承了固有的系统、协调、循环、再生的思想，因地制宜地发展了许多宝贵的模式和好经验，蕴含着丰富的天人合一的生态哲学思想，与现代社会倡导的可持续发展理念一脉相承[4]。王思明认为农业文化遗产是具有历史、科学及人文价值的物质与非物质文化的综合体[5]。柯涌晖等学者从人文地理学视角认为民族地区资源开发重在对空间内的人地关系的重塑[6]。这些学者强调 GIAHS 的文化价值，因此更加注重对农业文化遗产文化内涵的保护和挖掘。二是从自然生态系统角度出发，认为农业文化遗产具有较强的生态功能，农业文化遗产地自然生态良好、动植物资源丰富，农业文化景观独特，具有完善的生态系统自

---

① 黄祖辉：《"绿水青山"转换为"金山银山"的机制和路径》，《浙江经济》，2017 年第 8 期。
② 袁广达、王琪：《"生态资源—生态资产—生态资本"的演化动因与路径》，《财会月刊》，2021年第 17 期。
③ 罗上华、高馨婷：《践行"绿水青山就是金山银山"理念》，《先锋》，2018 年第 8 期。
④ 李文华：《农业文化遗产的保护与发展》，《农业环境科学学报》，2015 年第 1 期。
⑤ 王思明：《农业文化遗产的内涵及保护中应注意把握的八组关系》，《中国农业大学学报（社会科学版）》，2016 年第 2 期。
⑥ 柯涌晖、赵明：《人文地理学视野下少数民族地区自然资源价值重构与开发——以西藏朗县矿水资源开发为例》，《西北民族大学学报（哲学社会科学版）》，2017 年第 2 期。

我调控机制和自我净化机能，强调对农业文化遗产生态功能的保护和修复。李禾尧等学者对江苏兴化垛田传统农业生态系统进行了识别与评估，对其生态价值与社会价值的量化方式进行研究[①]。刘某承等学者提出以改善生态功能为导向的生态补偿机制[②]。Hong Kyung Ok 等人提出在农业文化遗产原址上建立生态博物馆，实现对多元农业资源的保护和生物多样性的增进[③]。这些学者强调农业文化遗产的生态属性，认为对其生态功能的保护是一切发展的基础，追求经济利益而破坏生态环境的发展无异于饮鸩止渴。三是从社会经济系统的角度出发，认为农业文化遗产是一种生产要素，需要推动农业文化遗产市场化和产业化。王洋等学者认为农业文化遗产的旅游资源可以分为自然资源和人文资源两大类[④]。李振民等学者认为农业文化遗产地可以依托这些资源开发多种类型的旅游产业，既能够提高遗产地居民保护农业文化遗产的积极性，又能够解决遗产地劳动力就业问题、维护社会经济的稳定，有效地保护农业文化遗产[⑤]。这些学者呼吁促进产业联动，推动农业文化遗产地三产协同发展，形成三产高度融合的农村产业体系[⑥]，充分利用传统农业文化的历史、情感、文学价值，促进农业文化与农业产业经营的结合，延长特色农产品生产的产业链，培育和打造农业特色品牌，提高遗产的经济效益[⑦]。

综上所述，学者们从发展阶段、内在要求、概念内涵和转化机制等方面对"两山"理论进行了深刻剖析，揭示了经济发展和生态环境保护的辩证统一关系，强调兼顾绿水青山和金山银山的目标，并认为绿水青山作为一种优质自然生态资源，是一种比较优势，具有稀缺性和独特性，因此可以转化为生态资产，并通过市场机制获得经济收益。学者们对农业文化遗产可持续发展的研究主要从人类文明传承、自然生态系统和社会经济系统三个角度出发。从人类文明传承的角度来看，农业文化

① 李禾尧、何思源、闵庆文、朱会林、吴连勇：《重要农业文化遗产价值体系构建及评估（Ⅱ）：江苏兴化垛田传统农业系统价值评估》，《中国生态农业学报（中英文）》，2020 年第 9 期。

② 刘某承、熊英、白艳莹等：《生态功能改善目标导向的哈尼梯田生态补偿标准》，《生态学报》，2017 年第 7 期。

③ Hong Kyung Ok, Kim Deok Su.,The research of introduction of Ecomuseum for the conservation and utilization of Korea Important Agricultural Heritage Systems(KIAHS), *Journal of Regional Studies*, 2018.

④ 王洋、李兴军、张友祥：《农业文化遗产资源的旅游动态保护与利用探析》，《安徽农业科学》，2022 年第 24 期。

⑤ 李振民、邹宏霞、易倩倩、周琴：《梯田农业文化遗产旅游资源潜力评估研究》，《经济地理》，2015 年第 6 期。

⑥ 张永勋：《农业文化遗产地"三产"融合发展研究——以云南红河哈尼稻作梯田为例》，中国科学院大学博士学位论文，2017 年。

⑦ 苑利：《〈名录〉时代中国农业文化遗产保护与利用的跨产业参与问题》，《中国农业大学学报（社会科学版）》，2014 年第 3 期。

遗产是农耕文明的载体，应该注重对其文化内涵的挖掘和赓续农耕文明；从自然生
态系统角度出发，农业文化遗产是优质生态环境的基础，需要强调对其生态功能的
保护和修复；从社会经济系统出发，农业文化遗产是形成区域特色经济的支柱，需
要对农业文化遗产的价值进一步开发和利用。无论哪一种角度，其目的都在于实现
农业文化遗产的"自力更生"，形成有效的动态保护范式[①]。农业文化遗产是一个复
合系统，对它的保护也应当采取多元化的保护模式，以文化为灵魂，以环保为核心，
以产业为支撑，赋予其新动能，激发其新活力。基于以上学者的观点，本文认为只
有实现生态和经济协调发展，才能最终实现农业文化遗产的可持续发展。因此，本
文将以"两山"理论为指导，从资源、资产和资本三个维度构建民族地区农业文化
遗产可持续发展框架。在此基础上，从构建有效市场和有为政府两个层面提出了推
动民族地区农业文化遗产可持续发展的具体路径。

二、民族地区农业文化遗产发展面临的困境

1. 农业文化遗产地基础设施建设不完善

民族地区农业文化遗产是中华民族珍贵的历史遗产，也是民族地区经济实现高质
量发展的重要基础。然而，由于历史原因和地理环境等的限制，民族地区农业文化遗产
基础设施建设存在着一些问题。首先，基础设施建设缺乏资金支持。民族地区农业文化
遗产保护与发展是一项长期工程，如农业器具搜集、农业资料整理、农耕技术记录、农
业技术创新等都需要大量人力和物力的投入，而传统的农业文化保护工作的资金来源是
依靠政府单方面的财政支出，这种输血式投入一旦终止或者减少，就意味着一部分甚至
全部保护工作都难以为继。其次，基础设施建设缺乏规划和管理。民族地区农业文化遗
产整体规模较大，分散性强，部分农业文化遗产存在跨区现象，不同地区间缺乏整体规
划和统一管理，存在基础设施不连贯、管理混乱等问题。最后，基础设施建设的技术条
件滞后。民族地区主要以山区、丘陵地带为主，在交通、水利、电力等方面存在技术条
件相对滞后、设施陈旧等问题，这也给基础设施建设带来了一定的困难。与经济发达地
区相比，民族地区的基础设施仍然是制约经济发展的主要因素之一。

2. 农业文化遗产资源价值难以估量

对农业文化遗产资源价值的评估核算是其价值货币化的体现，而农业文化遗产资
源的价值往往难以估量。首先，农业文化遗产资源的多样性导致了其价值难以估量的
问题。这些资源包括不同的生物品种、农业景观、农业技术、传统习俗等，每一种都

① 闵庆文、张碧天：《中国的重要农业文化遗产保护与发展研究进展》，《农学学报》，2018 年
第 1 期。

有其独特的价值，不同文化背景下的人对其有着不同的解读和认知，因此难以对其价值进行准确的衡量和评估。其次，农业文化遗产资源的时间跨度较大也是导致其价值难以估量的一个因素。农业文化遗产的历史悠久，很多农业文化遗产已经存在了数百年甚至是数千年，其历史可以追溯到远古时期。这些资源在历史上发挥了重要作用，对经济、文化、社会等方面都产生了深远的影响。由于时间跨度较大，许多农业生产技术已经逐渐失传或者改变了面貌，导致难以对其价值进行具体的评估。

3. 农业文化遗产地居民参与意愿度不高

大多数居民在现有的利益共享机制中属于弱势群体，缺乏话语权。严国泰教授在红河哈尼梯田开展调研时发现，在对哈尼梯田的保护中，社区参与还处于"象征性参与阶级"[①]，由于缺乏激励机制和文化自觉意识，农户对农业文化遗产的认知程度一般，保护意识也不高，一半以上的农户表示不希望自己的后代继续从事耕种。现有的农业文化遗产地分为缓冲区、核心区两部分，根据有关规定，核心区不允许进行商业活动，酒店、饭店、商店等服务和盈利中心只能建立在缓冲区。游客来农业文化遗产地的目的主要是欣赏核心区的风景，其大部分的消费行为却在缓冲区进行，缓冲区的农户可以通过提供服务或者售卖商品获得直接的生态补偿，而在核心区的农户却无法直接享受到补偿，其参与农业文化资产保护与传承的积极性会大打折扣。由于缺乏有效的利益共享机制，当地居民无法获得长期稳定的收入，生计资本匮乏，低收益的农业经营很难具有持续性，使劳动力大量流失，同时也不利于吸引外来投资，从而加重了遗产保护困境。

三、民族地区农业文化遗产可持续发展的建构趋向

习近平总书记强调，要"积极探索推广绿水青山转化为金山银山的路径"[②]，保护绿水青山就是保护生产力，改善绿树青山就是发展生产力。民族地区生态环境脆弱和经济发展落后之间具有高耦合度，且其经济越落后对资源依赖性越强，这已经形成了一个恶性循环。目前民族地区农业文化遗产对"金山银山"在总体上的转化实现率低，其中生态资源未能有效转化为生态产品，是阻碍"绿水青山"变"金山银山"的主要原因[③]。农业文化遗产地由于受到生态环境承载力的限制，丧失了许多

---

① 严国泰、马蕊、郑光强：《哈尼梯田文化景观世界遗产保护的社区参与研究》，《中国园林》，2017 年第 4 期。
② 习近平：《在深入推动长江经济带发展座谈会上的讲话》，《人民日报》，2018 年 6 月 14 日第 2 版。
③ 王夏晖、朱媛媛、文一惠、谢婧、刘桂环：《生态产品价值实现的基本模式与创新路径》，《环境保护》，2020 年第 14 期。

发展其他高收益产业的机会。又由于其生态资源的公共属性，导致了农业文化遗产资源的价值难以直接变现，无法使当地居民获得直接经济收入。除此之外，部分少数民族有特殊的宗教信仰，比如对神山、神水的崇拜，他们认为神山、神水神圣不可侵犯，这也使得民族地区对生态资源的利用受到限制。但也正因如此，民族地区拥有独特的资源优势，将其资源优势转化为竞争优势，可以增强民族地区农业文化遗产的自我发展能力和可持续发展能力。

从市场供求关系来看，对生态资源的需要是人类生活最基本的需要，由于自然界直接提供了这种资源，因此一般情况下人们不太在意对它的保护。只有当生态环境恶化、影响人们的正常生活时，也就是优质生态资源变得稀缺时，人们才会发现需要支付高昂的费用去修复生态资源，其中大部分费用需要由财政支出来满足。当对优质生态资源的需要成为更高层次的需要时，生态资产的价格也就水涨船高，这也是资源丰富地区的经济实现快速增长的过程。那么要想实现民族地区经济的可持续增长，在资源有限的情况下，必须将其资源优势转化为竞争优势，不断产生经济利益，增加人们的福祉。"两山"理论指导下的农业文化遗产可持续发展的核心要义在于实现农业文化遗产生态资源的内部转化，具体的建构趋向就是实现生态资源资产化和生态资产资本化，促进生态和经济协调发展。

生态资源资产化中包含两个概念——生态资源和生态资产。农业文化遗产生态资源指的是物种资源、生物资源、土地资源、水资源等自然资源和农业景观、农耕技术、农耕习俗等与自然资源要素相互作用形成的农业生态系统，具有公共属性。生态资产是具有明确产权的可以用来交易的生态资源，强调私人性和归属性。生态资源转化为生态资产，关键步骤在于明确产权和估值，只有明确了相关权利的归属和价值，才能在市场上达成公平交易和完成后续利益的分配。传统生产理论认为生产力是人类改造自然和征服自然的能力[1]，这种思想容易导致对自然资源的滥用，而"两山"理论肯定了绿水青山就是生产力，环境就是民生，生态资源既不能被"冷冻式保存"，也不能被"破坏性开发"，因此需要将生态资源转化为生态资产，通过交易得到相应的价值补偿和价值积累。

生态资产资本化中的生态资本指的是通过出租、抵押、转让、置换或投资而带来经济利益的生态资产，强调能够在未来带来收益的价值。生态资产资本化的关键在于市场化运作，要制定市场交易制度，构建有效的产权交易市场，只有将生态资产投入市场，才能成为生态资本。通过整合分散在个人手上的生态资产，实现生态资产的规模化运作和市场化运营，可以促进生态资本积累，实现经济收益的可持续性。

---

[1] 中共中央马克思恩格斯列宁斯大林著作编译局：《马克思恩格斯选集》（第 1 卷），北京：人民出版社，2012 年。

四、民族地区农业文化遗产可持续发展的实践路径

"两山"理论下民族地区农业文化遗产的可持续发展包含两个方面，一是经济可持续，以遗产地居民收入水平的提高为基本目标，通过"政策引导、技术支撑、利益驱动"等手段，推动农户参与到农业文化遗产保护与发展中来；二是文化可持续，挖掘当地特色农耕文化，提高遗产地居民的文化自觉，赓续农耕文明。实现以上两个可持续发展需要依靠市场和政府的双重合力。

（一）构建有效市场：提高资源配置效率

在新结构经济学的理论框架下，民族地区农业文化遗产的资源禀赋决定了它的比较优势。从区位因素来看，绝大多数民族地区的农业文化遗产位于高山、洼地、草原、湖泊等生态资源丰富的地方，基于资源禀赋理论，民族地区应当因地制宜依托优质生态资源发展生态产业。农业文化遗产归属于国家，可以用来交易的是其经营权、使用权、承包权等权利，这些权利需要转化成为商品或者服务才能在市场上进行交易。市场是生态资本价值实现的载体，所发挥的作用就是在总价格固定的情况下，通过合理地配置各种资源使其达到最大产出或者最小成本[①]，有效缓解生态资源的稀缺性。

首先，生态产业的发展可以提升生态产品或服务的价值。民族地区农业文化遗产历史悠久、特色鲜明，这些文化影响力需要附着在委托品上通过消费来感知。委托品的种类和数量越多，实现的经济收益也就越多。龙头企业可以与当地农民、合作社合作，把小生产变为大生产，实现规模化、集约化经营。在扩大规模的同时因地制宜打造农业文化遗产区域公共品牌，将当地农耕文化和民族文化融入生态产业发展，结合科普教育、自然体验等从事旅游开发，延伸产业链，实现产销一体化，推动生态产品或服务价值的全面实现。

其次，生态资本的保值和增值需要不断进行运营和管理才能实现。需要投入专业人才加强对这些资本的运营和管理，确保其投资安全和收益稳定。同时，应该建立相关的金融服务机构，提供资本运营、风险管理等专业服务，吸引更多的投资者参与到民族地区农业文化遗产的运营中来。还可以通过开展跨界合作，将文化资本引入其他产业领域，推动经济的协同发展。例如，可以将文化资本注入农业、旅游、教育等产业领域，通过协同发展实现资本、资源和人才的优化配置与高效管理。

最后，生态技术创新是推动生态经济系统转变的主要动力，绿水青山到金山银山的转变是质的飞跃，而其转变的驱动力就是创新。生态技术创新可以不断满足人

[①] 高旭：《太行山贫困区农地利用效率测度与影响因素分析》，西北农林科技大学硕士学位论文，2017 年。

们日益增长的对生态产品的需要，提高生态资源的利用率，减少生产成本。生态资产作为生产要素进入生产过程后，需要借助委托品才能输出价值，也就是生态资产需要变成商品或者服务。而这个过程在很大程度上需要依靠技术的支持，生态产品从育种、种植、收获到加工、零售、打包、物流都离不开生态技术的支持。农耕文化的赓续发展需要借助现代技术手段，对农耕技术、工具、习俗等资源进行数字化处理和保存，并通过大众传媒技术扩大其影响力度。生态技术创新不仅会推动经济发展，而且会不断提升劳动力的质量，尽可能以最低的成本达到保护生态的目的。

（二）打造有为政府：加强宏观调控和引导作用

人的需求是无限的，因此对资源的利用也是无限的，市场作为资源配置的一种手段，本身对生态环境的影响是中性的，但是参与交易的主体是以利润最大化为目标的，如果他们对资源的利用不加以节制，容易导致"公地悲剧"的发生。按照新结构经济学的理论，在有效的市场中，政府必须发挥有为的作用，通过制定政策引导企业选择新的技术并完善相应的软硬基础设施和金融、法治环境，降低交易成本，让企业将当地的比较优势发展为竞争优势，提高盈利水平，不断积累资本，实现民族地区经济的可持续发展。

首先，需要完善农业文化遗产产权制度，农业文化遗产是关乎人类未来的遗产，需要先判断清楚民族地区农业文化遗产的保护范围和保护对象，要对农业生产系统中的田地、水系、山林、物种等自然资源进行普查，还要对农业耕作技术、生产经验、劳动工具、精神信仰等人文资源进行普查，利用探测技术、大数据等优化统计方案，界定清楚农业文化遗产资源的范围和种类，借助数字化手段将农业文化遗产资源信息转变成可量化、可核算的数据，为进一步确权做好准备工作。农业文化遗产所有权归属于国家，在管理过程中可以委托专业机构或者相关单位协助管理，真正用于交易的权利主要包括承包权、使用权、经营权、转让权、碳排放权、保护权、地理标志知识产权等，生态资源转化为生态资产需要将这些权利明确到个人并进行认证和登记，从法律层面上确定权利归属。

其次，要制定生态价值评估体系，形成生态资产的公允价格。例如在碳排放权的制度设计中，碳排放权的量将对市场活跃度以及排放权价格产生较大影响，后者又将通过产业链条上的机构传导至宏观经济体系。可以说只有形成一套生态价值评估体系，生态资产的价值才能从账面落到实处，进一步转化为生态资本。目前对具有使用价值的准市场化产品或服务通常采用机会成本法、影子价格法、替代成本法、防护费用法等进行评估。只有将生态资源转化为生态资产，才可以通过这些方法对其进行价值评估，将其拿到市场上进行交易，因此转化为生态资产是农业文化遗产价值实现的必经之路。

最后，建立健全政府主导、社会参与的生态补偿机制，有效保障农业文化遗产的生态功能。生态补偿的对象一方面是直接参与生态建设或者受到生态建设外部性影响的组织或个人，另一方面是生态环境本身。民族地区多属于经济落后地区，这些地区的农业文化遗产资源丰富，容易出现"公地悲剧"。因此，对民族地区农业文化遗产发展的生态补偿不仅需要考虑建设成本，还需要考虑因生态资源保护而丧失的机会成本。补偿主体应包括中央政府、经济发达地区的政府、经济欠发达地区的政府、企业、组织和个人，补偿的来源是中央政府的财政补贴、受益区地方政府的横向财政转移支付和经济发达地区与欠发达地区的资源开发税等，补偿手段主要通过政策支持、基础设施建设、专项补贴、税收优惠等形式实现。

五、结语

本文针对目前民族地区农业文化遗产保护与利用面临的困境，结合"两山"理论总结出了一套农业文化遗产可持续发展的理论逻辑，并提出了具体的实践路径。主要研究结论如下：一是将民族地区农业文化遗产中的生态资源资产化。深度挖掘民族地区农业文化遗产生态资源，基于新结构经济学理论发展生态优势，促进民族地区农业文化遗产生态资源的价值变现。二是将农业文化遗产中的生态资产资本化。基于生态系统服务价值的视角，完善民族地区农业文化遗产价值评估体系，提高农户对农业文化遗产的保护意识，建立农业文化遗产生态补偿机制，切实改善民生福祉。三是通过市场化和规模化运作将民族地区农业文化遗产生态资产转化为生态资本，积极推动民族地区特色生态产业发展。四是通过资本回流建设来实现民族地区农业文化遗产开发和保护的良性循环，实现可持续发展。

本文还存在一些不足之处，虽然市场机制和有为政府的结合可能明显地提高资源的利用效率，但这仅是针对某一区域（县域）而言的。在国内，许多农业文化遗产位于经济较发达地区，如何保证民族地区农业文化遗产在国内甚至国际水平上的资源利用的有效地位，对于民族地区来说是一项严峻的考验。因为民族地区受到技术条件和地理环境的限制，在同样的价格水平下，单位资源产出效率低于发达地区，只能通过牺牲环境和劳动者的利益来获得与发达地区竞争的资本，如何找到既能有效保护生态资源又能提高民族地区竞争力的方法，是需要进一步研究的方向。

铸牢中华民族共同体意识视域下
传统村落民族关系研究

——以湖北省恩施州来凤县兴安村为例

谭雯心

摘要： 各民族和谐发展的关键在于民族关系的和谐。中国是统一的多民族国家，各民族间的关系影响着民族、国家发展和社会和谐。巩固和发展平等、团结、互助、和谐的社会主义民族关系，有利于促进各民族和睦相处、构建和谐社会。本文以湖北省兴安村的田野调查为例，探讨兴安村的民族关系及其成因，由此得出构建村落和谐民族关系的启示。

关键词： 铸牢中华民族共同体意识；民族关系；民族理论与政策

作者 谭雯心，东北大学秦皇岛分校民族学学院硕士研究生（秦皇岛 066000）

民族关系作为一种在民族国家和多民族国家的各民族间普遍存在的社会关系，是历史的承袭，是现实的反映与折射，具有平衡性、合理性、延续性、公平性和利益均等性的特点[1]。本文开展关于民族关系的实地研究，以湖北省兴安村为特定区域范围的田野调查为基础，深入当地，追溯该地民族关系的历史发展脉络、考察民族关系的现状，在搜集整理田野资料的基础上，从学科理论、国家政策方针等层面对民族关系的相关内容进行分析，分析总结出影响民族关系的因素，探寻推进和谐民族关系的举措。

---

① 金炳镐：《民族关系理论通论》，北京：中央民族大学出版社，2007年。

一、兴安村简介

（一）现状

兴安村位于湖北省恩施土家族苗族自治州来凤县百福司镇的南部，地处鄂、湘、渝三省（市）交界处，东面与湖南省湘西土家族苗族自治州龙山县接壤，西面与重庆市酉阳土家族自治县毗邻，北面与百福司捏车村相交。兴安村距百福司镇约 20 千米，距来凤县县城约 70 千米，交通便利。地处北回归线以南，气候属于亚热带季风性湿润气候，冬无严寒，夏无酷暑，雨量充沛，日照充足。全村总面积约 11 平方米，地形以山地、丘陵为主，平均海拔约 600 米，属于典型的喀斯特地貌，有耕地 4 539 亩、田地 267 亩、林地 9 874 亩、荒山 1 468 亩。兴安村属于典型的以土家族人口为主的多民族聚居村落。全村有 8 个村民小组，275 户，共 1 081 人，其中土家族人口约占全村总人口的 97%，剩余人口的民族成分为苗族和汉族，约占全村总人口的 3%。土家族作为西南地区少数民族之一，在饮食文化、歌舞艺术、节日礼仪等方面一直保留着本民族的特性。2019 年与 2020 年该村获州级"文明村"称号；2020 年荣获全国"文明村"称号、百福司镇"最美村庄"称号；2021 年荣获"湖北省脱贫攻坚先进集体"称号、"恩施州先进基层组织"称号；2022 年由百福司镇人民政府授予兴安村"最美村庄"称号等。

（二）历史回溯

新中国成立之前，兴安村的复杂地形、险要地势大大限制了当地的经济发展，使该地区长期处于经济落后的状态。在当时，地处三省（市）交界地区的兴安村的行政职权划分长期模糊不清，导致当地土匪肆虐，百姓频遭土匪侵扰。当地土家族、苗族、汉族儿女团结一致，多次联合抗击土匪，共同抵御外敌、守护家园。兴安村的原住村民不仅践行了村民间互帮互助的原则，还接纳、庇护了大量的外来逃难者，他们积极帮助外来逃难者们融入当地，倾力为其提供支援和帮助。

新中国成立后，各级人民政府采取了坚决有力的举措，在如今的湖南、湖北、重庆等地展开了广泛而深入的剿匪行动，经过持续而艰苦的努力，成功肃清了该地区长期存在的匪患问题，恢复了社会治安秩序，长期受土匪侵扰的村民们终于回到了平安宁静的生活之中。

兴安村的土家族、苗族、汉族村民生活在共同的地域之中，互相帮助、交流往来，建立了深厚的友谊和信任，不仅减少了彼此之间的隔膜和疏离，更促进了彼此之间的心灵交流和情感沟通，体现了强烈的中华民族共同体意识。村民们在漫长的历史沉淀中，共同抗击外来敌人、捍卫村庄的和谐安宁。他们与历史同呼吸，与时代共命运，共同书写着兴安村的历史，演绎着中华文明的壮丽篇章。这一过程不仅巩固了当地不同民族村民之间的友好关系，更培育了村民们"我是兴安村人"的地域共同体意识。这种地域共同体意识，是村民们的自我认同，更是对中华民族共同体的认同。这种中华民族共同体意识，将激励着兴安村村民们继续传承和弘扬优良传统，共同构建一个更加繁荣昌盛的大家庭。

二、兴安村和谐民族关系的体现

位于三省交界之处的兴安村自古就是多民族交往的重要地点，数百年来与周边民族进行着人口迁移、贸易、文化交流等多方面的往来，构成了如今风俗各异、文化多元、人际关系和谐的社会环境。新中国成立至今，村内村外和谐共处，共同谱写各民族大团结、共进步的和谐心声。

（一）处在共同地域下的民族关系

1. 避难

新中国成立之前，鄂西及湘西边境地区土匪横行，土匪行径恶劣，遇到男子则将其抓回匪窝做苦力，遇到女子则欺辱掳掠，边境的村民深受其害，但没有办法与之抗衡，只能东躲西藏，不断搬家。如今居住在兴安村茶岔溪组的张姓村民就是由于躲避土匪才从湖南逃到了此地。当时田姓人家有女儿嫁给了张姓人家，但由于张姓人家生活的地方有土匪骚乱不断，田姓人家心疼女儿，便主张将女儿接回茶岔溪居住，女儿就带着女婿一家都定居在此。茶岔溪吊脚楼群中有一座吊脚楼，由田、张两家分住，那便是当年田姓人家给张姓人家分下的屋产。村中人把男方搬迁到女方娘家的行为叫作"挨亲"。除了张家，茶岔溪的李姓人家也是因为同样的原因搬来茶岔溪的。如今张、李两家族已经在兴安村中居住百年，成为了村中人口较多的姓氏。

2. 逃荒

兴安村不乏因逃荒而来此地的家庭。现居住在中寨的村民彭英才一家并非土生土长的兴安村民，而是 20 世纪 60 年代逃荒而来的。1965 年，彭英才不过十岁出头，上面还有一个大他五岁姐姐名叫彭英莲，父母带着他们两姐弟从湖南龙山来到兴安村。彭英才的父亲是一位技艺精湛的石匠，当时兴安村正好缺少石匠，便收留了彭英才一家。1967 年，彭英才一家的户口正式迁到了兴安村。后来彭英才的父母在兴安村生下了彭英才的弟弟彭英华。成年后，彭英才的姐姐嫁到了重庆，每隔几年会回到兴安村看望亲人。而彭英才和弟弟彭英华扎根在兴安村里再没有离开过这里。

3. 就业

兴安村村民中有一部分是从外地来兴安村就业的，最终定居在了兴安村。居住在中寨的潘发书原本是重庆人，从小学木工活，17 岁时开始离开家乡到处做工，辗转之下来到了兴安村做工，在做工期间，和兴安村中的一名女性结了婚，组成了家庭，户口也迁到了兴安村。潘发书今年 58 岁，到兴安村已经有四十余年，现在也在坚持做木工。几年前潘发书曾因病导致下身瘫痪，无法独立行走，为了治病，他前往广州，一边治病一边打工，恢复了健康，现在他又重新从事了木匠工作。

4. 婚嫁

古往今来，婚嫁都是民族之间交流的重要方式。兴安村位于一脚踏三省的特殊地理位置，跨省跨民族通婚的现象更为常见。在兴安村中，外地来入赘或嫁入的男女一般都是来自湖南龙山县或重庆市。王家界的一座吊脚楼里住着一位苗族的 82 岁的罗奶奶，奶奶是重庆小河人，她的丈夫是兴安村王家寨人。她的老伴儿已去世多年，如今罗奶奶的儿子和孙子已搬去县城里生活，偶尔回村看望。

（二）共同的经济生活

兴安村虽然地处湖北省西南角，但绝不是一个封闭的村庄。随着公路的修建和信息的畅通，兴安村与周边地区进行着友好、频繁的贸易往来。

1. 赶集

赶集对于生活在乡村里的百姓来说是一个重要的日子，这一天，村民从村里去到更大的集镇购买米、肉、面、种子、化肥等各样的物资，以满足生活所需。对于"一脚踏三省"的兴安村而言，最近的赶集地不是湖北的百福司镇，而是湖南桂塘坝镇。兴安村位于百福司镇的东南端，从兴安村到百福司镇赶集，乘车需要 40 分钟。然而从兴安村出发到桂塘坝，乘车只需 10 多分钟，步行需要 1 个多小时。因此对于兴安村村民来说，前往桂塘坝赶集是最佳选择。桂塘坝的赶集时间是农历中带"三"和"八"的日子。每到桂塘坝赶集日，兴安村村民早早起床，乘车或走路前往桂塘坝，桂塘坝大集一般会在上午结束，出发得早的村民上午 8 点钟就已经返回。村民彭大正作为村里唯一的司机，每逢赶集日就会开着自己的七座面包车载着村民往返两地，往返程各需要 7 元钱。

2. 农业生产

兴安村村民有不少是农业生产大户，他们承包土地种植农产品，待农产品成熟后将农产品拉到其他镇或外省去卖。居住在枫香坪的村民向月明在 2021 年租有 70 亩地种红薯，雇佣工人帮忙干活，一天 100 元，人数不定，少则两三人，多则二三十人。收获时，向月明将红薯拉到来凤县漫水镇塘口售卖，请人拉车的费用按重量计算，每 100 斤红薯 5 元，红薯售价为 100 斤 40 元。扣除工人费用、车费、肥料费等，向月明的红薯种植收入为 1.8 万元。2022 年，向月明二儿子身患重病，生活无法自理，需要照顾。因此向月明将租来的土地和买来的肥料退掉，只种植两亩水田，然后将产下的部分水稻拉到桂塘坝去卖，售价 1.3 元一斤。

兴安村也有将本村土地外租的情况，例如兴安村大部分农户的闲置土地都租给了恩施凤瑞达公司种植油茶树进行茶油生产。除此之外，枫香坪有村民将自家土地租借给湖南龙山人进行农业生产。

（三）共同的民族文化生活

艺术交流没有边界，在兴安村，文艺也是兴安村各民族村民对内对外交流的重要方式。从旧社会到新中国，兴安村村民没有因为生活艰难而抛弃文艺，也没有因为生活的改善而忘却传统的艺术。兴安村三个民族的村民采用多种艺术方式进行交流。

1. 组建文艺队伍

20 世纪 80 年代，田永才在任村书记期间，经常组织村里的文艺活动。曾举办"土家族—苗族"山歌比赛，设有奖项、奖励。在村委会的组织下，村民们开展歌舞表演，做到"随时拿出一台戏"。过年期间，村中的文艺宣传队到百福司镇各辖区拜年，各辖区人员都热情接待，给他们安排食宿，关系十分友好。

目前，兴安村组建了 20 余人的歌舞文艺宣传队伍，宣传党的各项方针、政策，表演该村居民喜闻乐见的传统文化节目，圆满完成多次文艺活动。同时，村集体加强村班子建设，积极将热爱文艺活动和公益活动的人员积极推荐到其中来。除了村委会牵头组建的文艺宣传队伍外，兴安村村民私下也组建了一支文艺队伍，名叫湘鄂渝边区民间艺术民族乐队。民族乐队的人员来自湖北兴安村和湖南桂塘坝，两地人员合作表演，承接接亲、开业的活动，每次有几百元收入。民族乐队人员的民族构成主要为土家族、苗族、汉族，其中土家族人数最多。乐队负责人叫彭大正，60岁，土家族人，主业是司机，每逢赶集时期，载兴安村村民前往桂塘坝赶集，业余时间经营民族乐队。他从事文艺活动几十年，20 世纪 80 年代时参加来凤文艺大赛，连续三年夺冠，带领民间乐队自编自演多个节目，如摸滩螺、拦亲等，还曾在政府组织的文化下乡活动中表演。

2. 山歌

在兴安村，山歌是兴安村村民的共同爱好，大部分的兴安村村民都具备即兴演唱的能力。从兴安村村民的微信群中可以看到各式各样的山歌交流群。村民田光德是村里的山歌手，他的微信里有两个群，分别是"土家山歌文明娱乐群""湘西开心娱乐山歌群",每个群都有两百多人,群友来自湖北省、重庆市、湖南省等,有土家族人、苗族人、侗族人、汉族人。对于土家族人田光德来说,每日的休闲时刻就是点开山歌群看各地的山歌爱好者用语音来进行即兴山歌对话。虽然不同地区、不同民族的山歌的音调和演唱规则都不相同,但是他们隔着手机交流音乐,互相点评,以歌会友,巩固着当地的和谐民族关系。

3. 电影

20世纪70年代,兴安村村民在书记田永才的主持下,在今村委会篮球场的位置修建过一个小礼堂,除了开大会外,小礼堂也是村民们放电影、看戏的场所。放电影时,附近捏车村的村民也会闻讯而来,民族关系在文化交流中增强。

现居住在茶岔溪的土家族村民田光荣曾是一名电影放映员。田光荣除了在兴安村放电影外,还在湖南桂塘镇放过影片《天仙配》,在四川放映过《红楼梦》《追鱼》等影片。据田光荣回忆,当时兴安村到百福司镇之间还没有通公路,因此只能走到百福司镇后再坐班车前往附近的民族地区和省份。而且田光荣每次必须在每天上午十点半前赶到百福司镇,才能赶得上去湖北大河、旧司、卯峒、革勒、高洞等地的班车,进行电影放映工作。当时的电影胶片是用铁盒包装的,一盒胶片就有十多斤重,田光荣就一直背着几十斤重的电影胶片行走在湖北、湖南、重庆的城镇间,为居民送去"稀奇"的电影。田光荣于1977年开始任电影放映员,到21世纪初仍在进行电影放映工作,他家里现在还存放着2008年放映《宝贝计划》的电影放映记录单。

三、兴安村和谐民族关系的成因

兴安村自元朝以来长期受土司管辖,明清时期彭、田两姓迁居此地,开辟山林,繁衍生息;在民国期间经历过匪患抗争;在中华人民共和国成立初期,曾发生过可歌可泣的深山歼敌剿匪故事。兴安村村民在长期以来的抗击土匪、通婚、贸易往来、文艺交往中加深了民族之间的联络,形成了较为和谐的民族关系。村内的土家族、苗族、汉族村民在长期的共同生活中,共同谋求村庄的经济发展、文化繁荣。如今兴安村村民的民族成分虽然不完全一致,但村民们长期生活在这片土地上,已经在长期的共同生活中形成了对兴安村强烈的认同感与归属感[1]。

(一)共同地域下形成的共同语言文化特征

在兴安村,三个民族的村民共同生活,为了更好地沟通,必须在不同的语言之

---

[1] 郎维伟、陈瑛、张宁:《中华民族共同体意识与"五个认同"关系研究》,《北方民族大学学报(哲学社会科学版)》,2018年第3期。

间找到契合的沟通方式，于是地方方言便成为三个民族间相互沟通的最基本的语言。20 世纪 50 年代，每个家庭的人在外沟通时使用兴安村的方言，回到家中使用本民族的语言。现在，兴安村村民都讲当地方言，很少听到当地的土家族、苗族村民使用本民族语言。共同的汉语方言有利于不同民族之间在日常生活中的沟通与交往，有效避免了因为语言不通可能造成的矛盾与分歧，减少了因为语言不通可能造成的隔离与疏远。

（二）铸牢中华民族共同体意识背景下民族团结政策的推行

建设共有精神家园，铸牢共同体意识，是中华民族历史发展的必然要求，但这一过程不可能一蹴而就，其构建、巩固和铸牢的每个阶段都需要思想引领和教育[①]。兴安村村委会在广场外墙建设宣传墙，进行民族团结教育和民族团结政策的宣传，有利于促进村里各民族之间的相互认同，有利于推进兴安村形成和谐民族关系。习近平总书记指出，抓民族团结，要着重民族团结的载体和方式，必须在全社会做好民族团结的宣传教育工作，不留盲点，注重民族团结宣传教育的人文化、大众化、实体化[②]。

在新时代我国国内民族问题和民族关系呈现新特征的背景下，习近平总书记高瞻远瞩，适时提出要坚持走中国特色解决民族问题的正确道路，要求各民族在坚定"四个自信"的基础上，相互要"手足相亲"，要"守望相助"，要将民族团结上升到中华民族"生命线"的地位和高度[③]。习近平总书记的这些论断是新时代解决民族问题、增进民族团结进步的重要指南，作为习近平关于民族团结重要论述的重要组成和核心观点，满足了我国正确处理民族关系、增进民族团结的实践诉求。正是在这样的政治文化背景下，兴安村才形成了如今团结、和谐的民族关系。

（三）开放包容、互助和谐的民风民情

兴安村的民族交往中凸显出的互助、包容的特质，不仅体现在兴安村的历史中，还体现在该村多民族杂居、混居的居住模式中，也体现在其语言和文化习俗中，更体现在其强烈的文化认同感中。通过总结和分析兴安村多民族和谐关系的发展现状，可以发现，兴安村各民族在长期的历史发展和交往交流交融过程中，已经逐渐形成

---

① 高承海：《中华民族共同体意识：内涵、意义与铸牢策略》，《西南民族大学学报（人文社科版）》，2019 年第 12 期。
② 崔晓琰、扎西：《习近平关于民族团结重要论述的理论内涵与时代价值》，《云南民族大学学报（哲学社会科学版）》，2020 年第 1 期。
③ 张继焦、吴玥：《铸牢中华民族共同体意识下民族工作实践中的重大问题》，《广东技术师范大学学报》，2022 年第 1 期。

了一个以"我是兴安村人"为自我认同的地域共同体①。各民族在日常生活中尊重彼此间的差异，崇尚真善美，互助和谐，铸就了兴安村民族团结的精神内核，巩固了兴安村各民族"谁也离不开谁"的紧密联系。

四、构建传统村落和谐民族关系的启示

（一）推进传统村落经济繁荣发展是维护和谐民族关系的根本立足点

巩固和加强和谐民族关系、做好民族工作的着力点和核心在于不断促进经济发展。要推进中国式现代化，总结历史和现实经验，遵循客观发展规律，逐步改善民族地区的民生问题。应关注多民族杂居的农村中各族人民对科学技术进步、经济社会发展带来的变化所作出的反应及民族关系对城镇化发展的反应，且需要根据这些反应在新农村建设和城镇化过程中及时做出相应调整。传统村落的建设与发展也会从各个方面对村落民族关系起着或积极或消极的影响②。在兴安村，新农村建设和城镇化最明显的成果之一就是公共基础设施的改善、文化广场的修建等使不同民族的村民们都享受到了"城里人"的待遇，过上了和"城里人"一样的生活，极大程度地提升了兴安村村民的生活质量。

（二）民族区域自治制度是维护和谐民族关系的重要制度支撑

民族区域自治制度作为我国基本政治制度之一，符合新时代以民主保团结、以发展促团结的根本要求。自实施民族区域自治制度以来，各自治区少数民族群众的话语权得到了充分保障，他们积极参与本地区民主管理，充分体现了其参与国家、地区事务的"主人翁"地位。平等的地位和充分的民主为民族团结的实现提供了保障。民族区域自治制度对民族地区经济发展的促进作用是有目共睹的。民族区域自治制度符合新时代正确处理民族关系的要求，是维护和谐民族关系的制度支撑。

（三）加强精神文明建设，增强认同感与归属感

兴安村历来重视文化活动的举办，今后可以创新文化交流形式，促进兴安村与周边地区其他少数民族的交流与往来，例如举办摆手舞节、山歌比赛等，创新文艺

---

① 王易、陈玲：《民族地区铸牢中华民族共同体意识的现实问题及路径选择》，《民族教育研究》，2019年第4期。
② 郝亚明：《中华民族共同体意识视角下的民族交往交流交融研究》，《西南民族大学学报（人文社科版）》，2019年第3期。

活动交流形式，增加兴安村村内各民族与其他地区其他民族沟通交流的渠道。重视兴安村歌舞文化团的建设以及对村中各民族的传统节日、传统习俗的保护与宣传。习近平总书记对铸牢中华民族共同体意识与实现全国各民族大团结之间的关系有着深刻的见解和认识，他明确指出，增强各民族的文化认同，推进共同精神家园建设，不断培育和铸牢中华民族共同体意识，是实现中华民族大团结最根本和最长远的途径[①]。

五、结语

民族关系是否融洽、和谐是判断当今多民族国家社会是否安定祥和的重要指标之一。中国是多民族国家，各民族的交错杂居造就了不同地区丰富、多样的文化形态。当某一个民族与其他民族共同生活在一定的范围内时，民族关系也就开始萌生[②]。正如费先生在《中华民族的多元一体格局》中提到的，中华民族是多元一体格局的，在这个格局的形成过程中，"主流是多个分散存在的民族单位，相互接触、混杂、联结和融合，同时也有分裂和消亡，形成了你来我去、我来你去，我中有你、你中有我，而又各具个性的多元统一体"[③]。各民族结成相互间的关系关联，并在跨文化的互动中，分享彼此的历史经验、知识、情感、情绪，为彼此了解奠定了基础，为和谐民族关系的形成创造了条件。

---

① 崔晓琳、扎西：《习近平关于民族团结重要论述的理论内涵与时代价值》，《云南民族大学学报（哲学社会科学版）》，2020 年第 1 期。
② 王希恩：《民族的融合、交融及互嵌》，《学术界》，2016 年第 4 期。
③ 费孝通：《中华民族的多元一体格局》，《北京大学学报（哲学社会科学版）》，1989 年第 3 期。

后　记

由中国民族学学会主办、东北大学秦皇岛分校承办的中国民族学学会 2022 年高层论坛暨"铸牢中华民族共同体意识与民族地区乡村振兴"学术研讨会于 2022 年 1 月 29 日在河北省秦皇岛市举行。此次会议成果丰硕，来自中国社会科学院、中共中央党校、北京大学、中国人民大学、东北大学、中央民族大学、中山大学、云南大学、四川大学、北京师范大学、中南民族大学等 116 所高校与科研院所，以及秦皇岛地区相关研究和管理部门的 300 余位专家学者在线上或线下参加了会议，会议共收到 206 篇参会论文。与会专家学者们认真贯彻党的二十大精神，通过线上线下讨论交流，对"铸牢中华民族共同体意识与民族地区乡村振兴"进行了充分研讨，具有积极的学术理论价值和现实指导意义。在此，真诚地感谢各位专家学者的支持！

为促进本次学术成果的转化和应用，在东北大学秦皇岛分校领导的支持下，民族学学院从参会论文中选编了部分论文，编纂完成论文集《铸牢中华民族共同体意识与民族地区乡村振兴》，交由燕山大学出版社出版发行。

本论文集遵循会议主旨和专题发言进行组稿，分工如下：

郝庆云、龚志祥统筹全书体例、主题及出版等事宜。周赫、岳小国负责"铸牢中华民族共同体意识的理论、政策及实践"专题的组稿工作；穆崟臣、李小雪负责"中华民族交往交流交融史与中华民族共同体形成研究"专题的组稿工作；龚志祥、李立负责"铸牢中华民族共同体意识视域下的民族地区乡村振兴"专题的组稿工作；柴冰、方玉权负责"新时代民族地区乡村振兴的路径及特色研究"专题的组稿工作。周赫负责规范全书的行文格式。李欣宁、吴佳亮、姚闯、刘灿等负责提供编辑研讨会的图片。

本论文集论文选编多学科、多视角，紧扣"铸牢中华民族共同体意识与民族地区乡村振兴"的时代主题，案例选择兼顾多地区、多行业。编辑出版会议论文集具有现实意义和实践价值，有利于为学术界进一步开展理论研究和学术研讨、相关行政部门和有关机构资政提供参考，也可作为高校相关专业学习的辅导用书和参考用书。

感谢学界各位友仁和东北大学秦皇岛分校民族学学院全体教师的支持！感谢燕山大学出版社为此书出版付出的辛勤劳动！

编委会

2023 年 9 月 28 日